黄礼霖 张来福 著

抗日赣军将领戴逢龙生平略改

李赣骝

团结出版社

图书在版编目（CIP）数据

抗日赣军将领盛逢尧生平略考 / 黄礼霖，张来福著. -- 北京：团结出版社，2012.8

ISBN 978-7-5126-1124-5

Ⅰ. ①抗… Ⅱ. ①黄… ②张… Ⅲ. ①盛逢尧（1897～1951）—人物研究 Ⅳ. ①K825.2

中国版本图书馆 CIP 数据核字（2012）第 165483 号

出　版：	团结出版社
	（北京市东城区东皇城根南街 84 号　邮编：100006）
电　话：	(010) 65228880　65244790
网　址：	http://www.tjpress.com
E-mail：	65244790@163.com
经　销：	全国新华书店
印　装：	三河市腾飞印务有限公司
开　本：	170X240 毫米　　1/16
印　张：	22.75
字　数：	369 千字
版　次：	2012 年 7 月　第 1 版
印　次：	2012 年 7 月　第 1 次印刷
书　号：	978-7-5126-1124-5/K · 755
定　价：	46.00 元

（版权所属，盗版必究）

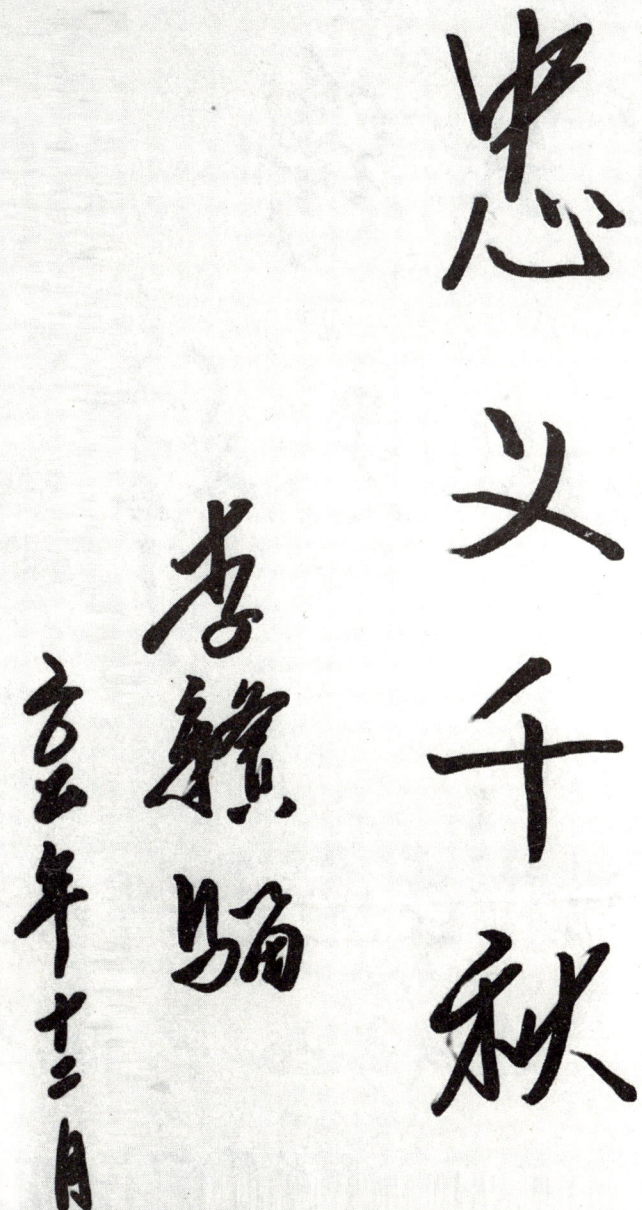

全国政协第七、八、九、十届常委,中国国民党革命委员会中央委员会第六、七、八、九、十届副主席李赣骝先生(李烈钧将军之子)为本书题词

万里驰骋

抗日先锋

读"抗日战将盛逢尧生平略考"

姚庆云 二〇一一，十二，十八．

于英国伯明翰

原广州中山医学院副教授、美国圣裘德儿童肿瘤研究院研究员、英国伯明翰大学肿瘤研究所高级研究员、英国皇家学会客座研究员、世界著名病毒学家EB病毒发现者爱泼斯坦(Epstein)教授的得意门生、国际知名EB病毒研究专家姚庆云先生(姚纯将军之子)为本书题词

抗日战将盛逢尧（代序）

盛逢尧将军是先父国民革命军第36军姚纯军长的部将，他们早年都是投奔广东孙中山先生麾下，先后成为讨袁名将李烈钧所率赣军中的青年军官，后来又共同参加北伐和抗日战争，一同驰骋沙场，浴血奋战多年。先父在世之日，曾多次向人提起盛逢尧将军，称赞他是个将才，治军打仗很有才干。还曾经提起，盛逢尧率部出川参加抗战，打得很不错，连日本人都不敢小看他，在缴获的日军文件中，就有"如遇新23师（即盛逢尧部）不可轻敌"等字样，可见盛逢尧治军有方，部队之骁勇善战。

36军是在1938年奉命派遣第5师（盛逢尧部）、第96师（赵锡光部）出川参加抗日战争的，直至1945年，盛逢尧一直率部奋战在鄂西、湘北前线。当时条件极其艰苦，部队装备也差，官兵都是赤脚草鞋，武器主要是步枪、手榴弹、机枪，而日军上有飞机滥炸、下有坦克、大炮狂轰。但中国军队士气旺盛，为了不做亡国奴，官兵都抱定牺牲的决心，以血肉之躯与侵略者拼杀在战场上。盛逢尧率部浴血沙场，烽火千里，吃尽千辛万苦，与日寇血战七年，谱写了中华民族团结御侮，不畏牺牲，前赴后继抵抗侵略者的一曲曲壮烈凯歌。

尤其难得的是，由于国民党内部派系矛盾错综复杂，赣军高级将领姚纯、盛逢尧等人与蒋介石嫡系大将陈诚关系一直不太融洽，而盛逢尧出川参战正好在陈诚指挥的第6战区，时常还要受到排挤和打压，屡立战功难受嘉奖提升，稍有过失则备受责难惩处。但盛逢尧为顾全抗日大局，饱受委屈，忍辱负重，始终忠心不渝浴血奋战在抗日第一线。

抗日战争是国共合作全民团结奋起，为中华民族生存而进行的一场伟大的反侵略战争，抗日战争中所表现的是中华民族宁死不屈，前赴后继，团结御侮的伟大民族精神。抗日战争中所取得的每一点成果，抗日战争中所表现的每一点精神，都属于我们整个中华民族，都是我们国家、民族的宝贵财富。基于这一点，当黄礼霖先生向我谈起，他要撰写一本关于抗日将领盛逢尧将军的书稿的时候，我表示了支持和鼓励。

由于历史的局限，盛逢尧将军一生有功有过，但他参加北伐和抗日战争是应当受到肯定的。特别是在抗日战争中，在极其艰苦困难的条件下，他率部浴血抗战七年，打得日本侵略者心惊肉跳，使广仁部队（盛逢尧部代号）成为日军寝食难安的一支劲旅，这种奋不顾身为中华民族反侵略战争赤胆忠心战斗的精神，无疑是值得我们后人肯定、弘扬和继承的。

姚辉云

2011年12月20日

自 序

那是在2005年9月，由于正值抗日战争胜利60周年，互联网上抗战题材的资讯甚多。我亦于工作之暇浏览之，以提振似要颓废的精神。这一日，基于思乡之情愫，偶然兴起输入"盛逢尧"三字用百度进行搜索，竟然出现了许多页面，稍作浏览，则彻底颠覆了我对这位家乡人物的看法。

此前，对盛逢尧将军的认识仅限于《武宁县志》中百余字的简单介绍，略知他曾任国民党的师长、军长，以为是自封自许的地方保安团队一类的山寨式人物，并无为国家民族讨逆御侮、征战四方的真才实干。甚至一度认为他与那些独眼龙、大暴牙之类的戏剧形象的国民党军官并无区别。同时，拘泥于他是在解放初的镇反运动中去世，又总觉得其结局较为尴尬。因而，即便偶听坊间老人讲克私（系盛逢尧的字）如何苦出身、会打仗、善待人之类的颇多褒议，窃以为系同乡之善良愿望，亦总是一笑而过。

通过搜索得悉，盛逢尧将军在抗战期间率带的部队（先后为国民革命军第5师和新编第23师），不但系国民党中央军系统的正规军，而且一度隶属国民党五大王牌军之一的"第18军"作战序列。稍有军史知识的人都知道，所谓王牌军是国民党统治大陆时期，各军中战力及战绩最强的部队，其中像第18军、第74军等大多成名于抗日战场。

关于盛逢尧将军抗战的资讯中，有一篇反映城陵矶战役的文章披露：曾任第8军军长及第13兵团司令的著名国民党高级将领李弥，抗战初年（即1937年、1938年）系盛逢尧将军部下的旅长。还有一篇在互联网上被人们竞相转贴的抗战文章如是说："在缴获的日军文件中有：'如遇新23师（盛逢尧部）作战不可轻敌'的字句。"可见，盛逢尧将军不但率部参加抗战，而且打得日本鬼子对他高度戒备，堪称一位大长了国人志气的抗日将领。

从此，这些资讯不断撞击我的神经，直到我把内心燃起的这股有名感动，抑或是冲动，转化为收集整理将军生平事迹的实际行动。由于尚不能抵御五斗米之诱惑，故一直只能利用业余时间而为之，进展屡屡不尽人意，一拖就是4、5年之久。近年随着知情者逐渐离世，历史面临被永久淹没尘封，才发现收集整理已经近似于抢救了。期间每每想到这将是赣籍抗日将领缺位的损失，甚至还将成为江西地方人文研究的小遗憾，无不令我为此重大责任诚惶诚恐。尤其是走访盛逢尧将军后人及部属时，接触到的那激动、欣慰、深情、期盼的眼神，内心的毅然决然，也每每因他们在此期间带着永远遗憾相继离去，而遭到被反复拷问……于是在万分自责和愧疚中，终于仓促成稿战兢付梓。

盛逢尧将军出生于赣西北山区武宁县甫田乡浩岗村的一个农民家庭，那时正值千疮百孔的晚清时期，中国人民饱受封建帝制和外国列强的多重压迫。盛逢尧家中亦是极其贫苦，在其15岁之前，有十余个兄弟姊妹由于缺吃少药，饿死病死，父母自然对他甚是痛爱，日夜勤劳力作节衣缩食送其入学，使盛逢尧得以接受教育。后因母亲早亡，迫而辍学教书维持家庭生计。

辛亥革命后，国运多厄、袁氏复辟、军阀压迫、列强横行、民不聊生，适逢民主革命先驱李烈钧号召家乡青年投身革命，盛逢尧由于自小深谙农家疾苦，对旧社会深恶痛绝。作为当时有理想抱负的知识青年，怀着对"复兴中华、民主共和"的美好愿景，毅然投笔从戎致力于民主革命事业，只身远赴广州革命政府李烈钧将军麾下，追随孙中山先生革命。此后，一直在李烈钧将军亲手创建的赣军赖世璜部从军，深得将军的赏识，两次举荐入军校学习。在巩固广州革命政府诸役中因战功升任副营长、连长，于北伐诸役英勇奋战荣升为副团长、营长，中原大战后以战功擢升团长、副师长、独立旅旅长，抗战伊始出任中央军第5师师长，后改编为新编第23师，任师长。抗战胜利前夕，因国民党军队派系倾扎，盛逢尧将军被人假以战功提升为副军长，巧夺其兵权，愤而解甲归田返乡务农。诚然，内战期间盛逢尧将军参加了对红军作战，解放前夕碍于人情复出任九江江防司令等，后又任命一批师、团、支队长于赣北各县组军，解放初在镇反运动中去世。

纵观盛逢尧将军一生，戎马倥偬近三十载，有的是投身民主革命时"国家兴亡、匹夫有责"的赤子情愫，——他自1919年从军以来，为巩固广州革命政府,先后随部参加平定桂军、粤军叛乱及其他地方军阀的诸战役;有的是打倒封建军阀时"振兴中华、民族复兴"的报国热忱,——北伐大革命期间,他随部转战大江南北,驰骋沙场数千里,击溃北洋军阀孙传芳、张宗昌等部及奉军部分,收复江西、福建、浙江、江苏、山东等地;有的是驱逐外敌时不惜"马革裹尸、舍身用命"的民族气节,——抗日战争爆发时,他数度主动请缨,先后率部参加武汉会战、第一次长沙会战、冬季攻势、枣宜会战、鄂西会战,积极策应第二、三次长沙会战、常德会战等正面战场的重大战役,得以遂精忠报国、抗日雪耻之夙愿。

中国抗日战争历时八年,盛逢尧将军直接参加了七年,全部在第一线指挥作战。始终亲率部队坚守于湘北、鄂南、鄂西的正面战场前沿阵地与日寇对峙、作战,屡次与侵华日军中的最精锐部队第3、第6、第13师团等曾经参加南京大屠杀的禽兽部队死拼血拼,迭挫强敌鲜有败绩。与当时所有的民族英雄部队一道协同作战,令日寇未敢窥探大西南后方一步,拱卫着陪都重庆的安危,支撑着全国人民的抗战大业。

在抗战时期,盛逢尧的部队以其谱名"广仁"为代号,官兵均带此臂章,因此其部在民间又被称为广仁部队。他于军旅生涯中素以"骁勇善战、带兵有方"著称,是一位极为勤奋、热忱、负责的部队长,全力着意于部队之训练与整饬,重视爱民及战纪教育,尤其对违纪扰民处理至为严厉。故其所带出的部队军纪严明、官兵战斗意志极强。即使在抗战补给最困难时,他的部属亦无扰民现象,每到新的防区,总是要求官兵修筑工事,一般不征用民力。撤离防区时,担心当地群众遭到日军报复,总是先动员并掩护百姓转移。盛逢尧的部队相比川军、桂系来说,确属所谓的中央军嫡系精锐部队,但由于国民党军队派系争斗,即使中央军嫡系内部也分为三六九等,其部在嫡系中于火力配备及补给等方面又是受歧视的,他力排众难不受影响,坚持凭良心抗战的信念,决心于抗日战场上比精锐,无所畏惧的率带这支二等部队,与日寇屡次力拼死战,赢得友军的一致推崇,更令日寇闻风丧胆、高度戒备。

蒋介石建立的国民党政权有着浓厚的军阀遗留问题,为巩固其统治地位,一方面大力拉拢川、桂等颇为强大的地方势力,另一方面积极培植黄埔系将领,所以黄埔将领得到了优越的施展平台。川、桂军等杂牌部队尤其是川军虽然装备落后,但其顽强抗战的精神也被相对客观地载入了史册。

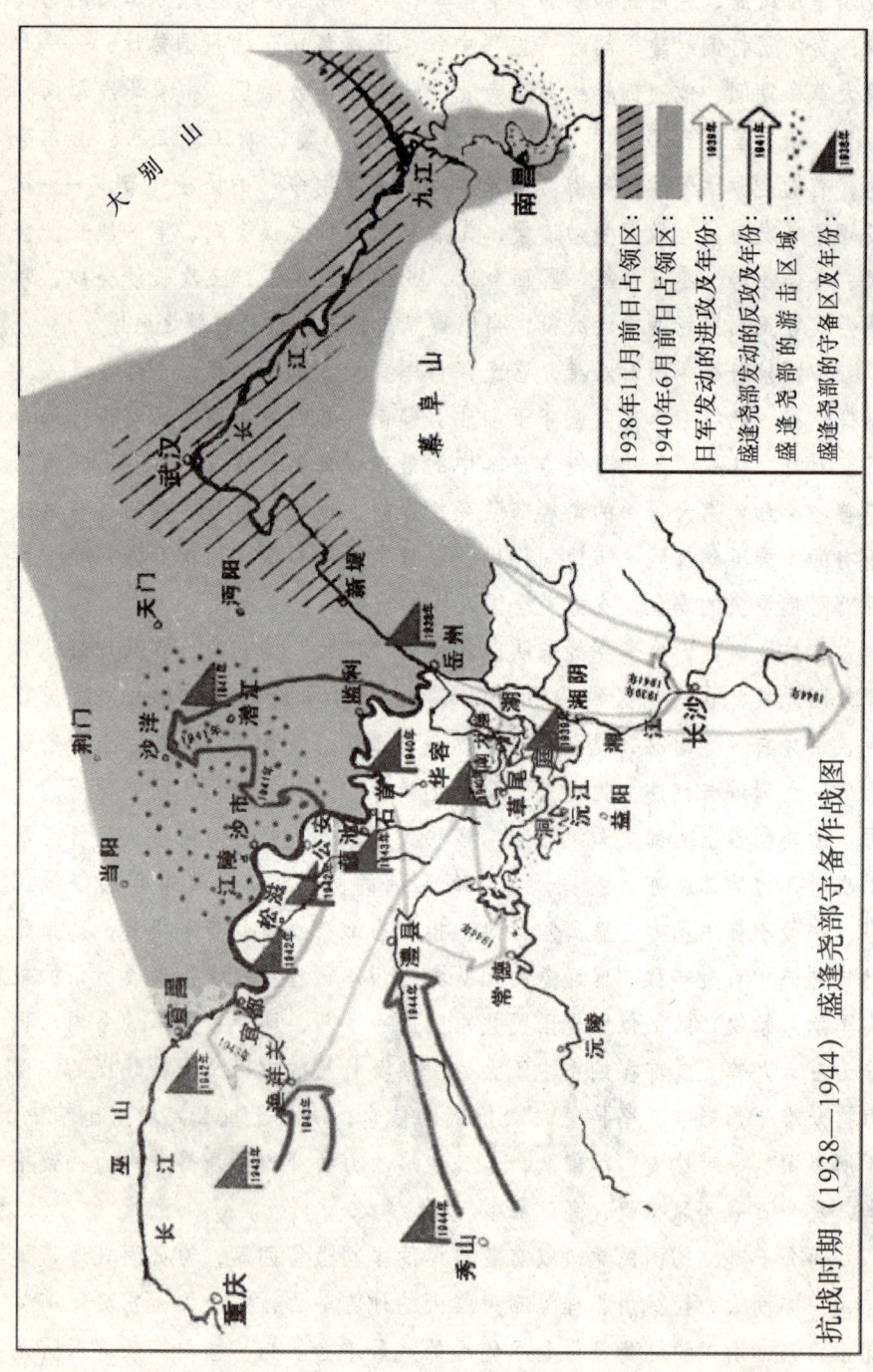

抗战时期（1938—1944）盛逢尧部守备作战图

而像赣军这样势力弱小，不足以为蒋介石拉拢，又在形式上较早归入蒋介石所谓的嫡系部队，但又非黄埔系，国民党自然不会在他们身上费笔墨，以至于他们英勇抗战的事迹难有所谓的官方记载，现在于民间收集又时过境迁无人知悉。因此，也就不奇怪没人了解赣军，没人知道盛逢尧等一干正气浩然的赣军子弟。

虽然受到国民党当权派的排挤，盛逢尧将军的抗战事迹在经国民党涂脂抹粉的所谓正史中记载不多，但在他曾经作战过的地方史志资料中却有不少客观记载，尤其是在当时的官长部属或民间亲历百姓中，有许多流传有据的抗战故事传颂至今。如：武汉会战时他率部在城陵矶阻击日军三天，日军通电全军对其部作战不可轻敌；第一次长沙会战前后，他率部于湘北湖沼地带屡次击退日军，日军叫嚣：抓到盛逢尧要剥他的皮；第二次长沙会战时他率部反攻荆沙地区，日军为对付他专门编印《对广仁部队作战的研究》的小册子下发给各级指挥员。还有1943年日军发动江南歼灭战期间，在国民党军队组织的反攻中，当地史志资料称："其战斗以盛逢尧一师为最烈"。更为值得一提的是，日本防卫厅战史室编著的侵华战争系列战史中，有15次直接列举提及盛逢尧率带部队的番号——新编第23师，同时在作战经过简描述中多次形容该部作战：抵抗顽强、顽固侧击、猛烈反击等。这些铿锵有力的字句、震撼人心的事迹，传递出的是中华民族的精神脊梁，使我曾经纠结于其个人结局的尴尬荡然无存。毕竟，任何人一生的结局或定论，都无法归复简单的纯洁，许多人都是功与过、对与错的矛盾综合体，盛逢尧将军也不例外。

在"修身齐家治国平天下"这种文化背景下，"忠君"与"爱国"具有天然契合；因而，对最高统治者的忠诚，恰恰是民族之义的外在表现。政治信仰的选择不完全代表健全人格的选择，优秀的品行特质不等于必须留下最佳的政治痕迹。盛逢尧将军在民族危亡的生死关头，率部请缨、挺身亮剑，慷慨激昂地践行着一个职业军人抵御外侮的神圣使命，大义凛然地与穷凶极恶侵略者进行着艰苦卓绝的残酷斗争，他身上葳蕤生辉的灼灼光环，无不是炎黄子孙民族精髓的体现。

人无完人，金无足赤。盛逢尧将军一生处在风云变幻、纷繁复杂的历史环境中，正是由于其待人忠诚、做事认真的性格使然，在人生走向上始终操持从一而终的传统定式，才使得他眼光模糊，于政治方向作出了错误选择。未加甄别就盲目参与了错误的军事活动。在北伐成功后，积极维护蒋介石的独裁政权，随部征讨冯玉祥、阎锡山、李宗仁、石友三等部，使人民陷入新军阀混战的祸害。尤其，支持蒋介石的倒行逆施，参与围剿红军作战，且于解放前夕复出组军。这些确实是他生平的污点，是人生最不光彩的一页。但其最终以自己的生命来救赎这些过错，用当今法律理论术语来说已罚当其罪，我们理当对此再无厚非。要知道当前被官方或民间誉为抗日英雄、爱国将领甚至革命烈士的国民党将领，绝大数也都有与红军作战的经历，有的甚至参加解放战争与解放军交锋。但我们毕竟没有因此而一叶障目不见泰山，用完美主义历史观来对历史人物吹毛求疵，没有在历史研究中搞一票否决。

事实上，盛逢尧将军所走的这条错误政治路线，绝大部分正面战场抗战的国民党将领都曾走过，这些将领中有不少没有按新中国的法律承担责任。相反，随着时间的推移，人们对此愈来愈包容。我注意到，早在1985年聂荣臻元帅为《抗日战争时期国民党正面战场重要战役介绍》一书撰写的题为《历史的召唤》的序中，公开表示国民党在正面战场抗战的精神令人崇敬不已。1995年，江泽民在纪念抗战胜利50周年讲话中，也公开向参加抗日战争的国民党爱国官兵致以最崇高的敬意。2005年，胡锦涛在纪念抗战胜利60周年讲话中明确指出，抗日战争正面战场是以国民党军队为主体。此后，不仅主流媒体对国民党将领的抗战事迹予以正面宣传，甚至有些符合既定条件的还承认为抗日烈士。

随着这些高层态度的不断转变，社会层面对抗战正面战场的关注度大大提高，收集、整理、研究国民党军队抗战历史也为社会各界所重视。出现了不少亲历者的回忆、纪念文章乃至学者的专著等各种传播媒介，自此前公映正面弘扬国民党军队抗战题材的电影《血战台儿庄》以来，相关影视作品也不再对此遮掩，尤其今年又公映了《喋血常德》，再次掀起铭记历史、维护和平、提振精神的高潮。同时，我还注意到一个细节，在一些新近的抗日影视作品中，八路军、新四军军帽的标识也悄然发生了细小的变化，由原来两粒纽扣上加上了青天白日的徽章。此外，还出现了民间的抗战纪念馆，许多民间志愿者还成立相关论坛、网站，寻找、帮助抗战的国民党老兵，这都促进全社会对抗战历史的客观认识和公正评价，有力地鼓舞了中华民族的自尊、自强、自信。甚至还有一些地方更是敢于解开禁区,不再陷入国民党抗日将领是否参加国共内战的诘问,公开表示要全面开放包括白崇禧等内战战犯在内的国民党抗日名将的故居。今年6月30日《南方周末》报B9版刊登了《发给"国军"老兵的三千元补助金》的新闻调查中反映:2010年9月中央财政部拨出专款,向全国在乡抗日老战士发放一次性生活补助金。湖南省的资兴市、邵阳市新宁县的统战部、民政局顺时应势,大胆破冰而行,将这笔钱发给了参加过抗战的国民党老兵。同时,明确表示不再纠缠于老兵们是否参加国共内战,只要参加了抗战即可获得该补助。这让许多曾经对自己历史顾虑重重的国民党老兵彻底放下了思想包袱,走出恐惧,重新拾回了为国家民族浴血奋战的光荣。

正是借助这股东风,笔者萌发收集整理的想法,但丝毫不敢为盛逢尧将军争功讳过,唯恐有所亵渎失真。我虽属业余地方历史研究的爱好者,但也知道秉承唯物主义历史观的精神,客观地将其一生所为一览无遗地展现给大家,尤其对其过错不予掩饰,力求还原完整真实可信的人物给读者。故于本书中无意去回避错误,放大亮点,而是尽自己之能力与可能,大体分章节按事迹叙述、史料考证、分析议论的结构顺序,让盛逢尧将军的生平事迹客观再现,虽偶尔杂有些许个人看法,但愿不至于混淆视听,毕竟是非功过一切任由读者见仁见智。正如1987年5月杨成武上将在文章中写道:"对他们(国民党将领)的历史坚持进行实事求是的记述,是功绩就讲功绩,是过失就讲过失,一段时间有功就讲一段时间有功,一段时间有过就讲一段时间有过。"

可见在爱国主义、民族精神的大框架下,大家已显示出足够的宽容,盛逢尧将军所走的那些弯路或说不光彩历史,也不应该永远成为障目之叶,掩德之眚,毕竟其一生中的绝大部分时间在追随孙中山先生革命、参加北伐战争、抗日战争等,仅有三四年时间积极从事国共内战,因此其一生的主流是为革命为民族而苦战奋斗的历程,尤其展示了中国军人在亡国灭种的危急关头,挺身而出精忠报国的民族精神,其功绩和操守依然值得后人尊崇追思。

在那烽火硝烟的峥嵘岁月里,盛逢尧将军一生常年四处征战、驰骋沙场,几乎没有停歇过,极为艰难辛劳。作为中央军的主力部队,他基本上年年都参加大仗恶战,无数次的与死神擦肩而过,时刻面临的是生命的威胁，可谓身经百战，九死一生。且不说他抗战到底、舍生忘死的爱国精神如何伟大高尚。即便是其个人对工作事业保持的这种勤奋、敬业、奉献、进取的态度和热情，在当今社会亦让人感受至深。同时，盛逢尧将军为人忠诚，在当时国民党军队间见利忘义、投东倒西的时候，他数次不为高官厚禄所动，始终如一的忠诚于自己的部队。他处事踏实，不善钻营，所任的职务都由基层一步一步升上来，一仗一仗打出来的，从未为得升迁而去奉承钻营，或迂回到机关镀金。他鲠直清廉，不善谋利，他任36军教导主任和第5师师长时即提出"忠党国、不怕死、爱百姓、不贪钱"的口号，退役时连搬家的路费都没有。他待人真诚，心怀博爱，不忍见家乡萧条，毅然将自己的退役金捐出建校舍。等等，这一些基本品行为人称道。孔子曰："择其善者而从之，其不善者而改之"，亦不失为我们研究历史的重要目的之一。收集整理盛逢尧的生平亦是这样，人们可以从其过错、罪过中吸取历史教训，警醒自己，以其优良品质精神来滋养自己。这对于启迪个人奋斗、激励人生态度乃至爱国精神，无疑是有所帮助的，可谓为本书的现实意义。

赣鄱大地素有物华天宝，人杰地灵之美誉，自古以来，为国家民族之大义，赣籍子弟前赴后继，英雄辈出，曾留下了"人生自古谁无死，留取丹心照汗青"的千古绝唱。笔者注意到，在抗日御侮战场，有吃苦耐劳的西北军，有背井离乡英勇顽强的川军，有骁勇善战的湘军等等。就是鲜见我们老俵的身影，这实在与赣人报国不落人后的传统相去甚远，内心一直为此遗憾着。诚然，抗日战争时期不乏黄维、方天、刘峙等赣籍国民党军队的高官，他们虽然也间或在第一线率带成建制部队，但直接与日军作战的时间却不如盛逢尧将军，多是在机关领导岗位和一线部队指挥岗位轮换。而盛逢尧将军抗战中七年如一日，自始至终担任一线作战部队的师长。尤为关键的是这些赣籍将领多不是赣军出身，并且他们所率带的部队成分早已不是赣籍子弟，其在抗战中的优异表现仅能代表个人，而不能辐射整个赣籍子弟的群体。

通过收集整理盛逢尧将军的生平，笔者发现他则不一样，不但他自己是传统的赣军出身，而且其亲率七年与日军浴血奋战的这支部队，竟是纯粹的赣军的老底子。抗战初期，虽然士兵被多次补充他部，但在他的坚持下始终保留了千余名赣籍干部带兵。赣军在民国史中曾是推翻千年帝制的

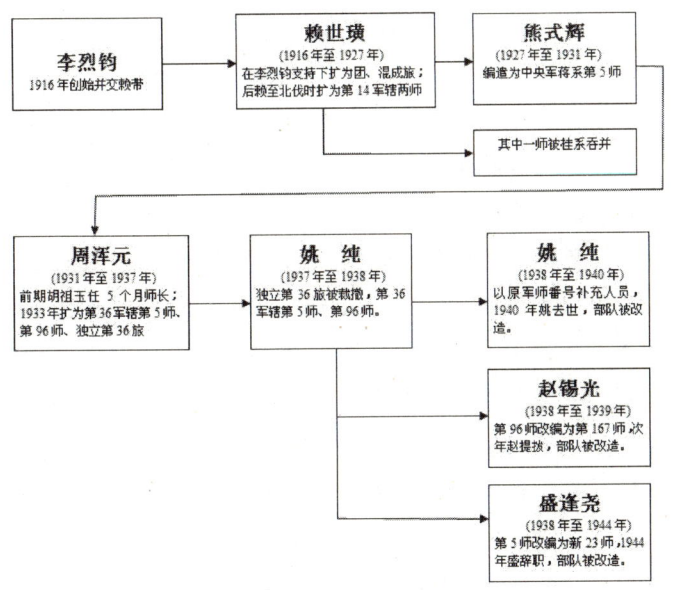

赣军赖世璜部发展图示

先锋，是当时为数不多的新式军队，系资产阶级民主革命先驱李烈钧将军改编和创建的。盛逢尧将军率带抗日的这支赣军，也源系李烈钧将军于护国护法期间亲手创建，交与赖世璜率带，北伐期间横扫近半个中国。接着，在熊式辉任上一度成为蒋介石最为信赖的部队，第一次编遣会议即被编为中央军蒋系的第5师。经赣籍将领胡祖玉、周浑元、谢溥福等数任后，抗战前夕盛逢尧将军接任该师师长。不久，陈诚意欲吞并该部，利用职权借抗战名义，将该部调出抗战隶属其嫡系的第18军，改编为新编第23师。虽然据国军军师史记载这一支赣军较早就编遣成中央军蒋系，但是第5师一直保持着以赣籍子弟为主体的色彩，这是蒋介石嫡系部队中极为罕见的反常现象。据湖南省档案馆藏的《庐山军官训练团同学录》的资料显示，1933年第5师的参训军官多系赣人。抗战后编入陈诚部的七年期间，盛逢尧将军虽受尽排挤打压，亦极为艰难地独立支撑着这面赣军的旗帜。据湖南省档案馆藏的《第六战区干部训练团第一期同学录》的资料显示，几乎该册子中的所有赣籍军官都在盛逢尧将军的新编第23师；另据湖北省潜江市档案馆藏的《潜江县地方行政干部训练所第一期官佐通讯录》的资料显示，盛逢尧部驻扎该地期间，派出军官帮助地方政府训练干部，该训练所从所长、总教育长、教官到事务员竟然均为赣人；还有新编23师的机枪连长王清泉回忆说，1941年与其同从黄埔军校毕业的第17期江西籍学员都分配在该部队服务。可见，盛逢尧将军率带抗战七年的新编第23师，组成人员应多是赣人，完全能够说明是一支赣军。

要指出的是，新编第23师的番号，则完全代表着一支纯粹抗战的赣军部队，没有任何涉及内战的不光彩历史。它是1938年底在盛逢尧将军手上由中央军第5师（赣军）改编而来，直到1944年初盛逢尧将军辞职后，同年底被蒋介石改编为青年军205师。该部队存在的时间为1938年底至1944年底，所以说这个番号是全新的，纯为抗战而编的。另前文已述，该部传承于赣军，并且在盛逢尧将军的带领下一直保持着以赣籍子弟为主体的色彩，因此，这个番号足以完整地代表着抗日杀敌战场上广大赣籍子弟的英勇形象。

总之，在亡国灭种的危难关头，赣军将领盛逢尧将军率带以赣籍子弟为主体的新编第23师，顽强地与日本侵略者浴血奋战七年，用血肉之躯谱出一曲曲爱国主义壮歌，为赣军杀敌报国书写了浓墨重彩的一笔，显示了江西儿女为洗刷民族耻辱迸发出的爱国主义热情，表现出江西人民源远流长的爱国主义传统。更加雄辩地证明，包括江西人民在内的中华民族具有同敌人血战到底的英雄气概，具有大义凛然的民族气节，有光复河山屹立于世界民族之林的雄心壮志。由此我一直以来的遗憾才算得到慰藉，这也自己收集整理盛逢尧将军生平的又一目的。

作为一名地方历史人物的业余研究者，初次涉猎这位一直不受关注的人物，收集整理其生平事略，除了藉此抛砖引玉，引起有关方面重视研究地方历史人物，忠实记录历史，弘扬民族精神，传承地方文化，启迪个人奋斗等以外。最重要的还是重温盛逢尧将军率部与日军浴血奋战数年的历程，重新翻开那历史上最为激昂沉重的一页，时刻警醒国人居安思危，铭记日本军国主义对中国人民犯下的血腥罪行。半个多世纪过去了，岁月的流逝黯淡了血雨腥风，历史的车轮碾灭了炮火硝烟。尽管善良的中国人民对日本侵华的这段过去不咎既往，致力于中日邦交友好，希望其汲取历史的教训，使中日两国能世代友好持久和平。但是，军国主义、霸权主义的思想在日本并未消除，1955年即开始篡改教科书美化其侵略行径，1978年将包括14名甲级战犯在内的共1000余名侵略战争的战犯移入所谓的"靖国神社"，此后每年都有大批大臣和议员前往参拜，这其中不乏中曾根康弘、竹下登、桥本龙太郎等首相政要的身影。特别要警惕的是，这些要员们还煽动群众为侵略翻案，宣称："八一五不是终战纪念日，而是日本国耻日，全体国民应奋起雪耻。"并在神社的喇叭里不断地喊着"大东亚圣战是为亚洲各国争取独立的战争，是正当的自卫"等口号。近些年，屡屡向我钓鱼岛、东海大陆架伸手，不断干出伤害中国人民感情的事情，这一切都不能不使我们鉴往警来。前事不忘，后事之师。我们绝不能忘记那场深重的耻辱，盛逢尧等广大抗日军民的血不能白流，他们在战场上曾经悲惨的厮杀呐喊，永远催促我们后人去实现中华民族的复兴之梦。今天，人们在歌舞升平来之不易的和平氛围里，理应不忘国人自强不息、奋发向上的拼搏精神，牢记历史，勿忘国耻，凝聚民族力量，提振民族精神，把我们的家乡建设得更加富庶，把我们的国家建设得更加强大，开创更为美好灿烂的未来。

这些，应该就是笔者最大的期待所在。

黄礼霖

2011 年 9 月 18 日于修江畔，破晓时分

引 子

一直以来，读到这类的文章，心里总是颇为不平静。

其一，1993年11月湖南文艺出版社出版的张晓然著《八千男儿血——中日常德会战纪实》一书第372页讲了这么个故事：

1988年，曾在抗日战争时期为中国建立了特殊功勋的中美空军美方飞行员，自行组织了一个50余人非正式的观光团来中国大陆试探性访问。当年的飞行员汤姆斯准将，50年代曾升任美国空军运输部司令，此行被推举为团长。

5月20日晚，当观光团的座机在昆明巫家坝机场着陆时。汤姆斯团长异常激动，抢先冲出舱门，向下面的人群频频挥帽致意……他正打算与前来迎接的中国官员热烈拥抱，不料被那官员的随从礼貌地拦住了："先生，您搞错了。我们是来迎接日本商务代表团的。"

小小的误会，使汤姆斯团长有些尴尬。不一会儿，接机的中方人员来了，他们是省政协名下的"黄埔军校同学会"的分会负责人。汤姆斯略感不快，因为看起来，接待日本人的规格显然要比他这个观光团高得多。美国人历来不计较繁文缛节，但这次特别不服气日本人。

当天晚上，"黄埔军校同学会"在春城餐厅设宴，为观光团洗尘。客人们就座后，该店经理就找到同学会负责人商议说，虽然同学会提前定下酒席，但有个日商出了高价，要举行答谢宴会，要求同学会改变地点或改变时间。最后，同学会负责人显然力不从心，不无歉意地对汤姆斯说："对不起，阁下，我们换个地方，您不介意吧？"

5月24日，地方政府有关部门的领导接见观光团全体成员。气氛亲切而友好，但是，那位领导对中美空军的历史，根本不了解，可以说是一无所知。此外，观光团来华之前，美国的几家报纸都作过报道，可是中国新闻界对他们极其冷淡，原因可能还是不了解。

一腔热情换来如此冷遇,汤姆斯的自尊心受到伤害。他把在中国参加抗日战争获得的所有纪念勋章,包括蒋介石亲自授予的那枚一级青天白日宝鼎勋章,全都挂在胸前,走上昆明市的街头,看看有没有人认识。

但很可怜,他绕着昆明闹市走了一大圈,也没人来搭理他,更别说要像对待英雄那样欢迎他了。突然,有几个年轻人迎了上来,这个美国老人眼睛一亮,但还未及振奋,就听到对方用"洋泾浜"的英语问"哈啰,有美元兑换吗?"汤姆斯一阵冲动,他真想找个酒馆喝个酩酊大醉!不日,他带着对当年"飞虎队"的遗憾离开了。

其二,2011年6月11日《厦门商报》A24版记者陈雪慧撰《严歌苓读历史就像涂隔离霜》一文如此述:

旅美著名女作家严歌苓新创作了小说《金陵十三钗》,主要内容是据一段抗战史料创作的,抗日战争时期,日军占领南京后,要求金陵女子大学交出100名女学生,供其淫乐。这时秦淮河一群妓女自我牺牲,去拯救这群女学生。(近期听说著名导演张艺谋将该故事搬上银幕)

严歌苓在采访中谈到南京大屠杀时说:"南京大屠杀那段历史在西方叫作南京大强奸,从比较形而上的角度看,这段悲惨的历史,是一个外族对另一个外民族,从肉体到心理的强奸。它比解决一个人的生命更残酷。在南京大屠杀中有30万人死亡,其中8万人被强奸,在人类史上闻所未闻,这个数字令西方人很震惊,所以西方会一直这样去称呼这个事件。"

并非是简单地纠结于历史。

当年秦淮河那群妓女的民族气节和当今人们忘却了那场深重耻辱的麻木不仁,让我无比的震撼。

每个人每时每刻都要遗忘一些东西,这是正常的。否则的话,人的大脑怎么能储存那么多的符号和印记?但我觉得有些东西是不能忘记的,那就是属于自己民族的精神。

这是人的灵魂啊!

目 录

第一章　兵家重地蕴英才 ………………………………………… (1)

第二章　穷苦出身萌壮志 ………………………………………… (5)
 一、贫寒家世 ………………………………………………… (5)
 二、艰难入学 ………………………………………………… (7)
 三、穷不坠志 ………………………………………………… (8)
 四、幕阜山下的热血青年 …………………………………… (10)

第三章　投笔从戎报国心 ………………………………………… (12)
 一、教学救民 ………………………………………………… (12)
 二、向往革命 ………………………………………………… (12)
 三、投笔从戎 ………………………………………………… (15)
 四、踏上征途 ………………………………………………… (17)
 五、民主革命的战士 ………………………………………… (24)

第四章　北伐战场建功业 ………………………………………… (26)
 一、赣军赖世璜部 …………………………………………… (26)
 二、随军北伐 ………………………………………………… (31)
 三、讨贼扩充 ………………………………………………… (34)
 四、借潮突围 ………………………………………………… (38)

五、再次北伐……………………………………………(41)
　　六、国恨家仇……………………………………………(43)
　　七、返部北伐……………………………………………(46)
　　八、底定赣闽浙…………………………………………(47)
　　九、直取苏鲁……………………………………………(51)
　　十、军祸萧墙……………………………………………(52)
　　十一、北定中原…………………………………………(54)
　　十二、北伐大革命的赣军干将…………………………(57)

第五章　盲从军令打内战……………………………………(58)
　　一、赣军的熊式辉时期…………………………………(58)
　　二、所谓剿"匪"…………………………………………(60)
　　三、治安剿匪……………………………………………(63)
　　四、中原大战……………………………………………(64)
　　五、国共内战……………………………………………(66)
　　六、单独接见……………………………………………(69)
　　七、消极清剿……………………………………………(74)
　　八、江州练兵……………………………………………(80)
　　九、"忠心耿耿"的职业军人……………………………(83)

第六章　浴血奋战驱倭寇……………………………………(85)
　　一、何处染尘埃…………………………………………(85)
　　二、陈诚吞并赣军………………………………………(88)
　　三、北上抗战……………………………………………(91)
　　四、挥师武汉……………………………………………(96)
　　五、横刀洞庭……………………………………………(125)
　　六、立马江北……………………………………………(161)

七、驰骋敌后 ……………………………………… (185)
　　八、浴血藕池 ……………………………………… (195)
　　九、苦战鄂西 ……………………………………… (208)
　　十、驰援常德 ……………………………………… (254)
　　十一、兵出长衡 …………………………………… (258)
　　十二、心灰意冷 …………………………………… (262)
　　十三、一寸山河一寸血、十万青年十万军 ……… (264)

第七章　卸甲归田建家乡 …………………………… (268)
　　一、囊中羞涩 ……………………………………… (268)
　　二、老马、老将、老家 …………………………… (270)
　　三、热心战后重建 ………………………………… (272)
　　四、将军与农民 …………………………………… (275)

第八章　愚忠复役不归路 …………………………… (278)
　　一、盛情难却 ……………………………………… (278)
　　二、组军闹剧 ……………………………………… (279)
　　三、踏上归途 ……………………………………… (282)

尾声　为谁开　荷花满塘 …………………………… (285)

附录一：盛逢尧将军简历 …………………………… (287)
　　一、基本情况 ……………………………………… (287)
　　二、学习工作情况 ………………………………… (288)
　　三、军阶资历情况 ………………………………… (290)

附录二：1940年6月盛逢尧部机构序列及营以上
　　　　主官名单 …………………………………… (293)

附录三：抗战事迹亲历者回忆文章 ………………… (294)

一、《我的父亲——抗日将领姚纯》 ………………………… (294)
二、《姚行中的抗日战斗故事》 …………………………… (296)
三、《城陵矶防守战》 ……………………………………… (302)
四、《抗日战争回忆录》 …………………………………… (303)
五、潜江市文史部门收集当地抗战亲历者回忆资料
………………………………………………………… (310)

附录四：采访手记 ………………………………………… (315)

一、军旅轶事篇 …………………………………………… (315)
二、返乡往事篇 …………………………………………… (324)
三、家庭旧事篇 …………………………………………… (327)
四、末路难归篇 …………………………………………… (329)
五、子女自强篇 …………………………………………… (331)

后　记 ……………………………………………………… (336)

第一章　兵家重地蕴英才

武宁，处江西西北边境，全县面积为3600平方公里。南有九岭流脉，北有幕阜延绵，中部柳峰秀出，联群山以多娇；西来修江奔流，纳百川而东注。资源丰富，四季流清，盛产粮油、竹木、茶叶。人口滋藩，现有四十万人，为赣西北望县之一。

武宁县城新貌图（由武宁县旅游局提供）

武宁商时属艾地，汉属海昏、建昌，三国吴设西安，晋称豫宁，唐长安四年设武宁县。以接壤楚尾，屡遭兵燹。清《江西全省舆图》中评述："县为省城西北之屏蔽，东界建昌（今永修），西界义宁（今修水），皆层峦叠嶂；南界靖安朱家、白岩二山，峻绝幽深为腹中要隘；唯北路以一面独挡兴国（今湖北阳新），最为吃重。自太阳、九宫山迤逦东北，中经黄土岭，直抵羊肠、马脊诸山，绵亘百余里，犹如列屏，吴楚平分。往年楚中有警，邑人力守于此，以防楚寇。然防兴国，而不联义宁、瑞昌，则犄角无援。惟左援九宫山，以控义宁；右扼马脊，以联瑞昌；东搪西批，首尾相应，西北既固，则省垣差安，防守大略此其要矣。"因此，武宁成为历代兵家必争之地。

战国时期，越灭吴据艾，继伐楚被败，艾属楚。三国时孙策之庐江太守刘勋袭海昏上缭，后来孙权又西伐黄祖于此。宋岳飞在武宁朱家山追斩叛将赵万。元末陈友谅部将李明道败退武宁，朱元璋派常遇春、邓愈追杀于武宁山中。明末闯王李自成占领武昌后，派步骑数万，从兴国（今阳新）来攻占武宁，作为武昌的重要外围据点。清咸丰六年，太平军石达开自兴国进逼武宁，都司张大雄兵败，武宁令走，城遂陷。咸丰十一年，太平军忠王李秀成从天京（今南京）西征，由靖安攻占武宁，再经兴国扑武昌。第二次国内革命战争时期，武宁成为湘鄂赣革命根据地，在太阳山、九宫山、太平山、北屏山等地，到处有工农红军的战斗足迹。彭德怀平江起义后，挥师东北至武宁鲁桥歼灭地主武装团防。滕代远、何长工、肖克、江渭清等先后转战武宁西北地区。抗日战争期间，薛岳、陈诚、罗卓英、王陵基等国民党抗日将领，指挥武汉会战、南昌会战、长沙会战于此，武宁屡次成为重要的局部战场。

革命根据地路口烈士纪念馆（摘自《武宁县志》）

历代名人辈出，有进士出身，曾追随岳飞征剿叛将李成，而立军功的叶梗、汤执中、冷洙、汤帮德等。其中被称为"冷氏三杰"之一的冷洙，一直陪祀岳庙，岳飞曾手书军功遣赠其家。有"立朝径直敢言，然不为矫激沽名"的宋嘉定进士、敷文阁学士周友贤。有"上疏劾贾似道贪庸误国"的宋淳祐进士周应合,其主编的《建康志》被誉为当时志书范本,现南京图书馆尚存有清代刻本。有著书立说,教授子弟,文名遐迩皆闻,其著作被收入《豫章丛书》,被称为"清代三盛"的盛谟、盛镜、盛乐。有饮誉江西诗坛,被称为"江西四子"之一的汪轫。近代有追随孙中山参加辛亥革命,发动二次革命、护国战争,并在护法运动、北伐战争屡立功勋,为推翻封建帝制,建立民主共和,促成南北统一等方面作出重大贡献,被誉为民主革命元勋的资产阶级著名的革命家和军事家李烈钧。

李烈钧1922年在广州任大元帅府参谋总长时全家合影(摘自《武宁县志》)

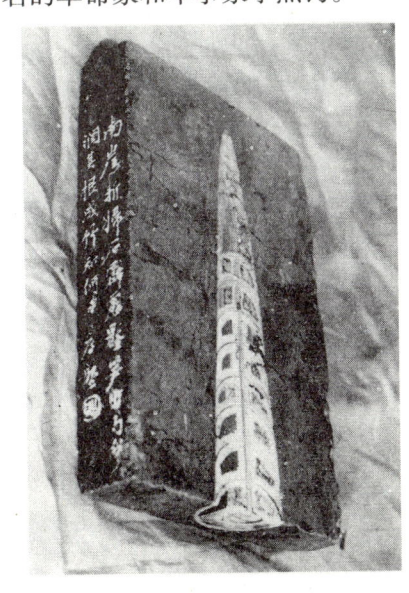

1980年武宁县干部涂兆庆献出的黄庭坚题诗的鹦鹉螺化石(摘自《武宁县志》)

甫田乡处武宁西北幕阜山下,其北抵湖北阳新,襟带赣鄂边陲,是武宁乃至江西西北的重要门户,素为赣鄂孔道位置险要。有苏轼、黄庭坚、周濂溪徘徊留恋的山水佳境三贤坂,有石口牛栏峡古化石产地,发现了曾为著名诗人黄庭坚收藏,并题诗其上曰:"南崖新妇石,霹雳压笋出,勺水润其根,成竹知何日"的鹦鹉螺化石。

民国时期,此地军旅云集战事不断,一时成为各方关注的焦点。更为重要的是,小小的甫田出了数位军政要员。潘学海系甫田干楼富村人,民国初年曾任江西省检察厅厅长;黄隐霆为甫田干楼人,民国二年被选为中华共和国众议院议员，民国21年复又出任修水县长；黄山亭甫田干楼人，民国20年任武宁县县长；李家模甫田建富人，民国22年任河南商城县长；黄亚柏甫田干楼人，民国25年任江西浮梁县长。

盛逢尧为甫田浩岗人，早年投身孙中山领导护法运动，于北伐战争中屡立战功擢升至营长，民国19年任团长，民国24年任独立36旅少将旅长，自抗战之初先后任国民革命军第5师师长、新编23师师长、第6战区司令部附员，解放前复出任九江江防指挥所主任兼陆军总司令部暂编17纵队中将司令、湘鄂赣边区人民自卫救国军第1军军长。

盛逢尧既为赣军名将，自是从者如云，家乡子弟从军而官至校尉者，虽无确切统计，但据传又有十余人。甫田小镇，当时可谓人物济济。

第二章 穷苦出身萌壮志

一、贫寒家世

由武宁老县城北门而出,沿幕阜山脚与修江北岸西行三十余里,见一小镇即甫田,从该乡往东北辗转于幕阜群山六七里,即到武宁甫田浩岗村,村东头笔架山下,靠山建有一座坐北朝南石砌土坯屋。对面山脚下一汪清澈的溪水,自西向东犹如玉带一般绕屋而过,门前左侧一棵枫树长得郁郁葱葱,这是江南山区极为普通的农家院落。

难觅断壁残垣的盛逢尧将军旧居处(黄礼霖摄)

公元 1897 年(清光绪二十三年)8 月 18 日,在这一户普通的农家院落里,传出一阵洪亮的婴儿啼哭声。村民盛耀民中年得子,喜出望外,邻里族亲闻讯纷纷前来道贺。族中长老见其天庭饱满,眉目慈善,长像甚是仁厚,是盛氏家族广字辈,故取谱名广仁。耀民因家道中落,生活贫苦,希望能得祖宗庇佑，将此子抚养成人，又取小名公荫。这就是此后于役军旅转战大江南北近三十年，在北伐和抗日战场令敌寇闻风丧胆、高度戒备的赣军出身的著名将领盛逢尧将军。

盛逢尧将军先祖五代均是务农，祖父盛治聘，生于清道光甲辰年5月，是一个朴实憨厚、沉默寡言的地道农民。他虽然每天面朝黄土背朝天，辛勤耕作于田间地头，但是心里奉万般皆下品唯有读书高为至理。总是希望自己的孩子能通过读书而改变命运，所以尽管那时家中一贫如洗、食不果腹，可他不辞辛劳日夜耕作、节衣缩食，硬是坚持送孩子读书。而他自己却因此由于过度劳累，较早地离开了人世。

其父盛思笙，字耀民，排行第三，生于清同治癸酉年二月，他早年读了几年私塾，后来因家境贫寒、父亲早逝，而被迫辍学回家耕作务农。他十多岁时便挑起全家的生活重担，农忙时起早摸黑的犁田、耙地、耕作，农闲季节靠砍柴、帮人打短工贴补家用，一年四季为养家糊口辛勤劳作。娶本乡干楼村黄姓之女为妻，黄氏是甫田一大族、聪慧贤淑、勤劳俭朴，种菜、喂猪、纺线、作衣，样样是行家里手，又善于主持家政、教育子女，是贤妻良母式的典型农村妇女。家中一切经济都由其盘算，为家庭生活好转、子女教读劳碌了一辈子。

其父母在生育盛广仁的前后，相继还生育子女十余个，但由于生活贫苦、缺医少药，在盛广仁十三岁之前所生的子女全部夭折，这种悲惨的命运磨砺了盛广仁的性格。此后，仅生育次子盛广智，也侥幸得以长大成人。该子后来系上海暨南大学（复旦大学前身）的高才生，大学毕业时，正值抗战军兴。他出于强烈的爱国情结，复又投考黄埔军校第16期学习，毅然投笔从戎参军抗日，屡立战功擢升至营长，可谓是文武双全的人才。抗战胜利后，无意留恋官场，亦不愿参加内战，坦然从东北战场退役返乡，致力于桑梓教育事业，可惜后来随盛逢尧出来组军。

母亲生育其弟广智后，不久又因生育时难产，即撒手人寰。后来，庶母胡氏又生育广信，此子幼年患病，因无钱看病吃药，贻误了治疗而致终生聋哑，一直在家勤恳种田。不出几年庶母胡氏又过世，当时长子广仁（即盛逢尧将军）已赴广东投李协和从军革命，其父盛耀民独自一人带着两个幼小的儿子（即广智、广信）无人照料，生活异常艰辛，乃于武宁县城内娶继母汤氏，由此得以入城作码头脚夫（搬运工），以维持一家之生计,未久汤氏又去世,又续娶继母罗氏。1926年(民国15年),北洋政府江西军阀孙传芳部得知盛逢尧是广州革命政府北伐军的营长,于是侦骑四出满城缉拿盛耀民一家,盛耀民得到消息即逃离县城,全家惶恐不安地躲到莆田浩岗村,其父为一安分农民,哪里见过这种阵势,经此惊吓后一病不起,次年初与世长辞。他一生为家中生计、子女教育勤劳耕作,晚年又作脚夫,含辛茹苦未过上一天舒适日子。

二、艰难入学

盛广仁小名公荫,从小聪敏、懂事,人穷志坚,深受父母喜爱,都希望他长大会有出息。家中虽然清贫如洗,但父亲从祖父那里传承了万般皆下品唯有读书高的观念,毅然送他读书。并时常告诫:要好好读书为国出力,为家争光。母亲虽然对他有些溺爱,可也甚识大体,总是一面给他穿衣一面教育他要好好读书,一面给他东西吃一面又教他长大了要好好做事。这一些朴实的话,在他幼小的朦胧记忆中就扎下了根,使他从求学至做事都时刻铭记,所以他学习刻苦努力,工作拼命苦干,希望能为国家出力尽忠,为家庭争得光荣。

1904年(清光绪30年),小公荫七岁时,初次启蒙是到上屋丁家张老师处走读,主要是学习《三字经》、《四子书》,每天背几句经书、写几张红模本就行了。母亲黄氏对他十分宠爱,天下了一点雨或是刮起一些风,怕他生病就不让他上学。父亲是个辍学而耕的农民,当然知道这样不对,但鉴于公荫年龄太小不好太严厉。

在此期间他这个家庭,本就连续遭到上十个子女夭折的变故,盛广仁是当时唯一命硬存活下来的孩子,故其母对他有所宠爱亦属人之常情。那时候中国底层的农民能养大一个孩子,确实是件不容易的事,缺衣少食营养不良且不说,一旦染上病痛,那就只有听天由命了,这一点当今身处物质充沛时代的我们,只有从鲁迅先生的《药》中来体会。

1907年(清光绪三十三年),母亲还是时常以公荫身体虚弱为由,三天两天的留在身边不放他上学,学习效果自然不甚理想。对此父亲则看在眼里急在心头,遂狠下心来把公荫送到剑谷的本族老学堂组美园的邑中名秀才何懿初先生处住读,每年只端节放假半月年节放假一月,其余都在学堂朝夕勤读。一方面可避开母亲姑息之爱，另一方面又可专心领受何先生教诲，从此历史经书文集唐诗等天天口诵心唯，夜以继日，一连在此学习了五年之久。当时教育主旨在了解经史，学作文章诗词，再加以君臣义、父子亲、夫妇顺的伦理思想，以达到学而优则仕的目的。

公荫小时候就非常孝顺父母，在剑谷住读的五年期间，每次离家入校之际母亲总是依依不舍、热泪盈眶，而他则咬紧牙根强装镇静安慰母亲，以免母亲更为伤心、难过。回到学校之后，他于无人时在被窝里偷偷流泪。有一次盛广仁思母心切，偷偷跑回家里，发现父母在家中吃米糠就野菜，以省下谷子交学费，他与父母相抱哭作一团，死活不肯上学要帮父母种地，后来经母亲多次劝慰，知道父母节衣缩食、硬起心肠送他离家住读都是为了儿子的将来，复乃上学。因此，他在学校读书很是刻苦，放假回家就帮着父亲去田地做事，让父母更为怜爱、欣慰。

三、穷不坠志

1911年（清宣统三年），辛亥革命爆发，孙中山先生领导的革命党推翻了腐朽清政府，建立了中华民国，举国百姓欢呼雀跃。盛广仁的老师何懿初先生更是积极参与新政府组建，为了参加竞选不得不放弃教学。可他对学生盛广仁甚为喜爱，怕其因此辍学而荒废前程，故专门找其父亲说："此子天质聪颖，又能刻苦勤奋，将来必有出息。你切不可令其辍学，要让他去投考县立高小。"父亲对何先生的话非常相信，于是四处张罗筹借盘缠送公荫到县城考学。

武宁县立高等小学校创办于1907年，原来由知县兼督学，是废除科举制度后武宁全县唯一的一所新式学校，学生一切费用，全由学堂供给，后来仅收取膳费，学制三年，毕业学生均以秀才资格相待。辛亥革命后，该校又得到进一步改进。民国元年（1912年），十五岁的盛广仁赴县城考学，经三场考毕，当场鸣炮放榜，盛广仁名列正榜，考入武宁县立高小，当时的校长就是后来当过第一届众议院议员的黄懋鑫先生。

黄隐霆，字懋鑫，晚清秀才，民国2年被选为中华共和国众议院议员，民国21年出任修水县县长。(《武宁县志·人物》江西人民出版社1990年版第672页)

该校学生大的有二三十岁,小的也有十四五岁,都以读了十年八年老书的居多。学校的教育方法比私塾改善了许多,科目的设置注重新科学、新思想和时局知识。盛广仁与其他学生都觉得比以前读的经书更有趣些,均能自动要求进步。学校的一切生活、起居、上课、休息有严格规定,而且要求讲究卫生,减少了不少疾病的发生。校长黄懋鑫先生受德日国家的影响,十分强调"富国强兵"思想,大力提倡军事教育,在体操课上加了军事操,没有步枪就制木枪给学生们操练。三年的高小教育虽拘束较松,但功课则更繁多,为得争取分数学好课程,盛广仁虽然基础扎实,但也十分努力。同时,他于正课之外的课程也甚为感兴趣,均是毫不放轻的认真温习,一连三年各科成绩都很优秀,深得校长的赏识。他在这三年来的学校教育中收获很大,最重要的是"富国强兵"的思想已经在他心里扎根成长,功课方面尤其对自然科学、新思想有了更深入的了解,并且学校的军事教育也为以后接受正规的军事教育打下了基础,此外,学校有规律的生活及锻炼使其身体也强壮起来。

1915年(民国四年),盛广仁在武宁县高小毕业后,考取了省府南昌的洪都中学,在亲友的资助下他只身前往南昌求学。省府南昌的短暂生活令他眼界更为开阔,思想更趋成熟。自读高小以来的这几年,正是我国政治风云变幻,新旧思潮和各种势力急剧交锋的动荡时期,辛亥革命的炮火,虽然摧毁了腐朽的清王朝,但中华民国大总统的职位却被袁世凯窃取,开始了封建军阀的统治。中国大地满目疮痍,国民经济日益萧条,帝国主义列强横行霸道。当时江西是军阀李纯主事,老百姓在封建军阀的压迫下,民不聊生,怨声载道。在南昌求学的盛广仁目睹国家的惨状,内心悲愤交加,迫切寻求光明。他更加清晰地认识到,要使祖国不受列强欺凌,百姓不受压迫,就必须通过"富国强兵"的方法,让国家强大、百姓富足。

在洪都中学第一学期结束之际,家中传来噩耗,母亲因生育而去世,盛广仁闻讯即泣不成声。以前在家中的时候,看到母亲日夜忙碌的瘦弱身影,他总是暗暗地激励自己发奋读书,将来为家庭争光,让母亲过上好日子。现在母亲竟然就在苦难之中离开了人世,这令他无比悲痛,匆忙赶回武宁。举家上下对母亲痛悼极深,父亲更属难过。庶母胡氏从未经理家务毫无头绪不知所措,家中一切萧然凄惨,真有一人去全家苦的情形了。家遭不幸哀痛之余自问前途更为艰难，他知道以前家中的经济状况，父母共同维持供给中学尚感困难，现母亲离世家庭生活将会更加困难，作为长子他知道不能继续留恋学业，必须与父亲一道支撑起这个家，万分无奈中只好辍学回家。

本章有关问题考证：

这个阶段的事实主要据盛逢尧将军后人提供的自述情况编撰，其中其家世和就读情况笔者略加考证。

其家世情况与《盛氏家谱》的记载基本一致，详见盛维谷先生家藏的《广陵盛氏十修宗谱》1994年版第51、53页。

其就读的学校情况与《武宁县志》的记载大致相符。"光绪33年（公元1907年），我县创办高等小学堂，以正谊书院为校址，知县为督学。教授科目有修身、读经、国文、历史、舆地、算学、图画、体操、唱歌等课程。……为'中学为体，西学为用'的半学堂半书院的教学形式。……宣统二年（公元1910年）高等小学堂第一届学生毕业，举行游泮仪式，毕业生均以秀才资格待之。"（1990年江西人民出版社《武宁县志》第490页）

四、幕阜山下的热血青年

盛广仁出身正值清王朝没落之时，外受帝国主义列强欺辱，内受封建军阀压迫下，国家千疮百孔，百姓饥寒交迫。幼少年时代的盛逢尧作为处在社会最底层的农民子弟，饱尝了衣不蔽体、食不果腹的艰辛生活。自然深谙民间疾苦，受尽了豪强乡绅的层层盘剥，不满于社会现状，为革命思想意识的萌芽打下了思想基础。这些切身的感受更让盛逢尧自幼就磨炼了"贫贱不移"的性格。

其父亲虽为旧社会的底层农民、脚夫，但不失为一个有理想、并敢于实现理想的农民，在盛逢尧的兄弟姐妹因缺食少药而纷纷夭折、全家寝不温食不饱的状况下，宁愿自己吃野菜、糠皮、观音土等，毅然举全力送盛逢尧入学，决心不让孩子步自己的后尘。少年盛逢尧因而得以入蒙学三年、经学五年，正是从小接受的传统儒家文化的熏陶，塑造了他为人忠孝仁义的品行。

辛亥革命爆发后，在新旧思潮急剧交锋的动荡时期，盛逢尧考入县立高小，在这所新式学校里，他初步涉猎了军事、法律及自然科学，对时局也有一定的认识。这为他革命意识的萌芽打下了思想基础，初步形成了"天下兴亡、匹夫有责"的胸怀和"富国强兵"的意识，以至于在南昌洪都中学学习时萌生投笔从戎报效国家的念头。虽然盛逢尧因家遭变故辍学回家，但在高小和南昌洪都中学的新式学习，使其各方面得以升华，初步具备一些科学知识和新思想，为其形成的革命思想打下了扎实的基础，逐渐成长为当时一名有抱负、知识、思想的爱国青年。

第三章　投笔从戎报国心

一、教学救民

被迫辍学的盛广仁开始为家中生计操心，却又不甘于荒废十余年所学，正所谓"君子忧道不忧贫"。数年的新式教育也同时令他有着较强的"教育救国"念头，打算帮助家乡子弟开拓视野，转变观念，宣传民族复兴、民主自由的进步思想。他的这些想法得到了何懿初先生的赞同，两人决定共同办学。

1916年（民国五年），盛广仁与父亲商定随塾师何懿初先生办学教书，农忙时就在家中帮父亲做农活。一方面赚取一些报酬贴补家用，另一方面向学生宣传进步思想，以实现自己爱国忧民的理想。在教学上何懿初先生负责教经学，盛广仁则负责教新科学新思想，第一年盛广仁在武宁甫田乡三贤段村教书，第二年在碎石村，第三年在黄狮村。

近三年期间，盛广仁农忙时下田地耕作，平时则到附近村庄教书。由于更加广泛深入地接触了底层社会，耳闻目睹了家乡各地的满目疮痍，百姓怨声载道。切身感受民间疾苦，忧国忧民之心大增，作为具备新思想的爱国青年，他不甘心就此生活一辈子。因此，在教书耕作之余，他时刻关注时局的发展变化，不断思索着革新图强的国民出路。

二、向往革命

早在县立高小读书时，由于辛亥革命刚爆发不久，校长黄懋鑫先生时常与盛广仁等学子，讲述孙中山先生等革命党的事情。从黄懋鑫先生的讲述中，少年盛广仁的脑海里深深刻下了革命领袖孙中山先生反帝反封建的印记。他知道了孙中山先生早年求学檀香山、香港等地，因目睹清廷的腐败和帝国主义的侵略，萌发了图强御侮的爱国思想，致力于挽救民族危亡的政治活动。1894年他上书李鸿章，主张革新政治，变法自强，结果碰壁，由此产生了武装推翻满清夺取政权的思想。1895年他提出"驱除鞑虏，恢复中华，创立合众政府"的主张，成立兴中会，后组建同盟会，着手培训骨干组织武装，发动了广州起义，因事泄败走国外。此后自1900年起至1908年间，他连续组织了惠州三洲田、潮州黄冈、惠州七女湖、钦廉防城、镇南关、钦州马笃山、云南河口等十余次武装起义。虽然这些起义都失败了，但孙中山先生等一干革命党人毫不气馁，及时总结经验教训，将组织武装夺取政权的重点改为"运动新军"，即采取打入清军内部的方法，策反清新军为革命力量。这种为了孙中山先生挽救民族于危亡，而百折不饶的斗争精神令盛广仁钦佩不已。

最让他感到非常亲切真实的是，邑中革命先驱李烈钧将军的革命故事，使得少年盛广仁有了更具体形象的英雄崇拜。在黄懋鑫先生口中，李烈钧将军少年时就是个好行侠仗义，爱打抱不平的英雄豪杰。

有一年，武宁新任知县王浚道上任后，逼迫乡民缴纳历年灾荒旧欠田赋，吏役趁机勒索，全县民不聊生，怨声载道。李烈钧激于义愤，聚众打护兵，砸官轿，将王知县赶走。此后，李烈钧被选入江西武备学堂习军，1904年毕业后选赴日本留学深造，先入东京振武学校，接着入日本陆军士官学校炮科第六期学习。在日留学期间，他结识了黄兴、孙中山等一批中国革命党人，并加入同盟会。1908年，李烈钧毕业后回国，正值孙中山先生屡次起义失败，他积极响应策反新军的号召，遂任江西混成协第五十四标第一营管带，在清朝的新军中进行革命活动，后被下令逮捕被迫逃走。1910年初到昆明任云南讲武堂教官兼兵备提调。他与同盟会云南分会长李根源，在学堂和军队中继续宣传反清，竭力争取支持革命的人士。

1911年10月10日，经孙中山领导的革命党人，在湖北新军中长期酝酿准备，震惊中外的武昌起义一举成功，推翻了中国长达2000多年的封建统治。李烈钧立即响应，赶回九江统领九江、安庆、武昌各军，并接管清军水师，出任海陆军总司令。随后，率部光复安徽，被拥为安徽都督，又击退清军冯国璋反攻武昌，保卫了革命成果。后孙中山改派李烈钧出任五省联军总司令、江西都督。不久，袁世凯窃取革命成果，刺杀革命党宋教仁，公然背叛革命。1913年7月，经与孙中山、黄兴等商量，李烈钧坚决主张对袁世凯宣战，被推为讨袁总司令。随即在湖口通电全国，发布讨袁檄文，宣布江西独立，直接发动了"二次革命"。广东、安徽、福建、湖南、南京、上海、重庆各地的革命党首领，都先后追随李烈钧宣布独立。但由于各省革命党缺乏协助，且因辛亥革命胜利后孙中山认为革命已然成功，采纳袁世凯主张裁减解散了大量的革命军队，致使李烈钧无兵可调而告失败，南方七省全部落入袁世凯之手，致二次革命遭到失败。李烈钧将军及时维护辛亥革命胜利成果，勇敢发动二次革命的一系列革命壮举，使盛广仁对李烈钧的成长和革命经历仰慕钦佩不已，对这位家乡伟人无比崇敬，将其奉为学习效法之楷模。

李烈钧（1882～1946），原名烈训，字协和，号侠黄，江西武宁县人，中国资产阶级著名革命家，军事家。无论是在为推翻满清，打响反对袁世凯独裁的革命第一枪的"二次革命"，还是护国战争、护法运动，平定陈炯明之乱中，为国为民都有过重大贡献，是跟随孙中山的革命元老之一，也是推举蒋介石上台的关键人物，曾代理孙中山的大元帅，任参谋总长等职。（《武宁县志·李烈钧传略》1990年江西人民出版社第675页、包华德[美]主编《中华民国史资料丛稿·民国名人传记辞典》6、7、8分册（下）第7页）

正是有了黄懋鑫先生这样的先贤人物传播革命精神，在他的循循善诱教育引导下，少年盛广仁心中由此埋下了革命的种子。此后，在南昌读书和迫而返乡教书期间，盛广仁不由自主地关注孙中山、李烈钧等革命党的活动。1915年夏袁世凯复辟帝制，李烈钧得悉后从新加坡至越南入云南，成功策动西南地区军阀蔡锷、唐继尧讨袁。年底，李烈钧与蔡、唐共同揭起护国讨袁大旗，发表讨袁宣言，捍卫共和国体制，宣布云南独立，拉开了"护国运动"的序幕。同时成立军务院，组织"护国军"，蔡锷率第一军由云南入四川，李烈钧率第二军经两广入江西，唐继尧率第三军进入贵州。1916年初，李烈钧率领滇军迅速经广西进入广东，袁世凯的亲信广东都督龙济光的兄弟龙觐光奋力阻击，李烈钧率部攻克了广东北部和中部的不少城镇，一直打到东部边境的南雄。3月贵州、广西等省宣布独立，袁世凯被迫放弃帝制。6月袁世凯死去，黎元洪继任总统，护国运动结束。但此后李烈钧和龙济光在粤北继续作战，最终逼迫龙济光退出广东。在护国战争中,李烈钧攻打韶关时,龙济光闻炮声逃走,因而武宁民间有"李烈钧三炮定韶关"之美谈。1917年支持龙济光的北洋军人,以内阁总理段祺瑞为首向李烈钧施压,解除驻粤滇军总司令职。7月张勋复辟失败后,段祺瑞拒绝恢复《临时约法》和国会。8月,李烈钧随孙中山南下组织"护法运动",在广州召开国会非常会议,成立中华民国护法军政府,孙中山就任海陆军大元帅,李烈钧被任命为大元帅府参谋总长。10月闽南军阀臧致平进攻广东,孙中山成立援闽粤军,陈炯明为总司令,李烈钧任总指挥,反击臧致平部。

此后,李烈钧将军又成功策动护国战争,挥师平定广西、广东等地,特别是李烈钧的三炮定韶关的英雄事迹传到家乡,武宁各界父老奔走相告十分骄傲,尤其是像盛广仁这样学习了新知识新文化,又具有在学生时期成长的"富国强兵"思想的热血青年,逐渐在迷茫的摸索中有了日益清晰且坚定的方向,对革命倾服之念油然而生,开始十分向往投身革命事业。

三、投笔从戎

李烈钧将军总兵百粤讨伐龙济光之时,盛广仁正在三贤段村教书,他切身感受军阀列强压迫下百姓的苦难,挽救民族危难的情绪十分激昂,坚定了他投身民主革命的信念。于是连夜写信给高小校长黄懋鑫先生(时任参议员),向其表达了自己投身革命、报效国家的强烈愿望,请求他介绍自己投奔李烈钧将军麾下从军,追随中山先生革命。

1917年(民国六年),盛广仁正随何懿初先生在甫田碎石村教书,接到黄懋鑫先生的回信告知,李烈钧将军已作号召,要邑中有志青年往广东从军。盛广仁欣然回到家中与父亲商量,虽然父亲对李烈钧将军的事也有所耳闻,可是无论怎样晓以大义,父亲就是听不进去,坚决不同意他去从军革命。此刻盛广仁内心虽然万分追切,但他一直侍父甚孝,他知道父亲之所以反对也是出于对他的关爱,因为投奔南方革命党在当时北洋军阀统治的江西确属一项重罪,并且时局混乱,广东战事不断行军打仗是极其危险的。试想,其父耀民养育十几个孩子多夭折,就当时来讲仅盛广仁一人长大成人,其二弟虽存活但只有五岁,在当时的条件能否长大成人均是未知的,这也难怪他父亲不舍得这个好不容易养大儿子去从事如此危险的事

青年时期的盛逢尧

业。因此，盛广仁不好忤逆父亲意思只得作罢。

1919年（民国八年）初，南国广东又风云突起。为巩固广州革命政府，李烈钧将军率部再次讨伐盘踞琼崖的龙济光，击退由江西南犯的北洋军阀。就在李烈钧将军南征北战之际，由于旧桂系军阀的干扰，孙中山辞去大元帅职远赴上海，革命一度陷入困境。此时，盛广仁刚转到甫田黄狮村教书，黄懋鑫先生又来信催促赴粤事宜，并转协和先生语：值革命需用人之际，望邑中青年速往。他接到信心里自然焦急万分，但父亲的态度不转变他是始终无法成行的，因为他无论如何也不会抛下父亲，正在尽孝道和追求革命理想发生重大冲突难以取舍之际，这年春夏之交北京爆发了"五四"运动，反帝反封建的声浪席卷全国，民主革命思潮迅速传播开来，也传到了偏僻的山城武宁，各界群众和师生也打出标语举行声援活动，使武宁人民感受到浓烈的革命气息。

在"五四"新思潮的影响和激励下，面对北洋军阀的专制统治和横征暴敛，不少有识民众包括盛广仁的老师何懿初先生也开始在彷徨中觉醒。盛广仁更加坚定从军救国的意志，于是请何懿初先生出面去劝说父亲，何老师告诉他父亲："当今军阀专制民不聊生是不会长久的，民主共和应是大势所趋，公荫既然有志于此，以他的人品及能力，必定会干出一番事业，也是于国有利于家有光的好事。"父亲一直以来对何先生的话很是相信，他自己也是读过书的农民，觉得时局已是如此，正是年轻人建功立业的好机会，再加上儿子意志非常坚定，强行把他留在家中他也不会愉快，更不能因为自己对儿子的宠爱而耽误他的前程，于是就同意了。

何懿初先生告诉盛广仁这个消息，他激动不已，但一想到从此要远离父亲，不由得十分忧伤，毕竟父亲为家庭日夜劳作，没过一天好日子。恰逢端午临近，遂与父亲商定在家过了端午节再起程。这年的端午节是盛广仁长这么大过得最难忘的，头一天父亲就偷偷带着他到姑舅亲戚处作辞，端午这天父亲很早就起床张罗了不少饭菜，吃饭时父亲总是往儿子碗里夹菜，盛广仁强忍住心酸，暗下决心此去一定要做番事业，让父亲下半辈子过上好日子。

四、踏上征途

1919年（民国八年）端午节后，一个细雨蒙蒙的清晨，两个披着蓑衣的清癯身影疾步穿行在莆田至武宁的山路上。他们就是盛广仁父子，一路上父子俩话不多，几次儿子盛广仁劝父亲转身，父亲坚持一送再送，直到将他送到县城码头，把船雇好帮他上船安妥行李，告诫他此去要好好做事，为国出力尽忠，为家庭争光荣，说完就转身杵立岸边，当船解缆离岸之时，父子俩情难自禁始挥泪而别。

盛广仁从此脱离乡井，踏上为国家为革命的征途，大有誓不成就大事业不生还之慨。当时同行的还有黄、陶两人（未考），先到涂埠转船至九江，再沿江而下至上海，按黄懋鑫先生交代找到李烈钧将军指定的联系处，由联系处的革命同志安排从上海乘轮船至广州，同行多人到达后，即由协和先生招待膳宿。不久，盛广仁见到了仰慕已久的李烈钧将军，比乡间传言更为威武，讲话豪爽，举手投足均是大将风范，对这些家乡来的子弟，态度甚为亲和，还不时询问家乡的变化。

经李烈钧将军安排，盛广仁投入驻军潮州的援赣第2军陶学潜（武宁石门人）营四连当兵。不久，在与桂军的摩擦事件中，盛广仁表现得大胆勇敢，在军中传开，赢得部队官兵的认可，由此更引起李烈钧将军的关注。

两个月后，盛广仁被李烈钧将军召到广州，在其所办的学生招待所候了几天，李烈钧将军接见了他，过细询问了此前在武宁的文化学习和近期在军中的效力情况。盛广仁大胆向李烈钧将军汇报对时局的看法，痛斥桂系假意护法，逼走中山先生，与自己离乡时为国出力的初衷相去甚远。李烈钧将军听后十分高兴，见他相貌堂堂，文化基础好，具有新思想，对革命事业忠诚，认为他是可造之才，决意栽培。随后，李烈钧将军深入地为其解读孙中山先生的革命理论，并分析了时局，说明当前粤地诸军各立门户，争斗不休，护法革命有待重整，告诫盛广仁不如借机先习军事，日后好重拾山河，报效国家。经李烈钧将军教诲，盛广仁对民主革命有了更为深刻的认识，他感激不已当场表态：为革命理想战斗不息。并为自己取号克私，时刻鞭策警醒自己克己奉公，为国尽忠。李烈钧对此大为赞赏，饶有兴致为其更名"逢尧"，寓意这个年轻人恰逢明主，能建功立业。从此盛逢尧一直侍李烈钧为尊长，在此后近三十年军旅生涯中时刻铭记其教诲，不忘知遇之恩，无论自己地位如何升迁变化，总是不忘时常探望拜会李烈钧将军。

同年8月，经李烈钧将军介绍，盛逢尧得入云南讲武堂韶关分校第二期学习，该校系滇军总司令李根源创办，该校教育甚好，不但注重军事教育，而且注意政治和社会科学的教育，在当时的课程中设有社会学、法制学等。同期的同学有许权中、陈奇涵、文之炜、盛世才、童陆生、介占鳌、周体仁、王居敬、熊绶云、杨文琏、贾自温、邓志才、锺毅、赵锡光、王根僧、傅肖光、平戎等。这些同学毕业后开始大部分在赣军效力，后来分散各部，仅有赵锡光、文之炜直至抗战才分开，盛世才、王根僧、傅肖光、平戎等一直均有些联系。

盛世才（1896～1970）中将加上将衔。原名振甲，字德三、晋庸，奉天开原（今辽宁）人。早年入省立农林专科学校、上海中国公学政治经济科毕业、日本东京明治大学，1919年回国参加五四运动，后弃文从武。先后到广东韶关讲武堂、东北军事学堂、日本陆军大学第4期。曾在东北军郭松龄部任排长、连长、参谋等职。自1930年始任新疆边防督办署参谋处参谋、参谋主任兼卫队营教练、新疆东路剿匪总指挥、新疆第1师师长、金树仁部参谋长。1933年新疆发生政变，被推举为临时边防督办、新疆督办。1934年在苏联的帮助下，盛世才控制了新疆局势，将军队改为反帝军，政党改为反帝党，1938年加入苏联共产党。1941年任新疆省政府主席，1943年加入中国国民党，任新疆党部主任、中央监察委员、第8战区副司令长官、新疆保安司令等职。统治新疆达十年被称为"新疆王"。1944年离开新疆到南京任国民政府农林部部长，1949年去台湾任"总统府国策"顾问、光复大陆设计委员会委员。后一度经商，晚年从事著述，1970年7月病故于台北。（刘国铭主编《中国国民党九千将领》中华工商联合出版社第706页）

陈奇涵（1897~1981）上将。字圣涯，小名祖福，江西兴国人。出生于兴国县五里亭乡坝南村的农民家庭，早年追随孙中山，入护国第二军讲武堂学习，历任赣军排长、连长、代营长。后任黄埔军校学生队长、连长、政治大队长。1925 年加入中国共产党，建立兴国等地党组织，协助朱德创办南昌军官教育团，参加八一南昌起义。之后，回到兴国领导创建赣南革命武装和根据地，为毛泽东、朱德率红军从井冈山向赣南转移，开辟中央革命根据地，作出了重大贡献。他历任赣南特委军事部长、红3军参谋长、红4军参谋长、红1军团参谋长、江西军区参谋长、军委教育局长、绥德警备区司令员、中央军委参谋长兼延安卫戍司令、冀热辽军区、东满军区副司令员、辽宁军区司令员、东北军区参谋长、江西军区司令员、江西省政协主席、最高法院副院长兼军事法院院长，1955 年授上将军衔。中共八届中央候补委员、九届、十届、十一届中央委员。毛泽东称他为"赣南农民运动的一面旗帜。"（军事科学出版社《陈奇涵传》编写组著《陈奇涵传》引言）

赵锡光（1901~1955）中将。字重华，云南保山人。云南陆军讲武堂韶关分校第2期步兵科毕业。1921 年毕业于云南陆军讲武堂。历任江西陆军第2混成旅（旅长赖世璜）中尉参谋、中尉排长，国民革命军第14军连长、营长，独立第1师营长、副团长，第5师第14旅第30团团长、少将副师长，第96师中将师长、第167师师长、第36军军长、第38集团军副总司令、第8战区政治部主任、新疆警备司令部副总司令、整编第42师师长等职。1949 年 9 月 25 日在新疆疏勒率部起义，任人民解放军第 22 兵团副司令员兼第9军军长，该兵团在陶峙岳和赵锡光带领下成建制转为新疆生产建设兵团，1951 年 11 月兼任石河子城建工程处处长，1954 年 12 月调任新疆军区生产建设兵团副司令员，1955 年 10 月赵锡光在石河子病故。（摘自互联网 http：www.baidu.com 百度百科的公开资料）

王根僧（1898~1965）中将。又名季锋，字兆熊，号甦生，江西兴国县城岗乡人。云南讲武堂韶关分校第2期毕业。1925 年 1 月任黄埔军校第3期步科入伍生队中队长，后相继任国民革命军第3军9师26团参谋长、第57师参谋长、西安绥靖公署参谋处长，第177师副师、第96军少将副军长、凤邠师管区司令、整编第42师中将副师长兼新疆警备总司令部南疆警备司令部副司令。1936 年 12 月参与发动西安事变，11949 年 9 月 25 日在新疆参加起义。后任解放军第 22 兵团第 9 军副军长，新疆生产建设兵团副参谋长兼石河子管理处处长。（刘国铭主编《中国国民党九千将领》中华工商联合出版社第 75 页、《兴国县志》第 781 页）

平戎（1897~1966），江西义宁（今修水）人。1920 年毕业于云南讲武堂韶关分校。曾任滇军旅参谋、师参谋处处长，国民革命军第 14 军军部参议，国民党政府余江、婺源县县长，新疆省政府秘书主任、塔城专员，江西省政府参议。1948 年受中国农工民主党、中国民主同盟江西省组织的委托，组织民主自卫军并任第五纵队司令员。建国后，历任江西省人民政府副秘书长、江西省政协副秘书长、第三届政协副主席，农工党江西省委代主任委员、中央委员。（摘自互联网 http：www.baidu.com 百度百科的公开资料）

1920 年（民国九年）2 月，按该校的规定，新生入学后头六个月为新兵教育期，期满后分为步、骑、炮、工四兵科任人志愿入科，盛逢尧正式选报入步科学习。4 月份，两李因政见的分歧而起兵争（未考），李根源由南韶连镇守使南调琼崖镇守使，该校当随之迁琼，当时校长张怀圣、教育长张鉴桂宣布命令说："琼地气候不良如身体弱者可自由退学。"说得堂皇实则对李烈钧将军介绍的学生下逐客令。盛逢尧等赣籍同学十余人，因系李烈钧将军保送，都统一申请退学回到军政府参谋部，在广东八旗会馆等候李烈钧将军的安排。

5 月，李烈钧将军又保送盛逢尧至云南陆军讲武堂学习。盛逢尧与同学一道，乘轮船过琼海达安南（今越南），转搭乘火车由滇越路直抵昆明。沿途所见令他感觉心中愤愤难安，在河内至老街之间他看见安南省长到车站接一名法军官，这位省长穿的衣服是我们古装，真是"衣冠犹是汉威仪"，可见安南人民之贫穷落后，让人见怜。但是无论在车站检查，还是在火车上，无论河内还是海防，到处都是法帝国主义凶暴地欺压安南人民的场景，有几次他实在气不过要挺身去管均被同学劝止。这一路上的阅历见闻，让他更为深刻认识到"强兵强国、富国富民"的紧迫感和使命感。

当时，盛逢尧等人直接入云南陆军讲武堂十五期步科学习，该校是滇督唐继尧所办，校长唐继虞、教育长龚师曾。同期的同学多是来自滇、粤、赣军，后来不少都成为各部队将领，叶剑英元帅当时也是同校的学员，还有一些华侨及安南、朝鲜的留学生。

云南陆军讲武堂坐落于昆明市的翠湖西岸，于1907年动工兴建，到1909年竣工，可以说是我国历史最悠久的"中国第一军校"。它的建立使昆明这座边地古城，成为那个时代热血男儿最向往的地方。黄埔军校1924年创办时，该校已有15年的历史，招收了18期学员。当时云南陆军讲武堂应邀前往援助建校，派出的教官几乎占了黄埔军校的半壁江山，黄埔7人领导小组中有3人是讲武堂教官，步、骑、炮、工等陆军四大军事学科的科长也都是讲武堂教官。后来，人们说，黄埔军校是培养将军的摇篮，而云南陆军讲武堂则是"黄埔军校的摇篮"。这是不争的事实。其实，云南陆军讲武堂最初是满清政府为编练新军挽救腐朽统治，仿照西法而创办的新式陆军学堂。可是，从它诞生那一天开始，就决定了它是封建王朝一手培植起来的掘墓人，是中国近代史上一所从校长到教官、学生都参与打倒封建统治的唯一军校。

1907年刚从日本陆军士官学校毕业的同盟会员李根源，被电调回滇从事筹备讲武堂工作，于是，李烈钧、唐继尧一大批在日本跟随孙中山的革命分子，全被吸纳于此。因此，从开始筹办时，讲武堂的领导权就完全被同盟会所掌握。1909年正式成立李根源即为首任校长，其他二、三号领导人也全是同盟会员，且在学堂47名全体教职员工中，同盟会员和革命分子就有28名之多。这座军校实际上成了同盟会播撒革命种子的天地，成了旧民主主义革命的策源地，难怪朱德称它为"中国革命的熔炉"。1911年10月10日震惊中外的武昌起义打响后，10月30日为响应辛亥革命，在教官和第一期学员组织发动下，云南陆军讲武堂爆发了"重九起义"。此后，以讲武堂师生为骨干的新式滇军，积极投身护国、护法战争，功勋卓著，讲武堂由此声名远播，鼓舞了许多中外进步青年慕名而来。

自1909年至1935年云南陆军讲武堂共开班22期，分步、骑、炮、工四科，自1919年起，李根源先后在贵阳、泸州、韶关、广州开设过讲武堂分校。1935年讲武堂改名为"中央陆军学校第五分校"，开办至1945年停办。从辛亥革命到护国讨袁，从北伐到抗战，这里走出了两万多名学员，其中华侨学员五百多人，仅第11期至第17期，朝鲜、越南、缅甸等国外青年就达两百多人。在第二次世界大战期间为东南亚国家有培养大量高级指挥军官，走出了3个国家的三军总司令，他们是新中国的三军总司令朱德、越南的三军总司令武元甲、朝鲜的三军总司令崔庸健，还有原缅邦最高军事委员会主席吴奈温及韩国复国后的首任总理李范奭。讲武堂还为中国培养了包括云南、贵州、湖北、江西、热河等省的12位省主席、40位上将、72位中将和数以百计的少将。而且还从这里走出了新中国的两位元帅，朱德和叶剑英。此外，讲武堂第4期学员马毓宝，1912年走出国门参加法国军队，在第一次世界大战中，以法军中尉的身份对德国作战，牺牲于法德战场，最后长眠于法军公墓。后来，法国出版了不少书籍，给予这位中国军人很高的评价，他的事迹让欧洲人感受到了云南陆军讲武堂的军事价值。也因此，讲武堂在人们的眼中，曾一度与美国的西点军校、日本士官学校、法国圣希尔军校齐名。可见，云南陆军讲武堂不但是影响了黄埔军校，而且深刻影响了中国近代百年史，甚至影响了世界。（摘自《南方周末》2011年6月2日E25杨杨专栏《中国第一军校——讲武堂》一文摘录）

不难看出，盛逢尧将军就读的云南陆军讲武堂是一所有着深厚的革命思想底蕴，成熟军事教学经验，无疑为当时最为优秀的军事学府。他在这里学习的两年，正规地接受了革命思想的熏陶和先进的军事指挥技能，为其此后卫国为民征战四方奠定了扎实的基础。盛逢尧在此就读的两年期间，勤奋学习、刻苦训练，掌握了更多先进军事技术和知识，迈出了军旅生涯的第一步，胜利圆满完成从军革命的第一个目的，心情很是愉快轻松了。

1921年12月底，盛逢尧毕业时，李烈钧将军正在桂林策划护法北伐军事，协和先生复电调他们回广东分发赣军参加北伐。于是他与同学几十人回到广州等候任用，有的同学已自找门路另行就事。这时的广州已成为革命思想汇集地，马克思主义理论开始在中国广泛传播，俄国十月革命的胜利鼓舞着许多共产主义革命者。他的同学王仁熙就是其中的一个，盛逢尧在广州候命期间，经常与同学一起听王仁熙介绍共产主义，并说共产主义是要改造人压迫人和人剥削人的社会，这是所有贫苦大众的信仰。

1922年2月，盛逢尧觉得自己作为一个贫苦的子弟，应当为贫苦大众出力，改造这个社会。因此与同是苦出身的同学十余人，共同请王仁熙介绍参加共产主义青年团，记得陈奇涵也是当时参加的一个。后来与王仁熙、陈奇涵同在赣军做事时，他们时常要他看马克思著的小册子，因当时战事频繁未能静心细看，现在回想真是辜负了这些同学。王仁熙在赣军当连长赖世璜疑他是共产党而去职的，接着陈奇涵也离开了赣军，从此他对青年团失去联络。

本章有关问题考证情况

这个时期盛逢尧将军的实际经历，主要据其后人提供的自述编撰。在此，笔者略为考证了其学习军事的情况及从军前后相关的时局背景与自述吻合的情况。

据胡博编著《国民革命军师史总揽（一）》知兵堂出版社2008年第89页记载："盛逢尧……云南讲武堂韶关分校第二期毕业。"可以说明盛逢尧就读该校，但退学缘由却未见有相关资料，与笔者之收集的情况印证。

据湖南省档案馆藏民国35年国防部编印《将官（监）退（除）役名簿第一册》第1376页盛逢尧的出身栏记载："云南陆军讲武堂十五期步科。"另有1990年江西人民出版社《武宁县志》第673页记载："云南昆明讲武堂第十五期毕业。"都足以说明盛逢尧又确实就读该校，因此盛逢尧将军就读军校的情况是基本准确的。

盛逢尧将军从军前的背景情况：1918年2月盘踞琼崖的龙济光反攻粤西南威胁广州，孙中山急令李烈钧从攻击臧致平部的福建前线返回，转而讨伐龙济光。龙部再次败退琼崖，龙济光逃至香港。4月吴佩孚进占长沙、衡山，北洋军阀吴鸿昌、丁效兰由江西南犯，攻占广东南雄、始兴，孙中山命李烈钧率"讨龙军"援赣，李烈钧至韶关指挥各军行动，迅速占领崇义、宁都，一举抄到赣州后路。5月桂系军阀陆荣廷利用政学系操纵国会，改组军政府。孙中山被迫辞去大元帅，离开广州赴上海。因此前方战争，渐时收束，第一次护法失败。此后，李烈钧虽然仍任参谋长，但由于他与孙中山联合，因而受到桂系的挟制。（包华德［美］主编《中华民国史资料丛稿．民国名人传记辞典》6、7、8分册（下）第9页）

盛逢尧将军军校毕业前的时局情况：1920年6月，李烈钧和孙中山往云南找唐继尧会商伐桂，但唐继尧意在四川扩充势力，仅给李烈钧两个营的兵力，进入贵州驻留约有一年。11月陈炯明攻克广州，赶走桂系军阀，孙中山于是再回广州继续进行护法斗争。1921年5月南下广州的国会议员召开国会，宣布取消护法军政府，成立中华民国政府，选孙中山为大总统，仍任李烈钧为参谋总长，6月13日，桂军沈鸿英部出兵进攻广东，发动第二次粤桂战争。孙中山以陈炯明为粤军总司令迎战桂军，令李烈钧率黔、湘军由贵州进攻桂北。7月中旬陈炯明攻占广西中南部,李烈钧攻克桂林占据桂北。7月16日,陆荣廷通电下野,后取道越南,转往上海流亡。12月李烈钧迎孙中山至桂林,成立北伐大本营,集合粤、滇、黔、赣各军拟假道湖南北伐。(包华德[美]主编《中华民国史资料丛稿·民国名人传记辞典》6、7、8分册(下)第9页)

五、民主革命的战士

在纷繁复杂的局势中,盛逢尧一直坚持自己的革命理想,随着邑中先贤李烈钧的革命事迹在家乡的传播,"五四"运动反帝反封建的民主革命思潮席卷全国,盛广仁在革命先驱和五四思潮的直接驱动激励下,面对北洋军阀的专制统治和横征暴敛,他这位有着新思想的热血青年在彷徨中觉醒,毅然决然地向自己追求的民主革命理想,迈出了扎实的一步,付诸以实际行动,盛广仁由一名崇尚民主革命的青年成长为革命者。

促使他认定民主革命并为此付诸行动的,离不开武宁的本土文化的熏陶。据《武宁县志》记载,武宁人民历来具有反抗封建专制压迫的精神,有记载的农民暴动有十余次,仅在光绪年间县城就发生了"打王官"事件(王是当时县令),民国初年又发生横路等地农民提出"斩丁灭段、保乡救民"口号(丁是知县段是武官)围攻县城的事件。

尤其是当时武宁县出了一名中国民主革命先驱,著名的革命家和军事家李烈钧将军,少年李烈钧参与"打王官"、"困屠桌"等行侠仗义、惩治贪官酷吏的传说,就曾伴随着盛逢尧的成长。本来穷苦出身,自幼受尽层层压榨的盛逢尧,自然也从内心痛恨那些鱼肉乡里欺压百姓的贪官酷吏,李烈钧将军的行动无疑盛逢尧这样的贫苦孩子拥护。因此,盛逢尧乃至当时武宁所有有识青年从小就把李烈钧将军视为心中的英雄、偶像。

后来,李烈钧将军于日本学成军事归来,积极协助孙中山先生高举"民主共和"旗帜,发动"辛亥革命"、"二次革命"、"护国战争"、"三炮定韶关"、"护法运动"等等的革命事迹,让盛逢尧崇拜不已,从而他坚定了民主革命的思想,并为此远赴南国广州投笔从戎于李烈钧麾下,追随孙中山先生革命。

说到李烈钧将军,笔者倒有些想法。当前,我们于李烈钧将军的综合评价与其实际的历史功绩和地位有些差距,对其革命活动的深挖研究和策划宣传是非常不够。笔者认为李烈钧将军在发动反封反帝的资产阶级民主革命中,其组织参加的活动客观上推动中国社会发展进步,于国家民族有着不容忽视重大历史意义,尤其是我们江西人文文化的一枚厚重的名片。据包华德〔美〕主编《中华民国史资料丛稿·民国名人传记辞典》6、7、8分册(下)第7—11页的记载,李烈钧将军主要有四大历史功绩:一是及时保卫武昌起义的成果。此前孙中山、黄兴策动了数十次起义,终因清军反扑均遭失败。1911年10月武昌起义时,李烈钧立即奔赴该地统领各军,出任海陆军总司令,率部击溃清军冯国璋对武昌的反攻;二是率先发动二次革命。1913年7月面对袁世凯施行独裁统治,辛亥革命成果被窃取。李烈钧主动商得孙中山同意,回赣动员部队,出任讨袁军总司令,宣布江西独立,公开向袁世凯宣战,率先打响二次革命;三是积极策动护国战争。1915年夏李烈钧得悉袁世凯筹备帝制,遂联系蔡锷、策动唐继尧宣布云南独立,组织护国军,亲率护国第二军进攻广西、广东,迫使袁世凯取消帝制(同时笔者还注意到,包华德先生主编的该书中涉及护国战争的人物时,排名次序为李、蔡、唐,也可见李烈钧的首要作用);四是竭力捍卫护法运动。1917年7月冯国璋、段祺瑞上台后,拒绝恢复国会,废除约法。李烈钧率护国军控制广东后,拥立孙中山到广州组织军政府,开展护法运动。始终支持孙中山,为巩固护法政府(后成立广州国民政府),发动北伐护法战争,屡次率部作战,直至孙中山逝世。

第四章 北伐战场建功业

一、赣军赖世璜部

盛逢尧将军投身革命以来，一直于役军旅，心无旁骛始终在赣军服务，是一名典型的赣军出身的将领。他所在的部队就是赣军赖世璜部，因此有必要先了解赣军及赖世璜部。

赖世璜（1889~1927），字肇周。江西石城人，先后参加过辛亥革命、二次革命、护国战争、护法战争、北伐战争。1908年考入江西省陆军小学，后升入南京陆军中学，民国3年考入保定军官学校。毕业后步入军旅生涯，历任连长、支队长、旅长、师长等职。辛亥革命爆发时，即追随李烈钧捍卫武昌起义的成果，直到参加二次革命。随后积极参加护国战争、护法运动及孙中山组织的数次北伐行动。民国15年率部加入了北伐之师，任国民革命军第14军军长。他挥师北伐，首先攻克了赣州，然后分兵两路，一路横扫闽西，一路攻克抚州并协攻南昌，战果辉煌。随后，他率部连克福建、浙江、江苏等省，并驻守江苏无锡，他所率的第14军成了北伐军中的一支劲旅。但是，这位在北伐战争中战功卓著威望极高的将军，既不是蒋介石的嫡系，又与桂系军阀素无交往，命运注定是悲剧。1927年蒋介石下野期间，赖世璜被桂系控制的南京政府拘捕，1928年初白崇禧命人将其杀害，时年仅38岁。[赖晨著《赖世璜年表》载于《内蒙古农业大学学报》（社会科学版）2009年第1期第313页]

在中国近现代史上赣军并不怎么著名，也一直未被研究领域所重视。而笔者则认为，赣军虽然力量弱小，但在护法北伐期间甚至抗战时期，不敢说为国家为民族立下不朽的功勋，起码应有一席之地。尤其是充分体现了赣人的忠诚爱国的精神，地方史志研究，应当对此给予本能的重视。

辛亥革命前，革命元勋李烈钧在清朝的赣新军中任管带，宣传革命策动武装起义。武昌起义爆发时，李烈钧将军回到九江登高一呼，自是有了不少追随者，且大都是成建制的追随。特别是辛亥革命后，李烈钧将军主赣期间，也改造了一些前清驻赣新军，这应该就是近现代史意义上的赣军。二次革命失败后，直到李烈钧发动护国战争，又陆续有将领往云南投奔，继而组建援赣第二军，此时的赣军开始具备滇军色彩。直到孙中山组织的护法运动和北伐战争期间，因军阀朝拥夕叛革命屡遭挫折，赣军亦屡次组建编并。李烈钧将军非常痛恨视军队为私产的军阀作风，他铁心追随孙中山先生革命，所以一直视赣军为革命力量，其个人并不着意去控制军队。这也使得在革命反复时期，一些赣军将领投奔强大的其他派系军阀，地方色彩也就愈来愈不明显。所以赣军系统的规模一直未能作大，势力与影响自然无法与川军、滇军、桂军、粤军、晋军、西北军、东北军等相比。但是盛逢尧将军所在的部队是赣军赖世璜部，这个部队是李烈钧亲自创建，一直交给赖世璜带的。深受其革命思想影响，自成立起就追随孙中山，北伐胜利后积极拥立蒋介石，较早纳入蒋介石的嫡系部队，在国民党军中一度占据着难以动摇地位，是存续时间最长，最为有影响的一支赣军。

早在武昌起义爆发后，赖世璜追随李烈钧回江西九江响应起义，被任命为排长。经保卫武昌起义成果诸役后，被委九江要塞司令部参谋、炮台官等职务，受到江西都督李烈钧的器重。不久，调任赣军第二军第二师军士训练所任所长、步兵连长。1913 年 7 月，李烈钧发动二次革命，赖世璜追随李烈钧将军隶属林虎（任左翼军司令）旅，参加与袁世凯的李纯部在赣北的诸役。二次革命失败后，赖世璜投奔江西余江县县长黄礼从，后考入保定陆军军官学校第二期步科，毕业后入东北任职。1915 年 12 月 25 日，李烈钧在云南发动护国战争讨伐袁世凯，赖世璜又远赴云南，投奔李烈钧，任其副官。1916 年李烈钧先生率领护国军（以滇军为主，也有不少投奔的赣军将领）征讨龙济光时，在广东花县龙潭给赖世璜步枪两百支，令其成立一个营，参加讨伐龙济光平定广东诸役。渐渐地赖世璜又成立一个营，被编入伍毓瑞援赣第 2 军为第四支队（团级建制）。1919 年桂系迫走孙中山后吞并赣军，军长伍毓瑞出走，赖世璜机警的率其部逃脱，将第四支队带到福建。1920 年联合陈炯明发动粤桂战争驱逐桂军，迎回孙中山继续护法运动。李烈钧将赖世璜部扩编为赣军第二混成旅，于1922年参加孙中山组织的第一次北伐。期间，因陈炯明叛变革命，北伐途中的赖世璜率部回师靖难，在赣南粤北遭到北洋军和陈炯明部夹击。艰难转战数月弹尽粮绝之际，孙中山在军舰的护卫下出走上海，李烈钧亦随后到上海。赖世璜为保持革命力量，被迫与陈炯明部讲和。次年，孙中山、李烈钧一返回广东兴兵讨伐陈炯明，赖世璜立即响应接受改编为讨贼军，即为赣军第4师。但赖世璜并未表现得十分积极，而是趁机扩充军队，到1923年底自行扩充为赣军。1924年赖世璜积极响应孙中山组织的第二次北伐，被孙中山改编为建国赣军独立军，军队实力逐渐得到增强，奉命积极发动回赣战役占领赣边七县。后由于广州发生商团叛乱及陈炯明蠢动等，遂又终止北伐。

次年，孙中山逝世，广州的形势陷入混乱。而北洋政府一时无力驱逐赖世璜，有意承认占领事实。赖鉴于革命形势又趋复杂，为让部队得以休整，避免与北洋军独立作战，故接受北洋政府将其改编为陆军第4师。1926年蒋介石北伐时，赖世璜又是积极响应，先改编为国民革命军独立第1师，旋改编为第14军。挥师平定赣闽浙苏鲁诸省，直至北伐成功。蒋介石被迫下野后，桂系白崇禧乘机将赖世璜杀害，吞并赣军。部队由熊式辉带出一部分，编成中央军第5师，大力支持蒋介石复出，一度成为蒋介石最为依仗的部队。

由于该部不同于李烈钧将军改造的前清在赣新军和护国运动时期具备滇军色彩的赣军，而是他亲自创建缔造的，交给赖世璜带的一支全新的军队。所以深受李烈钧将军革命思想影响，先是忠于孙中山，积极参与护国护法和孙中山组织的两次北伐。在孙中山去世后，又拥护蒋介石北伐建国，对国民党方面来说是一支革命基础很好的军队。但随着内战初期熊式辉出军入政，赣军的资深将领又先后早逝，军队成为当权者吞并的目标。熊式辉之后将部队交胡祖玉，胡殉职后又交周浑元扩编为第36军，辖第5师、96师、独立36旅。抗战伊始，周浑元去世姚纯接手，第96师由赵锡光带出抗战改为第167师编入胡宗南部，盛逢尧则带第5师出川抗战改为新编第23师编到陈诚部。姚纯则在重庆重新组建第5师、96师，广西昆仑关战役第36军番号取消，其第5师编入李弥第8军，第96师编入杜聿明第5军。从此赣军的老底子在形式上就全部完结了，这是陈诚吞并异己部队手段的高明作风了，此后，只有盛逢尧率带着赣军一个师，数年中始终不屈服陈诚，在实际上一直保持赣军本色，后文对此详述。

赖世璜这支赣军投靠过陈炯明，又接受过北洋政府改编，当前有些人对此有所误解，在此仅以笔者个人之研判，做一说明解释。所谓投陈炯明第一次是1919年，由于桂系的逼迫孙中山避居上海，当时赖世璜编入赣军伍毓瑞部，桂系发动行动吞并赣军，军长伍毓瑞出走，赖世璜机警地带其一个支队逃脱虎口，到福建投陈炯明，后与陈一道发动驱桂战争。此时背叛孙中山革命的是桂系，陈炯明则是拥护孙中山的，所以赖世璜此举无论从形式还是内容，都是救革命力量于危难的光荣举动。

较为争议的是1922年第二次投陈炯明，当时赖世璜正奉命北伐攻打赣州，陈炯明在广州突然叛变革命，北伐途中的赖世璜率部回师靖难，在赣南粤北遭到北洋军和陈炯明部夹击，艰难转战数月弹尽粮绝之际，赖世璜被迫与陈炯明部讲和。从形式上看赖世璜这一次是投了叛变革命的陈炯明，但我们结合当时情况及其后来的做法来分析，却不失为保存革命力量的明智之举。那时孙中山已在海军护卫下出走上海，李烈钧也随后赴上海，赖世璜部遭围攻又弹尽粮绝，业已无力与敌死拼。他是抛下部队追随孙中山、李烈钧去上海，任由部队被陈炯明或北洋军吞并，还是委曲求全与陈炯明讲和，保全部队以图发展。所谓"留得青山在，不怕没柴烧"，赖世璜当然不愿意眼睁睁看到自己的部队就这样送给别人，让自己永无翻身之日，所以讲和是明智的选择。之所以说他投陈炯明的目的是保全革命力量图发展，而不是贪生怕死卖主求荣。这从赖世璜事后的行为中看得出来，次年孙中山、李烈钧一返回广东兴兵讨伐陈炯明，赖世璜立即响应接受改编为讨贼军。由此足以看出赖世璜这次投陈炯明为了保全革命力量伺机而起。

至于投北洋政府则是1925年，是赖世璜参加孙中山组织的最后一次北伐时，奉命积极发动回赣战役占领赣边七县，后由于广州发生商团叛乱及陈炯明蠢动等，遂又终止北伐，不久孙中山逝世，广州情况陷入混乱。赖世璜亦是出于让部队得到赣边诸县的采邑保障，以图保存革命力量伺机而动，故接受北洋政府改编。也正因为其本意如此，所以次年广州革命政府组织北伐前，赖世璜又积极响应参加北伐军。由此可见，赖世璜在革命低潮时期，投陈炯明和接受北洋政府任命等举动，并不是丧失革命立场，贪生怕死，其的真实目的是为部队生存和保存革命实力的权宜做法。

同时，赖世璜个人的革命信念，由于深受李烈钧影响，一直以来还是相当坚定的。他从辛亥革命时就追随李烈钧，二次革命失败后他本已在东北军任职，欣闻李烈钧在云南发动护国战争，不远万里潜到云南追随李烈钧，没有坚强的革命意志会作出如此执著的举动吗？当然，赖世璜相对来说要现实一点，他扩充军队的思想较重。在孙中山、李烈钧返回广州，举兵讨伐陈炯明，赖世璜形式上投向孙中山，但并不积极讨伐陈炯明，而是一门心思扩充军队。按理说赖世璜应当与孙中山、李烈钧反对军阀拥兵自重的革命理念一脉相承的，但是在数年的护法运动中，革命因军阀朝拥夕叛而屡遭挫折，孙中山、李烈钧等数度出走上海等。他带着这支弱小的军队，艰难地生存于广东各派系军阀的争斗中，饱受弱小被吞并的欺凌。尤其是那些实力雄厚的军阀，即使背叛过孙中山，也能被委以重任。他忠诚革命的结果，在以实力论英雄革命阵营里，不仅未得到认可和慰藉，甚至还受轻视及不平等待遇。这些当时的实际令他不得不改变想法，一度致力于扩充军队实力，这也是应当可以理解的。

所以，笔者认为赣军赖世璜部虽有两次投奔非革命队伍的经历，但且每当孙中山复出或革命政府有革命行动号召时，这支队伍在赖世璜的带领下总是积极响应。总体上赖世璜个人的思想受李烈钧影响较大，孙中山去世前一直追随孙中山，去世后则拥护蒋介石，大体的轨迹还是保持高度一致的。因此，在此期间赣军赖世璜部，是一直忠于孙中山，真心革命的，其主流是具有较强的革命性，乃至在最后的北伐时期底定赣闽浙苏鲁诸省，成为一支著名北伐劲旅。盛逢尧将军就是在这样一支优秀的部队中，历经无数次革命战火的洗礼，反复磨砺成为赣军中一员战将。

总的来说，赣军赖世璜部是赣军系统最重要的一支，这个时期它历经护法运动、驱桂战争、讨伐陈炯明、北伐战争等等诸多考验，从无到有，由一个营壮大成一个军，成为战功赫赫的北伐劲旅，开辟出赣军最辉煌的时代。但是，在北伐成功后，被桂系暗算，赣军赖世璜部险遭到覆灭之灾。

二、随军北伐

1922年2月,孙中山在粤北韶关组成大本营,领导第一次北伐。先拟从湖南出师北伐,后决定改道江西。5月8日孙中山任命李烈钧为北伐军总司令,许崇智为总指挥,命令滇军朱培德部、赣军李明扬、赖世璜部、粤军李福林、黄大伟、梁鸣楷部北伐军,从粤北分三路向江西的北洋军阀进攻。

1922年3月,盛逢尧与同学共四十名被分发赣军两混成旅李名扬、赖世璜部,盛逢尧则分在赣军第2混成旅赖世璜部第2团第2营第7连少尉候差员,当时团长谢杰、营长王更生、连长王仁熙。

5月,盛逢尧在赖世璜部参加了第一次北伐,随军开往赣江西岸,攻击赣州城外围直系军阀据点,一路北上势如破竹。这是盛逢尧从军以来首次参加大规模的战斗,开战前听老兵讲起战役的残酷,他想象起来确有些怯意,但一想到父亲临别时的嘱托和协和先生信赖关注的眼神,他就暗自勉励自己不能作懦夫。待一上战场感受到官兵们冲杀呐喊,正值血气方刚年纪的盛逢尧,立即就被战场的激烈气氛感染,大脑一片空白拼死冲锋,将生死置之度外与敌搏杀得十分勇猛,令在场的官兵不敢小觑。在部队攻击赣州附近的一个重要据点时,由于敌方阵地坚固,赖世璜部几个排长相继殉职,久攻不下伤亡较大。这时盛逢尧主动请缨率带冲锋队打头阵,成功突破敌人的防线,为部队占领该据点立了一大功,他自己仅负了一些轻伤。

6月,盛逢尧所在的赖世璜部与其他北伐军会合,一举攻占赣州、万安。在北伐途中,盛逢尧等还按赖世璜的要求沿途发布讨伐文告,

北伐时期的盛逢尧将军

列举陈光远统治江西的劣行，号召人民配合北伐军驱逐陈光远。当时，直系军阀陈光远见形势不利，弃职逃窜。接着，蔡成勋率常得胜（据后文考证应为常德盛）等部抵达江西阻拦北伐军。随后，北伐赣军亦分成两路，盛逢尧所在的赖世璜部攻打抚州，另一路由李明扬率领攻打吉安，两路赣军的行动直接威逼省会南昌。

正当盛逢尧随北伐军在江西节节胜利之际，6月16日陈炯明却在广州叛变革命，指使叛军4000人围攻总统府，炮轰孙中山先生的住所粤秀楼。孙中山先生被迫登上永丰舰讨伐陈炯明。6月19日孙中山先生电令李烈钧、许崇智等入赣北伐军迅速回粤镇压叛乱。

7月在北伐战场鏖战的盛逢尧奉命随部回师靖难，途中在粤北韶关、翁源一带与叛军激战。由于部队长期征战、劳师远袭、供给困难，又遭陈炯明的翁式亮师和陈光远的蔡成勋师前后联合夹击，部队遭到重大挫折。8月在粤北梅县与蔡成勋、翁式亮等师激战的火线上，盛逢尧因在赣州、抚州等北伐诸役中，作战勇敢，屡立战功，由候差员调充第6连少尉排长，当时连长是邝玉岩。此后，其又随部在赣南一带与蔡成勋部苦战月余，弹尽粮绝之时，赖世璜为保存革命力量和赣军实力，被迫与陈炯明的洪兆麟部和谈息战。

本节有关问题考证情况

这个阶段乃至整个北伐时期盛逢尧随部征战的情况，由于其从军不久，职务不高，所起作用有限，故史料没有具体记载无法直接考证。但从其隶属的部队及该部在北伐时期参战情况的事实史料中，完全可以间接印证盛逢尧后人转述其自述的经历的真实性。

盛逢尧隶属部队的情况可考资料主要有，胡博编著《国民革命军师史总揽（一）》知兵堂出版社2008年第89页记载："历任国民革命军第5师团长、第96师团长、第5师副师长、独立第36旅旅长、第5师副师长、师长、新编第23师师长、陆军总司令部暂编第17纵队司令、湘鄂赣反共自卫救国军第1军军长。"1990年江西人民出版社《武宁县志》第673页记载："历任排、连、营长。后任第5师、第96师上校团长，随后又升任第5师师长。"可见盛逢尧此时隶属部队的情况均未能具体说明。但是从其他方面仍然可考，因为陈奇涵、赵锡光系其同学兼同事，前文已引叙这时陈奇涵历任"赣军排长、连长、代营长。"赵锡光历任"江西陆军第2混成旅（旅长赖世璜）中尉参谋、中尉排长，国民革命军第14军连长、营长。"因此，盛逢尧此时应当隶属赣军赖世璜部。同时，从盛逢尧叙述的参战概况来看，也与史料记载赖世璜部作战的情况基本吻合，亦可以说明其隶属赖世璜部无疑。

盛逢尧所在的赖世璜部赣州作战的情况有相关史料记载："赖世璜为彭程万任军长的北伐赣军第2旅旅长。赣军实力单薄，未担任主攻，只是配合粤军作战。赖世璜率部开往赣江西岸，攻击赣州城外围据点。6月13日，北伐军攻占赣州、万安。西路李明扬旅攻打吉安，东路赖世璜部攻打抚州。在北伐途中，赖世璜发布《敬告江西父老兄弟》、《讨伐陈光远并劝谕北方将士檄文》等布告，列举陈光远统治江西期间的种种劣行，号召江西人民配合北伐军、驱逐陈光远。陈光远兵败下野，蔡成勋带来冯绍闵的北洋第一师，周荫人的北洋十二师，常德盛的河南第一师，樊钟秀、高凤梧等人的河南绿林武装，合计四个师另七个混成旅，抵达江西阻拦北伐军。"[赖晨著《赖世璜年表》载于《内蒙古农业大学学报》（社会科学版）2009年第1期第314页]

赖世璜部回师靖难作战等情况亦有史料记载："6月16日，陈炯明在广州叛变。孙中山命令北伐军回广东靖难。孙中山命令北伐军回广东靖难。8月，赣军在会师粤北途中，被陈炯明的翁式亮师与陈光远的蔡成勋陆军第1师联合打败。忠于孙中山的北伐回师靖难军被分割为三个部分：瑞金的许崇智、龚师曾部；赣粤边的胡谦、赖世璜部；湘粤边的李烈钧、朱培德、李明扬部。8月9日孙中山得知北伐军回师失利，孤军无援，被迫离开广州经香港到上海。李烈钧也由湖南去了上海。赖世璜在赣南一带与蔡成勋部苦战月余后转入连平、和平，弹尽粮绝之后，在陈炯明部洪兆麟的招降下，为了保存实力，不得不率部开入潮州，依附于洪兆麟。"[赖晨著《赖世璜年表》载于《内蒙古农业大学学报》（社会科学版）2009年第1期第314页]

这次北伐失败后，赖世璜部被迫与陈炯明媾和，有些人士据此认为，赖世璜这支赣军并不光彩。笔者对此则不予苟同。从形式上看赖世璜这一次是投了叛变革命的陈炯明，但我们结合当时情况及其后来的做法来分析，却不失为保存革命力量的明智之举。那时孙中山已在海军护卫下出走上海，李烈钧也随后赴上海，赖世璜部遭围攻又弹尽粮绝，摆在其面前的只有三条路：一是与敌死拼自己战死；二是抛下部队追随孙中山、李烈钧去上海；三是委曲求全与陈炯明讲和，保全部队以图发展。不难看出前两条路的后果是部队被陈炯明吞并，革命力量受损。要知道一个军的部队带又带不走，要生存光给养就要几个县的民力，不依附当地的实力派是难以生存的。此外，从后文赖世璜违抗陈炯明命令按兵不动暗助许崇智和在孙中山重返广州举旗讨贼时立即响应加入等行为，足以看出，赖世璜并非真心投陈。所以赖世璜此时与之讲和不仅是可以理解的，而且不失为当时形势下较好的战术策略。

三、讨贼扩充

1922年10月许崇智、龚师曾等部联合段祺瑞的北洋第24混成旅王永泉部，攻占福州，驱逐了北洋军阀的福建督军李厚基。12月，孙中山成立讨贼军讨伐陈炯明，许崇智为总司令，蒋介石为参谋长，由福建入粤东。陈炯明命赖世璜出兵阻止，而赖则按兵不动，暗助许崇智。1923年1月陈炯明被逐出广州，退至惠州盘踞东江。3月孙中山重返广州，再建大元帅府，就任海陆军大元帅，以蒋介石为参谋长，朱培德为参谋处长，许崇智、刘震寰分别为东西路讨贼军总司令，沈鸿英为桂军总司令，杨西闽为滇军总司令。[赖晨著《赖世璜年表》载于《内蒙古农业大学学报》（社会科学版）2009年第1期第314页]

1923年1月，孙中山发出通电讨伐陈炯明，赖世璜积极响应，部队改编为广州革命政府直辖的讨贼军赣军第4师，赖世璜为师长，吴建中为第1旅长辖第1、2团，谢杰为第2旅长辖第3、4团。盛逢尧所在的团改为第3团，团长温大川，盛逢尧调回第7连任少尉排长，连长还是王仁熙，当时驻防饶平。

这时盛逢尧随部队配合主力，从福建打回广州，当时李烈钧将军为闽赣边防总督办，奉孙中山先生命令消灭割据军阀王献臣，盛逢尧随部由饶平进入福建平和县、永定县参加上杭战役。是役由李烈钧将军指挥赣军赖世璜部、粤军洪兆麟部与割据军阀王献臣部作战，前后相持一个月左右，大小战斗不下十余者有多，双方伤亡很大。后因洪兆麟不听命令全部回粤，赖世璜部伤亡太多，所以未能成功，后协和先生离开督办署战事停止。这次战役是李烈钧将军亲自指挥，盛逢尧自是比以往更为英勇，在前后十余次战斗中，屡屡率部冲锋陷阵，李烈钧将军闻此甚为欣慰。后来，在战斗中盛逢尧不幸身负重伤，右手几乎残废，经几次电疗始能勉强写字。

6月，盛逢尧随部驻扎福建漳州，因上杭战役负重伤几成残废，赖世璜认为其勇敢有功，升充第8连中尉排长，当时连长是蔡万杰。

7月，盛逢尧在漳州、南靖参加闽南战役，是役李烈钧将军离开，赖世璜为扩大赣军势力联合洪兆麟攻击臧致平，以夺取漳州闽南各县。臧致平以力量悬殊不能相抗，战争至五天之久即退守金门厦门鼓浪屿各地。盛逢尧随营追击至浮宫打石坑海边防守臧致平部。此役后赖世璜与洪兆麟尽据闽南漳州各县，盛逢尧所在的部队除原有永定、龙岩两县又增加了闽南几县，并编了民军几个团，部队得到扩充。因此，赖世璜将部队改编为赣军自任军长，下辖第1师师长吴建中，第2师师长谢杰，独立旅旅长易简，参谋长刘士毅。盛逢尧也因闽南诸役作战有功，在赣军赖世璜部调升为第2师第3团团部上尉副官，当时团长是温大川。

不久，洪兆麟部因潮汕军事吃紧全部回粤。在洪兆麟率部奔赴广东时，赣军赖世璜部接管了洪兆麟的防区，尽据闽南各县驻地防守，乘机得以扩大实力达一万余人。盛逢尧又被调充第4团第2营上尉副营长，营长王涤华，团长陈国屏，营部驻防海澄打石坑对臧致平部防守。

本节有关问题考证情况

上述盛逢尧的经历主要系其后人提供的自述情况编撰，由于前节所讲此时盛逢尧个人影响的缘故，无法考证具体到其个人的史料。但能考证到盛逢尧所在部队的变化和作战情况与其自述情况能够基本吻合，亦可说明其这一年两次参与较大战役的经历真实存在。

关于赖世璜在孙中山、李烈钧返回广州组织讨伐陈炯明，即积极响应号召回归革命阵营的事实，在《武宁县志·李烈钧传略》1990年江西人民出版社第683页记载为："3月李烈钧兼闽赣边防督办，赴湖汕收编洪兆麟、赖世璜、林虎等部。此后，李烈钧再未掌握军队，只协助孙中山从事军事计划和参谋指挥工作。"这里之所以用收编这个词，说明此时赖世璜在形式上属陈炯明阵营，正因为前述赖世璜为保全革命力量，而委身于陈炯明部以图伺机再起，所以孙中山、李烈钧返回广州作出号召，赖世璜就立即响应归于麾下。

另外，还有资料可以说明赖世璜响应孙中山号召的事实，并证实此时赖世璜部与王献臣之间确有战役。具体为："孙中山派李烈钧往汕头接受改编，并任洪兆麟为潮州梅州绥靖处处长，尹骥、李云复、翁式亮、赖世璜为中央直辖第1师至第4师师长。……6月，赖世璜入龙岩、永定一带，企图夺取上杭王献臣地盘，被王献臣打败。"［赖晨著《赖世璜年表》载于《内蒙古农业大学学报》（社会科学版）2009年第1期第314页］这里把与王献臣的战役定性为争地盘似有不妥。据当时的政治格局，王献臣乃是福建北洋军阀李厚基的部下，而赖世璜此时业已归附孙中山领导的广州革命政府，两者系相互对立的政治团体。因此，盛逢尧转述此役为奉孙中山之命，由李烈钧亲自指挥的应当较为符合事实，故该战并非是争地盘而是革命性质的讨贼战役。

关于赖世璜与臧致平之间的战役，又称为闽南战役，则系扩充实力性质。有资料记载："7月9日忠于孙中山的闽南讨贼军总指挥何成浚及臧致平等攻占闽粤边兵临潮汕，攻洪兆麟、黄大伟等，11日被击退，23日在闽南讨贼军再次被林虎、赖世璜、洪兆麟等被打败，何成浚及臧致平撤退入厦门，史称闽南战役。"［赖晨著《赖世璜年表》载于《内蒙古农业大学学报》（社会科学版）2009年第1期第314页］这次战役由于两人在名义上均已投向革命，都属孙中山领导的广州革命政府讨贼军序列，两方作战的主要目的应当都是扩充军队和地盘的意图居多，并无正义及革命性可言。正如相关史料所言"在讨贼军名下系统各派别军制混乱，不少拥兵自重，对孙中山则朝拥夕叛。"（戚厚杰、刘顺发、王楠编著《国民革命军沿革实录》2001年河北人民出版社第9页），这时赖世璜和臧致平的行为，虽不能完全说是背叛，但起码是拥兵自重，擅自行动的表现。

这时的赖世璜本就与洪兆麟合作共同扩大了地盘，不久，因其合伙人洪兆麟率部回粤，赖部的地盘又趁机更加扩大了。这里说到洪兆麟因所谓潮汕军事吃紧回粤，经考应该是奉陈炯明之命参加广州近郊战役去了。"11月，陈炯明部复倾其全力，大举攻击，直逼广州，幸孙中山命湘军（谭延闿部）、豫军（樊钟秀部）及时增援反攻，始将陈军击退，许部也辗转进驻广州。史称广州近郊之战。"[赖晨著《赖世璜年表》载于《内蒙古农业大学学报》（社会科学版）2009年第1期] 此时赖世璜又不去支援陈炯明，再次看出其目的不是真心投陈炯明，而仅仅是为了扩充赣军实力。

赖世璜部扩充后调整人事的事实，亦有相应的记载："赖世璜趁机扩大实力达1万余人。收编龙岩、上杭、连城地方武装林尚轩、孔弼臣、罗莲航部。自任"救粤军"赣军军长，下辖第1师（师长谢杰）；第2师（师长吴建中）；独立旅（旅长易简）。刘士毅任参谋长，陈国屏为副官长，赖巨川为军需处长，日本人井上谦吉为顾问。"[赖晨著《赖世璜年表》载于《内蒙古农业大学学报》（社会科学版）2009年第1期第314页]

在这个阶段，赖世璜部作为讨贼军的一部分，不积极参加讨伐陈炯明的行动，而是扩充军队和地盘。之所以如此其主要的考虑有：一是弱小挨打，当时广东各系军队弱肉强食的现状，尤其是1919年赣军被桂系吞并的经历，使他有了较强的扩充壮大意识，以求自保；二是赏罚不明，当时各派系军阀对孙中山朝拥夕叛，孙中山先生基于革命大局考虑，也不予追究责任（实际是无法也不能追究），而对背叛后又拥护他的军阀，一概据其军队实力大小，委以职务，如：沈鸿英、刘震寰、臧致平、林虎等等，甚至同时收编的洪兆麟，在革命阵营中位置都比赖世璜显要。尤其是沈鸿英、刘震寰这些当年企图吞并他，并攻打广州革命政府的桂军部将，都成了此时革命军的总司令。这在一定程度上打击了赖世璜的革命热情，使他把重心转移到扩充军队实力上，以图受到重视；三是人事安排过于现实，对李烈钧未再执掌兵权不满，赣军赖世璜部是李烈钧一手创建的，赖世璜自辛亥革命时，就追随李烈钧，尤其李发动护国战争时，赖世璜不远万里从东北潜到云南追随之。此后在护法运动中，两次粤桂战争、北伐战争均积极参加，不可不谓是忠实的革命者。要知道这一切的前提，从狭义上讲正是由于李烈钧忠实的追随孙中山，赖世璜才如此忠实于革命。而李烈钧此时正值四十出头的壮年，孙中山回广州重建政府时，却未让其执掌兵权，这就非怪赖世璜这位李烈钧的铁杆粉丝有所想法了。因为李烈钧无论是革命功勋、军事才能都是有目共睹的，还是在滇、赣军中的威望，更是无人能企及的。赖世璜认为，孙中山此时的人事安排不免有些过于现实。李烈钧也过于理想主义，自革命以来，目睹各路军阀朝拥夕叛，他与孙中山高度保持一致，对拥兵自重的军阀深恶痛绝，因此在这个方面当然作出表率，即使是自愿追随于他的滇军和自己一手创建的赣军赖世璜部，他也从不当作私家军队来经营，并善良的认为孙中山应当对此是赞赏的。却那里知道屡遭挫折的孙中山，已不再如此理想主义，为使革命早日成功不得不现实起来，均以实力论英雄，按兵马多寡派革命岗位，以至于李烈钧这样的纯粹的革命家，由于缺乏所谓实力，而退居二线，逐渐被边缘化。这一点李烈钧可能是能够予以理解，否则他不会一直追随之，但赖世璜则是一时难以接受的。

由此，笔者认为这一年期间，赣军赖世璜部与臧致平的战役，虽不能说是直接的革命举动。甚至换个角度看，鉴于次年赖世璜又积极参加孙中山组织的北伐，其扩充军队的行为在客观上是壮大了革命阵营，也可说是间接有益革命的举动。此处，厘清界定一下，说明当时盛逢尧仅作为赣军赖世璜部的基层干部，在此期间忠诚于部队，英勇作战的本职行为，不至于受赣军赖世璜部所谓的"出轨"的影响。我们也不必为此遮遮掩掩，毕竟赣军官兵此时的血汗未完全白流，用整体思维看客观上还或多或少有益革命。

四、借潮突围

1924年3月臧致平开始准备反攻赖世璜部控制的漳州，战前臧致平联合董福楷来瓦解赖世璜，第2营营长王涤华、其2连曾志贤及第3团第2营营长王根曾等均为利用，于战时脱离赖世璜投向臧致平。当时臧致平也派人来的试探盛逢尧脱离赖世璜，并许诺事成后委连、营主官职务。盛逢尧认为投东倒西的行为不忠不义，对此毫不心动未予理会，这是他在赖世璜部取得信任第一大关键了，但盛逢尧并未意识到营长王涤华等人业已打定主意，导致后来战斗中陷入被动，险些遭到全部覆灭。

战斗开始时，臧致平先日夜以主力袭取浮宫，盛逢尧所在的第2营，分别防守打石坑、海云等地。由于海边防御阵地兵力单薄阵地过宽，尤其浮宫间在阵地后方无兵守备，海澄部队相隔太远亦不能监视，因此前后方面不能兼顾，因而浮宫被臧致平部袭占，盛逢尧所在的营前后受敌。正在此危急时刻，营长王涤华突然集合干部商议，带全营官兵投靠臧致平部。

盛逢尧闻讯后，非常气愤，立即赶到义正言辞向全营干部问道："你们愿意跟王营长去投奔臧致平，做不忠不义之行为吗？"除第2连几个干部外，全营干部均齐声答曰："不愿！"盛逢尧接着道："好！愿意留下的，我拼死带着众弟兄共进退。"这时现场气氛一触即发，营长王涤华被弄得脸色铁青，正要有所举动。盛逢尧转而委婉地对他说："王营长，大家都是一场兄弟，人各有志各走各路，我们要听由其便。"营长王涤华见场面被盛逢尧搅乱，他也已无把握掌控，且盛逢尧说得也在理，故顺势下台阶对大家说："好！我们兄弟就此各奔前程。"说完带着第2连长曾志贤，召集第2连官兵投臧致平而去。盛逢尧即以副营长职，指挥全营官兵顽强抵抗，多次打退敌人的进攻，一直苦战支持至夜间。他连忙令人搜集渔船二百余艘，乘黑夜借潮势，由海上透过敌警戒线直冲海澄，全营除第2连外一无损失到达海澄。

当时，军长赖世璜、团长陈国屏得知兵变的消息，苦于被臧致平部截断，完全无力可施皆以为这一个营的兵力就此损失了。正在万分焦急沮丧之际，副营长盛逢尧不仅抵住了营长王涤华变节策反，竟然还率带全营官兵冲出了敌人的重重包围，把大部分官兵带回到他面前，这个出乎意料的好消息，使他兴奋不已，对盛逢尧的忠诚更是嘉许备至。

翌日，盛逢尧又奉命率全营开到浮宫西岸，接守阵地与敌相持数日，臧致平部屡次攻击均未得逞，全营颇有伤亡。至是夜，臧致平增派大队兵力袭攻石马与白水营，同时又由右翼上游迂回攻击包围赖世璜部，致全军阵地均告不守乃行撤退。盛逢尧营阵地也频频告急，遂奉命撤退。他乃从容指挥全营，逐次掩护退却脱离敌人，绕过漳州南边到南靖跟到全军部队，随同部队退回永定，漳州各县为臧致平收复。

战役结束后，盛逢尧随部驻防永定，赖世璜亲自看望盛逢尧，对他的忠义之举大为嘉许，并对身边随从说："盛逢尧的忠心义举，堪比古之关云长，要通晓全军学习之。"基于此，5月，盛逢尧即以漳州诸役时，指挥保全部队立有大功，升充第3团第2营第8连上尉连长，当时营长是谢嘉猷，团长温大川。

8月，闽西土匪杨汉烈受臧致平利用指使，企图进犯赣军赖世璜部龙岩、永定防地，杨汉烈部约四五百人，由漳平窜至岩石，龙岩成为其攻取目标。当时情况较为紧急，赖世璜命令盛逢尧迅速率部开往龙岩阻击杨汉烈匪部，在岩石附近盛逢尧指挥全连打响了阻击战斗。虽然杨汉烈匪部兵力几近多出盛逢尧连一倍，但由于敌方系乌合之众，缺少军事训练。而盛逢尧自任连长以来，极为重视平时训练，时常带领所部官兵加强野战训练，八连的战斗力得到较快提高。战斗打响后，与敌接触相持半日之久，盛逢尧基本摸清了杨汉烈部的情况，见其工事构筑、火力配备等甚是违背兵法常理，官兵勇气不佳，又无训练胡乱射击。盛逢尧遂果断率部向敌阵地发起猛烈的冲锋攻击，敌人果然胆怯一触即溃，乃将敌予以痛击，伤毙数十人缴枪数十支，敌不支仓皇向漳平溃退而去，盛逢尧连仅伤十余人，无一阵亡。这是盛逢尧当连长以来首次独立应对指挥的战役，取得以能少胜多的战绩，由此逐渐在军中获得了能征善战的声誉。

9月，盛逢尧奉命率部调防蜂市，负责保护全军各项税款征收任务。

本节有关问题考证情况

盛逢尧的这段经历同样也只能通过赖世璜部的史料来间接印实。相关史料中有记载："1924年3月，当王献臣师、张毅师进攻同安的杨化昭部之时，臧致平部由厦门进攻漳州，赖世璜背信弃义，为了保存实力，不战而溃退至永定、峰市，其部三分之一，如苏世安部、陈国华部归顺臧致平，漳州被臧致平占领。"［赖晨著《赖世璜年表》载于《内蒙古农业大学学报》（社会科学版）2009年第1期第314页］由这段史实资料的简述可见，这个时期赖世璜和臧致平间有战役，且赖世璜部有内乱，最后以赖失败告终等主要事实，足以说明盛逢尧后人转述其自述情况可信度较高。此外，笔者认为《赖世璜年表》的作者赖晨教授在这段史料中，将赖世璜评价为"背信弃义，保存实力，不战而溃，"确实值得商榷。从盛逢尧方面陈述的经过来看，实际上赖世璜部主要由于内乱，几个营连长阵前倒戈，战事陷入被动，才被迫撤退。当然赖教授未能考证到盛逢尧自述的这段战斗经过，视听受限难免有所偏颇。

较为遗憾的是盛逢尧的具体作战情况业已无法考证，我们只能从其这一年职务快速升迁的结果，逆向推理出系其战功使然，想必作战经过大体应如其所述。

这个阶段，盛逢尧的为人品行和作战指挥才能，经受了人情与战火的考验，在瞬息万变的战场上，残酷无比的实战中开始暂露锋芒，他的军事生涯也由此逐步累积资历和威望。

首先是兵变事件充分展现了盛逢尧忠诚的品德。兵变事件最开始对盛逢尧来说，无异于突如其来升官机会，他虽然毫无准备，但他面对诱惑的反应是选择坚守忠诚，这当然与他自小接受的传统教养密不可分。所谓患难见真情，也有点这方面的意思，由此他在部队中奠定了忠臣地位。

其次通过兵变事件还可以看出盛逢尧遇事冷静沉着，应急反应迅速的性格。这是一件典型的突发事件，盛逢尧在没有上级支持的危急关头，应对突发情况独立解决问题，采取的方法措施非常得力，取得了显著的成果。没有快速反应的能力，不能沉住气准确分析判断，是处理不好这个重大事件的，保全不了全营大部分人马，也基于此盛逢尧在其部队中奠定了功臣地位。

同时，在此期间盛逢尧的战术指挥才能得到锻炼和体现。处理完兵变事件，盛逢尧还面临另一个更加严重的问题。部队被敌人包围且孤立无援，弹药供给及阵地坚守的时间是很有限的，在此危急时刻，他率带全营官兵想办法乘夜借潮夕突出重围，足见他的军事才华。此外，盛逢尧升任连长后，独立率一个连官兵，去攻打数倍于他的闽西土匪杨汉烈部，成功将其剿灭。虽然战斗规模不是很大，但以少击多，却是需要一定胆识的。

五、再次北伐

1924年初，国民党在广州召开的第一次全国代表大会，孙中山提出的"联苏、联共、扶助农工"三大政策。李烈钧被选为中央执行委员，孙中山下令筹办黄埔军校，李烈钧竭力推荐蒋介石任该校校长。(《武宁县志·李烈钧传略》1990年江西人民出版社第683、684页) 9月3日国民党召开中央第七次会议决定北伐，大本营移驻韶关，以"反对帝国主义、反对北方军阀"为号召，联合卢永祥、张作霖共抗直系。9月18日发表北伐宣言，北伐军改建国军，以谭延闿为总司令。随即谭延闿就与方本仁约定，共同驱逐赣督蔡成勋，而后取道江西北伐。此前赖世璜与谭延闿取得联系，赖世璜部改编为建国赣军独立军，孙中山任命赖世璜为军长兼赣东绥靖使。[赖晨著《赖世璜年表》载于《内蒙古农业大学学报》(社会科学版) 2009年第1期第315页]

10月，赖世璜率部发动回赣战役，意与谭延闿一起向方本仁施压，共同驱逐蔡成勋。赖世璜将全军分为两路，南路由上杭、武平入赣会昌筠门岭、雩都，北路主力经汀州入瑞金、石城、宁都。盛逢尧奉命率第8连为南路先遣队，一路奋勇当先。当时分守会昌、雩都、瑞金、宁都的北洋军系常得胜部的一个营，盛逢尧先于筠门岭与敌军接战，虽然敌军先期占据有利地形，但终究兵力过于单薄，盛逢尧仅率部与敌激战半天，敌军弃城而退往会昌，盛逢尧率部占领筠门岭。随后盛逢尧又马不停蹄乘胜向会昌进击，会昌方面防守亦不严密，敌军据城顽抗半天，即向雩都方面退却，盛逢尧因而据有会昌。接着盛逢尧率全连向雩都挺进，沿途紧紧咬住敌军追击，始终与敌军后尾部队保持接触战斗，敌军兵败如山倒溃退之势已难逆转，在雩都县城也仅遭遇稍为抵抗就退走，盛逢尧又占据了雩都。由于盛逢尧精心谋划，全军南路先遣攻击战事，其8连进展的极为顺利，盛逢尧率部一鼓作气猛烈攻击，由上杭至雩都强行推进数百里，连续攻占筠门岭、会昌、雩都等地。北洋守军看到盛逢尧部攻至，即节节向赣州方面退却，跑得慢的和难搬动的，均被盛逢尧俘缴获，因而数役下来斩获颇多，而盛逢尧连受损甚微。整个回赣战役，除南路盛逢尧连与敌追击战斗外，北路方面第1营在宁都与敌主力激战一天，其余均无战事。因此，赖世璜部乃占得赣边五县，后奉大本营命令停止前进。

本节有关问题考证情况

盛逢尧方面自述的这段战事，不仅如前述诸次依然没有具体史料，而且连赣军赖世璜部在孙中山组织的最后一次北伐时发动回赣战役，当前史料也无直接记载。只有相关史料记载为："10月方本仁背信弃义在吉安伏击谭延闿，致谭延闿部损失惨重。14日广州发生商团叛乱，23日冯玉祥发动北京政变，再加上陈炯明蠢动，大本营命令各部均停止前进，孙中山亲自领导的最后一次北伐失败。11月方本仁又向北伐建国军投诚，11月下旬，方本仁、赖世璜、谭延闿等部在赣州举兵倒蔡成勋，蔡成勋狼狈出逃。方本仁顺利攻占南昌，被段祺瑞任命为江西督办。"[赖晨著《赖世璜年表》载于《内蒙古农业大学学报》（社会科学版）2009年第1期第315页]这都没有涉及赖世璜部自闽西南出兵攻占赣南诸县的战事，但由此可做如此分析判断，该段史料记载的结果最终是方本仁、赖世璜、谭延闿等部在赣州举兵,成功驱逐北洋军阀蔡成勋。因为这次北伐发动前,赖世璜部驻扎闽西南,最后在赣州举兵驱蔡成勋。可想而知,这中间必然有一个从闽西南出兵攻占赣南诸县至赣州的过程。同时从方、赖、谭三部共同驱逐蔡成勋的结果看,赖世璜发兵入赣的目的是奉建国北伐军总司令谭延闿的命令,一起向方本仁施压,共同驱逐蔡成勋,这也是较为符合逻辑的事实。因此,赣军赖世璜部在孙中山组织的最后一次北伐时发动回赣战役,应属当前史料的遗漏。当然这算不上大战役,但能说明赣军赖世璜部的革命性,尤其是盛逢尧在此诸役中担任南路先驱队的重任,属其生平的重大事件,故笔者收集补充之。

此外,换个角度说,谭延闿系当时北伐军总司令,赖世璜作为建国赣军独立军军长兼赣东绥靖使兴兵攻占赣边诸县,最终他们联合方本仁成功驱逐了北洋政府的赣督蔡成勋,不管方本仁的政治走向如何,在当时来看他们是很好地履行了北伐计划的职务行为。承认这一点,赖世璜占领赣边诸县的事实,即为此次北伐的战果。在一定程度上动摇当前史学通说认为孙中山领导的北伐次次无功而终的结论,我们可以认为由于赣军占领赣边七县,客观上扩大广州革命政府的可控范围,他组织的最后一次北伐,还是取得了阶段性成功,为下次北伐占领了入赣的桥头堡,其战略意义是重大的。

六、国恨家仇

1925年1月,赣督方本仁鉴于赣南诸县被赣军赖世璜部占领即成事实,被迫将这几县划归赖世璜部驻地,并改编建国赣军赖世璜部为江西陆军第4师。赖世璜鉴于北伐革命受挫,孙中山、李烈钧离开广州,他的部队需要一大片地方的民力采邑,故而接受改编休整部队。于是,赣军赖世璜部又因此取得可以休养部队的地盘,且名义上担任赣闽粤边防守备任务,驻扎在赣边寻乌、会昌、瑞金、石城、宁都、雩都、兴国七县,盛逢尧率第8连驻防寻乌圣庙内。

孙中山先生在北京病危的消息传到广州,盘踞东江的叛逆陈炯明乘机举兵进犯广州。革命政府发表《东征宣言》,组织东征军讨伐陈炯明。蒋介石任参谋长,带领黄埔学生兵3000人编入右翼军,在潮汕、棉湖一带力挫敌林虎部。1925年3月12日，孙中山在北京病逝，广州政府由胡汉民代理大元帅。孙中山逝世后，东征军左翼杨希闵部、中翼刘震寰部有恃无恐公开叛乱，革命政府组织东征军回师迅速平息了叛乱。9月，由于东征军回师平叛，东江地区再度被陈炯明余部占领，于是革命政府决定第二次东征，任命蒋介石为总指挥，以惠州一役全歼陈炯明余部，收复了东江地区。

当孙中山先生逝世，陈炯明叛乱，革命政府东征等一系列事件发生时，盛逢尧随部在赣边各县征收捐费休整部队，他听到消息后在悲痛之余，总是跃跃欲试。尤其是这时相继听说上海发生英帝国主义屠杀中国民众的"五卅惨案"，广东发生震惊中外的"沙基惨案"，青岛、汉口、九江等地也相继发生帝国主义屠杀中国民众的惨剧。他更是悲愤不已、慷慨激昂，可是赖世璜一直按兵不动。面对日益紧张的时局，作为一名有着革命理想的盛逢尧，内心无不热血沸腾，但总也等不到赖世璜挥师进军的命令，李烈钧将军亦无意回广州革命政府。这对他来说，自己十分向往的革命，陷入了一片黑暗，情绪颇为激愤。再加上近几年的军旅生活，历练成为了一名职业军人，性格刚毅、为人豪爽、心直口快。他多次与军中基层干部聊天时，毫无政治心机，从不隐瞒自己观点，直陈对部队近年按兵不动的不满，这导致他在赣军中任事遭遇到了插曲。

11月，在会昌赖世璜将盛逢尧调充第2营副营长，这实际是明升暗降，使他任回1923年闽南战役后的职务。原来赣军惯例营附都由中尉排长调升，改编后屡次呈报未准，定须由资深连长升任。但在现任的连长中有保定六期及其他军校的很多，再加上当时军中对保定军校的较为重视，而对云南军校及其他军校的有些歧视，故单单将盛逢尧予以改调。他心里更为有气，以为在这个部队不能立足，天天左思右想行为极为不安，好得当时他与七连长郭慕璘交情甚厚，郭连长时常找他谈论安慰他，这使他心中稍为好过点。

1926年3月，盛逢尧奉命到兴国办烟苗捐，想到现在部队的状态，与自己当初离家投身革命的理想相去甚远，更何况李烈钧也离开了广东革命政府，他于是也萌生了一些去意。4月以回武宁结婚为由，坚决先请短假离开部队，是时谢旅长、温团长都屡次要他不走，师长赖世璜亦来电话要他不走，他自己仍是坚决要回去。

5月，盛逢尧回到了阔别八年的家乡，到家后看到父亲尚健在，两个弟弟都长大了，二弟正在小学读书，程度亦相当好，他的心情甚感欣慰。虽然家庭的形态变了，因自他离家后父亲作田太苦，自己年老两弟太小无人照料帮助，乃于武宁城内续娶继母汤氏，入城在码头做搬运工人。未久汤去世，又续娶继母罗氏，为人很贤淑，对家人甚慈爱，因此全家充满了温和愉快的氛围。久经沙场征战的盛逢尧，尤其渴望和平，享受着这来之不易的温馨，萌发在家改业不作军人的想法。盛逢尧在家与葛氏完婚二十多天后，北洋军阀孙传芳部谢鸿动师开到武宁防御北伐军，他所在的部队改编国民革命军的事，他此时并未得知，而谢鸿动却是很清楚。在一次公宴中，谢鸿动向众人打听盛逢尧的情况，并说盛逢尧恐系赖世璜部坐探等话，从其表情看像是要对盛逢尧非常不利。当时参加宴请的葛啸亭、李安民两先生，立即报给盛逢尧这个消息，他立即脱离城住，向南转往修水。果然，谢鸿动派侦骑四出拘拿盛逢尧及全家。他父亲吓得不得了，即带家眷乃潜入教堂躲了三数日后，偷偷搬往甫田浩岗村山里老屋居住，全家惶恐不安。他父亲也就此一病不起，又不敢出来医治，两个月后竟然辞世了。后来盛逢尧将军与人谈起这事就十分愧疚地说："我离家八年未给老人以安慰，反带了一些灾难事件给全家，今日回忆真是难过，真是罪过。"同时对北洋军阀是"国恨家仇"非常愤恨。

本节有关问题考证情况

这次部队改编为江西陆军的情况，史料记载为："2月24日，赖世璜因为帮助方本仁驱逐蔡成勋有功，被方本仁报请临时执政段祺瑞，被任命为江西陆军第4师师长。"［赖晨著《赖世璜年表》载于《内蒙古农业大学学报》（社会科学版）2009年第1期第315页］这时赖世璜接受方本仁的改编，从形式上看似归顺了北洋政府，实际上更多的是方对赖部占领地的承认，或共同倒蔡成果的分享，根本谈不上背叛革命，投奔北洋军阀政府。

这个时期盛逢尧思想动摇，谈及李烈钧将军无意回广州，也是与史料记载相符的：北伐失败后，1924年10月孙中山受北京政府之请，商议另立新政府，从而离粤赴京。同时派李烈钧到日本寻求支持，后孙中山也到日本，两人会合一同返回北京，直至孙中山逝世。李烈钧始离京到冯玉祥部任顾问,到 1926 年辞职赴香港,次年,李烈钧到蒋介石的南京政府任职。(包华德[美]主编《中华民国史资料丛稿。民国名人传记辞典》6、7、8 分册(下)第 10 页]

盛逢尧的这段经历,诚然也没有史料记载,但其自述与笔者采访其乡邻的口述大体一致。(见附录四)

七、返部北伐

话说 1926 年 4 月,赣北镇守使邓如琢反戈投靠吴佩孚,迫使方本仁下台,出走上海只身投广东革命政府。5 月革命政府派熊式辉赴瑞金,和赖世璜商讨参加国民革命军北伐的有关事宜,赖世璜自然积极响应。不久,广东革命政府任赖世璜为国民革命军独立第 1 师师长,令其监视粤赣边境杨如轩、杨池生部。[赖晨著《赖世璜年表》载于《内蒙古农业大学学报》(社会科学版)2009 年第 1 期第 315 页] 6 月 5 日,广州国民政府颁布出师北伐动员令,任命蒋介石为国民革命军总司令。7 月 1 日发表《北伐宣言》,分三路向湘、赣、闽进军。赖世璜发兵攻打杨如轩、杨池生,攻克信丰、赣县,12 日唐生智迅速攻占长沙。(戚厚杰、刘顺发、王楠编著《国民革命军沿革实录》2001 年河北人民出版社第 42 页)8 月,蒋介石任命赖世璜为国民革命军第 14 军军长、熊式辉为党代表,一路连克赣州、吉安。[赖晨著《赖世璜年表》载于《内蒙古农业大学学报》(社会科学版)2009 年第 1 期第 315 页]

熊式辉(1893~1974)陆军二级上将。字天翼,江西安义人,保定陆军军官学校第二期步兵科、日本陆军大学毕业。历任滇军第 4 师团附、护国第 2 军团附、赣军司令部副官长、滇军干部学校教育长、国民革命军独立第 1 师党代表、第 14 军党代表兼第 1 师师长、独立第 1 师师长、第 13 军副军长兼第 1 师师长、第 5 师师长兼淞沪警备司令、江浙皖剿总总指挥、南昌行营参谋长、江西省政府主席、南昌行营办公厅主任、江西保安司令、中国驻美国军事代表团团长、中央设计局局长、东北行辕主任、总统府战略顾问委员会委员。(胡博编著《国民革命军师史总揽(一)陆军第 1 师—第 20 师》知兵堂出版社第 88 页)

这时盛逢尧逃到修水,正值第 6 军程潜部攻打至此,盛逢尧遂与第 6

军接洽，表明自己身份请求他们派兵攻打武宁，自己尽所能提供敌方军事部属，并作向导。当时政治部主任李世章等人接待了他，告诉他第6军的任务是进攻南昌，故不能去攻打武宁。同时，李世章邀盛逢尧在6军工作，于是盛逢尧随第6军到了南昌。抵南昌后北洋陆军第一师邓如琢部入南昌，第6军仓促撤离南昌，盛逢尧因故未能随行。

此后，盛逢尧被困守南昌月余，南昌疏散难民时，他混入难民内出城到樟树。国民革命军第14军即赣军赖世璜部，正好驻扎樟树，军长赖世璜当见面就骂了一大套道理，接着与他讲了部队改编一事，并说北伐是中山先生遗愿，现在的北伐总司令蒋介石也是协和先生当年举荐的等，要盛逢尧回部队服务。看到赖世璜讲得如此坦诚，他觉得是非回去不可，更何况此时有家难回，对北洋军阀也是国恨又添家仇，决心参加北伐。于是回任原部原职，当时第14军下辖第1、2两师吴建中、谢杰，每师辖三个步兵团，他任第2师第4团第2营副营长原职。

本节有关问题考证情况

盛逢尧返回部队之前，赖世璜部改编及作战情况，有记载："1926年8月，北伐军总司令部改编江西陆军第4师为国民革命军独立第1师，赖世璜任师长，熊式辉任党代表，辖吴建中、谢杰两个旅，易简、陈国屏、温大川、刘士毅四个团。即攻克信丰、赣县。9月中旬，该师改编为国民革命军第14军，赖世璜任军长，熊式辉任党代表，吴建中、谢杰升任师长。又直取吉水。"（戚厚杰、刘顺发、王楠《国民革命军沿革实录》2001年河北人民出版社第48页）

盛逢尧逃到修水遇第6军及到南昌等，亦能与当时史实记载相吻合，据戚厚杰、刘顺发、王楠《国民革命军沿革实录》第80页记载："1926年8月第6军军长程潜，进驻平江，后同第1军第1师经修水向南昌进攻。由于总指挥王柏龄指挥失当，在战斗中两次攻入南昌均遭反击退出。"

八、底定赣闽浙

1926年10月，盛逢尧随部从南城、崇仁攻打抚州刘宝提部，敌人抵抗异常顽强，战斗进行得很是激烈，双方伤亡颇大，第1师师长易简阵亡，熊式辉继任。后赖世璜命令赣南驻军增援抚州，同日晚攻克抚州。随后，继续挥师占领东乡、余江、贵溪等县，逐将赣东南的北洋军全部歼灭。

　　11月，盛逢尧随师参加谢埠、莲塘、南昌诸战役，战斗亦是十分惨烈残酷，两军呈胶着状态，双方屡进屡退反复激战达五六日之久。敌邓如琢所部于谢埠、莲塘逐次顽抵，盛逢尧所在的营，奉团长温大川命令攻击谢埠后，敌复占领莲塘阵地。全营展开盛逢尧督率七连郭慕麟、六连李世荣向敌阵地猛攻，敌坚持顽强抵抗。他又亲率两连长带两连官兵，冲入阵地内与敌肉搏一两个小时，始将该股顽敌歼灭，其左右翼敌人纷纷后退。盛逢尧率部进至莲塘以南停止，敌仍利用村落固守抵抗，是夜即在莲塘抵抗。翌午，左翼友军第2军张辉瓒师失利不支，放由左翼之敌，迂回至盛逢尧营侧后攻击，谢埠阵地因而难以支持，全团左侧后亦遭敌攻破，并迅速攻至盛逢尧营。于是，盛逢尧当即命令各连后撤，七连长郭慕麟因撤哨稍迟被敌截击，当时盛逢尧闻讯即组织一部官兵，前往掩护解救，但终究还是晚了一步，郭慕麟被俘后受敌残暴惨杀七刺刀而死。盛逢尧也仅抢回了郭连长的尸体，失去这个难得的军中知己好友，他内心非常难过，全营退至谢埠附近收容整顿时，盛逢尧将其掩埋。连续几天的战斗下来，双方伤亡都较大，缴枪二十余支，俘敌十余人。在谢埠休整时，盛逢尧才发现身上已有多处枪炮伤，背部中两处刺伤，所幸棉衣甚厚阻挡，敌又似近刺故未及内脏，这是他从军征战中受伤较多的一次。

　　翌晨拂晓，盛逢尧营又奉命向敌攻击前进至南昌城附近，始发现敌人已全部退守南昌城，于此乃停止前进布置警戒候令攻击。翌晨，第2军全部攻入南昌，率将邓如琢、唐福山、周凤岐等部围歼于南昌城内，江西军事遂告结束。接着，赖世璜挥师进入闽北攻打福州。在福建建阳第2师成立第6团，营长谢嘉猷升充团长，盛逢尧升充该团少校参谋主任。12月盛逢尧随部攻克福州，与东路军何应钦的第1军会师。

　　1927年1月，盛逢尧随团从闽中誓师出发，向浙江、江苏进军。途经浙江边界的福建浦城时，由于团附他调，盛逢尧调充第6团副团长。这时，经由周浑元、姚纯介绍加入国民党，隶属军队特别党部。此前，盛逢尧的团长等领导分别是谢杰、温大川等人，未曾提过周浑元、姚纯两人，但这时却明确提出系其入党介绍人，按常理入党介绍人应当是直接官长或同僚。这两人此时在军中的职务未交待，他们的出现显得有些突然，个中原因究竟如何,现在均不得而知了。

周浑元(1895~1938)陆军中将加上将衔(追赠)。字乾初,江西金溪人,保定陆军军官学校第6期步兵科毕业。历任护国第2军见习排长、粤军第3支队连长、援闽粤军司令部参谋、援赣军第4支队营长、赣军第2混成旅团长、滇黔赣联军第2支团参谋处处长、广州政府中央直辖第4师团长、赣军独立军暂编第1旅副旅长、赣东绥靖使署代理参谋长、国民革命军第14军第1师第1旅旅长、第13军第1师第1旅旅长、独立第7师第1旅旅长、第5师第14旅旅长、副师长(兼第13旅旅长)、师长、第36军军长。(胡博编著《国民革命军师史总揽(一)陆军第1师—第20师》2008年知兵堂出版社第89页)另外,有周浑元补充资料参考:金溪县秀谷镇周家巷人,民国22年任陆军三十六军军长兼第五师师长。同年在金溪与红军将领周建屏对阵。春节时,送乡人每户2斤猪肉过年。其部队是蒋介石的嫡系部队。民国27年1月12日突患脑溢血,18日去逝。(摘自互联网 http://www.baidu.com 百度百科的公开资料)

姚纯(1894~1940)陆军中将。字兼一,号汝阜,江西萍乡人,保定陆军军官学校第3期步兵科毕业。历任江苏陆军巡缉队见习排长,滇粤桂援赣联军重炮队连长,赣军第1混成旅第2团第2营营长,国民革命军第14军第1师营长,第13军第37师第4团团长,第5师第14旅第28团团长,第5师第14旅旅长,第5师副师长,第36军96师师长,第36军副军长、军长、兼渝南警备司令。1939年冬为实现抗日报国之宿愿,慷慨率部亲征广西昆仑关,与日寇精锐部队苦战数日,后奉命撤退乃率部突围。因国民党军队派系倾扎,姚纯将军遭流言诬陷,致心中积郁并发肺炎,急剧恶化饮恨长逝。当时重庆中央各报载曰:"第36军中将军长姚纯抗战积劳成疾殉职。"[摘自姚辉云主编(未出版)《姚纯将军子孙谱系》第15页]

2月,他随部迅速占领衢州、金华,部队继续向苏浙边界挺进。正当盛逢尧于长江下游与北洋军阀一战时,接到家中来信,乃知父亲于上月因病身故,他知道这是他去年回家,受到北洋军阀通缉,给了老人以精神惊恐,不敢在城作码头工人,迫而下乡以致发病,医药不便竟而不治。他想到父亲辛苦一生,都为子女教读婚配,自己未得一天舒适日子,甚感凄然。八年前父亲在武宁码头,挥泪送别他赴广东参加革命的情景,又浮上心头，自己从军革命以来，四处南征北战竟是未尽孝道，心情更是悲痛，痛心之极把愤怒全部撒向北洋军阀。

是月，盛逢尧随团参加苏浙边界长兴二十三湾战役，北洋军阀孙传芳残部约万余人，于边区二十三湾一带高地企图固守。盛逢尧所在的第2师奉命攻占该地，战斗由师长谢杰指挥，于该日拂晓开始攻击，第4团任正面主攻，他所在的第6团任右翼。但盛逢尧不甘于在前线督战，主动向师长谢傑请缨，率带一连敢死队助攻正面，得准后遂率带官兵突破敌军防线，直插入敌阵右翼，使其正面阵地大乱。第4团主攻部队得以全部展开跟进，继而4、6团分别从正面及侧翼，发动猛烈攻击前进。战至午后全部攻进阵地，毙敌百余，缴枪数百支，俘五百余人。孙传芳残部向宜兴、常州溃退，盛逢尧随部乘胜追击。

3月到达江苏丹阳，盛逢尧因长兴等役战功，升充第2师第6团第1营中校营长。接着，他又率部随军追击北洋军阀，连续攻占了无锡、江阴、苏州，驻沪的直鲁联军闻风纷纷北溃。

本节有关问题考证情况

盛逢尧参加的这些战役均有相关资料直接或间接记载：

"10月初，第1师师长吴建中升任副军长，易简继任师长。20日攻打抚州时，易简阵亡，师长一职由熊式辉兼任。11月，协同友军攻克南昌。后进军闽北，参加对周荫人作战。"（咸厚杰、刘顺发、王楠著《国民革命军沿革实录》2001年河北人民出版社第48页）

"12月，14军进入闽北，与东路军（何应钦的1军）会师于福州。"[赖晨著《赖世璜年表》载于《内蒙古农业大学学报》（社会科学版）2009年第1期第315页]

"1927年1月，北伐军底定江西后，决定向长江下游进攻，将军队编组为东路军（总指挥何应钦）、中路军（总指挥蒋介石兼）、西路军（总指挥唐生智）三路。第14军赖世璜部隶属东路军，赖世璜任东路军第五纵队指挥官。"（咸厚杰、刘顺发、王楠《国民革命军沿革实录》2001年河北人民出版社第43页）

"1927年1月，第14军由闽入浙，2月入杭州，3月抵苏南，分驻无锡、江阴、武进。"（咸厚杰、刘顺发、王楠《国民革命军沿革实录》2001

年河北人民出版社第 49 页）

"赖世璜率部自闽中出发,向浙江进军。2月,14军占领浙江的衢州、金华、宜兴等地,直指无锡、苏州。驻沪直鲁联军纷纷北溃。3月下旬,赖部（5纵）攻克无锡、江阴,自苏州、常熟进发,与淞沪各军会合。"[赖晨著《赖世璜年表》载于《内蒙古农业大学学报》（社会科学版）2009年第1期第315页]

九、直取苏鲁

1927年4月5日,北伐军底定长江下游诸省市后,武汉政府军事委员会决定讨伐张作霖,遂重新组编部队,任命蒋介石为第1集团军总司令,冯玉祥为第2集团军总司令。4月12日,蒋介石发动了政变,组建南京国民政府。5月1日,南京国民党中央决定实行第三期北伐,兵分三路:第1路总指挥何应钦、第2路总指挥蒋介石（兼）、第3路总指挥李宗仁。第14军赖世璜部属第1路军,各路军按计划出师北伐至鲁南。（咸厚杰、刘顺发、王楠《国民革命军沿革实录》2001年河北人民出版社第44页）

此时,北伐军赖世璜部的军事行动极为顺利,北洋军阀残部北溃至苏鲁边界驻扎。盛逢尧部隶属第1路军,奉南京国民政府命令,继续渡江北伐,北洋军阀纷纷后撤,盛逢尧随部占领扬州、泰兴、盐城等地,一路进军到苏北鲁南徐州、临沂一带,参加海州、徐州诸战役。盛逢尧所在的6团随第1师参战,指挥者为第1师长熊式辉,徐州守敌为北洋军阀孙传芳残部。拂晓开始攻击至正午,敌军稍为抵抗,大部即向津浦路北退却,到是夜徐州即为盛逢尧所属的第1师占领。尔后,熊式辉命盛逢尧率第1营为全团先遣,沿徐东新安镇向东攻击收复海州,该地守敌亦稍作抵抗,即向兖州、济南方向退去。是役盛逢尧部无甚伤亡,占据鲁南各地。

7月,沂水上游蒋介石部吃紧,赖世璜率第14军往援,归属第2路军总指挥白崇禧指挥。盛逢尧部又归还第2师建制攻打临沂,参加山东临沂、淡城战役,指挥者为第2师长谢杰,敌军为北洋军阀张宗昌部方永昌师。敌军在临沂凭城固守,双方相持十余日,发动攻击数十役,战斗进行得极为惨烈,呈反复争夺的拉锯战状态,盛逢尧所在的第2师伤亡极大,久未能攻下。另因蒋介石部在徐州也受到挫折,致徐州失守。8月初,白崇禧的第 2 路军因为徐州已经失守，而敌援又至，恐怕被围歼，遂放弃临沂南撤。命赖世璜的第 14 军和程潜的第 6 军殿后，掩护白崇禧的各军撤退。

本节有关问题考证情况

此期间于鲁南各地的战役亦有相关资料记载：

"5 月 24 日，全军（笔者注：即赖世璜的第 14 军）由江阴渡江北上至海州，后参加攻郯城，进占临沂。8 月，孙传芳部举兵反扑，该军返回江南。"（戚厚杰、刘顺发、王楠《国民革命军沿革实录》2001 年河北人民出版社第 48 页）

"6 月，南京国民政府决定继续北伐，任赖世璜为第一路军右翼指挥官，辖第 14 军、第 1 军独立第 12 师、第 1 军独立第 10 旅，打败孙传芳、张宗昌、李景林等部，占领鲁南各县。"［赖晨著《赖世璜年表》载于《内蒙古农业大学学报》（社会科学版）2009 年第 1 期第 315 页］

十、军祸萧墙

1927 年 8 月 13 日，桂系将领李宗仁、白崇禧等以蒋介石在徐州的军事失利为借口，联合汪精卫、何应钦等人反对蒋介石，蒋被迫通电下野。第 14 军归属第 1 路军总指挥何应钦指挥，奉命南撤退入长江南岸休整，驻扎沪宁沿线无锡、江阴一带负责警戒北洋军，盛逢尧随部驻扎无锡休整。

8 月 26 日，北洋军阀孙传芳率数万之众，突然在南京东面的栖霞山、龙潭一带偷渡长江，准备进攻南京。白崇禧命令赖世璜增援对孙传芳部作战，赖世璜消极应付，只派一个团虚与委蛇。由于北伐军总司令蒋介石已下野，诸军由军事委员会继统，李烈钧将军以国民政府和军事委员会的常务委员职坐镇南京，主动负担起指挥联络的重任。后在李烈钧将军协调指挥下，诸军联合打败孙传芳军，使南京政府得以站稳脚跟，保卫了北伐的胜利成果。

9 月初，南京政府准备再次北伐，第 14 军担任右翼军中路作战任务，赖世璜为总指挥，盛逢尧随部受命由江阴渡江，占领泰兴、泰州，以掩护各军渡江。后因军中遭遇重大变故，部队到达泰兴未再北进。

南京政府内部派系斗争很是激烈，宁汉合流之后又趋于紧张。此前，武汉政府汪精卫亲笔致信给赖世璜，希望其"反正"归附武汉。此事为白崇禧获悉，认为这是削弱何应钦实力，打击蒋介石的最好借口。遂利用此事，向何应钦施加压力，必欲除赖世璜而后快。9月29日晚，赖世璜在上海火车站被刘峙所派的宪兵抓捕，搜查出汪精卫给其信件，当场被何应钦扣押。数日之后，以"克扣军饷，畏缩不前"罪将赖世璜逮捕，免去赖本兼各职，旋解送南京审讯。赖世璜被捕后，李烈钧、熊式辉等曾经多方营救，均无效。这时军中一些动摇了，相继有人投奔桂系。

白崇禧把赖世璜逮捕后，就开始吞并赣军，将第14军番号撤销，全军缩编为一个师，并入其任军长的国民革命军第13军，改番号为第37师，由熊式辉任师长。盛逢尧和周浑元、姚纯等交情甚笃的原第14军的大部分军官，均坚决不投桂系，不愿到白崇禧的嫡系部队任职，情愿留在缩编后的第37师，因而取得师长熊式辉的信赖。赣军因此由原来的两个师，被桂系吞并后仅余下一个师的人马，但这些留下的官兵意志非常坚定，这给熊式辉很大的信心和勇气，保存赣军的这股力量。后来，熊式辉设法脱离白崇禧的第13军的控制，相继改编为独立第37师、独立第1师。该师辖两步兵旅、四步兵团及炮、工、通讯、特务各营和骑兵连，胡祖玉、周浑元分别为旅长，盛逢尧编入第4团第3营中校营长，团长姚纯，原第6团第1营编为第3团第3营交林增鼎接充，在常州接事后住天宁寺。

本节有关问题考证情况

这个阶段李烈钧将军积极出面维护南京国民政府的局面，有相关的史料予以记载："1927年4月，国民党分裂，李烈钧支持蒋介石的保守派，蒋介石在南京成立国民政府，任命李烈钧为国民政府常务委员，兼军事委员会常务委员。8月，蒋介石辞职下野，留在南京的常务委员李烈钧、蔡元培主持党政事务，李烈钧召集李宗仁、白崇禧、何应钦组成军政院，并出任主席。8月底孙传芳、张宗昌联军突袭南京时，李烈钧力求国民党重新团结，又组成中央特别委员会，并起了很大作用。"（据包华德[美]主编《中华民国史资料丛稿—民国名人传记辞典》6、7、8分册（下）第10页）

赖世璜出事时，李烈钧确实无力营救，其中的缘由应当与此记载有关："1927年11月南京驻军向庆祝李宗仁击败武汉军的群众开枪，中央特别委员会有从中唆使的嫌疑,……李烈钧被解除了职务。"(据包华德[美]主编《中华民国史资料丛稿·民国名人传记辞典》6、7、8分册(下)第10页)可见那时李烈钧将军已被桂系纠缠,对此也已经是力不从心了。

同时,熊式辉也在为赖世璜的事周旋,其在回忆录中专门有一节叙述此事,并说已取得蒋介石的支持同意,但被白崇禧抢在蒋复出前一天枪决。他说:"不料在总司令到京之先一晚,即草草而被执行枪决。"(熊式辉著《海桑集·熊式辉回忆录》2008年明镜出版社第88页)

赖世璜将军被俘后军中变化等情形有史料记载:"第14军第1师师长陈国屏(江西石城县人)、第2师师长谢杰、参谋长刘士毅,有的庸怯无能,有的认贼作父——投奔新桂系。12月31日晚,赣军北伐名将赖世璜将军,被白崇禧控制的南京国民政府军事委员会军法处(负责人为新桂系军阀马晓军)判处死刑,执行枪决,时年38岁。他去世时曾作绝命诗云:'军营世界乱忙忙,错认迷途是故乡。识得本来真面目,此身原来臭皮囊。'"[赖晨著《赖世璜年表》载于《内蒙古农业大学学报》(社会科学版)2009年第1期第315页]

白崇禧杀害赣军将领赖世璜,意图吞并赣军的事,及熊式辉带出赣军一部等事实,均有相关资料证实:"9月14日,白崇禧在上海逮捕了军长赖世璜,将该军改编为独立第一师,熊式辉任师长。10月,白崇禧组建第13军,将该师编成第13军第1师,不久又改称第37师。10月白崇禧西征讨伐唐生智,该师由熊式辉率领卫戍松沪,遂与第13军脱离关系,改为独立第37师。1928年3月30日,该师又改称独立第1师。"(戚厚杰、刘顺发、王楠著《国民革命军沿革实录》2001年河北人民出版社第48、101页)

十一、北定中原

1927年12月,熊式辉以师长兼上海警备司令,盛逢尧营调上海闸北龙华担任警备。这一段时间蒋介石为了复出,策划了逼走许崇智等西山会议派、联合胡汉民挤走汪精卫、最后气走胡汉民等一系列事件,直至1928年1月18日正式再任总司令,熊式辉为此出力最多。当时蒋介石的部队均散各地,其身边所籍维护者惟熊式辉师一个部队而已,这是蒋介石对赣军最信任的时期，赣军也由此正式纳入蒋介石的嫡系。

1928年2月，国民党召开二届四中全会，在这次会议彻底排除了共产党，全面确立了蒋介石的领袖地位。他作为中常委兼组织部长、民众训练委员会常委，控制了国民党中央党部；他作为中央政治会议主席，通过一批位居要津的亲信和幕僚，成为事实上的政府控制者；他作为军事委员会主席兼军队总司令，更加牢固地掌握了军权。总之，经过辞职、复职，蒋介石在国民党、政府、军队的地位得到了进一步的巩固和提高。

会后，蒋介石下令继续北伐，熊式辉部奉命留一个旅卫戍上海，其余由胡祖玉率领北伐。

胡祖玉（1893~1931）陆军中将（未经铨叙）。字拙如，江西靖安人，保定陆军军官学校第6期步兵科毕业。历任长江上游总司令部排长、连长、国民革命军14军第1师营长、团长，第13军第1师副师长，独立第37师副师长，第5师第13旅旅长、副师长、师长。（胡博编著《国民革命军师史总揽（一）陆军第1师—第20师》2008年知兵堂出版社第89页）

盛逢尧依令随军参加北伐，一路上的盛逢尧部无甚重大战事，所遇之北洋军节节败退，北伐军推进得颇为顺利。4月，各路北伐军逼近济南，盛逢尧随部协同友军开始部署攻打济南。这时日本以保护日侨为由，分别从天津、青岛调集大批日军运抵济南附近，企图帮助北洋政府的奉军阻挠北伐。5月1日，盛逢尧等部北伐军进入济南，与日军在城内外对峙，局势较为紧张。5月2日蒋介石要求日军撤退，日军应允并撤出工事。不料5月3日上午，日军突然闯入南京政府设立的山东交涉使署，杀害蔡公时等18名中方官员。后蒋介石为控制局势，命令熊式辉火速赶到济南协调处理此事。

日军就此提出无理要求，遭到中方拒绝。从5月8日凌晨四时起，日军认为没有得到满意答复，决定开始炮轰济南全境，占据了济南周边。5月9日上午9时，日军向济南城区发动进攻。日军的暴行，引起城内中国军民的极大愤慨，双方迅速发生冲突，战斗蔓延至济南全城。下午，济南守军被迫退入城内，进行巷战。日军进城之后即开始大规模放火以及进行无差别屠杀。当时正在城内驻扎的熊式辉部只有盛逢尧一个营，本就因蔡先生被害义愤填膺的盛逢尧（蔡公时同系赣人）鉴于事发突然，来不及向官长报告，毫不犹豫地率部参加与日军的冲突战斗，屡次指挥部队击退日军的进攻。至 5 月 10 日，双方进入僵持局面。10 日夜晚，守军接到蒋介石发出的"放弃济南"命令，从东门退出。5 月 11 日，为北伐大业，国家早日统一，盛逢尧部等北伐军陆续撤出济南城。日军进入济南城，占领济南全境。

北伐军继续北上作战，但经日军阻滞月余，北洋奉军得以安全撤退至东北。6 月 8 日北伐军驱走奉系，占领北平，北伐军事告峻，乃告建国。不久，张作霖在皇姑屯被日军炸死，东北军张学良通电易帜，宣布服从中央，遵奉三民主义，全国始统一。

盛逢尧率部奉令退出济南后，随即脱离北伐军序列，未再继续随军北伐，而是陈兵山东泰安、莱芜一带，对济南、鲁东日军对峙警戒，直至以后日军退出中国山东。

7 月，盛逢尧随部由山东集中开赴海州整训，期间盛逢尧奉命开赴赣榆、青口及鲁南指挥剿匪，此系地方惯匪杀人越货，纯为地方人民之请而为民除害。经盛逢尧率部组织多次搜剿战斗，地方惯匪得以大部肃清。是役全营阵亡排长 2 员，士兵 3 员，伤士兵数 10 名，毙匪 10 余，伤数 10 人，缴杂枪 20 余支，马骡 10 余匹。

本节有关问题考证情况

盛逢尧部这次北伐时，在济南与日军的遭遇战斗，没有直接史料，仅有相关资料记载为："据事后中国的调查，中国人于事件中死伤 6000 余人。据日本方面的调查，此事件中中国一般市民的死亡人数为 3600 人，伤者 1400 人，日军死亡 26 人，伤 157 人。这就是日军制造的震惊中外的'济南惨案'。"（摘自 http：www.baidu.com 百度百科的公开资料）

熊式辉处理济南惨案等情况，有其回忆录记述："民国 17 年 3 月蒋总司令自京出发，赴徐州督师北伐……5 月 1 日我军克复济南，3 日，日本临时山东派遣第 6 师团长福田彦助即在济南制造惨案，尽其兽性……余乃奉派为我方代表，当夜前往与日方代表相晤。"（熊式辉著《海桑集·熊式辉回忆录》2008 年明镜出版社第 89 页）

盛逢尧所属的部队则因此没有继续北伐，留在山东与日军对峙，亦有确切资料记载："日军济南附近之阻扰，迟滞了我军北伐约有一个月时间，使敌军得以安全撤退。总司令部渡河以后，原在北伐战争序列部队，除被牵制尚留有一部分在南岸与济南附近日军对峙者外，大部分均已渡河北上，照原定计划推进。"（熊式辉著《海桑集·熊式辉回忆录》2008年明镜出版社第95页）

十二、北伐大革命的赣军干将

在国家屡经列强蹂躏，满目疮痍，百姓遭受重重压迫，民不聊生的危难时刻，在中华民族发出了"打倒军阀，打倒帝国主义"的怒吼声中。盛逢尧在革命元勋李烈钧的感召和安排下，投身赣军参加革命，试图通过血与火的磨砺，去实现"富国强兵"的理想。在连续数年的南征北战中，盛逢尧屡次在火线上得到提升，由当初一名胸怀革命理想的热血青年，历练成为意志顽强、骁勇善战的赣军骨干，成长为满怀投笔从戎北伐建国之志的革命军人。

耿烈厚道的盛逢尧将军，秉承了中华传统军人奉行的优秀品德。在广州革命期间，部队军官被敌方策反，他不受高官厚禄诱惑，毅然率部突围；在赖世璜屯兵不发时，他又抑制不住自己热切的革命精神，直言不讳，以至开始初尝任职风波的苦涩；在军长赖式璜身陷囹圄时，不随波逐流，不趋炎附势，始终忠诚于自己的部队。在我们面前再现了一副副威武不屈、贫贱不移的革命军人形象。

可想而知，在充满政治陷阱的军旅中，纵然有高洁的人格品位和出色的军事才能，但由于对人际权谋的天然疏离，缺乏政治关系的心机，必然会遭受各种无法预测的伤害和失落。

除此之外，他在这期间还遭遇着尽孝不能的痛苦，丧失亲密战友的痛惜，但也享受过片刻的和平和家庭的温馨，盛逢尧将军有着与常人一样的喜怒哀乐。因此，这个阶段是其革命生涯的起点，他凭着一股澎湃的革命激情，埋头苦干，浴血奋战，对军中争斗所陷不深，所以盛逢尧觉得还是痛快淋漓的。

据盛逢尧将军后人转述其这段经历曾感慨的说（大意）：这一阶段多年想法得以实现，为国家为革命而用命苦战，乃至重建国民之新政，心情甚为轻松愉快。虽任事方面经过了营附时期的小波折，也目睹军队上层暗中斗争的残酷，但对他自己的一生来说，却是革命过程中最好的一阶段。

第五章 盲从军令打内战

一、赣军的熊式辉时期

赣军自从被白崇禧吞并一部后，在熊式辉的带领下，取得蒋介石的高度信任。在南京国民政府第一次编遣会议上，编成为中央军蒋介石嫡系部队。在这个阶段，师长胡祖玉、周浑元又是忠心耿耿维护蒋介石的政策，迅速得到发展壮大，直至扩编为军。

当年赣军名将赖世璜蒙难时，白崇禧将声名赫赫的北伐第14军缩为一个师，编入其嫡系部队，赤裸裸地吞并赣军。熊式辉挺身而出将部队拉出独立，并积极靠近蒋介石为其效力。不出一年时间，在1928年9月第一次编遣会议时，部队编入中央军蒋系番号为第5师，迅速得到扩大。接着，独立7师和税警一团充实到熊式辉的第5师，使该师由白崇禧吞并后的三团制师，变为三旅六团的师，兵力达到了15000余人，差不多相当于抗战时期两师制的一个军的兵力了。

由于这个阶段中央军第5师（赣军），极得蒋介石信赖和支持，不断得到扩大。到了1931年初胡祖玉任师长时，部队为两旅六团，外加一个独立团，共达到了七个团总兵力。到了周浑元任师长的1931至1932年期间，该师虽仍为两旅六团，但他将独立团扩编为独立旅，下辖三个团，总兵力达九个团之多。随后，周浑元又将江西保安团和李弥团并入，因此，最终全师得以扩编为中央军第36军，周浑元为该军首任军长。虽然这个阶段的赣军较早就编遣成中央军蒋系，且与桂系、西北军、东北军等其他新军阀相比力量尚弱小，这可能与赣人多忠诚，不善扩张蓄养实力有关。但是第5师在中央军中也一直保持着以赣籍子弟为主体的色彩。据湖南省档案馆藏《庐山军官训练团同学录》的资料显示，1933年第5师的参训军官多系赣籍人士。所以此时的中央军蒋系第5师，完全可以归入赣军的系统。

之所以能得到如此迅速的发展，完全得益于蒋介石信赖，但赣军亦积极维护其独裁统治，并为取悦于蒋介石及部队后路考虑，赣军此时也充实了王建煌、李弥、刘采庭等一些黄埔干部，作为后备的将领培养，也让蒋介石对赣军更加放心。正是有蒋介石的支持，当时陈诚作为蒋介石的嫡系，虽然扩编部队的野心很大，但亦不敢有吞并被蒋视作嫡系的赣军的念头。

那时蒋介石坐镇南昌，陈诚与周浑元都率部于江西各地与红军作战。开始时，赣军的实力并不弱于陈诚系统，据有关资料显示：1931年陈诚刚由第11师师长升任第18军军长，部队由第11师扩为第18军仅辖第11师、第14师两个师。次年赣军由第5师扩编为第36军时，第36军辖第5师、第96师、独立第36旅，比陈诚部的规模更大。此外，两者一度在蒋介石心中的位置也相当，这从陈诚吞并川军张英部的经过中可以看出。

据中国社科院近代史研究所民国史研究室编《中华民国史资料丛稿·人物传记》第十八辑第37页记载："1932年秋，陈诚部第11师、14师，借口驻防江西永丰的第51师张英部纪律太坏，将其包围缴械改编（笔者注：实为吞并）。时任张英部副团长的李弥拒不受命，带领该团官兵冲出重围，到南昌见何应钦。蒋介石得到陈诚报告后，乃于庐山召见李弥，问其为何不服从陈诚命令，李弥答称，过去校长只教学生打仗，未曾教过缴械，故将部队带来交还校长。李弥由此深得蒋介石赏识，遂将其编属熊式辉部周浑元第5师任团长，继续与红军作战。"不难看出，陈诚镇不住降不服而蒋介石又较为器重的人，蒋就把他交给赣军周浑元。其实并非简单一个人的问题，也不是一个团的兵权问题，在惯用政治权谋的蒋介石手中，体现了派系亲疏和相互制衡的摊牌。足见当时赣军在蒋介石心中的位置。

但是，陈诚吞并杂牌部队的野心更大，他借剿匪为名，又基于和蒋介石的老乡关系得到信任，不择手段吞并异己部队，扩充其嫡系部队第18军。到1934年陈诚的第18军就辖四个师，1937年达到最高峰辖八个师。而赣军在1933年扩编为第36军后，周浑元竟然未再扩大了，其中原因不得而知。国民党军队中派系斗争激烈，弱肉强食是普遍规律，这时周浑元未抓住机会扩大实力，三四年后即成为陈诚吞并的目标，硬是被陈诚裁撤了独立36旅，缩编为两个师。这都是后话，后文再详述。

总之，这个时期可以说是赣军的熊式辉时期，熊式辉在赣军即将被桂系吞并的紧急关头，力挽狂澜保住了一部分赣军力量。经他和胡祖玉、周浑元努力，将这点力量由小壮大，赣军再次经历逐步扩张为军的过程。同时在熊式辉的经营下，取得蒋介石的高度信赖，编入中央军蒋系。因此，这时的赣军无论威望还是实力，又达到了一个相对的黄金阶段。只是这个时期的赣军有点遗憾，所参与的战事却不如赖世璜时期那么轰轰烈烈，振古烁今，甚至有些不怎么光彩。

二、所谓剿"匪"

1928年9月盛逢尧所属的师改编成中央军，南调浦口与独立七师的税警一团合并为中央陆军第5师，熊式辉为师长，辖13、14旅，副师长胡祖玉兼第13旅旅长，辖25、26、27三个团，参谋长周浑元兼第14旅旅长，辖28、29、30三个团，另增编一个独立团。盛逢尧编入第14旅第28团任第3营营长，部队多驻扎上海龙华路。

一日，盛逢尧闻李烈钧将军在上海养病，此后即多次前往探望，他对这位邑中革命先驱一直崇敬如初，每次将军的诸多教诲他都铭记在心。此时，盛逢尧在军中十余年，随军北伐转战大江南北，已经逐渐成为以服从命令为天职的职业军人，有时甚至片面地以追求打胜仗为军人的荣耀。虽然忧国忧民的思想并未减退，但也不如年轻时对政治的热情冲动，更多的是历经沙场的沉稳内敛。尤其是北伐成功令他满以为只要尽力维护国民政府，就能实现国富民强的理想。因此造成他政治上短视，军事上盲从。

11月，盛逢尧随部参加永新战役，指挥者为旅长周浑元、团长姚纯。此前第13旅27团1营周忠恂

内战时期的盛逢尧将军

进攻宁冈、井冈山被红军活捉，全营部队歼灭殆尽。接着，该旅27团3营的段绍中进守宁冈，亦被红军解决了一半。最后，该团余下第2营刘叶往援宁冈，亦于中途遭截击打得七零八落，故胡祖玉率第13旅开回上海任警备。周浑元率第14旅进赣西，盛逢尧随团担任永新守备任务。是役红军由井冈山、宁冈进攻永新县城，28团1、2营于虾蟆湖占领阵地固守抵抗，盛逢尧奉命率部由莲花杨槎驰回增援，昼夜急行军一百余里甫到永新西门外，红军攻击团部阵地甚为猛烈，他正与团长姚纯接通电话报告情况时，虾蟆湖阵地即被攻破，1、2营即被击溃后退，团长姚纯被困险些被俘。万分危急之时，盛逢尧不顾一切率第3营全体官兵冲入阵地，乃相率姚团长突出重围，并派一部向蛤蟆湖红军袭扰。其余突至永新城外北门停止，派探侦察始知永新城无红军，乃退入永新。又因全旅已向石灰桥转移，他营亦不得不向北移动了，旋退石灰桥在洋溪占领阵地准备迎战，努力侦察红军行动，回报已向宁冈退去。是夜在永新北门外十余里宿营，并向宁冈方向戒备，该役盛逢尧营稍有伤亡而1、2营伤亡甚重，红军亦有伤亡。

12月，全旅奉命进攻井冈山，盛逢尧所在的第28团为先锋首经宁冈进攻汪洋界，他率第3营前卫，沿途虽有小接触均被排除。一直进到汪洋界红军守备阵地前，因工事坚固山势险要，大有一夫当关、万夫莫敌的模样，连续攻击数次，死伤颇重无法攻入。兼以天候恶劣连天大雪，浓雾四布，伸掌莫辨，官兵露宿山顶十分辛苦。在此种情况下旅长周浑元亦手足无措，无其他方法足以达成任务。这时盛逢尧向旅长供献策略，建议轻装攀登峻岭，迂回钻隙袭破汪洋界，取得内外协同。周旅长乃同意其法，遂命盛逢尧率第3营由内迂回，他即率全营官兵竟一日之力攀登峭壁悬崖，迂回汪洋界之右后方。于黄昏前到达预期地点，乘黑夜一举截断汪洋界通小井之交通，袭占汪洋界缴枪10余支、行李、马匹等辎重一部分，并打开正面交通大道，与第14旅攻击部队取得联络协同，继续向小井挺进。翌晨拂晓，突入小井再取茨坪，迫使红军放弃井冈山根据地，退往赣南遂川方面，即告肃清井冈山红军。是役总指挥为金汉鼎。

金汉鼎（1891~1967）陆军二级上将。字铸九，云南华宁（今属江川）人，云南陆军讲武堂第1期毕业。历任云南护国军连长、营长，滇川黔靖国军第2军第14旅旅长、第1混成团团长、第4混成旅旅长、第2混成旅旅长，滇军代理总司令，驻桂滇军总司令，广东大元帅府参谋处高级参谋；国民革命军第10军副军长，独立第16师师长，第9军军长，第31军军长，第12师师长，湘赣两省剿总副总指挥；军事参议院参议，军事委员会风纪巡查团第1团主任、第2团主任，云南省参议会议员；中华人民共和国国务院参事，政协北京市委员，民革北京市委员。（胡博编著《国民革命军师史总揽（一）陆军第1师—第20师》第195页）

不久，盛逢尧所在的第14旅奉命班师上海，金汉鼎于吉安欢宴全旅官佐，特将盛逢尧请出专干酒一杯，并说了许多嘉许的话奖励有功。

本节有关问题考证情况

这个时期盛逢尧讲到的这次编遣变动情况与史料记载基本相符："1928年8月第5师成师时序列为：师长熊式辉，副师长刘士毅，参谋长郭觫，第13旅旅长胡祖玉辖25、26团，第14旅旅长周浑元辖27、28团，第15旅旅长刘士毅辖29、30团。"（胡博编著《国民革命军师史总揽（一）陆军第1师—第20师》2008年知兵堂出版社第92页）另据该书第85页师史简述中载："1928年8月9日据编遣决议组编第5师，辖三旅六团（15269人）。成立之初，以主力担负淞沪地区防务，另以第15旅于江西围剿红4军。1930年中原大战爆发后，副师长兼第15旅旅长刘士毅拟率部投靠北京国民政府，事为师部侦悉，当即于芜湖平变。此后，裁撤第15旅，改两旅六团，12月全师入赣，同时扩编独立团。"可见与该书的记载大体是一致的，只是遗漏了刘士毅这个旅的建制，其原因可能是由于刘士毅后来因叛变被裁撤了，故视为不存在未作说明。此外，由该书介绍还可知，从此时组编起至国民党退守台湾，该师共有十位师长，前七位都是江西人，且仅列出的四名殉职的团级以上主官均是江西人，可见该师确属赣军系统无疑。

关于盛逢尧探望李烈钧一事，在时空条件上是吻合的。有资料记载："10月，国民政府改组，李烈钧仅有国民党中央委员、国民政府委员的虚名，未再担任实职，遂离开南京，到上海养病。"（《武宁县志·李烈钧传略》1990年江西人民出版社第685页）另有资料亦可以说明："1928年初李烈钧离南京去上海，1929年再次选入中央执行委员会，他虽开始与中央党部的首领人物很疏远，但从不支援蒋介石的敌手。1931年再次当选中央执行委员会，1935年改选为中央监察委员。1932年后他居于政府顾问的地位,在党政界不再有实权,悠悠然在上海居住到1937年。"(包华德 [美] 主编《中华民国史资料丛稿·民国名人传记辞典》6、7、8分册(下)第10页)可见此时李烈钧将军在上海修养,而盛逢尧部也多驻扎上海。

这一年盛逢尧参与的战事,仅见熊式辉的回忆录中有一句记载:"民国17年12月14日,剿匪军收复共军巢穴井冈山,残部窜赣南。"(熊式辉著《海桑集·熊式辉回忆录》2008年明镜出版社第96页)

三、治安剿匪

1929年3月,盛逢尧所在的第14旅奉命调沪宁路警备。

4月,太湖一带以桑海山为首的惯匪,专门在江湖海三水面抢船劫货,并抢劫绑票、奸淫妇女无恶不作,弄得民愤极大。盛逢尧被任命为常熟、太仓两县境内剿匪总指挥,率带全营进驻太湖剿匪。这一天惯匪桑海山率部百余人,由太湖窜到常熟浏河,被盛逢尧部发觉。他当即率部组织围击,将匪全部歼灭,匪首桑海山当场被擒,其余除当场击毙外,俘数10余人,缴枪数10支,缴大木船10余艘。在救出的肉票中有十四五岁的女孩,有十八九岁的女子被奸后血裤在身斑斑可睹,其他行商富户及良善人民被吊打情形亦非常残毒。事后常熟、太仓两县百姓奔走相告,有的还给盛逢尧部送来了"为民除害"的旌旗。

10月,盛逢尧随师参加皖南讨伐鲍刚战役,先后三次战斗。第一次在芜湖附近,第二次在徽州附近,最后是在屯溪龙湾、婺源附近,鲍刚不支,被截获1000余人,缴枪700余支,马骡100余匹,鲍刚率残部退婺源赣边一带。是役指挥者胡祖玉、团长姚纯,这是帮助蒋介石排除异己的战争。

11月,江苏句容茅山出现了名为红枪会的组织,该匪逐渐做大拥众数千人,啸聚山林声势颇大,据说有符水吃了打不死,迷信惑人扰得地方人心惶惶。盛逢尧奉命率部剿办该匪,领全营于茅山红枪会总坛,将该匪痛击后即全部击溃,地方秩序恢复。匪伤亡10余人,他的部下无一伤亡。

剿灭红枪会后,盛逢尧率第3营继续驻扎句容。12月,石友三在南京浦口叛变,他又奉命参加讨伐石友三战役。由于其所属的第28团正在下关集训,于是他率部星夜开下关。到达后,乃随团渡江北进,沿路追击叛军,直追至蚌埠。后西进凤台、寿县附近,又随师进至南滁州附近,构筑强固守备阵地与敌激战数日。这次行军征战异常辛苦,当时天候大雪,厚积四尺许,是他生平第一次所见到的大雪了,部队减员较重。

这一年的战事,是内战期间稍为值得一提的,其他无论是中原大战,还是围剿红军都是非正义的。在此期间盛逢尧驻淞沪地区警备,其几次率部剿灭的土匪,毕竟多是保护百姓的生命财产,维护社会治安秩序。

四、中原大战

在北伐战争最后阶段,冯玉祥认为他的军队在河北打退奉军付出的代价最大,论功行赏,应该把河北、北平、天津分配到自己名下。不料在1928年5月间蒋介石到石家庄与阎锡山会面之后,便秘密决定把河北省和北平、天津两市的地盘都分配给阎,使冯玉祥的希望落了空。随后,在军队编遣问题上,蒋介石为建立专制独裁统治,进一步排斥异己,扩充嫡系部队,引起阎、冯、李等人的不满。冯玉祥提出的方案在编遣会议上又遭到失败,蒋、冯分裂已呈公开化。桂系的李宗仁、白崇禧看到蒋、冯关系破裂,认为反蒋时机成熟,即先从湖南下手,罢免了非其系统的鲁涤平,蒋桂战争已到一触即发的地步。

1930年1月,阎锡山看到蒋介石剪除异己,料想自身难免,于是举起反蒋旗帜。一时间,国民党改组派、西山会议派等反蒋派系的首领汪精卫、陈公博、邹鲁等,云集平津,拥阎反蒋。阎锡山又进一步联合冯玉祥和李宗仁,收集各地杂牌军。

2月阎锡山通电要蒋介石下野,3月15日,原第2、第3、第4集团军50余名将领联名通电讨蒋,并推举阎为中华民国陆海空军总司令,冯、李和张学良为副总司令,刘骥为总参谋长。阎、冯、李分别通电就职,张学良则保持沉默。接着,阎、冯、李、石(友三)、樊(钟秀)等部共约60万人组成5个方面军,分别集结于河南境内陇海铁路(兰州—连云港)、平汉铁路(今北京—汉口)沿线、津浦铁路(天津—浦口)沿线和湖南取攻势防御,得手后与蒋军决战,欲彻底消灭蒋军,推翻南京政府。4月,蒋、冯、阎等各方调集兵力100万余,在东起山东、西至襄樊、南迄长沙的绵延数千里的战线上展开大战。

1930年春，盛逢尧所在的第5师划隶第二军团，因第5师师长熊式辉兼上海卫戍司令，由副师长胡祖玉率领参加中原大战。盛逢尧随部赴陇海路沿线，对阎锡山、冯玉祥部作战。

双方相持6个月大小十余战。比较激烈伤亡最重者，是在河南归德至郑州间地区，由归德以南开始至民权以南的丁庄、孟庄、杨固集、陈庄、侧庄诸据点之攻击战。

在这次战斗中，盛逢尧奉命攻击陈庄、侧庄开阔平坦高粱地带，彼此阵地相距一千五六百公尺开始攻击。他当时向副师长胡祖玉建议："不应由正面攻击前进，而应由丁家出小陈庄，占领陈庄再攻侧庄，利用村庄隐蔽，既利于攻击，又可避免伤亡。"副师长胡祖玉坚决不允，强令由正面攻击前进，盛逢尧照其命令指挥全营进攻。开始时敌人不打枪，待接近至五六百公尺时，对盛营予以猛烈的火力制压。在平原上既无工事又无隐蔽，趴下不能射击，前进又不可能。他只得强令各连猛冲前进，到达敌阵地每连不足三十人，敌复于阵地内控制强大部队进行反击，立足不住只得后退。连续发动几次猛冲攻击，全营伤亡三分之二以上，盛逢尧仍在前线督促不准退却，停止于敌阵前待命，敌亦不敢轻出，相持至夜暗始奉命撤回。这次战役他全营就伤亡失踪280余人，全师伤亡达2000人左右，损失步枪300余支。

同年5月，盛逢尧率部在丁庄寨守御阵地构筑工事时，敌人以数百名大刀队冲至工事内，他立即组织第2营予以反击，敌伤亡甚重当即退去。接着，敌数百人袭取丁庄寨后，又向南攻击全师右翼阵地，均被突破。正在师部阵地告破的危急时刻，盛逢尧闻讯即率全营迅速抢占黄庄，率带全营官兵构筑坚固阵地固守黄庄，阻击南进敌军，将南进之敌击退，敌伤亡颇重，师阵地得以恢复。这次战役盛逢尧的应急反应、指挥才能得到全师上下的一致高度评价，全师高级官长都说："这次战事盛营长确是不错，如不是他死守黄庄挽回全局，本师真是完了。"此后，盛逢尧在全师的威望逐渐升高。

9月，反蒋各派在北平成立国民政府，阎锡山任主席，与蒋介石的南京政府分庭抗礼。蒋介石开始全面进攻冯玉祥部，此时，冯玉祥的部分将领被蒋介石拉拢收买，加上军队补给困难，士兵因生活艰苦，斗志低落。18日张学良通电拥蒋，东北军大举入关，占领平、津和石家庄，整个局势急转直下。阎军退回山西，致使平汉、陇海路的冯军处境孤立，在蒋军进攻面前节节败退。至10月底，蒋军先后占领河南、陕西等地，冯军第2、3路军又投蒋，残部退入晋东南等地。11月4日，阎锡山、冯玉祥通电下野，部队由张学良出面收编，中原大战结束。此战由于反蒋军各派各怀异志，保存实力，缺乏统一组织指挥，最终以反蒋军失败而告终。这场混战历时七个月，席卷中原大地，双方官兵共伤亡30余万人，也给人民造成深重灾难。

本节有关问题考证情况

盛逢尧参加中原大战的相关情况，也仅有概括性的记载："蒋介石对这场战争早有准备，先后调集约70万人组成4个军团和4个路军，4月5日，蒋下达讨阎令。在整个战争过程中，蒋介石投入的部队，主要是刘峙、顾祝同、陈继承、蒋鼎文、熊式辉、王均、杨胜治、陈诚、卫立煌、叶开鑫、秦庆霖、张砺生、张治中、冯轶裴等部，都是蒋介石嫡系的精锐部队。"由此可见，盛逢尧所属的第5师那时就系蒋介石嫡系精锐部队，在蒋介石发生重大执政危急时，不遗余力地拥护蒋介石。（摘自刘秉荣著《中国民主革命进程中由国民党主导的四次大战之·中原大战》电子版）

五、国共内战

1931年1月，盛逢尧所在的国民革命军第5师奉命入赣，于宜黄县城时，胡祖玉接任师长，原师长熊式辉专任上海警备司令，周浑元任副师长兼第13旅旅长，姚纯任第14旅旅长，盛逢尧因中原大战中的出色表现，升任第5师第14旅第28团上校团长。

这一年世界经济危机波及日本，日本政府陷入极端困难的境地，急于发动一场侵略战争，藉以转移国内视线，并依靠掠夺中国的财富，来医治经济危机的创伤，缓和社会矛盾。9月18日夜，日本关东军炸毁南满铁路柳条湖段轨道，反诬中国军队破坏，炮轰东北军驻地，攻占沈阳，制造了"九一八事变"。当时国民政府寄希望于国际联盟主持公道，不仅命令东北军不抵抗，还竭力围剿红军，这也给了日本以可乘之机。不到半年，东北三省全部落入日军之手。蒋介石却依然我行我素，积极部署对红军作战。

同年 5 月，盛逢尧随部奉命参加广昌战役，总指挥是朱绍良，第 8 师毛炳文、第 24 师许克祥、第 5 师胡祖玉均于役指挥。至拂晓，当盛逢尧所在的第 5 师进至黄陂头时，右翼孙连仲部及沙溪郝梦龄部相继失败。第 5 师被迫退回广昌，向朱绍良指挥的第 8 师、第 24 师靠近。红军追至广昌，将广昌与南丰交通截断，并将广昌包围，于天明后向广昌攻击。第 5 师四个团以盛逢尧的第 28 团与萧致平的第 29 团担任守备抵抗红军，第 28 团在左翼与第 24 师联络，第 29 团位置右翼，第 5 师的 25 团、独立团为预备队。自天明开始攻击以来最为激烈，第 28 团 1、2 营伤亡颇重，盛逢尧一直在阵地督战，随从有 3 员军官和 8 名士兵，一次阵亡及重伤者达 8 名之多，由此就可知当时红军攻击之猛烈了。正午胡师长祖玉身中机枪弹三四颗，伤势十分严重，运送南昌诊治，甫至南丰即已殒命。

是役坚守至晚十二时乃向闽边傅坊撤退，由旅长周浑元以副师长代理率 25 团及师直属各部先行撤退，并将阵地上之第 28 团、第 29 团及独立团交由盛逢尧统一指挥掩护师部，盛逢尧当即先稳住阵地，尔后，命令各团按其时间安排，相互掩护节节后撤，至翌晨始脱离红军。夜十二时到达师部位置，乃折向南丰前进，朱绍良已率第 8 师早进南丰城。是役红军伤亡情形不知，盛逢尧团伤亡 190 人，全师伤亡约 400 人。

同年 7 月，第 5 师开赴赣东弋阳，参加弋阳河潭埠战役。先是第 5 师第 27 团有一营驻守河潭埠，红军方志敏部企图将该营包围歼灭，该营工事构筑坚固外壕之外复设木栅，红军攻击一夜甚为猛烈，有一部已爬木栅而入壕，幸被击退，战况十分危急。盛逢尧率第 28 团奉命驰援，旅长姚纯又将独立团拨归他指挥，天明时分到达河潭埠，红军即放弃攻击，撤退至河潭埠以北地区构筑阵地准备迎击。盛逢尧当即指挥两团迅速展开攻击，战斗经由晨至午非常激烈，红军即与第 28 团及独立团展开运动战，彼此伤亡颇重，一直至午后四时红军主动退走。是役盛逢尧所率的两团中，第 28 团伤亡 80 余人、独立团伤亡 60 余人。

1932 年 2 月盛逢尧率部参加弋阳周坊战役，此时因旅长姚纯升任副师长，第 29 团团长萧致平乃升任第 14 旅长，指挥盛逢尧的第 28 团、段绍中的第 29 团及魏凤韶独立团行动。由于萧致平对军事比较生疏，让盛逢尧率第 28 团单独应付以致失败，因此这一役盛逢尧团伤亡甚重。红军方志敏部原先即驻周坊，侦知第 14 旅来围剿即先时离开，撤退至附近高山利用夜间攻击，企图于周坊附近找得空隙予以打击。盛逢尧率第28团为前卫到达周坊时，发现这一情况即揣测方部的意图，他迅速命令前卫营改为前进警戒，并于周坊西北端占领阵地构筑工事准备作战。驻周坊之各营亦与第29团、独立团分区守备村落，并构筑村落防御工事。黄昏后，红军全部向全村周围发动广泛扰乱攻击，而以主力包围前进阵地，迂回至该阵地通周坊后路夜袭，突至盛逢尧团第2营营部将营部歼灭，营长重伤副营长阵亡，以致各连守备阵地陷于后方混乱，幸盛逢尧督率各连反攻，一举收复原阵地，红军当即退去。是役盛逢尧团的该营阵亡官兵100余人，负伤50余人，损失步枪40余支。

至天明后，旅长萧致平准备撤回弋阳，十二时开始行动，伤兵行李等先走，又命盛逢尧带第28团在后掩护，迨至石灰岑时红军又以主力迂回至石灰岑，企图截断盛逢尧团的后尾，他只得率部在石灰岑占领阵地予以反击，直到掩护全旅安全通过后始撤退。

同年6月，盛逢尧又随部参加横峰县城附近战役，大小接战五次，伤亡人数200余名，损失步枪60余支，赣东军事至此告一段落。

1933年4月第5师奉命开赴永丰，参加永丰龙岗大据点战役。此时由于张辉瓒、郝梦龄、孙连仲等部队相继失败，第5师系孤军作战的行动，因此进行的相当艰难。全师进入龙岗构筑工事固守阵地与红军相持四十余天，不是红军攻击，就是他们派部队出据点游击，全师五个团大小与红军作战四次。盛逢尧率第28团守龙岗最高的制高点阵地，迎击红军数次进攻即以退去。随后6月参加黎川资溪桥战役，全师亦伤亡不少，盛逢尧团的中校副团长钟效伟、第1营营长陈云新均阵亡，其他官兵伤亡亦达百余人。

这两年来，盛逢尧与红军作战接触，耳闻目睹，共产党的政策是劫富济贫、分田分地给穷苦百姓，这与以前所剿的那些掳人勒财、打家劫舍、百姓厌恶的土匪截然不同。他自己也是穷苦出身，内心对此难免困惑，常与副师长姚纯私下讨论。姚纯也认为共产党的宣传及作风，容易在百姓中扎下了根，想彻底打垮他们是不太可能的，两人均默契对此要视机行事，不可过于积极，但并无深入的想法。当然，他们此时无法探究到，中国工农红军是中国共产党领导的军队，其人民性和崇高的政治信仰已经决定了，从她诞生的那天起，就是一支无法战胜的军队。

本节有关问题考证情况

这一阶段盛逢尧所在部队及其个人任职的具体情况，与史料基本一致。据 2008 年知兵堂出版社胡博编著《国民革命军师史总揽（一）陆军第 1 师—第 20 师》第 92 页记载可知：1931 年 1 月胡祖玉接任师长时第 5 师的序列时，盛逢尧为该师第 14 旅第 28 团团长，此时该师系两旅七团制，其余团长为张挺、周士达、谢溥福、萧致平、赵锡光、陈雷。该书以师长变更为记载起始点，并无团长变更的记载。因为此前仅有 1928 年赣军刚开始使用第 5 师番号时的变更，此后 1929 年、1930 年期间团长的变更情况不详，故 1931 年 1 月只是师长变更的准确时间，不能确定盛逢尧任团长的准确时间，但可以确定为盛逢尧任团长的最晚时间。

盛逢尧在这期间基本是与红军作战，笔者认为这类战役缺乏正义性质，不符合本书之写作宗旨。但出于兼顾本书为其个人生平的形式完整，仅据其后人转其自述而予编撰，故本阶段盛逢尧之战事均未经考证。

六、单独接见

1933 年 9 月盛逢尧所在的第 5 师作为蒋介石的嫡系得以扩编，在南丰以第 5 师的七个团为骨干，将地方部队江西保安 8 团和 59 师李弥团编入，扩编为中央军第 36 军，辖第 5 师、第 96 师及独立 36 旅，每个师旅均辖三个步兵团，全军共九个团，周浑元为军长兼第 5 师师长，姚纯升任副军长兼第 96 师师长，陈雷升任独立 36 旅旅长，盛逢尧仍在第 5 师第 28 团任团长。这次改编用三团制以适于山地作战的要求。

李弥（1902～1973）陆军上将。名炳仁，号文卿，云南盈江人。黄埔军校第 4 期毕业。历任驻粤滇军第 7 师勤务兵，国民革命军第 3 军教育团排长，南京国民革命军总司令部警卫团连长，国民革命军第 22 军营特派员、营长、副团长，第 51 师副团长，第 5 师团长，第 96 师团长，江西瑞昌县县长，宁都保安副司令兼保安 16 团团长，第 96 师副旅长，第 5 师旅长（笔者加注）、副师长，第 8 军荣誉 1 师师长，第 8 军副军长、军长，整编第 8 师师长，整编第 8 军军长，第 13 兵团司令官。淮海战役中，奉命支援黄百韬兵团未果，第 13 兵团全军覆没，李弥化装逃到山东潍县、青岛，乘海轮赴南京、上海。后任第 6 编练司令部司令兼第 8 军军长，1950

年李弥率部撤往缅甸、老挝、泰国交界地，任云南省人民反共救国军总指挥，云南省政府主席兼云南绥靖公署主任，东南亚自由人民反共联军司令；1954年撤往台湾，先后充任国大代表，中央评议委员，光复大陆设计研究委员会委员。1973年12月8日，李弥在台湾去世。（中国社科院近代史研究所中华民国史研究室编《中华民国史资料丛稿·人物传记》第18辑第37—40页）

在部队整编后，盛逢尧奉命到庐山海会寺参加庐山军官训练团，团长是蒋介石，副团长是陈诚，一切教育团务概由陈诚主持。

庐山军官训练团的相关情况：1933年6月蒋介石还在庐山开办军官训练团，全称为中国国民党赣粤闽湘鄂剿匪北路军军官训练团，召集参加围剿红军的北路军校、尉军官短期轮训。以陈诚为团长，该年办三期，由陆军大学和中央军校中最优秀教官担任教学。1934年夏，蒋介石又在庐山开办军官训练团，自己亲任团长，各剿匪军高级将领和陆军大学第10、11期学员，分三批上庐山集训。庐山军官训练团的开办，是蒋介石坚持"攘外必先安内"方针，对赣粤闽湘鄂红军发动第五次围剿的重要步骤，也是蒋介石整军饬政的重要举措。（戚厚杰、刘顺发、王楠编著《国民革命军沿革实录》第401页）

盛逢尧为第三期学员，蒋介石为第三期学员作了题为《庐山军官团与黄埔军校之前后两大使命》的开学训词，学习开始时，盛逢尧编充军官团第2营第8连连长。庐山军官训练团是蒋介石最看重的将领培养机构之一，仅次于黄埔军校和陆军大学，所以该训练团的连长职务，嫡系的一般最低以拟升少将的上校团长出任，旁系的则一般由少将师、旅长出任。

该军官团的教育内容是灌输对红军作战的精神，当时有一个"有匪无我、有我无匪、受伤不退、被俘不屈"的口号，其他关于山地攻击、碉堡构筑以及爬山射击等也有稍加演练。训练团结束之际，蒋介石单独接见盛逢尧。此前盛逢尧亦多次与蒋介石见过面，虽说大多是随同周浑元等官长汇报讨论战事，但于蒋介石还是比较熟悉，所以这次见面也不至于拘束。盛逢尧是个直肠子，在谈话时表明自己忠党爱国之态度，同时，直言不讳："倭军欺人太甚，作为中国军人没有行动反应，心中总觉得有愧于此"。蒋介石即与他讲了一番攘外安内的所谓道理，最后对盛逢尧说了一番嘉勉之语（大意）："你投身革命以来，随军参加护法平叛、北伐建国、中原讨逆，一直追随余左右。在诸次战役中骁勇善战、屡立战功，对党国之忠心天地可鉴，望君继续努力。"这在当时对盛逢尧来说是很大的鼓舞，他确实觉得非常荣幸。但由于后来盛逢尧被陈诚逼迫辞职，而蒋介石对此却置若罔闻，故他对蒋介石也无甚好感。因而在回忆时涉及与蒋介石单独见面之事甚少，几乎均是一笔带过，所以也无更多的细节内容考证蒋介石与盛逢尧的个人关系。据曾在盛逢尧身边工作的老兵讲，盛逢尧与蒋介石讲话也很随便。可见那时蒋介石对盛逢尧的印象是不错的。同时，从台湾国史馆藏《大溪档案》检索目录中内容描述的摘录看，从此后的1934年开始，陆续有盛逢尧直接发给蒋介石的电文，分别是在团长、独立旅旅长、师长任上。由此也可看出蒋介石曾经对盛逢尧是较为赏识的，否则未经他特许盛逢尧是无权直接向其汇报的。

在盛逢尧参加训练团期间，第96师师长姚纯考虑该师战斗力，又一直对盛逢尧极其信任，要求盛逢尧带第28团的几个干部到第96师接充主力团。因此，盛逢尧从庐山军官团毕业后，就调到第96师571团任团长。附带说明一下，此前的改编时李弥就为第96师573团团长。

盛逢尧接任571团团长时，师长姚纯就告诉他该团风纪不严，故而要他用心着力扭转。为此，他在第96师571团任团长期间，为整饬军纪枪决过士兵一名。当时，盛逢尧率部由南城开抚州途中，该兵强奸一名妇女，被人告到团部。盛逢尧带兵历来非常严格，十分痛恨官兵扰民，要求部队"饿死不扰民、累死不拉夫"，听说此事后，立即命人找到这个妇女与该兵当面对质，妇女有顾虑不敢指认。因此，盛逢尧也就不好予以追究，但到了抚州该兵又潜逃，于是盛逢尧将其抓回枪决。全团军规战纪为之肃正，战斗力随之增强。此后，他带的官兵极少有敢于扰民的。军中对他带兵严厉，执法如山的说法也就由此传开了。

这一年，全国各地愤怒声讨不抵抗政策，强烈要求国民政府停止内战，一致对外。蒋介石置强大的社会舆论于不顾，提出"攘外必先安内"的政策，继续推行向日本帝国主义妥协、对红军围剿的反动方针，紧锣密鼓地着手筹备发动第五次围剿。年底，蒋介石又组织对红军作战，刚刚从庐山军官训练团毕业的盛逢尧随军参加黎川团村战役，这是他最后一次参加与红军作战。

当时战役由陈诚指挥，陈诚参加的部队有第11师、14师、6师等，第

36军参加的有第5师、96师。盛逢尧奉命率第96师第571团由黎川进攻团村，甫抵三都，红军守三都撮斗寨之前进部队，即被他的前卫营驱逐，当时缴获步枪重机枪等二十余支。到达后盛逢尧即令前卫营改由团村东端绵亘山地前进，并令到达团村东南端一带高山占领阵地，对红军警戒待命。不料，该营甫至大山脚附近，红军主力部队全部出击，其势汹涌如潮水一般，前卫第2营战斗异常激烈，营长刘雨阵亡其它官兵伤亡亦多。盛逢尧当率第1、3营前进加入作战，激战四小时，第3营营长钟灵阵亡，其它官兵伤亡甚重。左翼红军又包围攻击，他急令第1营向左迎击战斗亦烈。正面红军已攻近571团百公尺附近，双方准备手榴弹、刺刀肉搏死拼之际，奉师部命令前方阵地不良，可逐渐移至撮斗寨附近。当时盛逢尧由于与敌接触太近不愿后撤，师令又再至非撤不可，只好先将第1营撤后数百公尺掩护第2、3营逐次后撤，迨他本人到达第2、3营阵地组织掩护撤退时，遭红军猛烈反攻，第2、3营伤亡尤重，盛逢尧亦于第2营阵地负重伤，仍负伤指挥将全团各营撤至撮斗阵地，全团官兵仅余五百余人，天候黄昏他乃下阵地被急送到黎川抢救治疗。这一次战役伤亡异常惨重，第36军参战的两个师共六个团伤亡在3000人左右，盛逢尧的第571团伤亡就达1800余人，两营长阵亡他自己负重伤。同属第96师的第573团团长李弥亦负伤，第5师29团团长段绍中阵亡。而红军伤亡恐亦在数千左右，俘200余人，缴枪数百支。经此役第36军连续占领黎川、资溪等地，这是盛逢尧与红军作战以来最为剧烈的一次战斗。

这次战役后，盛逢尧和李弥都被送往南昌救治，期间蒋介石等行营官长亲到医院探望，盛逢尧受到记大功两次的嘉奖。伤愈时，盛逢尧返部队之前，蒋介石又再次单独召见他，自然又是讲了一番肯定功劳勉励斗志的话。之后，才回到部队的驻地。

本节有关问题考证情况

这个时期盛逢尧部队的扩编及任职情况亦有相关资料记载："1933年9月12日，师长周浑元升任第36军军长，仍兼第5师师长职。时第14旅脱离第5师建制，扩编为第96师，独立旅脱离第5师建制，扩编为独立第36旅，各师旅改为三团制。"（摘自2008年知兵堂出版社胡博编著《国民革命军师史总揽（一）陆军第1师—第20师》第85页第5师师史简述）

另该书第92页第5师序列沿革中记载可知，1933年9月该师改为三团制师时，盛逢尧仍为该师第30团团长。这里仅是团的番号与其自述有些出入，结合后来庐山军官团的登记看，应当是此书的编撰有误。

盛逢尧参加庐山军官团的情况，据湖南省档案馆藏《中国国民党赣粤闽湘鄂北路剿匪军军官训练团同学录》第488页中记载："庐山军官训练团第3期第2营第7连连长盛逢尧，字克私，35岁，江西武宁，云南陆军讲武堂第15期步兵科毕业，原属第5师第28团上校团长。"这里除了盛逢尧所任连长的连番号有些出入外，其余部分基本上还是一致，番号问题盛逢尧记错可能性大，毕竟只用了3个月，该书毕竟为原始资料，应当较人之记忆更为准确。

盛逢尧在训练团的职务，可以说明当时在国军中的资历、地位不一般。原国民党第79军军长方靖回忆被关押在北京功德林时的情形，当时一同被关押的解放战争战犯有杜聿明、黄维等国民党著名将领，但方靖并未将他们列入他认为的国民党军队中赫赫有名的人物。他的回忆叙述："在功德林，方靖见到的几个国民党军中的赫赫有名人物。第一个是四川省主席王陵基。……其次的老资格要算范汉杰了。方靖与范汉杰是江西第四次围剿后在庐山训练团相识的。训练团也是连、排编制，范汉杰任连长、方靖任排长。"（方知今著《原国民党高级将领方靖亲历纪实——远逝的硝烟》华文出版社2006年版第283页）

从军官团训练结束后，盛逢尧又被内部调整，这是没有资料直接说明，仅有间接资料可资分析。据2008年知兵堂出版社胡博编著《国民革命军师史总揽（一）陆军第1师—第20师》第93页第5师序列沿革中记载：1933年9月调整时盛逢尧尚在第5师任团长，而紧接此后的一次调整即为1934年5月，这时第5师序列中没有了盛逢尧，可见，盛逢尧调任96师的时间应当在1933年9月到1934年5月之间。同时，据台湾国史馆藏《大溪档案》索引条目中的内容描述可知：1933年12月姚纯、陈诚、顾祝同三人分别发电报给蒋介石，为姚纯师所属部队的盛逢尧、李弥请功。可见，此前盛逢尧应当就调到了姚纯的第96师，因此，盛逢尧调第96师的时间，准确的应该在1933年9月至12月之间，所以说这次内部的小调整是存在的。李弥的情况则较单纯一点，胡博编著《国民革命军师史总揽（一）陆军第1师—第20师》第5师序列沿革第93页记载：1933年

9月调整时李弥就不在第5师序列，可见他在1933年9月的调整时就到了第96师。在大调整后，对盛逢尧个人又一次小调整，其理由也应当不外乎姚纯师长的上述想法。

关于盛逢尧和李弥在这次战役立功受奖的情况，由台湾"国史馆"藏《大溪档案》检索目录中武装叛国卷（四十一、四十四）的内容描述可知：在1933年12月14～17日前后，姚纯、陈诚、顾祝同三人分别发电报给蒋介石称："姚纯师所属部队进剿红军第3、5军团，以寡击众苦战奏功，请求明令奖叙盛逢尧和李弥。"（典藏号002090300064052、002090300067091）

七、消极清剿

面对国民政府的不抵抗政策，日本的气焰更加嚣张，1932年1月28日夜，日本以保护侨民为由派兵开始进攻上海，第19路军在蔡廷锴、蒋光鼐的指挥下奋勇抵抗，使日军扩大侵略的阴谋一时难以得逞。蒋介石不支持上海军民抗战，反而同日本谈判签订《淞沪停战协议》，同意中国军队撤出上海，日本军队"可暂驻扎"。这个丧权辱国的协议，激起了全国人民极大愤慨。1933年1月日军大举进攻山海关把战火烧到华北，迅速攻占热河省，4月日军进犯察哈尔省，1933年5月，冯玉祥、吉鸿昌在张家口组织抗日同盟军，不到一个月，将日伪军全部赶出察哈尔，蒋介石却调集军队，向抗日同盟军施加压力。抗日同盟军终因弹尽粮绝失败。日本帝国主义的侵略行径引起了全国人民，包括广大国军官兵的强烈愤慨，上海守军和西北军长城抗战的精神鼓舞了中国军队的抗日斗志。

这一系列事件在全国各界引起很大反响，传到盛逢尧所在的部队，他与姚纯等一干有着强烈爱国心的将领，在军中每回谈及此事，大家都义愤填膺，对日本帝国主义恨之入骨，并为自己身为一名中国军队的职业军人，不去保家卫国感到非常耻辱。对第19路军和西北军的行动从心里佩服，认为他们的行动对得起国家和百姓，对得起自己的良心。正在他们对上峰不抵抗政策牢骚满腹，甚至激动之至欲联名请愿时，师长周浑元连忙出来制止，他安抚大家道："倭军猖獗，对其作战势在必行，仅是时间问题而已，但大家都知道打仗讲究军令如山，不能一盘散沙，军人要以服从命令为天职，尤其我们身为中央军第5师的将士，要率先垂范作全军表率。"于是大家只好强忍愤怒，无奈地等待着上峰的对日作战命令。

九一八事变以来，日本帝国主义步步进逼，国民政府节节退让，引起爱国民主人士和国民党内爱国力量的不满。盛逢尧最为尊敬的邑中革命先驱协和先生，就是此中甚为积极的人物，他奔走南北呼吁团结抗日，一再致电蒋介石改良政治、尊重言论自由，以维系人心，一致御侮。并将自己的五个男孩都送去参军。1932年夏，他前往泰山访冯玉祥，劝其"并力扶危"。长城抗战时，李烈钧支持冯玉祥的抗日同盟军，致电国民党中央说明冯"举义张胆，志在收复失地"，并提出"请授大权，俾当大任"。为了齐心抵御外侮，共赴国难，他曾带病多次往返于南京、上海、张家口、庐山等地，论古喻今，舌敝唇焦，但始终未能说动蒋介石放弃攘外必先安内的主张。(1990年江西人民出版社《武宁县志·李烈钧传略》第685页)

对李烈钧将军奔走呼吁团结抗日的举动，盛逢尧一直很是钦佩和感动。在庐山培训团期间，他得知李烈钧将军到了庐山，立即前往拜见，向协和先生详细汇报军中的情况，聆听其教诲。李烈钧将军得知全军将士均有抗战热情，甚为赞许欣慰，他高兴地说（大意）："难得尔等尚能保持赣军忧国忧民之传统，无愧于余当年建军培植之苦心"。同时嘱咐其要勤于练兵。得到协和先生的进一步开导，盛逢尧更加坚定了停止内战、一致抗日的思想，逐渐开始消极应对清剿任务。

黎川战役后，盛逢尧伤愈返回部队休养，期间军长周浑元辞去第5师师长的兼职，专任第36军军长，第96师副师长谢溥福调充第5师师长，盛逢尧因功升任第5师副师长。开始随部队驻防于黎川得胜关至樟村等地，后随战事进程逐渐推进至广昌、兴国等。该时期的所有战事，盛逢尧心里实在不情愿再为，又非部队主官，故一概以身体未复原为由推脱了。

10月底，第36军的第5师、96师奉命尾追红军要离赣入湘黔，独立第36旅留赣清剿。盛逢尧以负伤后需休养为由，提出不能随军作战，竟得到允许，遂被任命为新淦警备区司令，负责维持樟树、新淦等地治安责任。同时，军长周浑元因独立36旅706团官兵纪律不好，精神涣散，考虑到盛逢尧会带兵、能打仗在全军甚有口碑，故又派他兼任该团团长进行集中整训，驻防赣北永修、德安暂不作战。

盛逢尧任新淦警备区司令时，着力整饬独立第36旅的第706团，对该团的纪律他也早有耳闻，到了开始接手才真正体会该团纪律之散漫，尤其官兵扰民风气颇盛。这恰恰是盛逢尧最为恼怒的，他从军十多年一直充任各级部队长，不仅布阵作战在行，而且对于带兵亦颇有心得。他深知军纪不严将直接影响部队风气官兵意志，导致作战力下降。于是，他下决心狠抓部队训练与整饬，加强官兵爱民及战纪教育，花大力气集中整治该团。针对官兵屡禁不止违纪扰民的行为，处理得至为严厉。整饬期间，有一次该团一名班长带两个士兵，在检查哨履行检查责任，他们检查过路百姓时，强行没收了金戒指两个。受害人到团部指名控告，盛逢尧立即派人去查明，赃物尚在该班长处。根据当时的军法规定，查哨三人属抢劫民财的重罪当处极刑，盛逢尧为敬效尤毫不徇情地将为首的班长枪决，其余两士兵也给予重处。该团的纪律为此转变，官兵扰民现象乃禁绝。

数月后，整饬独立第36旅的第706团的活动取得了很大成效，官兵精神振作，作风养成极为严谨，部队面貌焕然一新，各级官长对此大加褒奖。

1935年1月，盛逢尧在九江升任独立第36旅少将旅长，原独立第36旅旅长陈雷专任九江警备司令。全旅兵力与剿匪师建制相同，均为三团制。旅部下辖706、707、708三个团，分驻赣北彭湖、南浔铁路沿线及赣西各地，担任清剿任务。独立第36旅与第5师、第96师一样，均隶属于第36军，但由于周浑元率第36军（辖第5师、第96师）已尾追红军入黔、川，盛逢尧的独立36旅暂时脱离全军建制，直接由军事委员会调派。这期间盛逢尧指挥军队的自由度更大，到任后即部署全区防务，命令的各部作战备训练。他对剿共一般采取被动的办法，命令各部除非碉堡受到袭扰，概不出动兵员进剿。

九一八事变以后，国内风起云涌的抗日爱国运动，震撼了国民党政治统治的核心。蒋介石为了获取民心巩固政权，加强政府内部控制，实行更集中有效的统治，以"驱逐倭寇、复兴中华、平均地权、完成革命"四句话作为政治纲领，授意黄埔系精英人物贺衷寒、康泽、桂永清、戴笠等人，于1932年3月1日成立中华民族复兴社，蒋介石兼任社长。1934年复兴社又建立了一个外围组织——忠义救国会。1935年盛逢尧结识了当时江西的复兴社成员郭礼伯和李锟，两人极力动员他加入复兴社。开始时，盛逢尧因对当时的政治不感兴趣，故不愿参加社团。后李锟一再说明这个团体主要是进行对日备战活动，并直接通向中央高层人物，于部队员额补充、装备补给等一切协助有很多关系。他考虑到复兴社的政治纲领与其观念相通，而且又是黄浦同学的团体，自己是军人而且是个独立旅旅长，参加这个团体后他的部队可得到间接和直接的帮助。故于同年6月经郭礼伯、李锟介绍参加了复兴社。同时派充九江组组长，组内有当时九江县长潘某、公安局长陈为潢、南浔铁路局长范致远、驻九江的海军陆战队第1旅旅长林秉周等。

郭礼伯（1905～1978）中将，别号君鸣，江西南康人。黄埔军校第1期毕业。历任教导第12团任排、连长，副营长；国民革命军第1军第2师第4团第1营营长、4团参谋长，第14师独立旅第1团团长，第89师第529团团长，东北军万福麟第4军团北平总部任政工主任，江西保安第1师师长；军事委员会南昌武汉行营中将参议，江西省国民军事训练委员会主任委员，江西省军管区副司令；抗日战争爆发后，任预备第6师师长，重庆中央训练团党政班中队长，第194师师长，第79军副军长，军政部第16军官总队中将总队长；第三方面军司令部高参，当选第1届国民大会代表，1946年7月退役。1947年任江西省政府委员兼省训团教育长，后兼任江西省民政厅厅长。1949年秋到台湾，任台湾省桃园县民政局局长，1970年退休后转任中台化工公司董事。1978年2月14日病逝于台北荣民总医院。在赣时期曾因预备第6师宣传队的章亚若，而与"太子"蒋经国不和，有传言系与小蒋争风吃醋。（摘自互联网http：www.baidu.com百度百科的公开资料）

林秉周（生卒不详）少将，名本礼，号秉周，福建仙游县安贤里（今社硎乡）菜坑村人。早年曾就读于福州师范学校。历任福建北洋军阀李厚基所属王献臣部陆军第1独立营连长，粤军第2军第3混成旅第2团营长；国民革命军海军陆战队第2步兵旅参谋长，第3团团长，陆战队步兵第2独立旅旅长，第1独立旅旅长，九江警备副司令，国防部参谋等职。1946年林秉周退役回乡，后被选为"国民代表"，1949年仙游解放前夕林秉周去往台湾。（摘自互联网http：www.baidu.com百度百科的公开资料）

8月，据报红军游击队徐彦刚部在赣西一带较为活跃，绥靖公署要盛逢尧出任赣西清剿指挥，他以家中继母生病为由请假回武宁探亲。旋任熊滨为赣西清剿指挥，商盛逢尧拨一个团的兵力归其指挥，他只得将其独立36旅的708团（战斗力相对较弱）拨归指挥部。在奉新上富该团被红军徐彦刚部引入包围圈内围歼,团长傅克军阵亡。副团长李仲衡、第1营黄营长较为沉着,被包围后指挥全团以一部分兵力抵抗,大部分兵力集中向一点突围,黄营长又阵亡。李团附率带七个连突出了重围。是役708团伤亡失踪官兵达700余人,损失步枪400余支、重机枪3挺、破击炮1门,是他执掌独立36旅以来最大一次损失了。此后,他以驻防兵力紧张为由,对进剿一事更是消极了。

这年夏天,盛逢尧返回武宁故里探望继母及家人,这是1926年探亲后至今算来又有十年没回家了。回到家中,见继母、三弟广信种田劳作,生活艰辛,内心十分愧疚。他想到自己从投身革命以来,一心为国出力南征北战近二十年,对家庭竟从未顾虑,不禁难过异常。虽说自古忠孝难两全,但时下战事不紧,也应该对家庭尽些责任。于是,他将全家移至旅部德安居住,刚从乡下搬来,生活亦较为困难。他自己虽说是做了官表面上看起来还算风光,但一贯奉行勤俭廉洁,经济上除正当薪金外,别无来源。虽然此时他已支受少将的薪俸,待遇本就不低了,但要支付一个大家庭的日常开销,逐渐显得捉襟见肘。为维系全家生计,他在旅部预支一部分,在好友借一部分,凑齐1000元资本,让岳父葛叔平开设了一家协丰机器碾米厂,始得以维持全家生计开支。

本节有关问题考证情况

盛逢尧这个时期的任职情况稍有些复杂,经笔者考证其第一次充任副师长的时间,应为1934年5月。因为据胡博编著《国民革命军师史总揽(一)陆军第1师—第20师》第5师序列沿革中第93页记载:周浑元辞去师长兼职专任第36军军长,谢溥福接任第5师师长的时间正是1934年5月。另据该书第89页历任师长履历中记载盛逢尧在这个阶段任职次序为:"第96师团长、第5师副师长、独立第36旅旅长、第5师副师长、师长。"由此可见,盛逢尧在任独立第36旅旅长之前,业已就任了第5师副师长,任独立旅长之后又任第5师副师长。在此解说一下,黎川战役后,盛逢尧为第5师副师长,没几久即转任,一般来说变动过于频繁了。无论按盛逢尧的说法,先改任地方警备司令,后任独立第36旅旅长,还是依此履历所载由副师长直接改任旅长,都是不太正常的任事变动。所以,盛逢尧自述是因为不愿随第5师追击红军作战,以身体为由留下来,这就必然要免去其第 5 师副师长的职务，改任地方任职或带留守部队，这在情理上是讲得通的。此后，他又任第 5 师副师长则是抗战前夕改编调整师的时期，他率独立旅与第 36 军的第 5 师、96 师合并，后文会有具体涉及。

盛逢尧出任独立第 36 旅旅长的情况，这次职务变动前文引用的任职次序的资料中已有，在此不予重复，足以说明他确实担任了此职务，但并无具体的任职时间。据湖南省档案馆藏国民政府军事委员会《军政旬刊》第 14 期记载：盛逢尧最早以独立第 36 旅旅长身份出现的时间是"民国 24 年（即 1935 年）7 月 6 日"。因此，这里讲他 1935 年 1 月任独立第 36 旅旅长，两者并不矛盾，且是目前有据可查的最为接近的时间。

关于盛逢尧称有一贯奉行勤俭廉洁的说法，应属赣军传统，是有相应渊源的。据第 5 师首任师长熊式辉相关资料记载："熊式辉在军中推行'勤俭廉洁'，要求下属'简单朴素'。熊式辉在主政江西时，继而提倡厉行'清廉政治和节约风气'"。（摘自互联网 http：www.baidu.com 百度百科的公开资料）同时，后文中叙述盛逢尧退役时贩运桐油作搬家费用，也可看出这一点。此外，新中国成立前夕，姚庆云先生回忆到九江江防指挥所与盛逢尧将军见面时，描述了盛逢尧的穿着、住宿、吃饭等细节，也足以看出简单朴素的作风。（参见附录四）因此，盛逢尧作为第 5 师系统的将士，保持着清廉节俭风气，是完全可信的。据说第 5 师的清廉勤俭作风，在当时的国军中备受推崇。

这个阶段里，在国内抗战呼声日渐高涨时，盛逢尧开始消极剿共的说法，也有一些其他材料可以看出一些端倪。据湖南省档案馆藏国民政府军事委员会《军政旬刊》中公布的剿匪赏罚统计情况，这个时期盛逢尧部仅有两次奖励，所取得的战果可谓微乎其微，甚至有些可笑，不得不令人怀疑是用来应付老蒋的。一次是该刊第 14 期第 174 页记载："民国 24 年 7 月 6 日独立第 36 旅旅长盛逢尧剿匪俘获步枪 1 支，奖洋 5 元。"另一次为该刊第 23 期第 83 页记载："民国 25 年 4 月 13 日独立第 36 旅旅长盛逢尧俘获机枪 2 挺、冲锋枪 1 支，奖洋 220 元。"所以由此看来，盛逢尧在黎川战役后开始有了消极剿共的想法，1935 年出任独立第 36 旅旅长后就有了消极剿共的行为，这也是可信的。

八、江州练兵

1935年10月，日本帝国主义得寸进尺，积极策划和推进所谓"华北五省防共自治运动"，妄图把华北变成第二个满洲国。日本在华北的扩张，损害了英美在华北的经济利益，他们支持国民党的亲英美派抵制日本，因此，抗战的呼声在国民党上层越来越高。12月9日北平数千学生率先走上街头游行示威，掀起了全国的抗日救亡运动。

盛逢尧本就深受李烈钧将军的团结抗战号召的启发，又被近期掀起的抗日救亡运动所感染。他审时度势感觉到抗战来临在即，作为军人对国家民族之危难义不容辞。于是，暗自着手作参战准备，他意识到这将是一场大仗，自己十几年前所学的军事，恐难以适应这场战争，必须及时学习新的军事知识。同时，要加紧整训部队，提高作战力，确保部队一拉出去，就能为国家民族争光，为同胞报仇。

因此，他一方面以身作则，主动报名参加中央陆军大学研究处第2期的讲习班。当时仅限独立旅长、师长以上的将领参加，研究处长是蒋介石，主任是杨杰。主要研究的是基本战术、应用战术、兵团指挥及参谋、后勤、动员等各种问题。在此期间，他排除各种应酬干扰，静下心来认真学习的军事理论知识。通过六个月的函授教育，他对兵团指挥、战略思维有了更深入的认识，军事理论水平有了较大提高。

另一方面，加紧在全旅展开战备训练。盛逢尧于军中素以"骁勇善战、带兵有方"著称，是一位备受推崇勤奋、严谨、负责的部队长。十余年带兵征战的经历，使他对练兵颇有心得，他认为只有严格的纪律才能出战斗力。要求平时纪律严明，战时才能军令如山，指挥调度等一切皆灵活随意。故其所带出的部队军纪严明、官兵战斗意志极强。盛逢尧深受国民革命军建军指导思想的影响，强调军纪严明，赏罚分明。他尤其注重禁止官兵扰民，对扰民的官兵处理极严厉，绝不姑息养奸。

这次盛逢尧整训部队，全力着意于部队之战术训练与战纪整饬，重视官兵爱国及爱民的养成教育。除了加强战术科目训练外，在军中开展军纪作风整顿，顺时应势为抗战作准备，对官兵进行爱国主义、民族主义的教育。他传承赣人的勇敢忠诚、清正廉洁的品格，根据赣军大革命时期共识的"文官不爱钱，武将不怕死"座右铭（笔者注：这句话在赵锡光将军的生平资料中被称为赵锡光将军的座右铭，并且王清泉撰《抗日战争回忆录》的文中，王先生也崇尚说这句话，如果不是巧合，则说明当时这句话在一定程度上代表了赣军的文化），进一步提出"忠党国、不怕死、爱百姓、不贪钱"口号，为官兵出操时的必修科目，很快贯彻于全体官兵，部队精神凝聚士气振奋。同时，他还尤其注重部队下级军官的培养补充，他认为虽然有战斗经验的老兵是个宝，但在作战中下级军官往往损失较多，干部补充比兵源补充更为不易。盛逢尧为此专门从各团选拔军事技能强、文化底子好的青年军士，专门成立一个学兵连，作为全旅后备干部进行严格的政治、军事综合训练，以备战时补充干部的需要。

独立第36旅盛逢尧在九江勤练精兵的消息传到重庆，第36军军长周浑元、副军长姚纯对其超前做法，甚是支持和赞赏，认为应当在全军推广。1936年2月初邀盛逢尧兼任第36军干部教导队主任，在全军各师团选调优秀青年军士，由四川开至九江，与独立36旅的学兵连合并训练，当时都集中在九江大校场营房进行，专为全军补充下级干部。此前，盛逢尧在任团长时枪决强奸、抢劫的官兵，周浑元、姚纯均很支持，对其铁血治军的严格手腕也很赞赏。正是由于他治军严格，带出的兵战斗意志顽强，部队战斗力强悍。盛逢尧任营、团长带出的营、团一贯为全师的主力，他在战场上的关键时刻总能身先士卒，非常勇猛，因此，全军将士对他都很服气。所以周浑元、姚纯一致认为盛逢尧带兵打仗确有一套，一直视其为得力干将。同时盛逢尧一直在赣军服务，可谓是军中"老人"，赣军由第5师扩编为第36军以来，他先后在全军三个师旅级战略单位中出任主力团团长（第5师28团长、第96师571团长、独立第36旅706团长），因而在中下级军官和士兵中威望很高。再加上周浑元、姚纯又是盛逢尧的入党介绍人，对其人品相当了解，他们一起南征北战十几年私交甚厚，所以对其非常之信任，放心将全军的优秀后备力量交给他。这在当时有着封建军阀传统，把军队视为私产的国民党军中，是不多见的。

对于军长们的信任，盛逢尧唯恐有负众望，因而拼命苦干，每天亲自到大校场督导，与教导队学员同吃同住。由于他自从军以来十几年一直在这个部队服务，有着非常深厚的感情，他认为这是全军战斗力的基础，是在为今后抗战杀敌教育人才，所以虽是辛苦却欣然为之。由于盛逢尧长期主持训练工作，一贯和士兵同甘共苦，赏罚分明，自奉俭朴，严于律己，所以深受下属拥戴。而他所带部队，也很注重军纪，能深得民心。

本节有关问题考证情况

关于盛逢尧带兵严格，其部队战斗力强，在抗战时期的战例中可见一斑。至于严禁官兵扰民，部队甚得民心的说法，笔者在收集其抗战事迹时，也发现有多方面资料足以说明：

据《潜江文史资料》1985 年第 1 期第 9 页记载："国军广仁部队（笔者注：盛逢尧谱名盛广仁，部队对外代号为广仁）某团赖团长（经笔者考证即为盛逢尧部第 69 团赖秉权）率部于 1941 年正、二月间进驻浩口，该部纪律严明，不索民财，自己动手砍树、挖战壕。……战斗中赖团长亲临前沿阵地指挥，有一位余营长头部负重伤，仍然坚持指挥战斗，真是英勇。歼灭日军数百人后，恐遭沙市日军增援包围，连夜撤离阵地。撤离时，赖团长一面令人断后，一面通告老百姓转移，免遭日寇报复。"（参见附录三）

还有湖北省松滋市档案馆藏《国民政府湖北省第 4 行政区松滋县民国 31 年 6 月驻军及过境军队风纪密报表》记载：那时第 5 师（笔者注：此时该师已被陈诚吞并）、第 8 师及忠毅部队等有征用民夫、索要猪肉、搜寻鸡鸭等扰民记录。而盛逢尧部新编 23 师第 67 团驻该县团山寺时并无此等扰民记录，军纪实属严肃。

另据盛逢尧师部留守处的孙宗儒先生回忆（其子孙德培代述）："盛师长对军纪抓得非常严，不准官兵去馆子里赊账白吃，我们对此丝毫不敢违背，严格按其命令执行。有一次我带一伙兵去馆子里吃饭，当时这伙兵都穿了制服，而我没穿，他们吃完嘴一抹就走了。老板以为收不到钱气得无可奈何，实际上按规定是由我来付钱的，我当时有事拖延一下过来，要是不付钱老板也没办法。但盛师长对此管得很严，我作为其信任的人，更不敢违反他的军令。于是过来问老板刚才那伙兵吃了多少钱，老板高兴得很，连说我们是好部队。"

盛逢尧治军方面较得民心，尤其禁止官兵扰民。笔者归纳所收集到自起任团长以来，在部队施行了五次严执军法的事例。此前他在团长任内两次分别枪决强奸、抢劫的扰民官兵，前文已叙。此后在其任师长的抗战时期,还有三次严格执行军纪的事件。一次是1939年枪决连长陈少梅及其两名排长是恶性逃兵事件,该三人为首在城陵矶战役中,携带二挺机枪五十支步枪逃跑到后方靖港充当商团,屡召不归,后经盛逢尧派人提回枪决。其余两次均是1940年发生的扰民事件,一次是其部少尉司号长三次潜逃,复假借抗战国军名义,在民间招摇撞骗,强骗百姓财色,盛逢尧听说后立即派人将其捉回予以枪决。同年其部一名上士假造关防公文,到处勒索地方百姓财物,被人告到师部,盛逢尧亦将其枪决了。纵观盛逢尧这五次执行军法的行为,除了1939年是惩治逃兵以外,其余四次都是惩治扰民官兵,可见盛逢尧对其下属官兵扰民纪律抓得甚紧,应当是属实的,更何况笔者还收集到相关方面对其纪律反映良好。

九、"忠心耿耿"的职业军人

1928年北伐胜利后至1934年的六年期间,盛逢尧所属的部队被编为中央军蒋介石嫡系第5师,在师长熊式辉的带领下,先为蒋介石下野复出立下汗马功劳,是当时蒋介石甚为依仗的部队。随后,为巩固蒋介石的政权,第5师先后参加了讨伐鲍刚、石右三、冯玉祥、阎锡山、李宗仁等战役,也曾开赴江西与红军作战。当时,盛逢尧将军与大多数国民党军官一样,存在误以内战为报国之盲,随所在部队参加了这些战役,这是他一生中最为盲目的阶段。

我们应当承认,国民党成立之初,由于奉行了中山先生的国策智慧,团结了包括共产党在内的全民族力量,一度给这个长期遭受战乱,遭受外族凌辱的国家转入了民主、复兴和希望。而中山先生逝世后,蒋介石为首的国民党政权,背叛革命初衷,实行独裁统治,屠杀共产党人,反人民性显露无遗。其统治下的军队,当然也成了反历史,反人民的军队。但是,这是国民党政权及军人的整体属性。我们必须承认,在这支军队中,存在着不少正直、亲民,并随时为国家和民族的利益而献身的官兵,国民党统治集团和军队的反动走向和军队中官兵中的具体人格存在是两个不同的概念。

盛逢尧就是众多优秀将领中的一员。此时的他经过民主革命及北伐战争的十年锤炼,已由当年崇尚革命的热血青年,成为一名标准的职业军人，实现从中级军官到高级将领的转型，也逐渐固定了军人的职业天性，以服从命令为天职，以打胜仗为荣耀。由于他长期受传统忠孝礼义等儒家思想和军事教育的熏陶，出于"精忠报国"的观念和为人忠诚的性格，遇事习惯于以古之君子和职业军人的品行标准来行事，耻于投东倒西有悖忠义的行为。同时，我们不能否认当时民主革命及北伐历程基本都是国民党主导，所以他在统一建国后为巩固统治政权参加这些战争，在他当时看来还以为是为国出力尽忠的本分。更何况那时国内局势纷繁复杂，政治上有共产党、胡汉民、汪精卫、许崇智等派别林立，军事上有冯玉祥、阎锡山、李宗仁、张学良等豪杰并起，都打着人权、民主、革命的旗帜，要分辨出孰真孰假，着实很不容易。盛逢尧只得以所谓正统为追求，以传统的儒家理念为基准，视悖逆为不耻，以政客为不屑，逐渐发展至在政治方向上缺乏分辨力。政治上的短视，使他不能看出蒋介石的假革命真独裁的嘴脸；军事上的盲从，让他追随蒋介石的反共活动与红军作战，给自己一生书写了最不光彩的一页。他的这种"耿耿忠心"，无疑是完全用错了地方。但是，站在历史的角度客观审视，我们没有太多的理由去苛求，在蒋介石打着革命的幌子背叛革命的过程中，盛逢尧作为一名军人，能以更强的政治能力去洞察细微或以比蒋更强硬的政治手腕去进行抵制。

第六章 浴血奋战驱倭寇

一、何处染尘埃

盛逢尧将军参加抗战的时期是本书的核心内容，笔者为此花费了许多时间精力，但仍有不少遗憾。在讲述他的具体抗战事迹前，有必要交代清楚一些相关问题。盛逢尧将军的所有抗战事迹，官方资料记载都很少，民间资料也不多，有的甚至将其功绩张冠李戴，陈诚的自述资料就有这样的情况（后文有具体推论此处不再叙）。因而，有必要先了解其中缘故，依笔者分析无外乎这么几点。

1. 蒋介石统治下的国民党军队，源于地方军阀，派系林立。当时的政治和军事舞台，始终存在着多种势力的角逐。而时拉时压，亲疏分明，又是蒋氏惯用的统治手法。从各大集团看，川、桂军队系相对号大的地方势力，一直在蒋氏的视线之内，轻慢有恐叛悖，重用又恐失控，其恩怨胶着，给历史留下了许多话题；黄埔是蒋氏发迹的源头和本钱，其门生故旧，当然十分耀眼，统揽誉论主流，流绩于后，自然不在话下；而赣军力量单薄，虽在形式上列入了蒋的势力，但实质上又别于蒋的嫡系，这种非嫡非庶的恒温状态，自然不能引起世人注目，更难流入史册。以至于他们英勇抗战的事迹难有所谓的官方记载，现在于民间收集又时过境迁无人知悉了，因此我们也就不奇怪没人知道赣军，没人知道盛逢尧，这仅仅是大层面上的原因。

2. 当权派陈诚欲吞并赣军，始终排挤赣军将领。

陈诚（1898～1965）陆军一级上将。字辞修，号石叟，浙江青田人，保定陆军军官学校第 8 期炮兵科毕业。历任粤军第 1 师团部副官、连长，广东大元帅府警卫；黄埔军校特别官佐、炮兵科区队长、队长，炮兵连长、营长,军校炮兵科科长,炮兵大队长;国民革命军总司令部参谋、补充第 1 师团长,第 21 师团长、副师长、师长,军事委员会军政厅副厅长,军事教育处处长,国民革命军总司令部警卫司令兼第 1 集团军炮兵集团指挥官,第 11 师副师长、师长,第 2 军副军长,第 18 军军长兼第 11 师师长、兼第 14 师师长、兼第 52 师师长,庐山军官训练团副团长兼教育长,第 3 路军总指挥,军事委员会陆军整理处处长,晋陕绥宁四省剿匪总指挥,广州行营参谋长,军政部常务次长兼武汉行营副主任,第 3 战区前敌总指挥兼第 15 集团军总司令,第 7 战区副司令长官,军事委员会政治部部长兼武汉卫戍司令,第 9 战区司令长官,湖北省政府主席兼保安司令,第 6 战区司令长官,中国远征军司令长官,第 1 战区司令长官;军政部部长,国防部参谋总长兼海军总司令,东北行营主任兼东北政务委员会主委,台湾省政府主席兼全省警备司令,东南军政长官,行政院院长,中国国民党中央常委,光复大陆设计委员会主委,中国国民党副总裁,中华民国副总统兼行政院院长。(2008 年知兵堂出版社胡博编著《国民革命军师史总揽(一)陆军第 1 师—第 20 师》第 11 师师长履历第 174 页)

  周浑元去世后,陈诚吞并赣军,扩充实力之心十分迫切,由于遭到姚纯、盛逢尧等老赣军将领的抵制,故成见颇深。抗战时期,陈诚先后身任军委政治部部长、第 9 战区、第 6 战区总司令及长江南岸总指挥等诸多要职,其垄断战况、截留战绩十分便利,是名副其实的当权派。他处心积虑吞并赣军,而盛逢尧牢牢掌控着最后一支赣军一直不接受"改造"(实为吞并),这就让陈诚对他成见愈加深化。其固然不愿看到盛逢尧有所建树,增加吞并的难度。因此,即便盛逢尧将军在抗战时期,率领部队与日军浴血奋战达七年之久,国民政府战史对此无甚记载,这也就不难理解了。换个角度看,虽无所谓正史评价屡战屡胜劳苦功高等等,但与日军作战七年,未留下作战不力之类的口舌,给陈诚伺机剥夺兵权,以遂其吞并企图。这正好从反面有力说明盛逢尧将军及其带领的最后一支赣军在抗日御侮战场上的表现是无懈可击的。

  正是陈诚的原因,可能会影响到国民党统治的台湾地区的民间史料记载。盛逢尧在抗战伊始时一手改编创建的这支军队,他率带着驰骋抗日沙场七年,所部官兵本来应当有不少回忆资料。但是这支部队于 1947 年就开赴台湾了,而国民党在台湾时期,陈诚先后出任台湾省主席兼警备司令、行政院长、国民党副总裁、中华民国副总统等要职，可想而之盛逢尧老部队的官兵即使写回忆录也不得不有所忌惮。这仅是猜想推测，台湾方面民间史料的具体情况如何，由于两岸通联原因难以知其详。但多少还是有一点依据的，据互联网公开的信息称：抗战时盛逢尧部下的一名团长，随部队去了台湾，晚年靠编制竹器为生，生活如此悲凉，可见受排挤之程度。

3. 新中国成立后对抗战时期军史和战史的搜集研究，因长期遭受"左"倾思想的干扰，故史料的本来面目难以恢复甚至被颠倒。关于抗日战场，关于民族精神，人们只能小心翼翼地去进行收集和整理，不可能主动地去挖掘和寻找；近十余年来风气大为开化，但相关亲历者及知情者又大多"俱往矣"。因此，当前国内的抗战正面战场的研究，多以原国民党方面的官方记载为准，有的甚至全盘照搬，真正自行收集整理，并客观分析的极少。而盛逢尧将军的人生结局，又注定了，没有人敢于揭开历史的面纱，把他的人格面目放到抗日战场那种惨烈和血腥中去进行甄别和探究。所以对盛逢尧将军的抗战事迹，与国民党方面的记载如出一辙，也同样记载不多。此外，诚然也有一些客观方面的原因，导致民间记载不多。如在抗战期间，参战部队番号及首长名字，按纪律都是保密的，因而作战地群众知者甚少，有的知道参战部队代号就不错了。

总而言之，陈诚乃众所周知的蒋介石宠臣，属于名副其实的当权派，而所谓的历史是为当权者服务的，决定了国民党各地方政府在抗战胜利后的史料收集时趋炎附势，更何况在抗战胜利时，盛逢尧将军已和陈诚的矛盾公开化，愤而解甲归田了。试想，当时的地方军政人士，能有几个愿意为一个业已退出军政舞台的盛逢尧载功记德，而不惜得罪权贵呢？因此，盛逢尧将军的抗战事迹记载较少，也就不足为奇了。正是胡适先生指出的这种历史的"涂脂抹粉"性，对于盛逢尧将军这样一位曾经在国共两党都不"讨好"的人物，其抗战事迹必然蒙上了这些厚重的政治历史尘埃。这是笔者之所以历经数年的艰辛，收集盛逢尧将军抗日事迹感慨和无奈之处。

尽管如此，通过数年的努力，盛逢尧将军的主要抗战事迹，还是能够科学的再现出来。本书所述的下文这些内容，主要以盛逢尧将军后人提供的其简要自述材料为主线，收集其尚留在大陆的部属的回忆文章，能与之相印证的内容，因而较为真实可信。因为盛逢尧将军的自述一直未曾公开过,且他于六十年前就已去世。而其部属的回忆录多成文于近十余年,两者在时空上是无论如何都无法对此进行沟通的。用我们司法机关调查案件的事实证明标准,就是说两位事件亲历者在没有"串通"的情况下,分别就其所经历的同一事件作出的陈述,其中相互吻合的部分可以作为认定事实的依据,所以笔者收集的资料比所谓的官方的历史记载的可信程度更高,起码虑去了不少政治色彩。

同时,虽说国民党官方记载不多,不会突出其功劳,但也有一些一笔带过的记载,足以为证。如第一次长沙会战时仅见记载一句:"在营田登陆的日军上村支队,遭到新编23师攻击,仓皇逃回岳阳。"藕池口阻击战时当地国民政府在抗战史料中也仅见记载一句:"以新23师盛逢尧部战斗最为惨烈"等等。还有国民党的官方公布的关于参战部队及部队情况等记载,也可作为旁证,能直接说明该战役有盛逢尧部参加。同时,有少数地方的中共党史部门,对抗战历史高度重视,治史精神尤其严谨负责,收集抗战的民间资料,甚是认真细致,所收集的相关内容很详细,具有史料价值,也可直接印证。如湖北省潜江市党史办收集的广仁部队在浩口、龙湾阻击日军的战役等。此外,日军战史的记载,亦有十余次提及盛逢尧部作战,也能直接或间接说明一些问题。

各方资料在细节的一致,客观地反映出盛逢尧将军的抗战经历。把一些点滴缝合一起,我们终于发现,一个活生生的抗日将领,在民族危难之际,是如此地慷慨!无论历史如何迷离,但我们相信,它在经历一段走失之后,终究会以本来面目站在我们面前。作为后人,以远去的那些胸怀民族大义的先人们,应该还于最起码的尊严和公平。因此,整理盛逢尧将军的抗战事迹,要时时注意拂去这些政治私欲的尘埃,充分借助日军、地方、亲历者等留下的资料,以证据学的逻辑思维,尽可能返原历史本来面目。

二、陈诚吞并赣军

在中原大战及与红军作战时期,陈诚吞并已部队,采取的方式多是武力缴械,对象多是地方杂牌军。那时盛逢尧所在的赣军,分别两任长官,在赖成璜遭川桂系杀害后,熊式辉带领这支部队为下野后蒋介石的复出积极出力。因此，在1928年编遣全国军队时，熊式辉部与陈诚部分别被编为中央军第5师和11师，在名义上同属蒋氏嫡系。1931年前后两师在蒋介石的支持下又得到扩编，第5师扩为第36军，第11师扩为18军。故陈诚的内心，那时尚无吞并赣军的企图。

关于陈诚吞并异己部队的不端行为，在国军当中亦有共论。如先后任11师师长、18军副军长、79军军长的方靖，系陈诚最为嫡系的将领，他在被俘后的改造期间，一直不愿说陈诚的坏话，但于吞并部队方面却是毫不隐晦。见方知今著《远逝的硝烟——原国民党高级将领方靖亲历纪实》2006年版第32页述："陈诚吞并手段之狠，在国民党军队中是颇有名的，他18军成立之初只有一个第11师，……陈诚为扩大自己的军事实力，1933年先后吞并了冯军韩德勤的52师、川军张英的59师，所以18军在短短的两年里，就发展到5个师、29个团之多。"该书第259页述："这并非是说他认为陈诚其人完美无缺，陈诚吞并杂牌部队手段之残酷，揽权手段之厉害，他都清楚。"

到了抗战之初，陈诚为何就敢吞并赣军呢？主要原因有：一是素有积怨。虽然熊式辉在其回忆录中未涉及，但据方知今著《远逝的硝烟——原国民党高级将领方靖亲历纪实》2006年版第45页说道：在第4次围剿红军的战役中，陈诚的第11师几乎被全歼时国民党内部的反应，是这样记载的"此时国民党军内部对陈诚抨击甚多，尤以何应钦、熊式辉最为激烈。"可见熊式辉与陈诚并不和睦，熊所带出的将领周浑元、姚纯等也就难以和陈诚融洽；二是陈诚权力增大。中原大战时陈诚同样任师长、军长，抗战初则在中央军委任职，同时其部已扩编为数个军。而赣军随着熊式辉退出军界，胡祖玉殉职，周浑元病故，部队一直是两师加一个独立旅建制，无论军队实力，还是军事权力都较弱小；三是蒋介石支持。蒋介石吃尽了地方军阀朝拥夕叛的苦头，一直想以黄埔系为基干，建立忠于他自己的部队。陈诚善于迎合蒋介石的想法，培植黄埔出身的将领为其嫡系，委任各部掌控军队，借机壮大了自己的实力。所以到了抗战之初，陈诚随着其权力的不断增大，一些地方杂牌部队已被吞并的差不多了，自然就把目光投向了赣军的这一支，即姚纯任军长的第36军。

抗战前夕，随着势力的扩张，陈诚吞并赣军的企图开始显现并付诸行动。他主要采用了以下手段：

一是投石问路。在周浑元任军长时，陈诚有吞并企图但对吞并所产生的后果尚存忌惮。故在周离世前的一年，采取了试探性的方式，借整编之机，裁撤了独立第36旅，几乎缩小了赣军三分之一的规模，仅剩两个师。此时的赣军并无明显抵制。

二是釜底抽薪。周浑元去世后，姚纯接任军长，下辖96师和第5师，师长分别为赵锡光和盛逢尧，赣军规模甚是弱小。而陈诚硬是将第96师拨归胡宗南，改番号为第167师，将第5师划归自己的系统，改番号为新编第23师。此时的第36军有壳无核，姚纯成了空壳军长，逼得他自行在重庆组建两个师，番号仍于第5师和第96师。这时赣军的色彩已经大为冲淡，名义上四个部分实际上只余留赣军干部，姚纯新组建的第5师、96师还是以余韶的贵州军队为基础。

三是偷梁换柱。即便如此陈诚还是对赣军不罢手，此后的吞并已被陈诚美名为"改造"，其手段更为隐蔽，多利用手中权力，借抗战名义直接将别部将领撤换为他嫡系亲信，撤换的方法也很巧妙，有功的架空提拔，有过的降级使用，豪夺各部主官的兵权，最常用的手法是利用职权以追究非嫡系将领作战失利的责任而达到撤换的目的。对赣军来说，先是改番号为第167师的原第96师被改造，赵锡光被胡宗南任为副军长。接着，陈诚借城陵矶战役算计盛逢尧，撤换未遂，新编23师（原第5师）在盛逢尧的坚持下得以保全。次年，陈诚借昆仑关战役失利，诬陷姚纯军长，据史料记载：姚纯军长和郭觫参谋长就是在昆仑关战役后，1940年3月3日被撤职查办的。（中国第二历史档案馆编《抗日战争正面战场》第964页）姚纯军长本就积劳成疾，受此急火攻心，随后即辞世。陈诚公然吞并新补充的第5、第96师。姚辉云主编的《姚纯将军子孙谱系》（未出版）收录了第5师参谋长姚葛民的书信，其中说道："昆仑关战役后，柳州军事会议陈诚挟天子以令诸侯，排除异己，欲加之罪何患无辞，生吞活剥硬把36军吃掉了。"另一封信中讲到36军下辖第5师的情况时说道："我回到第5师，不久师长换了人，主控权操在陈诚系手里；团长以上的主管一再换人，老人只剩我和康团长。"

四是安插亲信。陈诚改造这些部队是很注意方法的，当他在扳倒原主官之后，鉴于部队传统，为了保持队伍稳定，他都先安排嫡系中籍惯相同的将领接手，大刀阔斧地把部队原干部轮换清除。陈诚在对赣军的洗牌中，注意了"以赣制赣"的方法，把一批非赣军色彩的赣籍亲信安排任职，以达到直接掌控的目的。如吞并第 5 师后，将其办公室主任赣籍将领刘云翰安为师长；后来盛逢尧在新编 23 师任上辞职后，陈诚又安排亲信赣籍将领钟祖荫接任。

五是歧视挤压。由于城陵矶战役后首次吞并盛逢尧部没有成功，原第 5 师改番号为新编 23 师的盛逢尧部是抗战时期仅剩的一支整体性赣军部队了。据湖南省档案馆藏的《第六战区干部训练团第一期同学录》的资料显示，几乎该册子中的所有赣籍军官都在盛逢尧将军的新编第 23 师。另据湖北省潜江市档案馆藏的《潜江县地方行政干部训练所第一期官佐通讯录》的资料显示，盛逢尧部驻扎该地期间，派出军官帮助地方政府训练干部，该训练所从所长、总教育长、教官到事务员竟然均为赣人。还有新编 23 师的机枪连长王清泉回忆说，1941 年与其同从黄埔军校毕业的第 17 期江西籍学员都分配在该部队服役。可见，盛逢尧将军率带抗战七年的新编第 23 师，组成人员应多是赣人，完全能够说明是纯粹的一支赣军，亦是近代赣军保持赣籍特色时间最长的。抗战期间盛逢尧部编在陈诚系统，陈诚对这支部队吞并未遂，继而在补充、人事等各方面极尽排挤歧视的手段。该部在盛逢尧将军的带领下，倔犟地与陈诚的吞并作斗争，每回与日军作战均英勇顽强，不让陈诚抓到一点撤换吞并的把柄。盛逢尧将军个人虽受尽排挤打压，极为艰难地独立支撑着这面赣军的旗帜，坚持部队一直保持赣军本色传统。直到 1944 年，陈诚以立功重大为由，欲将盛逢尧架空提拔，盛逢尧愤而辞职，才彻底被陈诚改造吞并。

实际上，陈诚吞并非嫡部队，打压似乎还受蒋介石器重的赣军，蒋氏还是心知肚明的。当时，蒋介石对军队的掌控，均以黄埔为主干，或以黄埔为渊源。蒋介石之所以作聋作哑，还是因为赣军所奉行的是民族和国家情感，缺乏蒋氏所要求的对党派和领袖的绝对忠诚。因此，赣军的实际利益还是不能存在于蒋氏的权力庇佑之下，以致这支部队最终难逃离散的厄运。

三、北上抗战（策应太原会战）

1936 年 12 月 12 日东北军将领张学良、西北军将领杨虎城扣押了在西安督促"剿匪"的蒋介石,要求其停止内战、联共抗日,实行"兵谏",这就是震惊中外的"西安事变"。最后经过各方努力,蒋介石接受团结抗日的主张,事变得以和平解决。国共关系迅速发展,双方结束了对峙,拉开了合作抗日的序幕。

盛逢尧训练部队、对日备战转入公开化,他于训练结束时集合全体教导队,公开举行抗日誓师活动,进一步振奋抗战精神鼓舞士气。1937年3月盛逢尧奉令率部开赴重庆参加整军,这是出征抗日的有力信号,他知道自己抗日报国的愿望正式迈出一大步,着实让他高兴不已,他立即集合全旅各团于大校场誓师出发,率带独立第36旅开赴重庆归还第36军建制。

在出发前,盛逢尧即经请示周浑元、姚纯准许,带着原第96师573团团长李弥回重庆原部队。原来1934年黎川战役中,李弥与盛逢尧均受伤,后来盛逢尧一直在军中服务,部队常驻江西,而李弥则离开军队,转入江西地方行政任瑞昌县长等职。由于两人本属旧部同僚,又同在江西任事,期间来往联系颇多,李弥多次向盛逢尧透露行政之纷扰,似无留恋之意。抗战军兴伊始,李弥参战热情很高,闻盛逢尧不日将率部开赴重庆整编,遂向盛逢尧明确表示自己返回部队的愿望。盛逢尧觉得李弥带兵打仗蛮行,是个可造之才,虽然不是赣人却是赣军系统的第36军的旧属。时值抗战军兴,正是部队用人之际,于是盛逢尧就向重庆军部报告了自己的想法,得到了周、姚两军长的支持,故率带李弥同行。

抗战时期的盛逢尧将军

到达重庆后,盛逢尧的独立第36旅与第36军的两个师合并改编为一个调整师、一个整理师。周浑元仍为军长,姚纯仍任副军长,谢溥福为第5师师长,赵锡光为96师师长,刘采廷、文之炜、熊克禧、李世荣为旅长,盛逢尧调任中央陆军第5师少将副师长驻防重庆。整军期间第36军军长周浑元突发病于重庆去世，当时军政部次长陈诚闻讯即找姚纯交涉，主动提出大力举荐，意图拉拢后再行吞并第36军。姚纯虽与陈诚同属保定系，但姚纯是保定3期，陈诚是保定8期。姚纯的资历比陈诚更高，看出陈诚的野心，故对其并不领情。这为部队后来被权势日益增大的陈诚逐渐分割吞并埋下了隐患。在军长人选问题上周浑元军长本就留有遗言由姚纯接任，蒋介石也予以认可。姚纯能力很强，军中资历也足够，军长一职当然由其负责代理。同时，姚纯举荐谢溥福任副军长、盛逢尧升充第5师师长，虽然委任未及时下达，但军中事务均遵照姚纯安排就位主事，盛逢尧于是先行代理第5师师长。

华北事变以后，日本实行国民经济的全面军事化，进行广泛的战争动员，积极扩军备战。1936年日本制订了所谓的国策基准，一方面确保其在东亚的地位，另一方面要向南方海洋发展。1937年资本主义世界的经济危机旧病未愈，新患迭起。德、日、意法西斯为摆脱困境，决意扩大侵略战争，同英、法、美争夺世界霸权。7月7日夜间，华北日军借口一名士兵失踪，要求进入宛平城搜查，遭到中国守军拒绝。日军随即进攻宛平城和卢沟桥。中国军队奋起抵抗。这就是"卢沟桥事变"，中华民族的抗日战争正式爆发。7月底日军占领平津，进攻石家庄。8月发动东线作战，大举进攻上海，并叫嚣在三个月内灭亡中国。

河北、山西和淞沪地区相继告急，盛逢尧将军按捺不住于后方整训军队，屡次请缨驰援抗日战场。姚纯军长也义愤填膺十分支持，作为军长，他更希望部队能在保家卫国的战场建功立业，为36军赢得荣耀以提高在中央军系统的地位，盛逢尧骁勇善战，作为其心腹干将，当然是最能代表他和部队的首选。

1937年10月太原会战打响时，他们的请求终获批准，组建第36军抗日先遣队。盛逢尧被派兼第36军抗日先遣队总指挥官，准备开赴山西策应太原会战。盛逢尧将军在自述中对此说："总算是报国未落人后"，足见其抗战决意之坚定。接到命令后，盛逢尧将军兴奋不已，积蓄数年的抗日报国之宿愿乃得实现，决心大干一场。当时消息一经传出，全军抗战报国的氛围高涨，官兵踊跃报名参加先遣队。他立即从全军两个师中精心挑选官兵4000余人，编成四个大队。尔后，慷慨率部出征，开赴到陕西潼关归卫立煌节制。

卫立煌（1897~1960）陆军二级上将。字俊如，安徽合肥人，湖南陆军学兵营，陆军大学特别班第1期毕业。历任粤军营长、团长、第4师补充旅旅长；国民革命军第3师团长，第14师副师长、师长，第9军副军长，第45师师长兼皖北剿匪指挥官，第10师师长，第14军军长，第14集团军总司令，第2战区前敌总指挥、副司令长官，第1战区司令长官兼河南省政府主席、河南省保安司令，兼冀察战区总司令、兼第39集团军总司令；西安行营主任，军事委员会委员，中国远征军司令长官，陆军副总司令，总统府战略顾问，东北剿总总司令；民主战斗同盟军事委员会主席，全国政协常委，民革中央常委，国防委员会副主席。（2008年知兵堂出版社胡博编著《国民革命军师史总揽（一）陆军第1师—第20师》第10师师长履历第157页）

盛逢尧率部赶到时，太原会战正在激烈进行，盛逢尧奉命驻扎潼关把守大西北门户，控制风陵渡一线，策应太原会战的国军部队撤退，盛逢尧因此一直未能上前线战场，觉得甚是遗憾。11月8日太原失守，卫立煌部退至晋南中条山一带休整。由于卫立煌部在战役中兵员损失很大，他看到盛逢尧所带的先遣队军士个个训练有素，有不少还是战斗意志旺盛的老兵，比地方民团补充来的新兵要强得多，遂起意吞并乃与盛逢尧商议，将先遣队拆散补充其各部，并许诺保荐盛逢尧在其部任师长职。盛逢尧坚决不允，本来战场上老兵就是个宝，何况这大都是自己带出来的军士，补充给卫立煌对36军则为一大损失。至于个人得失他更不计较，他一向认为投东倒西非大丈夫所为（早在护法革命时期就不屑为之）。不久，卫立煌从军政部拿来命令给盛逢尧，姚纯军长也来电说："这是陈诚借着抗日大局名义搞的名堂，吾等不能为此背上破坏抗战的黑锅"。盛逢尧无奈接受命令，但坚持干部培养不易不列入拨补范围，卫立煌倒是懂得得"理"饶人，同样作为一名职业军人他也能理解盛逢尧爱兵爱将的心情。于是，盛逢尧愤然将所有干部带回了重庆。

盛逢尧继续代理第5师师长驻防重庆，同年12月奉令参加武昌徐家棚中央陆军大学将官班第一期学习训练。校长蒋介石，教育长万耀煌，教育期间三个月，专以研究对日作战及各军政首长讲话精神。在这三个月里，他仔细聆听了周恩来的政治课和云南讲武堂校友叶剑英讲授的游击战术课。还经常找有对日作战经历将领，详细了解日军情况，熟悉日军战术，并认真与陆大的高级教官和同学探讨研究对日战法。这都为日后他在抗日战场令日寇之所以不敢小觑，打下扎实的作战基础。

1938年3月，盛逢尧将军陆大培训毕业后返回驻地重庆，正式升任第5师少将师长，谢溥福升充36军副军长，姚纯升充36军军长。

本节有关问题考证情况

盛逢尧将李弥有地方行政带回部队，虽然无从考证，但李弥确有出军入政的经历，并且时间也较为吻合。据中国社科院近代史研究所民国史研究室编《中华民国史资料丛稿·人物传记》第十八辑第37页记载："1936年李弥到江西省县政人员训练班受训一月，后出任江西瑞昌县长。"可见，李弥确实有从部队转任地方官员的经历。这就是抗战时在云南松山一役成名的李弥，解放战争中升任第13兵团总司令，在淮海战役只身从解放军重重包围中逃走的国民党高级将领。近期中央电视台第9套播出的《中国远征军》纪录片中，讲到松山战役时，旁白的解说措辞都很是尊敬地称为："李弥将军"。足以说明我们对待国民党军队抗日的历史，更开明、更客观了。要是在以前像李弥这样的解放战争的兵团总司令，哪能享受如此尊敬的称谓。正是基于当前政策的开明，笔者才起意整理盛逢尧将军的生平，尤其是他的抗战事迹，让这位在陈诚系统忍辱负重、受尽排挤，却仍然凭着满腔民族义愤坚持抗日的赣军名将，也享受这缕开明和谐的阳光，我们中华民族的抗战史不是仅关注那些功成名就的人物，更会关注那些与日寇苦战死拼，充分体现我民族精神脊梁的忠勇之士。

关于姚纯军长与陈诚素有芥蒂的事情，姚纯将军之次子姚凌云回忆说："武汉会战前，父亲到汉口参加军事会议，期间周浑元军长病故，陈诚闻讯后即找父亲谈话，大意是周病故后，军长一职当属其接任，似有拉拢之意，但父亲在资历上不亚于陈诚，不卖账。"［据姚辉云主编（未出版）《姚纯将军子孙谱系》第32页］

周浑元病故等情况，有资料记载："民国二十六年，周浑元到重庆，兼任重庆警备司令部司令。民国27年1月12日突患脑溢血，18日去逝。临终遗嘱曰：'余从军二十余年，矢志革命，卒以心力交瘁，致患脑溢血症，自分已无生理。当此民族存亡最后关头，不克继续与我袍泽追随委座，以报效党国，负疚实深。我袍泽夙具爱国热忱，望各服从姚副军长

(笔者注：即为姚纯)，努力奋斗，以达复兴我国家民族之目的。余上有老父，不及终养，抱恨终古，望余诸弟敬谨孝事。余妻孱弱，儿女幼小，亦望余诸弟善为抚养，余瞑目矣．'周氏去逝后，蒋介石撰送挽联：'风雨忆龙骧，楼船未下收吴地；壮怀空马革，金剑长沈惜楚材．'后又追认其为陆军上将。遗体运回金溪，葬于马尾泉下的翠云排侧山坡上。蒋介石亲题墓碑'陆军上将周公浑元之墓'。"（摘自互联网 http：www.baidu.com 百度百科的公开资料）

盛逢尧北上增援太原会战，目前无明确史料说明，但其述归卫立煌节制却是极其可能的此时，"卫立煌为第 14 集团军总司令，隶属阎锡山的第 2 战区。"（2001 年河北人民出版社戚厚杰、刘顺发、王楠编著《国民革命军沿革实录》第 444 页）

盛逢尧正式升任第 5 师师长的时间，据 2008 年知兵堂出版社胡博编著《国民革命军师史总揽（一）陆军第 1 师—第 20 师》第 89 页第 5 师师长履历中记载："第 5 师师长盛逢尧，任期：1938 年 3 月 13 日 ~ 1938 年 11 月 18 日。"另该书第 86 页第 5 师师史简述中亦记载："1938 年 3 月 13 日，师长谢溥福升任第 36 军副军长，由第 5 师副师长盛逢尧迁升师长。"

盛逢尧对抗战之前阶段的自述：由团长任事至第 5 师师长止，是个人发展最顺利时期。周浑元、姚纯两军长后期相继身体欠佳，又均与盛逢尧共同南征北战情谊深厚，视其为得力干将，认为其为人忠厚，作战勇敢，有指挥才能，对之甚为放心。早在周、姚当旅长时就常让其代行旅长职，指挥几个团作战。后来在重庆第 5 师也长期由盛逢尧指挥，甚至连军中人员任免都是他与姚纯军长决定的，因此，盛逢尧自述在团长、旅长、师长任上，也卖了很多气力，是从军任事一帆风顺的阶段。

四、挥师武汉

日军侵占南京后，国民政府虽西迁重庆，但政府机关大部和军事统帅部却在武汉，武汉实际上成为当时全国军事、政治、经济的中心。1937 年 12 月 13 日，国民政府军事委员会拟定保卫武汉作战计划。在徐州失守后，即调整部署，先后调集约 50 个军 130 个师和各型飞机 200 余架、各型舰艇及布雷小轮 40 余艘，共 100 万余人，利用大别山、鄱阳湖和长江两岸地区有利地形，组织防御，保卫武汉。由第五战区司令长官李宗仁（7月中旬～9月中旬由白崇禧代理）指挥23个军所部负责江北防务；第九战区司令长官陈诚指挥27个军负责江南防务。另以第一战区在平汉铁路（今北京—汉口）的郑州至信阳段以西地区，防备华北日军南下；第三战区在安徽芜湖、安庆间的长江南岸和江西南昌以东地区，防备日军经浙赣铁路（杭州—株洲）向粤汉铁路（广州—武昌）迂回。

中国军队开赴抗日战场（引自中国第二历史档案馆编《抗日战争正面战场》）

1938年5月，日军攻陷徐州后，积极准备扩大侵略战争。决定先以一部兵力攻占安庆，作为进攻武汉的前进基地，然后以主力沿淮河进攻大别山以北地区，由武胜关攻取武汉，另以一部沿长江西进。后因黄河决口，被迫中止沿淮河主攻武汉的计划，改以主力沿长江两岸进攻。4日，日军华中派遣军调整战斗序列，由其司令官畑俊六指挥第2、第11军共约140个大队25万兵力负责对武汉的作战。以冈村宁次指挥第11军5个半师沿长江两岸主攻武汉；东久迩宫稔彦王指挥第2军4个半师沿大别山北麓助攻武汉。海军及川古志郎第3舰队120余艘舰艇，日本第一个飞上天的飞行员德川好敏的航空兵团500余架飞机，另以华中派遣军直辖的5个师团分别担任对上海、南京、杭州等地区的警备任务，以巩固后方，保障此次作战。1938年6月12日,日军波田支队在安庆登陆,很快占领安庆,武汉会战正式开始。

1. 请缨参战

武汉会战打响后,盛逢尧热血沸腾,再也按捺不住又请缨参战,第36军上到军长姚纯下到普通官兵均强烈要求参战,到8月总算得到军政部批准。命令要求姚纯把第36军的第5师、第96师分别拨归胡宗南和陈诚指挥,参加武汉会战,第36军由姚纯在渝南一带自行整休补充。军长姚纯因与陈诚素有成见,知道又是其借抗日来瓦解赣军搞的名堂,这样一来姚纯军长就成了光杆司令,但他为了抗战的大局还是欣然接受。同时,姚纯考虑到盛逢尧更善军事,能于抗战军事中为他和赣军赢得荣誉,可在陈诚的基本部队中占一席之地。且盛逢尧为人忠诚甚至有点桀骜,于部队保持赣军基干不被吞并有利,故把第5师盛逢尧部拨归陈诚指挥,第96师赵锡光部拨归胡宗南指挥。9月赵锡光率部先行东下武昌参加武汉会战,姚纯担心其第96师的战斗力,出发前又从盛逢尧带的第5师中抽调三千老兵充实该师,后改番号为167师。10月盛逢尧率第5师参加武汉会战,后改番号为新编23师。军长姚纯留在重庆以第5师、第96师的番号招兵整补。

1938年10月,盛逢尧在重庆奉令率部出川抗战,部队拟改番号为新编23师,建制仍为第5师两旅四团制王建煌为副师长,李弥、张镜远分别为旅长,编入陈诚的第18军,当时的军长黄维。"1938年6月18日陈诚任第9战区司令长官,21日改组武汉卫戍总司令部为长官部。军委会确定长江以北李宗仁的第5战区和长江以南第9战区,联合进行保卫武汉的作战。"(2001年河北人民出版社戚厚杰、刘顺发、王楠编著《国民革命军沿革实录》第468页)

本段有关问题考证情况

关于盛逢尧部在这个阶段所使用的番号,究竟是第5师还是新编23师,有待进一步考证,据目前的资料显示,刚开始出川抗战番号较为混乱,可能正处在改编之际,且重庆的第5师尚未重新组建成功,所以盛逢尧部无论主官还是官兵均有混淆使用的情况。据台湾"国史馆"藏《大溪档案》检索目录的一般数据呈表汇集(七十六)的内容描述为:"姚纯等电蒋中正:拟请任盛逢尧为新编23师师长,刘采廷、罗俊人择一为第5师师长等文电。时间：1938 – 10 – 17。"可见此时才上报，至于何时批准则无资料记载。按常理此时即着手改编了，且盛逢尧为该师长的唯一人选，此后应该使用新23师番号。但从后文引用的10月27日盛逢尧领枪弹被炸时向蒋介石汇报的电文来看，盛逢尧自己还是向蒋介石自称为第5师，约十天后城陵矶战役打响了。另外，从王家峻的《城陵矶防守战》来看也是这样，文中开头即交待他在第5师后改编为新23师，但直到其六十年后撰写此文时，仍署名为"国民革命军第5师山炮连连长王家峻"。不知是否是他们对陈诚意图吞并部队的做法既有气又无奈，反正在刚出川抗战至城陵矶战役期间官兵均有混用番号的情况。

据2001年河北人民出版社戚厚杰、刘顺发、王楠编著《国民革命军沿革实录》第598页记载："第18军军长黄维，该军在1939年辖第11师和新编23师，次年增辖第18师、第199师。"所以关于盛逢尧部第5师正式使用新编23师番号的时间，在城陵矶战役后的1938年底至1939年初是比较准确的，那时重庆重建的第5师也出现了，为避免重复，盛逢尧部应该开始习惯使用新23师的番号。

另外，盛逢尧出征时，其部的人事情况与其3月接任第5师师长时不同。据2008年知兵堂出版社胡博编著《国民革命军师史总揽（一）陆军第1师—第20师》第94页第5师序列沿革中记载："盛逢尧任第5师师长时，副师长是刘采廷，两旅旅长分别是刘采廷、邱卓云，张镜远尚为团长。"之所以副师长、旅长等与上文有些出入，笔者认为是由于战时更调频繁，该书记载未免难以细致。此时，盛逢尧和赵锡光奉命分别将第5师、第96师带出编入他部，肯定要留下一些干部给军长姚纯在重庆重新组织第5师、第96师，这期间必定是有干部人事变动的。所以盛逢尧率部出川抗战时旅长人选与之前不同是完全有可能的。

这个间隙阶段，同时存在两个第5师、第96师，赵锡光的第96师何时正式改番号的笔者未考，盛逢尧的改番号的时间前面已述，因此在武汉会战时有开赴湖北境内参战的第5师、第96师，同时有在重庆留守重建中未参战的第5师、第96师。到了1939年盛逢尧和赵锡光部都改了番号就比较好区分了。赣军系统的第36军被分割成了盛逢尧的新编23师（老第5师）、赵锡光的第167师（老第96师）、刘采廷的第5师、余韶的第96师（以独立第36师编入）四个部分。之所以如此复杂，用盛逢尧等赣军将领的话说，都是陈诚借抗战吞并异己部队的把戏。

2. 三见蒋介石

1938年10月中旬，盛逢尧正式率部出川抗战，此前第5师的老兵第一次已抽调3000人送卫立煌部补充，第二次已调3000人补充第96师赵锡光部。又留下一些高中级军官在重庆，给军长姚纯另行组建第5师、第96师。其部兵额仅剩千余名赣军干部的基干，故盛逢尧部难以形成有效实力。直至奉令出川前一星期接到5000人，奉令后又接到3000人，部队沿用第5师的两旅四团的建制。当时，一面组织新兵上船，另一面分拨各团连补充。同时，陈诚命令武器全部放在重庆，到前方领新枪应用。盛逢尧带着这赤手空拳的近万名热血青年，急匆匆奔赴湖北宜昌整训，他自己则直接到武汉与蒋介石接洽领枪及报告部队内部情形。蒋介石先对军中情况作了一些了解，盛逢尧告之，这次整编把部队东拆西凑，不少将领有些想法，但一想到是为了抗日杀敌，也都能理解，故官兵的战斗意志未受影响。然后蒋介石对盛逢尧交代了一番整军的道理，最后说了些激励话（大意）："你向以骁勇善战着称，现在我就看你的了"。盛逢尧从军已近二十年，历经大小各个战场的磨炼，带兵打仗向来胜多败少，此时的盛逢尧在举国讨日氛围影响下，对日军摩拳擦掌已久，斗志非常高昂，故信心十足地表态曰："精忠卫国、抗战到底"。蒋介石对此亦是表示满意，这次见蒋介石与前两次一样，盛逢尧将军对此也没有再多的叙述。

汇报交涉完毕，盛逢尧率一干随从带着全师武器装备，乘坐裕兴轮回部队驻地宜昌。这时武汉会战正进行得异常激烈，日军攻下了长江要塞田家镇，发动对武汉的数次猛烈冲击，武汉已危在旦夕，日军出动飞机轮番轰炸。盛逢尧乘坐的裕兴轮行至金口水域，即被日机盯住，遭到疯狂轰炸，裕兴轮被炸沉没。盛逢尧所领的枪弹全部被炸毁随全船沉没，他自己被弹片击中多处炸成重伤，凭着顽强的意志在江水中浸泡一天，至夜晚敌机停止轰炸才爬上岸被救幸未毙命。对此，盛逢尧非常气愤，事后多次与人讲这是他平生最痛苦、最耻辱的一事，人虽未死也等于死了一样，当时为此现在也是如此，因为全师的军品是全国人民的血汗所换来的，是把来为人民抵抗残暴的日本帝国主义强盗的，虽说敌机炸沉这个责任不在他，确是自己顾虑不周确是毋庸讳言了。盛逢尧炸伤后，被送回宜昌医院治疗，军长姚纯即调刘采廷来前方代理部队。

刘采廷（1899~1968）陆军中将。字畔乡，江西铜鼓人，黄埔陆军军官学校第2期工兵科毕业。历任黄埔军校潮州分校教官、区队附；国民革命军总司令部工兵营连长，第9军工兵营营长，第5师第25团团长、副师长兼第14旅旅长、师长，第36军副军长，洪芷师管区司令；民革铜鼓市委员，江西省人民政府参事室参事。(2008年知兵堂出版社胡博编著《国民革命军师史总揽（一）陆军第1师—第20师》第90页第5师师长履历)

10月21日，日军在广州登陆成功，威胁到华南后方，因此武汉的战略地位已失重要性，此时会战各部队已历经四个多月苦战，十分疲劳。统帅部原定利用武汉外围有利地形，消耗滞留日军的战略目的已达到，故决定放弃武汉作战略转移。10月24日晚，蒋介石在日军先头部队攻入武昌城时，才恋恋不舍携宋美龄乘专机离开武昌军委会往湖南。25日汉阳被占，26日武昌被占，27日汉口被占，武汉三镇全部被日军占领。

武汉会战（中国称为武汉保卫战，日军称为武汉攻略战），是抗日战争中一场大规模战役。双方投入兵力之多，涉及地域之广，双方伤亡之重，实属抗战史中罕见，该战役共进行了四个半月，是整个抗日战争中时间最长、规模最庞大和最出名的战役。应该说，武汉会战是中国抗战的一大转折，其意义是重大的。首先，日本军国主义开始真正领教了中国军民顽强的抵抗力和有效的作战实力，在这种力量面前，想灭亡中华民族是不可能的。其次，中国军民如此大规模的抵抗也大量消耗了日军的有生力量，从此，日军再也不能组织如此规模的进攻性战役。武汉会战以后，本来就感兵力不足的日军，随着战线的延长，兵力益发感到不足，无力再组织这样大规模的、以攻城略地为目标的战略进攻，而被迫转为战略保守。中国的抗日战争由此揭开了从战略防御阶段进入到战略相持阶段的序幕，日本侵略军则陷入了它自身所最不愿意进行的持久战的泥淖之中。

3. 城陵矶仓促迎战

日军占领武汉后，为确保武汉及其周边地区的安全，巩固被占领区，并为进攻湖南建立前沿阵地，打开通往湖南内地的北大门，乃继续兴兵南犯。(罗玉明著《抗日战争时期的湖南战场》学林出版社2002年版第104页) 当时，日军系占领武汉后的乘胜追击，来势汹汹，兵锋似是直指长沙。国民党当局在失败主义情绪的影响下，已如惊弓之鸟，蒋介石不思如何保卫长沙，反令张治中准备纵火焚城。"不论粮食器材，凡不能带走的东西都用火烧掉了，这是大家不可忘了的事。"（冯玉祥著《我所认识的蒋介石》黑龙江人民出版社 1980 年版第 104 页）在此紧要关头盛逢尧部被急调湘北，驻扎岳州、临湘、城陵矶一带，以阻止日军凌厉的南下攻势，为长沙的部署争取时间。由于盛逢尧将军伤势严重且有感染，正处治疗关键期，部队仍由刘采廷代理开往湖南。调到湖南岳州全师官兵仍是一支枪未有，后刘采廷设法向上领了 500 支步枪，眼看就要参战官兵手上还没有武器，这令尚卧病塌的盛逢尧十分着急，无奈之下致电给蒋介石报告，才又领了几千支步枪和一部分轻重机枪及弹药器材。

　　11 月初，盛逢尧将军得知日军攻至鄂南蒲圻、通城，距岳州、临湘仅一步之遥。他早就对日军屡犯我国土，蹂躏我百姓的兽行激愤不已，强烈的保家卫国的军人使命感，令再也无法安心在医院治疗，坚决要亲率全师与日寇打一仗，以泄满腔的民族义愤。他立即中断养伤，甫由宜沙赶到前线替下刘采廷指挥部队。此次鄂南湘北阻击战事，盛逢尧部先归樊松甫后归关麟征统一指挥。

　　关麟征（1905~1980）陆军上将。原名志道，字雨东，陕西户县人，黄埔军校第 1 期。历任军校教导第 1 团 2 营 5 连 2 排任少尉排长，学生总队总队长中尉副官，第 4 期入伍生团上尉连长、学生队队长，宪兵团 3 营少校营长；国民革命军总司令部直属补充第 7 团团长，国民革命军总司令部警卫军司令部第 2 团团长，第 11 师 61 团团长、第 32 旅旅长，新编第 5 师副师长，教导第 2 师 1 旅 1 团团长、第 2 旅旅长，第 4 师 11 旅旅长，第 4 师独立旅旅长，第 25 师师长；第 52 军军长、第 32 军团军团长，第 31 集团军副总司令，第 15 集团军副总司令、总司令，陆军第 1 方面军副司令官，云南警备总司令；中央军校教育长、校长，陆军副总司令、总司令。（摘自互联网 http：www.baidu.com 百度百科的公开资料）

　　这次参战部队还有关麟征的 52 军两个师。战前关麟征分配任务，令盛逢尧部负责守备长江洞庭河道、粤汉铁路、岳阳临湘公路三个主要交通线之重大任务。虽然盛逢尧部大都是仅整训半个月的新兵，且装备不齐，但他二话没说毅然接受了任务。

　　由于这次作战任务相当重，他不得不打破常规的军事部署，把全师四个团全部摆上战场，根本没有多余的部队作预备队。这种安排，如果是他一个部队守备，则是兵家大忌，毫无机动性可言，是不留后路的典型死拼打法。这一点作为一名久经沙场的将领，他心里是非常明白的。可他则是完全从全局思考，毕竟这次湘北阻击任务是三个师共同为之的。关麟征的两个师全部在二线，料想打起来后不会袖手旁观，都是整个战役的机动预备队。他认为自己只不过是打个头阵，完全没有必要自己打小算盘，过于去计较部队的得失，应当从全局角度部署部队。

于是，他立即召开师部会议部署守备任务，命李弥的 13 旅两个团于铁路、公路一线截击日军，张镜远 14 旅的一个团守备于老临湘县城，另一团置于城陵矶沿岸阻击日军登陆。果然，关麟征对他的部署大加赞赏，甚至坦言佩服盛逢尧的勇猛胆识和舍得部队的精神。部署完后，作为职业军人的盛逢尧将军，一有仗打，就兴奋不已。他不顾自己重伤初愈，亲自奔赴于老临湘县城及城陵矶、桃李等地督导构筑工事、架设通讯器材。但一切尚未妥当，日军就迅速当面袭来。

本段有关问题考证情况

盛逢尧部领到枪弹的时间，应该在与日军接战前一星期，可见当时战况紧迫及补给的混乱仓促。据台湾"国史馆"藏《大溪档案》中的八年血债（二十）检索目录的内容描述为："盛逢尧电蒋中正：第 5 师领械弹器材人员搭轮回宜，遭日机围炸沉没，械弹器材伙款等均损失等情。时间：1938－10－27。"（典藏号 0020900044232）由此可见，补充枪弹定然在蒋介石接报（即 1938 年 10 月 27 日）之后。另据罗玉明著《抗日战争时期的湖南战场》第 104 页述：日军占据岳阳城陵矶时间是 11 月 9 日。这次战斗打了三天，即盛逢尧部 11 月 7 日就与日军战斗了，所以盛逢尧部实际领到枪弹的时间只可能在 10 月 27 日至 11 月 7 日之间，这还得包括蒋介石调度及运输的时间。

关于整个湘北岳州、城陵矶阻击日军的战役，目前的官方史料中仅有相关城市据点的沦陷时间及方式，几乎没有任何国军具体抵抗战斗的记载，当然也更无盛逢尧部在此艰难抵抗三四日辛劳。故笔者在再现这次战役过程时，主要以盛逢尧将军的后人提供的盛逢尧自述的生平经历和王家峻先生关于此役的回忆文章（全文见附录三）为主。王家峻先生当时系盛逢尧部下的山炮连连长，他的回忆文章除了战役的具体时间不够准确及番号有混淆使用的情况外，在主要事实方面大多数与盛逢尧的自述经历有着惊人的吻合，故笔者予以采信叙述。其他当前史料中能与之间接印证的内容，也尽可能在文中予以引用补充。

关于这次作战的分工，王家峻先生回忆文章中讲得更为直白："关麟征将自己的部队放在第二线，而将我师全部置于第一线。"盛逢尧将军自述中则仅说了一句："而关麟征所给的任务又过重。"由此看来盛逢尧好像对此并不大在意，倒是其部下都极为愤愤不平。这可能是盛逢尧久历兵戎于国民党军队，看惯了这类保存实力的做法。或是作为一名骁勇善战的将军，对日寇暴行的仇恨，激发出军人本能的争强好胜心理。同时为维护其军人的气节，不愿让人误解其抗击倭军怕接重大任务。笔者在这里采用盛逢尧将军的说法，以充分尊重盛逢尧将军的军人修养。

这里的所谓岳州即今岳阳市，岳阳即今岳阳县。老临湘县城即今岳阳市的陆城。据《临湘县志》第51页记载："临湘县城原在陆城，三国时，吴国将领陆逊屯兵于此，筑土为城，自宋淳化五年建县治。民国十九年，县治迁长安（笔者注：今临湘市区所在地）后，陆城改为乡属镇。"

4. 孤军喋血岳州三昼夜

战役的第一天，敌人即以空军掩护协同，陆海军主力同时发动攻击，盛逢尧部各团全部与敌接战。在老临湘县城方面，日军以一个大队（相当国军一个营，但按日军作战计划其一个大队的火力配备相当于国军一个师）的兵力猛烈攻城，守备老临湘县城的一个团顽强阻击，打退了日寇数次进攻。但由于战前准备仓促，工事、通讯均不完善，临湘守军伤亡甚重。午后，日军又发起进攻，并以战机数十架投放烧夷弹，老临湘县城顿时火光冲天，守备工事多是木架构，官兵已难坚守。因通讯不完善，盛逢尧在师部发出一批又一批传令兵，命14旅旅长张镜远前往督战，等张旅长赶到为时已晚，至傍晚临湘县城即被日军突破，整一个团伤亡过半，由张旅长带领收缩于城陵矶江岸一线。在城陵矶方面，日军一部与海军协同进犯沿岸，企图强行登陆，旅长张镜远亲自督战，借助有利的岸防优势，集中火力痛歼来犯之敌，激战至傍晚仍在坚守阵地未退半步，约歼灭日寇两百余人。在右翼公路方面，日军虽多次冲击，均被13旅旅长李弥率部一一击退，约歼灭日寇百余人。

抵黄昏后，盛逢尧见天色暗了下来，敌机无法发挥优势，且13旅白天受损甚微，战斗力最强，故命令旅长李弥率13旅乘夜袭击日寇。是夜右翼

13旅发动主力攻击，以猛烈火力痛歼当面之敌，一举冲到敌内缴大炮数十门、骡马三百余匹、步机枪数百支、毙敌数百人、伤敌甚多，敌狼狈向北逃窜，13旅一路追击猛插日军纵深。关麟征在盛逢尧的师部闻讯大悦，急忙与各处打电话报告。盛逢尧将军诚然也为自己部队的胜利很是高兴，但他马上意识到李弥插入过猛，白天敌机出动则难坚持。于是当即建议关麟征：以其52军趁夜黑随13旅全部挺进，追击日军，扩大战果，巩固阵地。他本人则亲往左翼城陵矶再督14旅组织反攻，确保收复老临湘县城据点。如此敌明晨则不敢向我进攻了，否则天明后敌空军出动飞机轰炸，则恐既得战果亦难保有。关麟征对此建议充耳不闻，仍在盛逢尧师部专与各处打电话报湘北胜利。

　　第二天，卒致天明敌机出动八十余架，盛逢尧部缺少防空武器，坐使右翼13旅两团和左翼14旅两团陷于狂炸之下，城陵矶沿岸及公路两方面坚守得异常艰苦，全师将士顽强抵抗损失甚重，而关麟征部却始终按兵不动。盛逢尧又建议：是夜让其部下来休整，由关麟征部顶上前线，乘夜组织反攻，再次痛击日寇，否则至明日其全师打光，各地必均告不守。关麟征仍是不听，拥兵不动。

　　第三天，城陵矶方面日军以飞机数十架轮番轰炸沿岸阵地，午后又出动军舰二十余艘持续炮击，主力部队发动强攻登陆，14旅退守东岸高地仍在奋力坚守，旅长张镜远向盛逢尧报告：日军陆海空协同猛攻，全旅伤亡甚大，请求增援。营长张定标以下全团伤亡连排长三十余员，盛逢尧命令：人在阵地在，要其死守待援，并着令副师长王建煌前往督战。

　　王建煌（1907～?）陆军中将。别字浣欧，江西兴国县高兴乡人，黄埔军校第2期炮科毕业，中央军官训练团政治研究班毕业。历任国民革命军第11师排长、连长、营长，第36师团长；抗战爆发后，任第23师参谋主任、参谋长、副师长、某师代师长；陕西关中师管区司令，广西南宁师管区司令，国防部办公厅主任，总统府特派华中战地中将视察官；1949年10月到台湾，任"国防部"参议，1960年退役。（刘国铭主编《中国国民党九千将领》中华工商联合出版社第70页、《兴国县志》第815页，这里涉及的第23师，应属出错，实际应为新编第23师）

　　这时关麟征也派出一部增援城陵矶。右翼方面日军援军不断，在其机械化部队的坦克及炮、骑等诸兵种掩护下，组织主力实施全面反攻，兼从

13旅两翼快速插入，企图形成包围之势，围歼全旅。旅长李弥率部且战且退，竟一日浴血奋战，始终未能摆脱日军，眼看全旅难逃被全歼或俘虏的厄运。李弥悲壮地向盛逢尧报告战况：如得不到增援，职唯舍身成仁。盛逢尧万分焦急，只得再次向关麟征求援，关麟征不但不增援，反而将其部52军包括城陵矶一部，后撤往岳阳县城，使盛逢尧部左右两翼阵地均无依托，且已然动摇其军心，形势万分危急。至夜，14旅张镜远报：全旅建制几被打残，营连以下干部诸多阵亡，阵地上尸山血海，军心已散，城陵矶不守。盛逢尧很是沉重，他既痛恨日军的凶残和友军临危后撤，又更怜惜自己将士前仆后继为国捐躯。于是传令给张镜远：尽量收容溃散士兵，交替掩护撤出阵地。

当晚，盛逢尧派往第13旅的传令兵来报，已无法与13旅各部取得联系。盛逢尧一下子像掉进了冰窖，他知道这意味着13旅已被包围。这应是他征战沙场二十年遭受最大的失败，他此时倔强的告诉自己，绝不能这样认输，自己的一世英名不能败在小日本手里。盛逢尧当即命令师部六个处的行政人员、及除已上战场的迫炮营、辎重营以外的骑兵连、特务连、突击队、便衣队、军士队、输送连、通信连等直属部队所有官兵集合。随后自己往头上盖一顶钢盔，选了支德国造冲锋枪便出了门，挺立在师部门前等待集结。这时参谋长拖住他说："师座，你伤尚未痊愈，让我带队去吧！"盛逢尧说："余岂能坐视13旅被全歼，要死也要和自己弟兄一起战死沙场，此乃党国军人之气概！"不一会儿，师部门前就集合了四五百人，盛逢尧亲自作动员喊话（大意）："倭军占我国土，杀掠我同胞，13旅的兄弟正在与日寇血拼，急待增援突围，友军已撤往岳阳，我们有脸往后撤吗？我克私说过凡我手下当一天合格兵，一生一世都是兄弟。兄弟有难岂能撒手不管，哪个要是往后撤，从今往后永远别说在我手下的兵，否则别怪我不客气，我的部队没有这号软骨头。只要克私我有一口气在，13旅不突围，师部决不后退半步。是兄弟的跟我冲！"一番话令官兵热血沸腾，近千号人一个不拉跟着他冲进夜色。此时，李弥正带着第13旅一班弟兄，乘夜从苦战两天阵地悄悄撤下来，向日军火力薄弱处拼死突围，打回来又冲，打回来再冲……盛逢尧带着师部一干人循着枪炮声靠上去，到达射击范围后，各自找好掩体隐蔽，随着师长盛逢尧一声令下，全体官兵一齐集中火力猛烈射击，数百支各色枪支朝着日军喷出愤怒的火舌。日军和13旅官兵均以为是国军的增援部队到达，日军突然背后受敌，应接不暇阵角始乱。13旅李弥也是久经沙场的老将，立即抓住这一难得战机，吹起冲锋号对日军发动强烈突击。盛逢尧马上派出师部仅有的一个骑兵连，分成三拨相继向日军冲击，然后跃出掩体一马当先，带着他师部的这批杂合部队，大声呐喊"冲"、"杀"，快速冲向日军。一时喊声、马蹄声、枪炮声大作，日军像是确信是国军大部队来增援，兼在前后夹击下，立马哇哇大叫着溃散。盛逢尧当即派两个小队护住两翼佯攻追击溃散之敌，自己亲率骑兵及主力往正面直插。突然，他觉得左肩部一阵剧痛，左手缰绳一松摔下马来，他被流弹击中了，在旁的特务连长急忙喊来卫生员包扎。这时，李弥已率13旅先头部队杀出重围，得知是师长亲率师部官兵前来营救其突围，心中非常感动，与盛逢尧一见面又看到他受了伤，更加难过，马上立正行个军礼，久久不放下手眼泪直在眼眶中打转，一切在不言中。盛逢尧说"这是轻伤不碍事，迅速把兄弟们都拉出来，随我撤。"说完不顾阻拦让人扶他上马指挥战斗，轻伤不下火线是他对部下的要求，他自己一直也是这样做的，作为长期带兵的主官，他不能率先垂范是带不出一支好队伍的。接着，李弥拥着盛逢尧指挥13旅，乘日军不知虚实之机，全部突围出来，后尾部队保持与日军接触，沿着铁路线边战边退，撤到岳阳县和14旅会合天已大亮，日军也未敢再追击袭扰。盛逢尧考虑到城陵矶已失守，岳阳的门户洞开，关麟征部已南撤汨罗，自己带着这支疲惫不堪的部队，孤军奋战即使把老本打光也难抵挡倭军进攻，岳阳也不是久留之地。于是，他命令部队在岳阳城内稍作休整后继续南撤，不久岳阳即被日军占领。

此时的岳阳已是一座空城，盛逢尧四处巡视一番，城内到处是疲惫的官兵，有的新兵尚未回过神，全身还在颤抖，他这时更多的是怜惜而无意去责备。因为对这些新兵来说忍饥挨冻三天三夜没合眼，又大都是第一次上战场，就遭遇如此惨烈残酷的战役，见此尸山血海的场面，是人都会有本能的反应。据副师长报告，第14旅有一些官兵已擅自撤往汨罗一带，这在以往他肯定按临阵脱逃处理，但这次盛逢尧并不打算处罚。他承认这一役是打的有些混乱，但板子不能打在这些官兵身上。因为部队百分之八十是新兵，整训时间又短，加上战事紧，武器、通讯等装备到位较迟，战前准备仓促。尤其战场通讯未完善，直接影响命令传达调度，以致撤退不成章法。他认为，这一役主要原因是在战术方面存在失误，首夜即未能趁夜扩大战果殊为可惜，卒以援军不继，又遭敌陆海空联合强大兵力反攻，故告不守。部队在岳阳稍为休整后，迅速恢复了秩序，为防日军空袭又继续南撤。同时，派王建煌副师长赶往汨罗一带，拦截收容溃散的士兵，并发布命令：凡收容即归队者不咎，拒不归队者正法。战役结束后，盛逢尧将军在长沙黄土岑枪决步兵连长一员排长二员，该连、排长就是在城陵矶战役中带了官兵八十人、步枪六十支、重机枪两挺，脱离阵地逃到靖港充当商团自卫队，不肯归队，经派人提回予以枪决，是为维持军纪不敢再有效尤起见。

据统计，城陵矶战役中盛逢尧将军的第5师或称新编第23师，共阵亡官兵达三千人，日军阵亡也有近千人，缴敌大炮数十门、骡马三百余匹、步机枪数百支。

本段有关问题考证情况

老临湘县城沦陷的经过，当前可查的史料记录十分简单，除了可以补充一下具体作战时间外基本无其他意义。据《临湘县志》第51页记载："民国27年11月8日下午，日军侵入陆城，纵火焚屋，上千间房屋化为灰烬。"另据岳阳军分区编《岳阳古今军事纪实》第80页记载："11月3日，参加过台儿庄战役的第52军集结城陵矶，防止日军南进。"这则记录虽较为接近笔者收集的材料，但仍然有欠准确及完整，试想如果是关麟征的第52军守城陵矶，怎么最后失守的责任却由盛逢尧部承担呢？实际上是盛逢尧部固守城陵矶，由于盛逢尧部临时归关麟征节制，所以后人误以为是关麟征的嫡系部队。另外该书第81页记载："11月11日，日军第6师团今村支队和第9师团一部占领岳阳城。"此则记录可补充笔者所收集的资料的不足，直接交代出盛逢尧部的作战对象，由此可以看出，盛逢尧对手兵力的强大，光是陆军就胜过盛逢尧一个师，还别说日军参战的还有海军、空军。

关于城陵矶陷落的情况，笔者收集的资料虽无具体时间，但可以确定是在战役打响和老临湘县城失守后的第三天。此外，沦陷的方式为日海军登陆部队登陆作战得手，这两点可于当前史料中印证。据岳阳军分区编《岳阳古今军事纪实》第81页记载："11月10日，日海军陆战队在城陵矶登陆，守军南撤。"由前所引《临湘县志》和该书记载老临湘县城沦陷的时间为 11 月 8 日，现城陵矶失守的时间为 10 日，正好为老临湘县城失守后的第三天，与笔者之调查相附。同时此处明确指出是日海军陆战队登陆，也与笔者收集的城陵矶失守的方式相一致，可见笔者收集的资料的准确程度是很高的。

岳阳沦陷的时间，同样无具体时间，但据推算也与当前史料的吻合度很高。据岳阳军分区编《岳阳古今军事纪实》第 81 页记载："11 月 11 日，日军第 6 师团今村支队和第 9 师团一部占领岳阳县城。"也就是说在城陵矶失守的次日，岳阳即沦陷了。

在地方史志方面，对城陵矶阻击战也毫不提及，基本如同刘美炎、唐华元主编的《岳阳百年大事记》国际展望出版社 1992 年版第 327 页的记载："11 月 8 日，日军侵占陆城（老临湘城）。11 月 9 日，日军第 6 师团今村支队侵占临湘县城长安。11 月 10 日，日军海军陆战队在城陵矶登陆，第 9 战区陈诚部南撤。11 月 11 日清晨，日军第 6 师团今村支队侵占城陵矶。当天 18 时进入岳阳，第 9 师团右翼部队，亦于 21 时窜驻岳阳。"均没有国民党军队抵抗的记录，其实据此稍作思考就可知其不合情理之处，国民党应当在此组织了城陵矶阻击战。要知道老临湘县城和城陵矶距岳阳市分别不超过约 30 公里、8 公里的路程，日军在 11 月 8 日就占领老临湘城，却迟到四天之后的 11 月 11 日才占领岳阳（按日军战史是 9 日占领老临湘城，那么就是三天后才占领岳州），如此迟缓的进攻速度，只能证明遭到了阻击。

在口述史料方面来看，盛逢尧将军率部在城陵矶阻击日军，极其顽强地与日军浴血奋战三天，有其部属王家峻先生的回忆文章，应属是确凿无疑的事实。（具体参见附录三）盛逢尧将军的自述资料和其部属王家峻先生的回忆文章，两者之形成及公布的时间虽相差五六十年，可内容却是如此的接近。所以，完全可以认定城陵矶阻击战的客观存在。

以上为笔者所能收集的当前中国方面对此役的可考资料，日本方面对此战有较为详细史料，鉴于内容颇多具体考证和辨析后节专门论述。

5. 浴血有痕

当前，较为遗憾的是城陵矶阻击战，在所谓国军战史和地方史志中几乎都是空白，中国战史方面如前所述，整个武汉会战的结束时间，均共识为武汉三镇沦陷的日子，即 1938 年 10 月 27 日。城陵矶阻击战发生在此后约十天，因而未被纳入武汉会战，这可能是该战役未纳入史册的技术原因。事实上从日军的军事部署看，日军在占领武汉后，并未停止进攻，其为巩固被占领区，确保武汉周边安全，继续兴兵南犯湘北。因此城陵矶阻击战，无论从日军整体作战部署，还是作战意图，都与武汉会战紧密联系，属武汉会战的延续，应当纳入武汉会战的范畴。这样既有利于武汉会战研究的全面完整，又能使城陵矶阻击战不被边缘化，更能告慰惨死于日寇铁蹄下三千热血青年的英灵，无愧于我们的良心良知。

这次战役的史料记载情况很少，还有其他个案方面的原因，主要是国民政府把这一战定性为败仗，毕竟盛逢尧在此时已拨归陈诚嫡系部队第18军，有陈诚碍于面子不愿提及的因素。同时，陈诚作为总体指挥者、关麟征作为具体指挥者是有责任的，但最后战败的责任却落到了盛逢尧一人身上，如果涉及此战过多，则怕后人推敲，经不起历史检验。因为这两人都是当时的抗战功臣，尤其关麟征还是国共两党公认的抗日英雄，这一点笔者也颇为认同。按历史唯物主义观点，陈诚、关麟征是时势造英雄，当时之历史赋予了他们更大的平台，所以在抗战中居功至伟无可非议。但是同样作为一名中国军人在亡国灭种的危急时刻表现出来的浴血精神，盛逢尧将军则比之毫不逊色。其实笔者倒认为，即使是抗战大英雄，我们也完全没有必要以完美主义历史观，把他们人为的处理得一尘不染，这不仅违背历史的客观性，而且丧失了英雄人物的真实感。要知道绝对纯洁英雄、神化英雄，只有让英雄离我们更远，令人难以企及。实际上客观承认并坦然面对英雄们的瑕疵，毫不影响他们于国家民族所立下的功绩，反而使他们更真实，更贴近生活，更贴近社会，其精神就具社会影响和带动作用。

我们不确定这些观点的影响程度，但岳州、城陵矶阻击战的资料至为罕见，却是事实。盛逢尧将军率部在此独挡接近于第一次长沙会战的全部日军三昼夜，数千赣籍子弟为此抛头颅洒热血，到如今却连史料中的名分都没有，实在令人汗颜。因此，笔者在此梳理一下其他相关史料，尝试着让这段历史更加清晰，更令人信服。只要有人走过就会留下痕迹，历史亦然。

日军战史则把攻占岳州的战役纳入了武汉会战，这从日军吕集团（冈村宁次的第11军代号）在攻占武汉时战果及损失概要中，可以看到其制作的日期为昭和13年11月13日，数据截止日期为11日。（田琪之译、日本防卫厅防卫研究所战史室著《中国事变陆军作战史》第二卷第一分册第

201页）正好是岳州沦陷的日期。同时从作战部署看，日军在攻占武汉的同时即下达攻占岳州命令，且使用兵力达陆军三个师团及海军第3舰队的溯江部队，虽有一个师团占领蒲圻后未再参与西攻岳州，但其精锐兵力的数量实为可观，足见岳州作战规模之大。

从日军的战史资料分析，盛逢尧部与其作战的大概经过，还是可以勾勒出来。日军一贯有在战史中炫耀其军威之意，但是记录此战却不乏闪烁其词。由此，也可推敲出盛逢尧部的抵抗是极其顽强的。现摘录分析如下：

"10月26日派遣军命令第11军（冈村宁次中将）进入岳州及崇阳附近要线。29日冈村宁次下达了吕集作命第132号命令：第9师团应沿粤汉线地区向岳州追击；第6师团派遣溯江部队，配合海军进行沿江作战，驱逐江岸之敌，继续攻占岳州；第27师团向崇阳、通城追击……"（田琪之译、日本防卫厅防卫研究所战史室著《中国事变陆军作战史》第二卷第一分册第196页）这是日军的总体部署，日军出动第6、9两个精锐师团进攻岳州，可见盛逢尧作战对手的强大。要知道这两个师团都是参加南京大屠杀的部队，其中第6师团的原师团长即为臭名昭著的乙级战犯谷寿夫，同时还有海军、空军的部队。因此，盛逢尧在城陵矶阻击日军的战役，兵力、实力均相当悬殊，足以达到了令人惊讶的程度。拿此后的第一次长沙会战来比较，那时日军在湘北战场仅出动第6师团和奈良支队（另一上村支队在侧翼洞庭湖突袭的除外），而时任第15集团军代司令的关麟征，在湘北部署了3个军共9个师的兵力，尚且仅仅抵挡三四天（这是国民党战史的说法，按日军的说法是一触即溃）即纷纷撤退。此时，盛逢尧部虽名义上有关麟征的第52军为后盾，实际上仅是盛逢尧部一个师部署在一线，等于是他在独自抵挡比第一次长沙会战湘北战场还要多的日军。从后面史料中显示的作战时间上看，日军从11月9日晨攻击盛逢尧部守备的老临湘城开始，直至11月11日晚才攻占岳州，前后足有三昼夜时间，说明盛逢尧率部顽强阻击了兵力数倍于他的日军达三昼夜。

"第6师团按军的命令组成今村支队，支队长为步兵第11旅团长今村胜次少将，海军第3舰队之溯江部队，指挥官为近藤英次郎少将，负责溯江作战攻占岳州。今村支队于6日从汉口出发，8日到达新堤（笔者注：今洪湖），9日晨从新堤出发溯江前进，到达临湘下游约12公里附近，从9

时30分在扬子江（笔者注：日军对长江称谓）西岸登陆，开始扫荡作战。这时敌人对海军的扫雷作业骚扰得很厉害。"（参见同上书第199页）这是日军第6师团和海军的进攻过程，文中所说的临湘应为老临湘城即今陆城，该城位临长江，否则不存在下游之说。该段史料不仅确定了日军与盛逢尧部接触作战的时间，而且记录了作战的状况。其战史表述的"这时敌人对海军的扫雷作业骚扰得很厉害"，不难理解出这么一个过程，即中国海军撤退时为阻止日军的凌厉攻势，在老临湘城附近的江面上布置了一些水漂雷，因此日军海军为配合第6师团今村支队登陆作战，进行扫雷作业。这时守备老临湘城的盛逢尧部，当然不会任由日军海军在其眼皮底下行动，所以对其发动攻击。从日军"骚扰得很厉害"的措辞来分析，盛逢尧部的攻击是非常猛烈的。可见，日军自11月9日一开始行动，在老临湘城实施登陆作战，就受到盛逢尧部顽强猛烈的阻击。

"今村支队分左右两岸登陆前进，左岸部队于9日10时55分占领杨林山，右岸部队击败途中一部分敌人后于18时占领临湘。今村支队长9日晚部署，令前卫主力从临湘经云溪向岳州前进，支队主力在城陵矶（岳州东北8公里）附近登陆。但因水上扫荡需要时日，所以支队主力也于11日在临湘下游登陆追赶前卫，从临湘进入云溪附近，和西进的第9师团的追击部队相配合，攻击云溪附近之敌阵地。前卫主力于10日夜以一部攻击城陵矶，主力向岳州前进，11日18时进入岳州。"（参见同上书第200页）这段史料记录了日军临时改变支队主力在城陵矶登陆的计划，到了11日却改从老临湘城登陆，充分表明盛逢尧部的城陵矶守军作战亦是极其顽强的。具体分析是这样的，从前面叙述的吕集团命令可看出，攻占岳州的整体部署是这样，今村支队与海军溯江部队共同进行溯江作战，具体登陆地点是老临湘城和城陵矶两处，都是海陆协同作战。11月9日晚今村支队占领老临湘城后，今村支队长当即部署前卫部队在老临湘城（距岳州约30公里）登陆向岳州攻击，支队主力继续溯江前进，企图在城陵矶登陆向岳州攻击。可令日军没想到的是城陵矶的岸防部队，防御作战非常顽强，直到11月11日日军无法突破登陆。其战史中所谓的水上扫荡需要时日，直接说明他们不能在预定时间突破岸防，确保支队主力登陆，言下之意就是日军在城陵矶遭到更为顽强的抵抗，迫于盛逢尧部的强大阻力，所以今村临时改变计划，支队主力也从老临湘城登陆追赶前卫部队。同时，今村支队的前卫部队从老临湘城登陆，计划经云溪向岳州攻击，亦在云溪受到顽强阻击。因此，日军面临城陵矶和云溪两头胶着状态，作战进程一时无法推进。从战术上讲日军也需要放弃一地，集中兵力突破一地，而不能两头并进。正好此时日军第9师团由蒲圻、羊楼司进攻至云溪附近，故其决定暂时放弃城陵矶，将支队主力调到老临湘城登陆，与第9师团共同攻打云溪，并由此进攻岳州。

"第9师团于11月2日占领蒲圻后，分两个纵队追击敌人，6日进入新店及羊楼司东北地区。其左翼部队7日夜击败新店西南阵地，8日击败羊楼司东侧阵地敌，9日10时进入横板桥。右翼部队7日突破新店附近之敌阵地，8日午进入羊楼司西十八公里附近，9日晚进入云溪附近。"（田琪之译、日本防卫厅防卫研究所战史室著《中国事变陆军作战史》第二卷第一分册第198页）"第9师团右翼追击部队，从10日开始攻击云溪南侧高地的敌阵地，数道敌阵地陆续被攻占，自11日晨，和来自临湘的今村支队并肩作战，攻击设有碉堡的敌阵地。在陆、海军飞机轰炸的协助下，突破阵地转向追击，11日21时攻占岳州。"（参见同上书第199页）这是日军第9师团的攻击作战过程，与上面所述基本吻合，进一步说明盛逢尧部的阻击非常顽强，最后日军以绝对优势的兵力，费了九牛二虎之力才拿下岳州。日军今村支队的前卫主力在9日就攻下了老临湘城，沿岳临公路向岳州前进，却在云溪被盛逢尧部的阵地阻击，打了两天就是没攻下来。这时海军和今村支队主力方面如前所述，在城陵矶也没取得突破。此时，对日军攻击岳州的作战目标来说海陆均被阻，战斗初步呈显出胶着状态。恰好由蒲圻沿粤汉铁路西攻岳州的第9师团，这时也从羊楼司到达云溪附近，正所谓柳暗花明又一村，今村于是立即和第9师团共同进攻岳州，他改变支队主力在城陵矶登陆的计划，把在城陵矶久攻不克的支队主力撤下来，改由老临湘城登陆，与第9师团共同攻打云溪阵地。如此同时加强兵力还不算，最后分别在陆军航空队和海军航空队的协助下，才占领岳州。

6. 流血又流泪

城陵矶战役后，国民党当局听由陈诚一面之辞，对盛逢尧及其部队作出极不公正的处理，引发了一些较大的事件，但盛逢尧将军仅简单自述为："是役未能趁夜扩大战果殊为可惜，卒以援军不继，又遭敌陆海空联合之强大兵力反攻，而关部第52军则先我师后退岳阳，使本师左右翼阵地均告不守。我师伤亡甚重，以后全部遭受惩处，余被处撤职留任的处分，全师拨编各部补充，第14旅旅长张镜远愤而自戕。是乃陈诚搞神搞鬼之所至，痛心已极最后乃下决心抗战时期有一点力量尽一分力量，故派人与陈诚商定暂维现状以观后效，故在抗战期间能发挥作战力量即基于此"。由其自述的结果来看，旅长张镜远因此战愤而自戕，盛逢尧将军受了处分，蒙受了冤屈，但他为顾全抗战大局忍气吞声与陈诚商量，部队得以保全暂维现状。尽管受此委屈，而他的抗日斗志并未受影响，反而下决心以中国军人的良知全身投入抗战，不去想升官发财的事了。

　　武汉会战南线战场的失利，致武汉及其周边城市的失陷，陈诚作为南线总指挥和武汉卫戍司令应难辞其咎。但凭蒋介石对他的极度信赖关系，会战失利后并未承担实际责任。这反而徒增了他吞并盛逢尧部，扩充实力的私欲。这并不是全盘否定陈诚基本民族精神，而是以他的个性断然不会错过这个吞并盛逢尧部队的绝好机会的，作为总指挥，陈诚垄断了战情汇报，他完全可以颠倒黑白，甚至说盛逢尧弃城而逃。我们现在已无法查找其汇报的具体资料，但也不难想象他是如何与蒋介石汇报城陵矶战役的。从台湾"国史馆"藏《大溪档案》检索目录中的（筹笔）抗战时期（十八）的内容描述为："蒋中正电何应钦：拨编盛逢尧师于前方各师并调盛为江西保安师长，时间：1938－11－20。"（典藏号002010300018016，所谓"筹笔"即是蒋介石亲书之函电或谕令的手稿）中不难看出，蒋介石听了陈诚的汇报后，作出的第一反应是很强烈的愤怒，当即亲笔拟写电文处理盛逢尧及其部队。据了解，当时国军系统对作战不利部队有取消番号的处分，以后该部队就称为无名师，直至立功恢复番号。对盛逢尧部的处理比这更甚之，将其部拨编他部等于永久取消番号，这对整个部队都是最大的耻辱。至于，对盛逢尧个人的处理，笔者觉得相比之下，蒋介石自认为还是念了旧情的，毕竟赣军自北伐起就追随他，尤其在其下野后复出时出力甚大，之后在各路军阀相继反叛他时，盛逢尧等一干赣军将领不但不离不弃，反而作为其嫡系四处征讨桂、阎、冯、石等，为巩固其统治地位立下了汗马功劳。所以蒋介石没将盛逢尧免职或处决，而是将其调回老家带保安团等地方部队。据盛逢尧自述及此后的大量史料证实，盛逢尧此后一直任新编23师师长，可见蒋介石的这个手令并没得到执行，陈诚利用此役失利撤换盛逢尧吞并赣军的企图并未实现。

对当时的战后处理问题，是什么原因让蒋介石的手令都无法执行呢？结合史料记载进行分析还原。主要是因为蒋介石对陈诚偏听偏信，导致处理显失公正，引起盛逢尧部将士的共愤，故而坚决抵制不执行。为什么说处理显失公正，因为这个处理的前提是把整个城陵矶战役失利的责任，都一股脑地算在盛逢尧部头上，这确实就成了一桩冤案了。据台湾"国史馆"藏《大溪档案》检索目录中的一般数据呈表汇集（八十七）的内容描述为："陈诚呈蒋中正据胡霖报告该师改编经过称：新23师旅长李弥意图妄动，但师长责其不得造次，旋奉令，前项盛逢尧调104师手令暂缓执行，彼等始相安无事。时间：1939-2-18。"（典藏号002080200514075）这是陈诚向蒋介石报告的电文，虽然字不多，但透出的信息不少，无论从时间还是内容来看，应当是城陵矶一案的最终结果的报告，且电文中"暂缓执行"与盛逢尧自述的"暂维现状"是吻合的，可见最后蒋介石也默认了这个不了了之的结果。虽然原因中并未提到张镜远之愤，但明确了李弥之愤而意图妄动的意思。所谓意图妄动无非是两种可能，要么步张镜远后尘，要么效法128师王劲哉拥兵自立。说到这简单介绍一下王劲哉这个抗战时期的特殊人物，他原是杨虎城部旅长，西安事变时叛杨投蒋，被委师长，武汉会战前拨归汤恩伯部，战时汤将其一旅调去充实他部，命王劲哉开到咸宁、蒲圻自行补充，王愤而率残部到鄂南自立为王，从此不听中央调遣。

根据1938年11月20日和1939年2月18日的两份电文，基本可以确定这一段事实：1938年11月中旬城陵矶战役后，陈诚向蒋介石汇报了战况，自然是把责任推到盛逢尧身上。蒋介石正为长沙大火善后，听到这种汇报肯定是大发雷霆，要处决盛逢尧。但又转念一想，盛逢尧是赣军赖世璜、熊式辉部的将领，该部自1926年北伐到其下野复出，从中原大战到围剿红军，各个时期地方军阀对其朝拥夕叛时，一直忠心耿耿地追随他左右，盛逢尧是该部的得力干将。如果杀了盛逢尧不免令忠诚于他的军官寒心，指责他过河拆桥。左思右想决定将盛逢尧调回江西任保安师长，去带地方保安团队，仍可以享受所谓的荣华富贵，别人对这样的处理也应当无可指责。于是蒋介石在11月20日亲自拟写电文给军政部长何应钦，将盛逢尧调江西保安师。

对蒋介石的这个处理，盛逢尧将军则是肯定不会领情的。首先城陵矶战役后，盛逢尧部奉命在长沙金井休整，他自己因负伤治疗，未能参加南岳军事会议，不由分辩，就将战役失利的板子扎实打在他身上，换作谁都不会服气。更何况处理结果是很不公道的，关麟征闻风而逃不受处罚，他盛逢尧血拼死守三昼夜却受此重罚。此外，这个处理将其部队拨归前线各部，等于永久取消番号，对其部队全体官兵来说都是奇耻大辱。在盛逢尧将军个人来讲，到前线参加抗战是当时国军将领的荣耀，调任江西保安师长，不仅退回后方，而且降为地方部队。试想他在军中向以骁勇善战著称的实战将领，由此一役认定其吃了败仗，调回江西老家，他哪有脸见江东父老。所以蒋介石的这个手令，遭到盛逢尧部全体官兵的抵制。

陈诚带着胡霖持蒋介石之手令，耀武扬威到盛逢尧部来执行，引起盛逢尧部将士的愤怒，均为部队及师长报不平，这段时间发生了两件意外事件。一是张镜远旅长愤而自戕，二是李弥旅长意图妄动。张镜远与李弥同样是一位军事人才，早在围剿红军时，张镜远就任第5师工兵营营长，对战斗工事的修筑很有心得，第5师许多胜仗得益于工事坚固，曾为全师赢得在中央军中备受推崇的地位。蒋介石组织庐山军官训练团时，张镜远被任命为筑城组教官。陈诚来执行蒋介石手令时，对盛逢尧部官兵，极尽恐吓之能事。性格耿直火暴的张镜远，一听说部队被取消番号解散，师长受到惩处，自己与其他高级军官的命运，要任由陈诚宰割。看到军中已黑白颠倒，毫无天理公道，顿时觉得十分冤屈，激愤不已当场拔枪自裁。李弥则立即集合部队，要扣下陈诚、胡霖，将部队带到军委会理论。陈诚、胡霖大为震惊，他们知道李弥是做得出的，1933年陈诚吞并张英部时，李弥就是这样干的。两人怕事情闹大了，自己担不起此责任，迅速离开盛逢尧部驻地。

胡霖（1900～1990）黄埔军校第二期辎重科毕业。别号泽民，江西兴国鼎龙乡湖溪村人。中央训练团党政研究班第八期、中央政治学校高级班、台湾革命实践研究院第三期、圆山军官训练团政治作战班毕业。历任黄埔军校教导第二团辎重队长，入伍生部辎重科区队长，国民革命军总司令部兵站总监部少校副官，南京国民政府军事委员会兵站总监部济南兵站上校站长，军政部武昌兵站站长，第七十九师政治部主任，第三十六军政治部主任，第一〇三师少将副师长，军事委员会政治部少将参议，战地党政指导委员会委员，东北保安司令长官部高参兼政训室主任，国防部任政工干部训练班主任，国防部高参。（刘国铭主编《中国国民党九千将领》

中华工商联合出版社第 553 页、《兴国县志》第 818 页)

此时，盛逢尧正在长沙养伤，闻讯赶回部队，得知爱将张镜远愤而自戕，痛心已极去找陈诚讨说法，陈诚将蒋介石的手令给盛逢尧看，盛逢尧果然很不服气，要去向蒋介石理论。陈诚急忙拦住他说，委员长正在为武汉失陷、长沙大火恼火，他对此事已亲自下达了手令，你去闹一下就能改变吗？张镜远本就是由我处理的，他的行为是由于在战场上擅自撤退，而畏罪自杀。你盛逢尧去告我也不怕，你如能回去稳定部队，我答应这件事可以从长计议。盛逢尧知道这个事都是陈诚搞得鬼，虽然对他恨之入骨，但毕竟已被陈诚抢得先机，蒋介石已亲自下了手令，这个冤屈他是背定了的。盛逢尧思忖，自己即使去找老蒋论理，也于事无补，既然陈诚退了一步，答应从长计议，自己也只有委曲求全，当下首要是保全部队和将领，不至于落下抗战逃兵败将的骂名。他知道陈诚已然向他出手，今后他在陈诚手下是讨不了好的，一定要保住这支部队的带兵权，决心在抗战杀敌的战场，有一份力拼一份力，打出名望和声威，让陈诚这些玩权弄术者无可奈何。于是，盛逢尧打定主意，又返回到了自己的驻地。如此计议，盛逢尧觉得有可能搭上了自己的爱将张镜远，让他这样的忠勇之士，连日本鬼子的枪林弹雨都闯过来了，却成了国民党军中派系倾扎的牺牲品。

不久，陈诚就派胡霖到盛逢尧的驻地处理此事，胡霖提出陈诚的意见，城陵矶战役的责任由张镜远担当，盛逢尧和李弥都要受处分，部队暂时保留番号。盛逢尧坚决不同意，他拿出意见是本部在作战中没有什么责任，不应当承担失利的责任。如果非要强加于本部，也仅是他主官一人的事，与其他将领无关；张镜远不能死得不明不白，要作为殉职军官对待，抚恤家属；部队及番号均要保留，且不同意调动要继续带这支部队。正在僵持不下时，李弥集合了一批官兵包围了师部，发动官兵喊着口号，要为部队和张镜远旅长讨说法。胡霖在师部诚惶诚恐，既担心自身安危，又担心盛逢尧和李弥强行抵抗命令，把事情扩大，甚至效仿王劲哉，把部队带到敌后自行抗日，这都不是他负得起的责任。于是，他立即表态同意盛逢尧意见，并保证作好陈诚的工作，恳请盛逢尧制止李弥的过激行为，盛逢尧这才出面叫李弥解散部队，派人送胡霖返回。

从 1939 年 2 月 18 日陈诚向蒋介石汇报该师改编经过的电文来看，陈诚还是基本采纳了盛逢尧的意见，对部队的处理不了了之，新编 23 师仍旧归盛逢尧带。故有"新23师旅长李弥意图妄动,但师长责其不得造次,旋奉令,前项盛逢尧调104师手令暂缓执行,彼等始相安无事。"的内容描述。此外,对相关人员的处理基本上与盛逢尧的意见一致,据有关资料显示李弥没有因此受处分,张镜远确实列入殉职将领的名单中。陈诚之所以会如此处理,凭他多年的吞并异己部队的经验,盛逢尧这支部队还未达吞并的火候,强行为之会引起公愤。本来在他看来是十分有把握的,战前将该部几次分拆,士兵全部换血为新兵,战后扣上抗战失利的帽子,又讨得老蒋的手令撑腰,换掉盛逢尧应是毫无悬念的,远在重庆后方的姚纯也无可奈何。可令陈诚意料之外的是,盛逢尧将军确实带兵有方,全师干部绝大部分是其带来的老部下,集体凝聚力荣誉感非常强,不是轻易耍点手段就可以瓦解的。盛逢尧个人军中威望甚高,深受将士拥戴,包括李弥、王建煌等一批黄埔系的军官,都对他甚是服气,以至于李弥面对权高位重的陈诚都毫不畏惧,敢意图妄动。

其实,陈诚的如意算盘没算到这几点:盛逢尧参加革命时间比他陈诚长,在原则问题上是不会屈服于陈诚的权势;盛逢尧投身这支部队近二十年,没有在本部之外的领导机关度过一天金,从士兵、候差员干起,排、连、营、团、旅、师长一个不落当下来,一直与官兵同生共死,建立起深厚的感情;盛逢尧在军中资历很高,当时除了第36军军长姚纯外,他和副军长谢溥福、第96师师长赵锡光,同是30、31年升任团长的,是全军三个二号人物之一;盛逢尧在军中人气很高,这源于他的军事才干,也就是骁勇善战,在战争年代里固然是备受官兵推崇。同时,他在全军各部(2个师1个独立旅)的主力团均任过团长,先后出任1个师和独立旅的主官,又兼过全军教导队主任,可以说在军中除了姚纯、谢溥福、赵锡光等之外,大部分干部都是他的部下,因此官兵对他应是非常拥戴的。

城陵矶战役盛逢尧部损失重大,其个人蒙受了冤屈,但全师将士众志成城粉碎了陈诚假借战后处理,意行吞并其部的企图,成功保住了这支有着赣军传统的部队。期间,李烈钧、熊式辉、姚纯等来电来函,对部队损失予以慰问。如果说以前是熊式辉、周浑元、姚纯等与陈诚有成见,现在盛逢尧这位陈诚眼中的赣军将领,算是跟他直接结下了梁子。以陈诚的性格及当时的地位,肯定不只如此简单了结这个事,他在保留盛逢尧部队的同时,特意做了一双小鞋给盛逢尧穿,对盛逢尧作出撤职留任的处分。这意味着，盛逢尧此后的抗战期间，只要军事上稍有闪失，打一次可以追究责任的败仗，陈诚就可以立即将他撤职，连调江西保安师长的机会都没有了。可想而知，此后盛逢尧背上个撤职留任的处分，还得在陈诚的战区、陈诚的基本部队里以观后效，这其中的艰难就可想而知了。反过来看，盛逢尧在1939年至1944年间率部参加的抗战诸役，没有任何闪失，一直没有给陈诚撤销其职务的机会。换句话说盛逢尧率部抗战不说都是打胜仗，最起码没打过有过失的败仗，由此足见其军事上的才干。

在这次危机的处置中，盛逢尧缺乏应有政治敏锐性，没把陈诚对他及部队的打击上升到政治角度，反而作为其在抗日战场与日寇浴血奋战的动力。深受当时抗战报国不甘人后的氛围感染，立足军人就要在战场上杀敌至胜见分晓，善良的认为只要带好兵、打胜仗，陈诚就会和以前的官长一样对他改变看法。由此可见，盛逢尧将军有单纯的军事思维倾向，仅能算是一名纯粹的军事将领，对于政治斗争及手腕却不在行。所以，在此后七年的抗战中盛逢尧率部在湘北鄂西南的正面战场一直与日军对峙，历经大小无数战役，却总不见其事迹彪炳史册。这都得寄希望于陈诚不计前嫌，将其战况如实上报。因而，纵然盛逢尧苦战死拼，打了不少胜仗，但立功受奖提拔升迁却总是旁落他人。他这个师长从抗战头当到抗战尾，一干就是七年，成为抗战时期国民党中央军中的罕见现象。

城陵矶战役，盛逢尧部在总部主力撤离，孤立无援的境地下，以一师装备粗劣、缺乏训练的兵力抵抗军力和装备均数倍于已的日军，浴血几昼夜，其惨烈可想而知！其实，战场的失败已经注定；而战场外将士们身背战败的骂名和冤屈却有诸多深层次的原因。我们稍稍回忆，便容易感到，中华民族在抵御外强的历史和军史中，存在着太多的血腥及对血腥的偷换和掩饰。不难想象，一群是以扩充自身势力和以个人利益为追逐目标的统治者和管理者，另一群是以民族利益为重，欲洒血疆场的爱国将士，两者即便在民族的大旗下站在一起，会如何的不相融合！他们留给后人的，只能是歪歪扭扭的脚印。

陈诚性格、人品、手腕的另一面，虽然在其个人身上表现出来，但却代表的是国民党军队的政治颓废。盛逢尧将军感受到的只是个人层面的恩怨，而没有洞察到国民党政治本质必然。这样，便注定形成了他军旅生涯的许多困惑乃至人生悲剧。在他的思维中，试图超越与陈诚关系的各种阻隔，在另一个层面去建功立业，以体现一个军人在没有"陈诚"时的真正价值，但是他错了，即便他忍辱负重，带领部队在湘北、鄂西南的抗日战场上整整浴血7年，还是被压制打压。甚至战功越多，受压越深，没有战功记载，没有史册流传，更不能迁升。纵然罗卓英、霍揆彰、王劲久三位集团军总司令相继力荐，也无济于事，如石沉大海。这其中当然有蒋介石侧重黄埔系的用人导向问题，究其直接原因是陈诚对他的偏见，但也无不与其自己只知带兵打仗的单纯军事思维有关。以至于最后陈诚对其明升暗降，再次出手吞并其部时，盛逢尧只得被迫卸甲归田（这当然是后话）。对此纠结疑惑，他终生未解。

7. 炮灰部队

所谓炮灰部队，就是在战争中以重大牺牲为代价，多为全局部署赢得时间或换取友军安全。从战略战术上来讲，该部队参加的战役是绝无胜算可能的，即俗称送死，军中称之为炮灰。由于陈诚系国民党军队中的当权派，盛逢尧将军既在他所辖的战区，又编入他的基本部队。炮灰这一角色，当然非他莫属。因此，抗战时期，盛逢尧将军率部参加的战役中，攻击战时他多为前锋，阻击战、防守战多在一线阵地部署，撤退时他又多担任掩护任务。

城陵矶战役就是盛逢尧将军炮灰生涯的开端，无论当时还是现在来评价城陵矶阻击战，失败原因在宏观方面主要是国民党当局的受失败主义情绪影响，信心不足也未对湘省作坚守的通盘部署。蒋介石于10月29日、11月1日、11月7日在长沙召开会议均强调火烧长沙的所谓焦土抗战政策，根本未去部署长沙的防务。（罗玉明著《抗日战争时期的湖南战场》学林出版社2002版第105页、106页）可见，在城陵矶阻击战打响前，国民党当局就做了放弃长沙的准备，直接影响湘北阻击战指挥者的信心。这就非怪陈诚调度盛逢尧这支无武器无训练部队上前线，更不能怪关麟征将其全部部署到一线，并在战时无心恋战，置盛逢尧部之险恶境地不顾，而自行率本部撤退了。这里面的原因很简单，他们知道蒋介石对守长沙都没有信心，所谓守岳州已是不可能，故而，只有把盛逢尧部当炮灰使使，应付一下，尽量为长沙落实焦土政策，争取一些时日。

此外，从敌我兵力看，数量悬殊甚大，日军此时使用的兵力数量相当于次年长沙会战的湘北总兵力，而那时湘北战场抵抗的国军兵力多达三个军八个师，尚且让日军得以突破至长沙附近。由此来说，国民党当局的部署是可笑的，根本没把盛逢尧部的死活当回事，盛逢尧部守备岳州、城陵矶是毫无胜算的，只能起到炮灰的作用。同时，如果结合兵员素质、武器装备等差距来看，当局不顾盛逢尧部死活的意图更为明显。所以说正是国民党的军队派系斗争和保存实力的军阀思想遗留，盛逢尧将军率带赣籍子弟受当权派排挤，必然成为抗战中炮灰部队，开始走上了惨烈顽强的抗战之路。

值得庆幸的是赣籍子弟的顽强、无畏的牺牲精神赢得了认可，纵观盛逢尧将军七年抗战历程，先后有关麟征、霍揆彰、王敬久三位集团军总司令为其领导，每次新领导指挥的第一次战役，鉴于盛逢尧没有当权者的背景后台，都像这次关麟征一样把他的部队当炮灰用，但通过这一场战役打下来，这些领导往往就见识到了赣籍子弟的顽强精神，开始看重推崇盛逢尧及其部队了，以后的战役部署则不再歧视。比如：第一次长沙会战，盛逢尧初次受霍揆彰领导，霍亦是把盛逢尧部放在第一线，而把同属第18军的第11师置于其后方；鄂西会战前，盛逢尧初次受王敬久领导，王也是把他放在与日军咫尺相邻的第一线，而把同属第87军的第43师、118师置于其后方。这两个总司令此后不仅对盛逢尧的看法都有改善，而且还大力举荐他。这些作战部署，后文都会涉及，这里仅是其精神。

城陵矶阻击战的失败，集中反映了国民党统治集团的颓废、腐朽和无能。在这种背景下，当权者把立山为王，保存实力奉行军阀游戏作为生存的最高法则。而战前，作为最高统帅的蒋介石又在长沙散布了火烧长沙，焦土抗战的失败主义论调，留给各级将领的就是：信念没有、信心全无。这首先就犯了战略错误。因此，仓促准备，慌乱应战，了草章法，一盘散沙便成了国军的作战过程，失败是肯定的。如果能为盛逢尧将军鸣不平，可以总结出战术上失败的两个原因。

一是战前无准备。盛逢尧将军拖着带伤的身体回到部队，在战役打响前的一个星期，身边竟然跟随的还是一群赤手空拳，训练不足一个月的新兵。盛逢尧急促之下直接向蒋氏要来了枪支，但兵士们总还得熟悉枪械，掌握性能，部队还得构筑工事、架设通信等等。而令我们心寒的是，在以分秒为计算的备战之后，官兵们只能以小孩过家家的架势走上了战场，去面对力量数倍于己而穷凶极恶的倭寇，纵然满腔热血，而身临之惨烈可想而知。

二是战中无配合。在战斗过程中，盛逢尧部居于一线，没有预备队，不具有丝毫机动能力。盛逢尧指挥的全部范围除了阵地还是阵地，唯一可以做的就是死守硬拼。他孤军一支，胜时无法调度部队剩胜追击，败时又无力调动部队增援，事事受制于关麟征。而关麟征拥兵自重，为保实力听不进合理意见，失去大好战机，任凭局势恶化。本来，在盛逢尧部一度占居上风时，应趁夜间日军飞机不能发挥优势而增兵趁胜追击，收复失地。不说可一举扭转战局，起码也能相对较长时间在该地与日军昼夜拉锯，对这个高级将领而言只是一个军事常识问题，不可能不知其深浅。而遗憾的是，他就是没有这样做。相反，在盛逢尧部处于被动时，他不仅不派兵增援，还率部先行撤离，置盛部生死于不顾。事实上，他们都把盛逢尧部当作炮灰部队，任其自灭。这是一支由大量赣军干部为骨干，固然是刚刚由青年学生、平民、农民为主体组建起来的嫩弱之师，他们缺乏最基本的作战技能训练，仅有的是一腔保家卫国的热血。居然阻挡了海陆空军力雄厚的日军三昼夜的进攻。结论只能是：官兵们采用的是自杀式战斗，用自己的身体去迟滞敌人的进攻，这种爱国精神是极其惨烈感人的。

盛逢尧将军在战后受到的重责，但历史总会作出公正的评判。退一万步来讲，盛逢尧要担的责任，仅在于张镜远旅撤退时混乱成溃散（据王家峻的回忆文章说"师长盛逢尧带着李弥的13旅撤退至……"可见撤退时盛逢尧还是有序地指挥李弥旅），但这既有关麟征部先行撤影响了军心的因素，也有训练不够、通讯不畅的原因。

8."如遇新23师，作战不可轻敌"

诚然，盛逢尧将军率赣军在城陵矶战役的英勇顽强的表现，国军不记其功，但日军却记住了他，在反登陆战中与日海军反复厮杀，在日陆军的强大攻势下，敢于以攻为守，利用夜暮掩护组织有力反攻，打得日军措手不及，纷纷后撤。当时缴获的日军电文中有："如遇新23师（盛逢尧部）作战不可轻敌"的字句，告诫参战各部队高度戒备。高傲自大，不可一势的"大日本皇军"，面对他们视为不堪一击的国民党部队，能用这样的语气表述，实不多见。可见盛逢尧部在战役中的英勇顽强，令日军刻骨铭心。虽然日军战史中未见提及，这仅与日本这个民族的夜郎性格密切相关，其战史中固然不会长别人志气，灭自己的威风。

该份电文是盛逢尧的老官长姚纯将军的后人披露的，其来源应当是真实的。从披露的情况看，他原36军军长姚纯将军为有如此骁勇善战的部属，而颇为引以为豪。具体在姚纯将军家乡江西萍乡市《姚氏家谱》、《文史资料》中均有记载，且雨光先生于2000年、2001年发表在《萍乡日报》、《九江日报》的《抗日将领姚纯》一文和雨山先生于2005年发表在《纵横》杂志的《昆仑关战役与姚纯将军殉职》一文均有载："……第167师赵锡光部和新23师盛逢尧部奔赴前线，参加武汉会战和湘北会战，与日军浴血奋战，歼敌甚众。在缴获的日军文件中有云：'如遇新23师（盛逢尧部），作战不可轻敌'等字句，足见将军治军有方，部属之骁勇善战。"现在这份日军文件是无从查找了，但据姚纯将军的长子姚剑云说：其父亲看过这份电文，多次说起此事，应是确实无疑的事。

我们没有理由怀疑该电文的存在，因为赵锡光和盛逢尧都是姚纯的部下，同时出川抗战。解放后，姚纯的子女要是杜撰此事来说明其父的事迹，就是基于最低等的政治原因考虑，也不会冒大不讳把这样好的事杜撰于反革命盛逢尧的头上，而不记在已是人民解放军某部军长、新疆军区副司令员赵锡光头上。就是把这个官长对部下的骁勇善战名分的评价，算在他的另一个部属李弥的名下，也会在当今抗战史学界寻求到更多类似的共鸣，因为李弥基本已是国共公认的抗日名将，这样也更有利于说明其主张姚纯将军治军有方部属骁勇善战的观点，完全没有必要来挑战盛逢尧这个备受争议的人物。此外，是否姚纯的后人与盛逢尧的后人私下交情甚好，而故意合谋捏造此事美化尊长呢？这一点笔者更是可以直接证明，两方的后人解放后生活均极为谨小慎微，不是笔者为写此文有意寻找，双方均相互不认识。因此，唯一合情理的解释就是姚纯的后人所述是实事求是的，确系姚纯生前作为盛逢尧、赵锡光、李弥等人的官长，对这些共同经历无数次战火磨炼的部下的表现的客观评价。由此来看，虽说赵锡光、李弥等将领亦是骁勇善战，但在官长姚纯心中对盛逢尧还是印象更为深刻一筹，对此当年的姚纯将军也不是凭感觉，更并非偏心，而是有日军文件的证据的。

笔者就此专门拜访了姚纯将军的四子姚辉云先生，他说电文一事确属实情，最早是其长兄为家乡萍乡撰文所述，其长兄虽已逝世，但其时业已成年，且为中央大学的高才生。他和二哥均年幼无从知悉，只是在改革开放后，听其长兄回忆父亲时讲及此事，还多次与他讲，父亲的部属盛逢尧很会打仗、很能打仗。再者，以姚纯将军的长子姚剑云的人品来说，也不至于杜撰此事来提高其父亲的声望。据了解，姚剑云先生十分优秀，其被评为某省首批国家特级教师、省劳动模范等高等次荣誉，先后担任某省政协委员、某市人大代表、科协副主席等高级职务。

如何能说明该电文是出于城陵矶阻击战中呢？具体分析这些文章的上文内容可看出，首先时间是吻合的，文中讲盛逢尧部是刚刚出川抗战，城陵矶阻击战确实是盛逢尧部与日军的第一战。其次地点是吻合的，文中还讲盛逢尧是参加武汉会战和湘北会战，这里好像有些不好理解不明确，其实不然，正如前面所述，城陵矶阻击战没有纳入武汉会战，当时虽不存在湘北会战的概念，但毕竟城陵矶是湘北门户，所以这里的湘北会战不宜理解为第一次长沙会战时的湘北会战，因此文中这句的意思应是：盛逢尧率部参加武汉会战在湘北阻击日军，这就说明了电文出现的战役地点。

另外，从该日军电文现在的流出途径看，也只能是指城陵矶阻击战，而不是指第一次长沙会战。因为是从姚纯将军后人传出，而姚纯将军得知的途径，一般是盛逢尧及其部属向姚纯将军汇报，或其他关系较好的部队官长传闻来得，这在时间上是允许的，城陵矶阻击战于1938年11月结束，此后盛逢尧部一直在整训及参与一些小规模的战斗，直到1939年10月参加第一次长沙会战，这期间有一年的时间可以沟通。如果说该电文是基于盛逢尧在第一次长沙会战时表现，那么时间上是难以做到的。因为盛逢尧在1939年10月参加长沙会战，姚纯将军于当年11月就率部参加广西昆仑关战役，接着，在参加战后的1940年2月柳州会议后，才返回重庆治病，遂于当年5月殉职。从第一次长沙会战结束到昆仑关战役，期间只有一两个月的时间，姚纯将军不太可能获悉此电文，因为盛逢尧及其部属或其他部队，在大会战之后均有人事抚恤整训等大量的事情，时间如此少应当来不及沟通此事。所以该电文应该是出自于城陵矶战役。

还有一点要说明的，盛逢尧将军自述的简要经历中未提及该电文的事，一般来说，打得日本鬼子对他高度戒备，应是件值得扬眉吐气的事。为何他未向其子女提及呢？只能说盛逢尧将军的性格可能是不喜炫耀不事张扬的，因此姚纯将军得知该电文，也很可能不是盛逢尧向其汇报的，应该是其他部属带了此电文回重庆向姚纯将军汇报的，如李弥就在城陵矶阻击战后，盛逢尧鉴于他得罪了陈诚，留在原部队还是隶属陈诚，不利于他的前途，故推荐他回重庆到姚纯将军新组建的第 5 师任副师长，李弥汇报这个事就很自然了。还有一说就是，盛逢尧将军写该自述材料托人带给其子女时，他毕竟是俘虏的身份，对于抗战事迹不敢过多涉及，避免被扣上认罪态度不深刻检讨不彻底的帽子，这也是他整个自述材料对抗战经过都比较简要的原因。应该说，这是一种遗憾。

五、横刀洞庭

武汉会战就战役而言，日军占领了武汉三镇取得了胜利。但就战略而言，则日本并未能实现其迅速攻占武汉，迫使中国政府屈服的战略企图。国民政府在武汉失守后声明说："一时之进退变化，绝不能动摇我国抗战之决心，任何城市之得失，绝不能影响于抗战之全局"；表示将"更哀戚、更坚忍、更踏实、更刻苦、更猛勇奋进，戮力于全面、持久的抗战"。战后正面战场局势是在武汉外围的中国守军将近 100 个师，长江以南是陈诚、薛岳指挥的第 9 战区，有 52 个步兵师；长江以北为李宗仁指挥的第 5 战区，有 35 个步兵师，对占据武汉的日军第 11 军形成了一种包围态势。

日军第 11 军是号称："在华日军中唯一负有积极任务的机动野战军，负有击溃重庆中央军、粉碎敌人抗战意志的任务。"（日本防卫厅防卫研究所战史室著《中国事变陆军作战史》第三卷第一分册第 86 页）当时的司令官是冈村宁次，所辖兵力有 8 个师团 2 个独立旅团共 20 多万人，密度达每平方公里 0.91 人。（日本防卫厅防卫研究所战史室著《中国事变陆军作战史》第三卷第二分册第 95 页）这里面有臭名昭著的参加南京大屠杀的禽兽部队第 3、6、13 师团。盛逢尧亲率所部在一线抗战七年，全部是与该部日军作战，其间的战斗的残酷性可想而知。

1939 年春夏之间，冈村宁次指挥第 11 军相继发动了南昌会战和襄东会战（即随枣会战）。经过这两次作战，日军攻占南昌并击退第 9 战区军队的反攻，获得了武汉安全圈的东南屏障，并打开了通往长沙的通道；同时，打击了第 5 战区部队，保住了汉水以东阵地，暂时缓解了江北的后顾之忧。6 月第 9 战区的国民党军队，对当面的日军发动了夏季攻势，亦使日军第 11 军受到压力。8 月底，日军又把进攻矛头指向了湖南。为打击九战区中央军精锐，迫使国民政府屈服，实现其政治诱降的目的，日军在中国抗日正面战场以长沙为目标，集中10万兵力从赣北、鄂南、湘北三个方向，发动又一轮大攻势，这就是史称的第一次长沙会战，日军方面称为赣湘会战。同年12月，蒋介石又命令各个战区同时发动冬季大反攻，日军因此遭到更大的威胁。1940年4月，日军为报复国军的攻势，打击我抗战意志，又发动枣宜会战，占据了宜昌。

在这个阶段，盛逢尧部始终驻扎洞庭湖沼地带，他率部与日军血战，屡次迎击日军对湘北发动的进攻。先在夏季攻势中，盛逢尧部仍属第18军建制，守备洞庭湖一线，与日军发生多次战斗。1939年10月第一次长沙会战时，盛逢尧部隶属第9战区第20集团军（霍揆彰为副总司令），临时配属第54军（霍揆彰实际指挥）参加第一次长沙会战，守备洞庭湖南岸湖沼地带，顽强阻击日军登陆，旋分别于营田、神鼎山突击日军侧翼，取得重大战果。随后，盛逢尧部归还第18军建制，参加冬季大反攻，有力地支持了第9战区对通城方面反击作战。1940年4月盛逢尧率部洞庭湖北岸移动，与第43师组建第87军，又参加了枣宜会战。

1. 湘北整编

武汉、广州失陷后，国民党开始调整军队建制、全面整训军队。鉴于第一期抗战指挥级数太多的教训，自1939年初起，废除兵团、军团两级，并以军为战略单位。由军事委员会到战略单位军，或到新编制之师，中间只有战区、集团军，共4级，并决定废旅级，使战略指挥、战术指挥均较灵活。（据戚厚杰、刘顺发、王楠编著《国民革命军沿革实录》第508页）依此说法新编师比普通师的级别更高，与军同属战略单位的等级，但事实上在作战时，盛逢尧的新编23师，还是一样受军长节制。不过从湖南省档案馆藏民国29年《第六军邮总视察段密通令（特种代表信箱号码）》（参见附录二）中反映出的驻扎部队机构看，新编23师比其附近的第43师的机构，多出突击队、便衣队、军士队、输送连、炮55团1营、工兵第16营等六个机构。

盛逢尧师因此于1939年初奉令调长沙金井整编，取销两个旅部，辖四个团，三个步兵团、一个野战补充团，吴士瑜、谢应麟、赖秉权、魏蓬洲分任团长，仍与第11师师长叶佩高、第43师师长周祥初一起编在陈诚的基本部队第18军，当时军长黄维，后来彭善继任。在这次整编部队的期间，盛逢尧考虑到李弥因城陵矶战役处理事宜，已与陈诚搞僵，担心其继续留部队不利于他的前途，故向重庆第 36 军的姚纯军长推荐李弥到正在组建整训的第 5 师任副师长。

吴士瑜（1903~?）江西崇仁白露乡东坪村人，中央军校毕业。曾任国军少将师长，东北行营副主任。（摘自互联网天涯社区——论坛——煮酒论史）

谢应麟（1908~1995）又名桂瑶，号保山，江西瑞金叶坪乡坪山岗人，江西省立农校毕业后，入赣军赖世璜部随营学校习武，录取陆军军校高等班进修。1926 年任北伐第 14 军少尉排长、上尉连长，国民革命军第 5 师少校营长；抗战时期，他率部转战于湖北、湖南之间，经历大小战役 50 余次，奋勇杀敌晋升为中校团长，同年出任湖北省潜江县长，1941 年转任卡瓦山区游击支队上校司令，迭立功绩，驱日军于数百里之外，7 月升游击区少将司令。抗战胜利后，任东北行辕少将咨议，第 18 军少将总队副，第 11 战区长官司令部少将参谋，北平警备总司令部门头沟少将主任；解放战争时期，出任江西省寻乌县长，1949 年 8 月重入军旅任国民党陆军第 23 军少将参谋，陆军李弥军团第 8 军教导师少将副师长，兵退广西、贵州、云南山区，后退往台湾。迁台后谢应麟居苗栗市，生活贫乏，与旧属编竹篮、织藤椅，卖于市井补给生计。后经人介绍在苗栗镇谋职，直至病故。（摘自互联网 http：//www.baidu.com 百度百科的公开资料）

赖秉权，江西南康人，黄埔军校六期。1946 年任东北行辕少将总务处长，被俘后入中国人民解放军高级干部学校学习，并派回江西任省人民政府参事，省政协委员。（摘自百度搜索到的 2007 年 11 月 8 日赣南历史名人录——巫元彪编集）

魏蓬洲（笔者则暂未找到相关信息）

整个抗战时期，国民党军队进行了两次大的整编，在这里根据有关资料把抗战期间，盛逢尧部的隶属关系大概厘清如下：

第一期为 1937 年 7 月~1938 年 12 月，盛逢尧部有两次变动。一是 1937 年 10 月盛逢尧被派兼第 36 军抗日先遣队指挥官，开赴陕西潼关策应太原析口会战，归卫立煌节制。这时应是隶属军委会直辖的机动部队，或隶属阎锡山的第二战区卫立煌的第 14 集团军。二是 1938 年 9 月盛逢尧率部参加武汉会战，隶属第 18 军，归陈诚节制。虽然其部有第 5 师和新 23

师番号混用的情况,并因武器被毁未能在武汉失陷前参战,却被急调湘北城陵矶阻击日军。由于该战役未收集到具体资料,但目前的资料可以说明其隶属第9战区陈诚部。据刘美炎、唐华元主编的《岳阳百年大事记》第327页的记载:"11月10日,日军海军陆战队在城陵矶登陆,第9战区陈诚部南撤。"

第二期为1939年1月~1945年9月,盛逢尧部又有几次变动。一是1939年至1940年隶属第18军,直属军事委员会(戚厚杰、刘顺发、王楠编著《国民革命军沿革实录》第598页)。二是1939年9~10月盛逢尧部隶属第18军期间,临时配属第9战区第20集团军第54军,参加第一次长沙会战(郭汝瑰、黄玉章主编《中国抗日战争正面战场作战记》下册第963页第一次长沙会战参战序列)。三是1940年7月~1943年3月隶属第6战区第20集团军第87军,(姜克夫编著《民国军事史略稿》第三卷下册第419页)但有说盛逢尧部于1941年后才转隶第87军(戚厚杰、刘顺发、王楠编著《国民革命军沿革实录》第551页)盛逢尧自己述第一次长沙会战后的整训时就隶属第87军,大约在1940年初。期间由于1939年10月成立第6战区,次年5月撤销该战区,其作战地域及所属部队均划归第9战区,同年7月又恢复第6战区(戚厚杰、刘顺发、王楠编著《国民革命军沿革实录》第552页)。因此盛逢尧部也有隶属第9战区的时期。四是1943年3~10月隶属第6战区第10集团军第87军,参加鄂西会战(戚厚杰、刘顺发、王楠编著《国民革命军沿革实录》第554页)。五是1943年11月~1944年1月盛逢尧部隶属第6战区直辖部队,参加常德会战(姜克夫编著《民国军事史略稿》第三卷下册第683页)。六是1944年5~8月隶属第9战区直辖部队,参加长衡会战,即第四次长沙会战和衡阳会战。(姜克夫编著《民国军事史略稿》第三卷下册第731页)有的资料记载盛逢尧部此时隶属第99军,参加长衡会战。(刘国铭主编《中华民国国民政府军政职官人物志》中重要战役参战部队序列第589页长衡会战参战部队列明第99军梁汉明下属新编第23师师长仍旧为盛逢尧)但盛逢尧自述未涉及该役,他自己确定是在该役前辞职,将师长交钟祖荫接充,转任第6战区司令部附员。所以因属该书的记录错误。七是新编23师于1944年11月整编为青年军205师,驻扎贵州至抗战胜利。最后由于青年军复员退伍,204师编入205师,1947年7月开往台湾。(戚厚杰、刘顺发、王楠编著

《国民革命军沿革实录》第607页)

本段有关问题考证情况

有史料记载盛逢尧的新编23师从1938年出川抗战起,直至1940年都隶属第18军。(戚厚杰、刘顺发、王楠编著《国民革命军沿革实录》第598页)在1939年9、10月的第一次长沙会战期间,盛逢尧的新编23师确被编在第54军隶属霍揆彰的第20集团军参战。(罗玉明著《抗日战争时期的湖南战场》第171页)而盛逢尧将军讲述了率部参加第一次长沙会战的情况,却没提到这次隶属关系的变更。其中的缘由在这里先行分析考证清楚,以便后文的叙述:

事实上当前官方军史和战史存在的这个矛盾,都是战前临时配属所致,这种所谓配属没有正式纳入军史,故军史没有记载,但是战史却非要记载清楚,才能于战时充分指挥调度。笔者分析甚至连盛逢尧都不一定知情,他只是知道在战役中直接受霍揆彰节制,这倒不是盛逢尧的原因,而是鉴于当时实际情况,隶属关系由其上司霍揆彰临时决定。因为霍揆彰刚于1939年6月由第54军军长升任第20集团军副总司令,军长一职由陈烈接任,陈烈的原第14师师长一职由阙汉骞接任。(戚厚杰、刘顺发、王楠编著《国民革命军沿革实录》第556页)而陈烈并未参加第一次长沙会战。(岳阳市政协编纪念全民抗战50周年专辑《岳阳文史资料》第六辑第211页)因此在第一次长沙会战时,隶属第20集团军的第54军,既然新军长不在,霍揆彰作为老军长和集团军副总司令,自然名正言顺直接指挥第54军参战。盛逢尧部既然也归其节制,当然纳入第54军更方便,且盛部在战役中又有所建树(在第一次长沙会战中第54军的基干部队第14师都未闻有何战绩),霍揆彰在战后汇报时,更需要将盛逢尧部纳入第54军,以直观地体现其指挥作用。所以盛逢尧对此是无法控制决定,当然也就不知其详。

这就像城陵矶战役时一样,盛逢尧部也是隶属第18军的,但参战时其部归关麟征节制,如果城陵矶一战是当局认可的胜仗,那么关麟征也就肯定也会将盛逢尧部说成是编在其嫡系的第52军了。这些都是国民党军队派系的奥妙所致,像盛逢尧这样一支赣军系统的军队,虽然也是中央军,但被人分割脱离自己土生土长的赣军,到了别的系统中自然就要受歧视。盛逢尧归关麟征节制时，关麟征把他布在第一线，后来第一次长沙会战归霍揆彰节制时，霍揆彰也把盛逢尧部部署在第一线。反正这种离开了娘家的部队，基本上都被人当炮灰使用，打了胜仗你的部队就隶属他部，功劳则是别人的，打了败仗你的部队就是自己的，责任就自己扛。

霍揆彰（1901～1953）陆军中将。字嵩山，湖南酃县（今炎陵）人，黄埔陆军军官学校第 1 期、陆军大学将官班甲级第 2 期毕业。历任国民革命军补充第 1 师团附，第 21 师营长，国民革命军警卫司令部经理处处长，第 11 师第 32 旅团长，第 11 师独立旅旅长，第 14 师副师长、师长，第 54 军军长，第 20 集团军副总司令兼洞庭警备司令，第 20 集团军总司令、兼驻滇干部训练团教育长；青年军编练副监，第 3 方面军副司令长官，中国国民党中央执行委员，第 6 军军长，云南省警备总司令，第 16 绥靖区司令官，第 11 兵团司令官，湘赣鄂边区绥靖总司令，国大代表。（胡博编著《国民革命军师史总揽（一）陆军第 1 师—第 20 师》第 228 页第 14 师师长履历）

盛逢尧可能也是由此与霍揆彰结下了友情，以至于后来退役后应霍揆彰邀请出来组军。此前，在中原大战时盛逢尧是第 5 师团长，霍揆彰是第 11 师团长、旅长，国共内战时盛逢尧仍是团长，霍揆彰就升任第 14 师副师长、师长，虽然那时盛逢尧所在的部队经常与霍揆彰所在的部队共同作战，但毕竟是分属两个系统，不见得就与霍揆彰建立友谊。可从此时起盛逢尧部隶属霍揆彰的第 20 集团军达五年之久，他们只可能在这段时间建立良好的关系，后来霍揆彰才推荐他任军长，盛逢尧也说与霍私交甚好，最后碍于情面帮他组军，导致走上了不归路。

至于为何没随第 18 军参战，是因为当时第 18 军内部出了问题。从现有资料看第 18 军未参加第一次长沙会战，只有第 11 师作为战区直辖部队配备于湘江西岸岳麓山，部署在盛逢尧部的南部，由于盛逢尧部阵地未被突破，所以该师也未实际参战。战前第 18 军也正在调整人事，1939 年 5 月彭善接替黄维升任军长，叶佩高接替彭善任第 11 师师长。（戚厚杰、刘顺发、王楠编著《国民革命军沿革实录》第 598 页）这时第 18 军的内部关系很不和睦，据方知今著《远逝的硝烟——原国民党高级将领方靖亲历纪实》2006 年版第 103 页述："第 11 师是陈诚的起家部队，所以很看重……终于选中陆大将领中的佼佼者叶佩高出任师长，……副师长胡琏升正无望，便在叶佩高到职后捣乱，煽动下面几个团长轮番请病假，最后他自己也请病假回老家去了。"这虽是陈诚系统内部的争权夺利的斗争，但这样内耗必然严重影响部队战斗力，要知道第18军那时仅辖第11师和盛逢尧的新编23师，（戚厚杰、刘顺发、王楠编著《国民革命军沿革实录》第598页）所以第18军只剩下盛逢尧一支军心稳定的部队，没有必要以第18军名义参战。这可能是盛逢尧部在第一次长沙会战时，暂时配属第54军的又一缘故。同时，在盛逢尧将军的角度来说，任他第18军、第54军甚至第87军及所辖的各师，均是陈诚的嫡系部队，这种系统内部的临时调度，盛逢尧肯定也没当一回事，故而未作交代。

彭善（1903～2000）陆军中将。字楚珩，湖北黄陂人，黄埔陆军军官学校第1期、陆军大学将官讲习班第2期毕业。历任黄埔军校教导团排长、连长，三民军官学校军事训练部部长，中央军校武汉分校第6期学员大队队长；国民革命军教导第3师团附，第14师第42旅团附、团长，第14师第41旅副旅长，第52师第155旅旅长，第98师第292旅旅长、副师长，第67师副师长，第11师副师长、师长，第18军军长，湖北省军管区参谋长，湖北省保安司令部参谋长，鄂中挺进军总指挥，湖北省第4区行政督察专员兼保安司令，第10集团军副总司令兼第6战区挺进军总指挥、兼第6战区干部训练团副教育长，武汉警备副总司令、总司令兼忠言训练团武汉分团主任；中央训练团副教育长，"国防部"参议，"光复大陆设计委员会"委员。（胡博编著《国民革命军师史总揽（一）陆军第1师—第20师》第175页第11师师长履历）

叶佩高（1903～1987）陆军中将。原名用迈，以号行，广东文昌（今属海南）人，云南陆军讲武堂第18期步兵科、陆军大学正则班第9期毕业。历任黄埔军校第4期政治科区队长、经理科教官；国民革命军第3师连长、营长，第18军干部补习所队长、大队长，第52师团长，第3路军总指挥部科长，第11师参谋长、第31旅旅长、第33旅旅长、副师长、师长，第18军附员，第54军参谋长，第198师师长，第54军副军长，整编第54师副师长、师长，第50军军长。（胡博编著《国民革命军师史总揽（一）陆军第1师—第20师》第176页第11师师长履历）

胡琏（1907～1977）陆军一级上将。字伯玉，陕西华州（今华县）人，黄埔陆军军官学校第4期步兵科、中央陆军步兵学校第1期毕业。历任国民革命军第 11 师第 31 旅连长，第 18 军特务营营长，第 11 师团长，第 67 师第 199 旅旅长，第 11 师副师长，预备第 9 师师长，第 11 师师长，第 18 军副军长，军事委员会侍从室参谋，第 18 军军长，整编第 11 师师长，整编第 18 军军长，第 12 兵团副司令官，第 2 编练司令部司令官，第 12 兵团司令官等；（胡博编著《国民革命军师史总揽（一）陆军第 1 师—第 20 师》第 177 页第 11 师师长履历）

　　由此可见，在第一次长沙会战前，盛逢尧部参战时有临时配属第 54 军战斗序列的情况，但总体上应当还是隶属第 18 军。会战后，究竟何时由第 18 军转隶第 87 军，其自述与史料有出入，史料间也有出入。原因可能是这几个部队驻扎得很近，联系颇多，又均属陈诚系，故未加以区分。就像盛逢尧后来说到，其部队经磨练战力大升，在陈诚的基本部队第 11、14、43 师中受到推崇。他这样讲就是未予区分的，按他的说法不懂国民党军事史的人，会以为其部与这三个师同属一个军。其实这三个师一直分别是第 18、54、87 军的基干部队，从未编为一个军。当然这并不影响盛逢尧部在抗战期间一直隶属陈诚系统事实，且大部分时间基本上在陈诚第 6 战区霍揆彰第 20 集团军，分别是隶属第 18、87 军各有三年多。这就非怪虽然他与陈诚是吞并与反抗的微妙关系，但别人还是把他划归陈诚系。在姜克夫编著《民国军事史略稿》第三卷下册第 419 页是这样记载的："根据 1940 年 7 月 16 日国民政府军委会军令部第一厅二处调制的战斗序列表，将这个阶段国民党战区、集团军、军、师番号主官姓名和部队历史沿革列下：第 87 军军长周祥初，蒋军嫡系，陈诚系，辖 118 师、新 23 师、43 师。新 23 师师长盛逢尧，蒋军嫡系，陈诚系。"日军战史也把盛逢尧部归入蒋介石、陈诚的直系部队："昭和 15 年 7 月 13 日，……在宜昌及江南地区，有蒋介石直系的第 6 战区（陈诚）三十二个师和第 9 战区（薛岳）二十九个师。"（田琪之、齐福霖译日本防卫厅防卫研究所战史室著《中国事变陆军作战史》第三卷第二分册第 120 页）

　　2. 夏季攻势

　　在金井整编部队后，盛逢尧部即开往常德休整，由于补充了不少新兵员，为使官兵尽快进入战备状态，随时奔赴抗战前线，盛逢尧将军不分昼夜加紧整训军队，提高官兵战术素质，增强部队的战斗力。此时，盛逢尧部的隶属关系仍在陈诚系统的第 18 军。据日军侦察的情报可知："昭和 14

年（1939年）5月中旬，我军得到的第9战区军队的情况如下：……第18军军长彭善，辖第11师、新编23师……"（田琪之译日本防卫厅防卫研究所战史室著《中国事变陆军作战史》第二卷第二分册第142页）

1939年6月，盛逢尧奉命率部由常德开赴益阳，驻扎洞庭湖南岸的湖沼地带，这里是日军由水路攻取长沙的最前沿。由于曾在城陵矶与日军海陆军队竟战几昼夜，有了多次交手的经验，盛逢尧知道日军并不可怕，无非是装备和配合方面更强，应扬长避短充分利用地形构筑坚固工事，此时的他对抗击日军守备驻地甚有信心。据情报反映，日军兵力部署在岳阳至荣湾的洞庭湖东北岸，盛逢尧当即部署各团防务，控制沿岸民船。尔后的几天里，盛逢尧天天往阵地上跑，亲自督导防御工事的修筑。南征北战二十余年养成了的习惯，任谁都无法预测未来的残酷作战经历告诉他，作为指挥官在临战前做足细致的准备，是他唯一能为这班弟兄把握的。平时的训练、战时的工事是他要求部队官兵的基本功课，他自己也是一直这样做的，只要时间允许对每次战役的工事都异常认真谨慎。

随后，他派出师部直属精干小突击队，由东岸登陆对日军发动袭扰作战，有所斩获即行回防。右翼友军关麟征部亦不断偷袭当面日军之阵地，造成日军惶惶不安。同样日军小分队也多次乘浅水汽艇向盛逢尧部报复反击。盛逢尧命各团、营组织猛烈抗击，通过官兵的顽强战斗，打退了日军的多次进犯。在屡次与日军交火中，盛逢尧部无甚损失，但由于日军的浅水汽艇在湖中的行进速度很快，盛逢尧部装备的野山炮机动性不够，发射速度又慢，无法实施精准打击。他对部队数次未能击沉日军装甲汽艇，而觉得殊为可惜。

本段有关问题考证情况

这些规模不大的战斗，当前抗战史料鲜有提及。但盛逢尧部等第9战区的国民党部队，主动对日军进行的频繁袭扰，令日军感到了威胁，日方史料对此却有涉及：

"1939年春，第11军（司令官冈村宁次中将）攻陷南昌后，将主力转向江北，在襄东地区击溃第5战区的敌军。对此，第9战区方面集中了以中央直系主力部队为核心的约50个师，宣称开展夏季攻势，其活动日趋活跃。"（日本防卫厅防卫研究所战史室著《长沙作战》第3、4页）

"第9战区光是中央直系军主力就有50个师,这部分军队配合所谓夏季攻势,逐渐表现得顽强而活跃。"(田琪之译日本防卫厅防卫研究所战史室著《中国事变陆军作战史》第二卷第二分册第144页)

3. 勤研战术

通过刚刚驻扎湖区组织的这些小规模的战斗,盛逢尧及时发现国军装备在守备湖区的不足,主要是不能有效打击人家机动灵活的装甲汽艇。他仔细研究日军装甲汽艇的特点,经多方比较他觉得只有战车防御炮能有效打击运动的大目标,如湖防部队能装备这这种炮,定可制住日军装甲汽艇,盛逢尧把该想法与霍揆彰一说,立即得到霍揆彰的认同支持。于是两人共同在战区的军事会议上提出:"现配属的小炮于湖防部队俾能有效制止敌装甲汽艇之活动,请求配属战车防御炮连于湖防部队。敌装甲汽艇速率比其陆地战车大,而行驶又不受地形之限制,若无有效之兵器制止,将于湖中横行无忌。野山炮运动不易、发射速度又缓,不能射击此瞬间活动极大之目标,故湖防部队拟请。"(湖南省档案馆藏《长沙会议录》军令类提案第18案第502页)

从盛逢尧部1940年6月部队的机构看(参见附录二),其师部有战车防御炮2连,可见该建议显然被采纳。虽然现在已经无法查清具体是第一次长沙会战前,还是会战后,洞庭湖防部队才配属战车防御炮的。其实我们不指望国民党当局对盛逢尧和霍揆彰言听计从,或是其调度的效率如此快捷,很可能是在第一次长沙会战时,吃了日军从营田突破登陆的大亏,才于战后给湖防部队配属。但我们知道抗战时期日军四次进攻长沙,除第一次的营田登陆外,每次都是由陆路驱入,从没用海军突破国军湖防部队,由洞庭湖直趋长沙,这不得不说盛逢尧等湖防部队有一定的防御实力,更离不开盛逢尧用战车防御炮来对付日军汽艇的办法。

同时,从该会议录的其他各类提案记载中还可看出,盛逢尧在负责洞庭湖防期间,为了实现抗战御侮杀敌制胜之宿愿,盛逢尧认真专研湖沼地带作战的战术兵法,还积极提出了不少有益于增强湖防部队守备能力的建议。足见他盛逢尧对抗战的决心态度,对战术业务勤于踏究,难怪军中对他有善战多谋的评价。

现将盛逢尧隶属第9战区参加长沙军事会议时提出的议案摘录如下:(由于该会议录的提案没有具体时间,不能与盛逢尧所参战一一对应表述,但因该会议录是长沙并有薛岳题名，这应是第9战区或湖南省政府的会议录，在这本会议录有盛逢尧的提案，肯定是盛逢尧部隶属第9战区的期间，前面已讲过盛逢尧部隶属第9战区只有两个时间段，即1939年10月前和1940年5~7月，其余时间盛逢尧部都是隶属第6战区的。

在湖南省档案馆藏《长沙会议录》第432页军政类提案中，他提出了两案，分别是：

第2案，提案人：盛逢尧和张耀明、张汉初，内容：各军、师司令部增设高射炮（防空）营连。

第15案，提案人：盛逢尧和杨汉域、孙渡、夏楚中、赵公武，内容：每步兵连应补足轻机枪九挺、掷弹筒九个，每团专属迫炮连增破击炮至九门，同时加强弹药输送力量。

在该书第502页军令类提案中，除了上述第18案外，他还提出了两案，分别是：

第1案，提案人：盛逢尧和关麟征，内容：指挥系统不可频繁变更，尤以建制部队务避免分割使用。

第32案，提案人：盛逢尧和罗卓英、关麟征、杨汉域、陈沛，内容：健全情报组织。

在该书第616页军训类提案中，他也提出了两案，分别是：

第28案，提案人：盛逢尧等人，内容：要求抽送干部到通信学校训练，以普及通讯技能。

第43案，提案人：盛逢尧等人，内容：要求分派军医兽医学校毕业员生至部队工作。

4. 第一次长沙会战

1939年9月第一次长沙会战时，湘北方面的兵力部署是第20集团军霍揆彰部六个师守备洞庭湖地区，第15集团军关麟征部八个师守备洞庭湖东岸的新墙河、汨罗江地区。其部署是：第52军扼守新墙河阵地；第37军守备湘阴以北至洞庭湖东岸的汨罗江右岸阵地。（军事科学院军事历史研究部著《中国抗日战争史》中卷第495页）盛逢尧部隶属霍揆彰的第20集团军，早在6月份即由常德开赴益阳，奉命固守洞庭湖南岸、湘江西岸地区及湘江出口。9月确定日军开始大规模集结部队，盛逢尧率部配属第54军，遂在湘阴、临资口、白马寺、芦林潭、桥口、青山、六姓山等地部署防御阵地。9月18日，日军第6师团、奈良支队和上村支队约5万人，向新墙河以北的中国军前沿阵地发起攻击，第一次长沙会战湘北主战场的战役打响。

（1）洞庭死守

在湘北，9月18日起，日军第6师团及奈良支队连续攻击第52军新墙河阵地。战斗约持续到第三天，新墙河防线阵地相继失陷，关麟征即令第52军撤退到新墙河南岸。并将第37军除留下1个师守备营田外，皆调至新墙河南岸，协同第52军守备新墙河南岸阵地。9月22日晨，日军第6师团和奈良支队先是集中80多门火炮向防守新墙河南岸的第52军第2师阵地猛烈炮击。尔后，从七步塘附近开始强渡新墙河，关麟征部压缩在汨罗江防线的顽强阻击。

日军在攻击新墙河阵地的同时，派出海军浅水军舰和汽艇数十艘进入洞庭湖地带，分别向盛逢尧部阵地发动攻击，企图登陆从其右翼迂回策应主力向长沙推进，守备洞庭湖南岸的盛逢尧师各部官兵，冒着敌人猛烈的炮火，坚守阵地数日，击退了日军屡次强攻，始终未让日军突破防御阵地，实施登陆。

战斗一打响，盛逢尧部就与日军打得较为激烈，日军军舰对着盛逢尧部前沿守备阵地，轮番发起猛烈的炮击，盛逢尧部阵地配备的迫炮、野炮进行顽强的反击。双方先是来了一场惊天动地的炮战，毕竟日军的舰炮更为先进，众多炮弹落在阵地四周爆炸，打得盛逢尧部官兵隐蔽在掩体内一时抬不起头来，所幸事先工事构筑的较为坚固，并未被日军的炮击所毁。盛逢尧在师部指挥所密切关注着战斗情况，接到营长的报告后，他还是不甚放心，这次敌人的动作如此之大，绝不是此前的袭扰作战。他结合日军对关麟征部的新墙河阵地发动的大规模攻击，判断不能排除这股日军欲从六姓山、青山登陆，占领阵地侧击湘阴后，策应其正面部队攻取长沙。于是，盛逢尧再三向前沿阵地发电，严令该营高度戒备，坚决阻止日军登陆，否则丢失阵地唯营长是问。

果然第二天，日军舰依然对盛逢尧部阵地实施炮击，并不断加大密集度，轰炸得阵地上沙石翻腾，烟火浓烈。在官兵躲到工事中时，满载日军步兵的汽艇乘机快速向岸边推进。营长强令各迫击炮手、机枪手、投弹手就位，冒着敌人的强大炮火，组织起了密集的火力网，猛烈地阻击日军汽艇靠岸。有几次出现危急情况，营、连长等军官都能身先士卒，亲自挺身而出组织有力的阻攻，将日军一一击退，始终令日军无法登陆。午后，日军的攻势逐渐减缓，傍晚时分日军暂停了进攻，只是偶尔发射几枚炮弹，壮其声势。竟一天的顽强战斗，盛逢尧部官兵虽然伤亡有所增大，但粉碎了日军的数度登陆企图。得知战况较顺利，且都在预测之中，盛逢尧固然也很是高兴，对前方将士嘉奖勉励一番。

到了第三天，盛逢尧部阵地的争夺战进行得异常激烈，日军出动空军协攻加强湖岸登陆作战。数架战机在阵地上盘旋轰炸，由于战斗已打了几天，防御工事都已被日军熟悉，所以轰炸定点定位均较为准确，战局骤然陷于被动。盛逢尧部由于守备面广点多，前线部队分布稀散，六姓山、青山阵地本就是防御兵力较薄弱的结合部，又加上连日来顽强阻击日军的登陆进攻，官兵伤亡严重且都疲惫不堪。在敌轰炸机的轮番轰炸和战斗机的低空扫射下，阵地上土层都翻了几层，已无半寸草木可以隐蔽，盛逢尧部将士在光秃秃的壕沟中，顽强阻击日军汽艇登陆，其艰难程度可想而知。在舰炮和战机的掩护下，日军发动了数轮疯狂进攻，营长在组织阻击时，不幸被炮弹投中，当场阵亡殉职。副营长立即率领守备阵地的全营官兵，继续拼死抵抗，形势已是相当危急，官兵伤亡惨重。盛逢尧接报后，立即着该营所属的团长增加一个连兵力，要求团长亲自前往，确保死守阵地，并派副师长到前方督战。不一会儿，守备阵地的副营长抱着电话向盛逢尧痛哭报告，日军海空火力强大，步兵冲锋甚猛，前沿警戒阵地的连一名排长在内的两个班官兵全部阵亡，阵地遂告失守，其本人甘心受罚。盛逢尧非常震惊，警戒阵地的重要性他很清楚，他再也坐不住了，带着数名特务连官兵，立即驰往阵地督战，决心收复阵地。

盛逢尧赶到时，整个阵地笼罩在激烈的炮火硝烟之中，敌机正在施以狂轰滥炸，时而贴着山坡俯冲扫射，湖中舰炮跟着轰击。在海空的掩护下敌汽艇从湖上蜂拥扑来，潮水般的步兵纷纷登陆，嗷叫着向阵地冲锋。此时战壕中的官兵可谓死伤枕藉，情势危急万分。盛逢尧将军挥起战刀，迎着隆隆的炮声，在战壕里来回奔跑、呼喊。对官兵们喊道："敌人冲锋了！给我顶住！狠狠打！"见师长已亲临前线，阵地各据点官兵精神大振，知道阵地要坚决死守，个个抱定必死决心临危不惧，迎着敌机的炮击扫射，对冲上来的当面之敌猛烈开火一顿狠揍，打得日军狼狈四窜隐蔽。由于敌人有海空军强烈炮火支持,而当时国民党海军在武汉会战时就几近覆灭,空军也根本没有什么战斗力,因此,这次盛逢尧部作战没有任何海空支持,全靠陆军独自作战。敌机几轮轰炸下来,官兵也被炸得抬不起头,难以组织强有力的火力阻击。现有步兵的武器装备又都无法与日军相提并论,缺乏攻坚的火力,无法有效消灭日军的登陆部队,收复阵地变得异常困难。盛逢尧只好督促百战困乏的官兵,继续试图以精神战力压倒物质劣势。历经沙场二十年的经验告诉他,这种情况下只有拼死一搏了,他决定待日军再次发动进攻时,尽可能的与日军近战不惜肉搏,令其海空优势无法发挥,趁势一鼓作气收复失地。

于是,盛逢尧立即部署反攻,传令:集中阵地各炮到时控制敌湖中汽艇靠岸,补足所有官兵的手榴弹,除炮兵和机枪射手据点留守外,全体官兵上好刺刀准备冲锋。不久,日军步兵借着火力掩护,又嗷嗷叫着发动了新一轮冲锋,盛逢尧只是命令各炮齐发,控制日军登陆兵员,开始由机枪手、步兵射击。然后,不慌不忙在掩体中静静地等待着,迨日军快接近阵地时,突然下令停止射击,官兵全部排开一齐向日军冲锋队投掷手榴弹,按节奏下达命令,每人连续投五颗,只见敌冲锋队像遭到几批弹雨,每批都有数百颗手榴弹在阵中爆炸,炸得日军人仰马翻四处乱窜。盛逢尧将军顿时热血沸腾,果断地抽出指挥刀率先跃出战壕,传令突击队全体冲锋,阵地上官兵纷纷拿起刀枪,迅速冲出掩体奔向敌阵,与日军展开惨烈的肉搏战。由于阵地上两军短兵相接混战一团,敌机急得在战场上空团团转,不知弹投何处,旋一遍遍地俯冲,终找不到下手机会,在天上干瞪眼。盛逢尧部官兵们都是怀着满腔的复仇怒火士气激昂,日军刚刚被手榴弹炸得晕头转向,复又遭到如此勇猛的冲击,本就尚未稳定的军心,阵脚逐渐混乱。盛逢尧抓住时机命令全体官兵冲锋,他自己也带着特务连官兵冲上去,就这样官兵们不断冲入敌阵,加入战斗,反复与敌冲锋队冲击厮杀。此时,日军见盛逢尧部源源不断冲下来,抵挡不住乃纷纷撤往岸边,盛逢尧率部一鼓作气,趁机一举收复前沿警戒阵地。这一乱仗下来,盛逢尧身上也不知怎地负了几处刺伤,所幸仅及皮肉并无大碍。

本段有关问题考证情况

这个阶段,盛逢尧率部据守洞庭湖南岸湖沼地带的一线阵地,顽强抗击日本海军和上村支队的疯狂进攻。他知道要守住阵地，需要官兵们的满腔杀敌斗志。但是，这远远不够，战争除人的拼搏精神因素之外，还有物质性的客观实力的较量。没有空中支援，没有海军配合，面对的是日军海陆空立体型的进攻，自己的装备明显处于劣势。要守住阵地，只有设法避敌优势才是上策。这样方法十分简单却充满血腥，当敌军进攻时，官兵们冲出战壕，与敌人近身肉搏，在人力上与敌人拼耗，使敌海空炮火无法发挥作用。洞庭湖的死守实际上就是一场肉搏之守。不可一世的日本海军和上村支队未能从盛逢尧防区登陆成功。

目前所有公布的第一次长沙会战的国军部队参战序列中都有："第20集团军……第54军……新编第23师师长盛逢尧"（2002年江苏人民出版社郭汝瑰、黄玉章主编《中国抗日战争正面战场作战记》下册第963页）这里不一一列举了，明确了盛逢尧的名讳及部队番号，足以说明他率部参加会战的事实。

众所周知，第一次长沙会战的史料非常丰富，但研究的注意力都集中在湘北、鄂南和赣北的陆路战场。虽然盛逢尧部上述作战的过程非常具体，但有力的相关证明资料则非常欠缺，只有日军战史中暴露出不少疑点，能够说明些许问题。笔者据此斗胆提出第一次长沙会战研究中一个被忽视的水路战场的概念，由于盛逢尧部顽强据守湘江河口，日本海军和第3师团上村支队始终未能登陆，粉碎了日军溯湘江而上，由水路攻击长沙，配合陆上的进攻的"湘江作战"计划，迫使日军将该计划变为实际的"洞庭湖作战"，后来，伺机在洞庭湖东岸的营田登陆成功。关于第一次长沙会战的这个水路战场，能否上升到这个层次或者规模，盛逢尧部在湘江河口的防守战是否有如此大的战略意义，当然以战史研究领域进一步考证为准。笔者实际上只是在此抛砖引玉，揭露日军该段战史中许多不合情理逻辑的地方。

首先，在部署上日军完全有溯湘江作战，袭取长沙的意图。日本海军部队投入长沙会战的兵力相对非常强大，具体有："第13炮舰队、第4防备队、第11战队派遣陆战队、海军航空队等"（田琪之译、日本防卫厅防卫研究所战史室著《中国事变陆军作战史》第二卷第二分册第148页）只要稍有军事常识的都不难看出，这是较为完整的攻击阵容，更何况在这个方面作战还有精锐中的精锐部队上村支队，该支队是由日军甲种精锐师团

第3师团编组的。(参见同上书第146页)可是,日军在总体部署中海军的任务却仅是协助赣湘作战(笔者注:日军称第一次长沙会战为赣湘会战),这是否太过于小题大做了呢?同时,其海军部队参加长沙会战有专门的名称"湘江作战"。"协助赣湘作战(海军称之为湘江作战)的海军部队"(参见同上书第148页),试想既然海军的任务是协助赣湘作战,按常理其参战的名称应当随主战役名称,更何况这个所谓的湘江作战在战史中无部署计划,有必要多此一举另定一名称吗?一般来讲有单独的作战名称,相应的会有独立的作战计划。再者,既然名曰"湘江作战",而不叫洞庭作战,恰好也能说明其海军最初的战略目标是溯湘江作战,袭取威胁长沙。

其次,战史中关于上村支队的具体部署及行动的记录过于虚假,且海军的行动也不合常理。上村支队突袭营田的内容也难令人相信:"9月1日命令上村支队为在营田登陆进行准备训练。……9月11日命令上村支队:在营田登陆日期预定为9月23日拂晓。……9月20日命令上村支队:9月23日黎明,在营田附近奇袭登陆。……在海军的领航下,上村支队勇敢地实施了80余公里的水上机动,于23日6时20分(当天日出时间为7时15分)在指定的营田地区登陆。"(参见同上第147、148、149页)可见,日军未经考察论证,早在9月1日就计划在营田登陆,这有些违反常理。又在9月11日和20日分别下达了同样的登陆命令,并加上了时间方面的要求为9月23日拂晓和黎明。确实非常雷人的是结果登陆的时间竟然如此精确,还特意用括号注明日出时间,以证明实际登陆时间与命令要求的时间完全一致,这在瞬息万变的战场上显得太神奇了。更何况在实际战斗中上村支队之所以能在营田登陆,与关麟征临时调动该地守军减少了兵力有密切关系,因此从其9月11日和20日两份一模一样的命令和画蛇添足的括号注明日出等,我们不得不怀疑其战史在这里有后人附会的成分。

再次,还有其海军的行动情况,该书第149页记述:"海军的第11战队在进行打通上村支队的水路同时,24日以陆战队在鹿角市附近登陆,攻占了敌人的湖岸阵地。"该书第151页记述:"在这次作战中,陆军航空队主要协助第6师团、奈良支队及第106师团,海军航空队协助上村支队的登陆作战及第106师团。"这告诉我们日本海军参加这次会战就是在洞庭湖区,事实上从整个会战区域(湘东北、赣西北)看,也只有在洞庭湖才用得上海军。另外,海军在上村支队登陆后,竟然也实施登陆作战,这就让人费解了，因为作战指导大纲和具体的部署中，均无要求海军适时登陆的计划或命令，难道海军此举是擅自行动吗？其军纪竟会如此松懈吗？但如果抛开这些难解之处，结合日军部署的海军的阵容来看，海军的行动显然是符合其真实规律的，这就说明日军的战史隐瞒了对海军的真实部署。

此外，当时日军第11军司令官冈村宁次在回忆录中，讲到第一次长沙会战上村支队营田登陆的行动时，也不自觉暴露了一句："最初还仰仗海军方面的协助"。（［日·］稻叶正夫编、天津政协编译委员会译、中华民国史资料丛稿《冈村宁次回忆录》第405页）这不仅直接说明第一次长沙会战时存在洞庭湖的水上战场，而且冈村宁次在这里用了个"还"字，也都很可能说明作战过程中改变了溯湘江进攻长沙的计划。

日军战史对这次会战存在如此多的问题，如今看来只有一个解释，日军很可能隐瞒了有损其所谓军国主义尊严，未能按计划实施的真实部署情况。这就像日本在战史中不承认这次会战的目标是攻占长沙，而说成是打击第9战区抗战力量，固执地把第一次长沙会战称为"赣湘作战"的原因一样，无非是为了维护其所谓的军国主义的面子或荣耀。因为这次作战从其各参战师团的攻击方向看，无论湘北还是赣西北的修水、武宁、上高、奉新战场，均是朝着长沙推进的，所以其作战目的是长沙应当没错的。可是，在实际的战役打下来后，他们却连长沙城的边都没挨到，这对日军来说不仅是非常丢脸，而且还会影响士气，当然不好意思称此为长沙会战。此后，日军发动的几次长沙会战都部分或短暂地占领了长沙，所以就不再否认是以长沙为作战目标，也与我方一样使用长沙会战的称谓。

由日军战史素有遮遮掩掩的惯例看，我们从日海军的强大阵容部署和单列作战计划名称，完全可以推断第一次长沙会战中，洞庭湖方面作战实际情况是：日军的计划应是以海军协同上村支队，突破洞庭湖南岸的湘江河口的守备阵地，进行溯湘江作战，企图由湘江直抵长沙，所以海军作战名称单列为"湘江作战"。这就说在第一次长沙会战时，除了湘北、赣西北、鄂南三个战场外，还有第四战场至今未被重视研究，那应当就是湘江战场（后来实际转为洞庭湖战场）。这个战场上日军不仅投入了阵容强大的海军陆海空各部队，而且还有精锐强悍的上村支队。该支队比湘北陆路战场中路的连续突破国军第2师、第195师、第95师、第60师阵地的奈良支队要强大得多，步兵多出一个大队，山炮多了一个中队，工兵的兵力奈良支队只有一个中队，而上村支队却有二个联队。（参见同上书第146页）要知道日军当时制订作战计划，是以其一个大队可以对抗国军一个师，来计算战斗力量的。（参见同上书第151页）可见，上村支队加上海军各部的总兵力丝毫不亚于一个师团。日军既然称为湘江作战，那么洞庭湖自然是其第一目标，因为只有通过洞庭湖才能进入湘江，所以日军必需突破洞庭湖南岸的国军湖防阵地，进入湘江施行溯江作战，与陆路部队齐头并进，由水路进攻长沙。但是，令日军没想到驻守洞庭湖南岸阵地的国军部队是盛逢尧的新编第23师，他们在此遭到盛逢尧部的顽强抵抗，竟战数日未能突破，连湘江的边都没有挨到。这时湘北战场陆路方面日军第6师团的进攻已取得重大进展，为与之取得协同，故放弃湘江作战计划，改由洞庭湖东岸寻守备薄弱的阵地突破，伺机登陆侧击湘北陆路的国军部队，协同陆军从陆路进攻长沙，实际上此时其海军作战计划已改为"洞庭作战"。于是，海军和上村支队就在洞庭湖东岸发动试探性突击，正好关麟征调营田附近的第37军去增援第52军，上村支队乘机在营田登陆成功，随后海军陆战队也在鹿角成功登陆，因此，所谓的湘江作战彻底被摒弃，大家全部拥到湘北陆路上来了。

总之，通过以上这些分析，可以说明盛逢尧部参加第一次长沙会战，首场在洞庭湖南岸与日军激战是确凿无疑的。因为日军在洞庭湖区摆开这样大的阵容，不可能是作作样子，肯定是有大的军事行动。退一万步讲，即使笔者分析完全不对，日军真的没有湘江作战计划，那么其海军和上村支队起码也应有在洞庭湖区伺机登陆的计划，盛逢尧部作为南岸的第一线的守军，与日军发生激战也是毋庸置疑的。

（2）营田阻击

开战以来，日海军一直试图在洞庭湖区实施登陆，以配合陆军作战，既能包抄新墙河、汨罗江防线的国军，又可直抵长沙。但他们在南岸受到盛逢尧部的顽强阻击，在东岸又被均被陈沛的第37军击退，逼得日海军只有在洞庭湖中团团转。9月22日，关麟征（时任第15集团军代总司令）的第52军后撤汨罗江防线时，将第37军从东岸调出来增援其第52军，仅留下一个师守备新墙河、汨罗江出口一带的洞庭湖东岸。是夜，日军上村支队突然袭击汨罗江出口的营田，该师顽强抵抗一夜后，终因寡不敌众被击溃，日军成功在营田登陆。

日军上村支队是从甲种精锐师团第 3 师团中组建的，支队长为该师团步兵第 5 旅团长上村干男少将。（田琪之译日本防卫厅防卫研究所战史室著《中国事变陆军作战史》第二卷第二分册第 146 页）据日军第 11 军司令官冈村宁次回忆："此次会战，我最注意的是驻在江北的第 3 师团抽出来的上村支队的行动。因为该部队既不熟悉江南的地形，又要进入洞庭湖在敌前登陆，而且要求他们采取大胆行动，楔入敌军侧背。最初还仰仗海军方面的协助，同时将当时被免去关东军参谋转入我军司令部的迁政信中佐，派往该支队担任主要幕僚。9 月 23 日拂晓，接到该支队在营田登陆成功的紧急报告时，才放了心。其后该支队以机动舟艇圆阵突破敌阵等特殊战例，成功地威胁了敌军主力的退路"。（［日·］稻叶正夫编、天津政协编译委员会译、中华民国史资料丛稿《冈村宁次回忆录》第 405 页）

冈村宁次营田登陆这一手杀招，确是薛岳和关麟征都没想到的。营田失守，尤对关麟征的震动最大：日军第 6 师团从汨罗江正面、奈良支队从右面向他压来，营田方面上村支队又源源上岸，从左翼侧击企图切断其退路。他慌忙组织其各军再次后撤，退至汨罗江南岸的捞刀河以北的防线。日本军对关麟征的不配合非常不满，在战史中称关麟征战斗意志薄弱，苦心经营近一年的阵地居然都不战放弃。

由于日军突破营田后不断由该地登陆，前往盛逢尧阵地袭击的日军稀疏了，盛逢尧部在洞庭湖南岸的守备压力顿时缓解。但此时日军主力已渡过汨罗江，占领湘江东岸地区正向捞刀河挺进。按理说盛逢尧将军率部成功阻击日军在其守备阵地登陆，已经顺利完成了作战任务，这时他完全可以缓口气。可他见日军从湘江东岸源源不断涌向长沙，内心十分焦急，强烈的爱国热情和民族义愤，令他不甘于在西岸隔江观火，遂拿起电话向薛岳请战：拟分别向北、东各派一部侧击袭挠敌进攻长沙之主力。"获准后，盛逢尧决定抽兵力一个团渡过湘江，在东岸地区寻机侧击袭扰敌人。通过研究战斗地形图及实地侦察的报告，他觉得神鼎山的地形可以隐蔽，便于机动灵活地袭击敌人。遂命令该团在神鼎山占据有利地形，布置好简易的射击阵地，出其不意侧击日军进攻长沙的主力部队。次日，等到敌之主力部队通过时，该团隐蔽在山腹，未冒然出击，亦未被敌人发现，但敌人之队列行动尽收眼底，鉴于敌多我少，故决定打击敌人之后路部队。敌军的后尾部队多为辎重及落伍兵，距离拉得很大，该团派出的便衣队往后观察，不见敌人有后续部队。即命令全团对敌发动进攻，敌人首尾多不能相顾，只有拼命逃窜。经由该团一连数日作战，以逸待劳袭击日军前进部队，缴获日寇军需物品与步枪弹药等颇多，歼敌亦达近百之众。后来，直到进攻长沙的日军辎重弹药等供给不及，被迫撤退时，该团又行衔尾追击。

同时，盛逢尧还派出一个团乘40余艘民船北上，协助友军阻击营田登陆之敌。这一团到达湘阴濠河口附近登陆后，为阻止营田敌舰往湘江口前进，将40艘民船沉入湖中堵塞河道。尔后，官兵全部沿湖沼地带隐蔽行军，乘夜向营田附近推进。此时日军上村支队的主力在归义东塘、河甲塘、大路铺与友军激战正酣，只在营田附近留有后尾警戒部队。盛逢尧部该团进到营田、杨家山等预定攻击区域后，立即侦察地形和攻击路线，并在后方留一个营为预备队，布置火力支援点，卫生队设置临时伤员收容所，作足了准备与敌人大干一场。拂晓，不宜进行攻击，各营即按指定地点，在原地构筑工事防备敌人反攻，以待入夜进行攻击。上村支队后尾留守警戒部队人数不多，都躲在原我军修筑碉堡之中未予出击，盛逢尧部更是信心充沛。第二夜，各营对指定地点进行攻击，敌人虽人数不多，但凭借碉堡及永久工事据守，尽情发扬其高密度火网，造成盛逢尧部攻击部队的较多死伤，但官兵意志顽强一直坚持攻击作战。由于湖区山地大雾弥漫，该团虽配有一个炮连，但此时数门迫击炮反而不显实用，更何况盛逢尧部作为攻击部队在最需要的攻坚利器重炮、平射炮、掷弹筒、战斗工兵与高爆炸药上，只有微不足道的笺笺之数。对此盛逢尧在战前就已多次提出，没有及时得到补给，现在打起仗了当然无法由装备上考量，他只得一再向团长下达死命令，死死咬住上村支队腹背，要其打出中国人的样子来，并明确告诉团长："如果你殉职了，我亲自顶上。"就这样再三督促部属顽强作战，成功地拖住了日军主力，阻止其进程。日军上村支队腹背受到打击，亦使其感到极大威胁，不断派出部队增援，重点转向攻击盛逢尧部该团阵地，企图聚歼该部消除侧背的威胁。因此，战斗持续数日，该团仍顽强坚持战斗，官兵战力旺盛全凭勇气作战，较为惨烈，终以阵亡副营长一员、连长、副连长四五员及伤亡三百余人的重大代价，直至将日军往岳阳方向撤退。是役取得不少战果，日军伤亡亦恐在两百余人之上。

本段有关问题考证情况

这个阶段，盛逢尧在自己防区的压力缓解后，主动请战，分别派部队北上营田、东渡湘江至神鼎山截击日军，获得重大战果。具体的战斗情况，尤其是营田附近的战斗非常激烈，相关的官方正式史料有不少记载：

"23日晨，上村支队驶抵营田，……当日下午营田失陷，罗奇第95师退守欧家坪、钟家坪一线，薛岳严令唐伯寅第19师与罗师协力反击，并派新编第23师在六姓山、青山封锁江湖。"（2000年1月岳阳军分区军事志编撰委员会编岳阳市地方志丛书《岳阳军事志》第258页）这里所讲的"封锁江湖"的作战，从战斗方式的描述看，接近盛逢尧部在上一阶段的湖岸防守的作战，本来可以作为上阶段作战的证明史料。但是作战时间不对，一者是日军登陆营田之前，这里是登陆后的作战，故还有待进一步考证。

"位于营田附近的日舰受中国第54军新编第23师袭击，也退往岳阳。"（郭汝瑰、黄玉章主编《中国抗日战争正面战场作战记》下册第957页）此处交代了盛逢尧部与日海军作战。

"第54军新编第23师以一部兵力袭击进入荷叶湖的日舰，迫使其放弃牛形山、营田等地，退往岳阳。"（罗玉明著《抗日战争时期的湖南战场》第171页）此处亦是交代了盛逢尧部与日海军作战。

"上村支队遭到第54军新编第23师袭击后，由营田登船从洞庭湖上逃回岳阳。"（央视国际频道2005年6月8日15∶36《第一次长沙会战》纪录片解说词）这里则是讲了盛逢尧部与日军上村支队作战，即与日陆军作战。

"会战经过及结果：……敌军的抵抗，除上村支队在营田的战斗外，均不甚激烈。此次战斗，敌军退却较早，敌军将领似欲避免兵力的消耗。"（[日·]稻叶正夫编、天津政协编译委员会译、中华民国史资料丛稿《冈村宁次回忆录》第408页）作为当时日军第11军司令官的冈村宁次在其回忆中，明确指出整个第一次长沙会战最激烈的战斗，就是上村支队在营田的作战，足见盛逢尧部的抗战意志之坚定顽强。同时，他也指出了国军在其他方面作战的消极避战行为，只是没有明说是关麟征部，当然已是不言自明的事。这也充分说明国民党当局在第一次长沙会战后，大肆宣传湘北大捷系关麟征部功劳的令人不解之处。

此外，盛逢尧将军的部属姚行中先生的回忆文章中，亦有营田方面作

战的回忆。(具体参见本书附录三)

盛逢尧率部参加的第二回合的战斗,日军上村支队在营田登陆后,由于第9战区正好由薛岳接手,陈诚调任刚刚成立的第6战区,薛岳可能对盛逢尧就不存在成见,故而,这几份材料比较权威的史料,大概的情况还是很准确的。既交代了盛逢尧部与日海军作战,又讲了盛逢尧部与日军上村支队作战,甚至连前一阶段湖岸防守的作战,亦可与史料中"封锁江湖"的作战相吻合,就是作战时间不对,还有待进一步考证。此外,神鼎山侧击亦未有记载。但是,足以确定在第一次长沙会战时,盛逢尧率部击退日军第3师团上村支队及海军的战绩。

(3) 汨罗追歼

"1939年10月1日,奉蒋介石命令,将湘江以西地区划为第6战区,陈诚调任司令长官,薛岳开始实任第9战区的司令长官。"(戚厚杰、刘顺发、王楠编著《国民革命军沿革实录》第571页)

10月初,敌人主力进攻至长沙附近,遭到薛岳布下的生力军之痛击,敌右翼后方又遭盛逢尧部猛烈攻击,左翼及周边的各部国民党军队也不再死守阵地,均采取较为灵活的战术,不断相机出动袭击日军。湘北日军主力开始不断遭到伏击,于长沙附近强攻数日不得推进半步,即不能支持始向北溃退。身在前线的盛逢尧发现了日军主力的撤退迹象,连忙向霍揆彰、薛岳发电报告,来不及等复电准允命令,即亲自督率全师留守之各部,尾随追击撤退之敌,截获战果颇丰。待薛岳断定日军确实是在撤退,下达命令要求各部队"立向当面之敌猛烈追击,务于崇阳、岳阳以南地区捕捉之"。此时,盛逢尧已聚集全师各团向越江、汨罗猛烈斜插超越追击,抢先攻占有利据点,强行切断日军后撤主力部队与湘江海军联络线和铁路交通线,敌北溃而逃狼狈已达极点,盛逢尧部与湘北国民党军各部一路追击,一举而收复新墙河原阵地线。

第一次长沙会战结束,据统计盛逢尧师在整个战役中,共伤亡官兵四百余人,毙敌亦数百人之多,缴获步枪数百枝及弹药军用品等件甚多。

第一次长沙会战(又称为"湘北会战"、日本称"湘赣会战"),是1939年9月至10月抗日战争期间,中国第9战区部队在以湖南、湖北、江西三省接壤地区对日本军队进行的防御战役。这次战役是继"二战"欧洲大战爆发后,日军对中国正面战场的第一次大攻势。日本为达到对国民

第一次长沙会战时中国军队俘虏日军

(摘自中国第二历史档案馆编《抗日战争正面战场》上)

政府诱降和军事打击，集中10万兵力从赣北、鄂南、湘北三个方向向长沙发起了进攻。第9战区代司令长官薛岳（1939年10月1日被正式任命为司令长官）为保卫长沙，采取以湘北为防御重点，"后退决战"、"争取外翼"的作战方针，调动了30多个师和3个挺进纵队，共约24万多人参加此次战役。至10月9日，中国军队恢复到进占鹿角、新墙、杨林街之线，日军陆续退回新墙河以北地区，至10月14日，双方恢复战前态势。会战结束后，日方和国民党方面各自都公布了己方统计的战果：日方声称此战毙、伤、俘国民党军4.8万余人，而日方的伤亡数字仅为3600人；国民党方面则宣称日军死伤3万余人，第9战区的伤亡人数为4万余人。

本段有关问题考证情况

这个阶段对盛逢尧部来说是与前一阶段的战斗紧密联系的，是其在营田和神鼎山截击阻击的自然延伸。盛逢尧率部在阻击战斗过程中发现日军有撤退迹象，命令部队一鼓作气乘胜追击，因此，史料方面也与上一阶段是一致的。之所以分而叙述，是为了和整个战局的阶段相配套。因为从中日双方的战史研究看，国军以此为反攻日军阶段的开始，而日军也以此作为其所谓返回作战的开始。国军一直追击日军至新墙河原阵地线，随后大肆宣传湘北大捷，日军的战史对此记载得更为难解，仅仅讲某月某日开始反转作战，没有交代丝毫理由，既不讲其所谓作战目的已达，更不会说战线过长兵力不够。所以盛逢尧部应当很自然地投入了这个阶段的战斗，只不过这种大势已去的战斗，死追着日军的屁股打没有什么难度，诚然他不愿费太多笔墨。

盛逢尧将军率部参加了第一次长沙会战——洞庭的死守，营田的阻击，汨罗的追歼，打出了中国军人的威风，捍卫了中华民族的尊严。这段历史，充满了血腥，同样留下了许多不公和委屈。作为史料记载，出自派系严重的国民党军方，其草率、粗浮，甚至偏见，是再自然不过的。当然，几十万人参战的一场战役，场面大、战线长，而盛逢尧部仅为一师之众，一些具体的细节被史料忽略也属正常。但，我们还是在这些史料的空隙中，听到了赣军将士们的呐喊声，沿着这些声音走去，我们又找到了幸存官兵的回忆，他们的血泪倾诉，再现了当年那震惊中外的战场。填补这段空白，终于可以告慰那些为国捐躯的亡灵。

5. 冬季攻势

1939年10月，为加强保卫湖南的军事力量，在洞庭湖以西以常德为中心的湘西、鄂西组成以陈诚为司令长官的第6战区，从而6、9两个战区共同为保卫湖南、捍卫大西南而战。盛逢尧部隶属第6战区第20集团军，由于在长沙作战中部队受损，他奉命率部开赴宁乡整补。在长沙会战中盛逢尧部的英勇表现，陈诚没为他记功取消处分，盛逢尧依然坚持抗战大局为重，凭中国军人爱国良知抗战的信念，对此无丝毫情绪。但俗话说：公道自在人心，军中各部官长都有一本良心账，他们对盛逢尧的为人及其部的战斗力普遍予以认同，盛逢尧的威望在新的部队系统中逐渐升高。尤其得到了当时集团军总司令霍揆彰对他的认可和信任，因而其新23师兵员、辎重等补充及时充足，逐渐摆脱了炮灰部队的命运。他也将部队官兵训练得亦更精熟，再加上近年来在湖沼地带的实战磨砺，部队的实力有了很大的提高，所以在第11师、14师、43师等陈诚的基本部队中都推崇盛逢尧的师了，以后参加的战役中无一次不是他的部队担任主要任务了。

按照国民党军队第二期对日作战方针，各战区对所属部队进行了轮流整训。到1939年10月，第一、第二期整训完毕，蒋介石认为，前线各部队战斗力大增，已堪一战。同时，日军已"楚歌四面、备多力分，论侵华军事，日暮途远，进退维谷"。为检阅国民党军队的战斗力，为打击日军的有生力量。并粉碎日军以华制华、以战养战的企图，各战区应"同时发挥威力转取攻势"。为向国际社会表明中国政府抗战到底的决心，以争取到更多的外援，1939年11月蒋介石决心发动冬季大反攻作战。

第9战区的冬季大反攻作战，于1939年12月上旬开始，至1940年2月20日前后停止，其作战任务是。反攻开始时驻湘北的第9战区第15集团军关麟征部5个师，向粤汉路北段岳阳及以东地区攻击，第27集团军杨森部6个师向北对通城、崇阳等地攻击。（郭汝瑰、黄玉章主编《中国抗日战争正面战场作战记》下册第990页）盛逢尧部所在的第6战区因横跨湖北、湖南，在冬季攻势中主要是策应湖北第5战区和湘赣第9战区作战，其部驻地因与第9战区隔湘江为邻，故为策应第9战区作战。

在冬季攻势开始时，盛逢尧部奉令任洞庭湖南岸守备，他率部在湘江西岸也由宁乡往北推进至益阳、沅江等洞庭湖南岸一线，在湖沼地带构设严密的湖防阵地工事，向岳阳方面的日海军戒备，以防其出动增援岳阳、通城方面作战。盛逢尧部在湖沼地带作战及训练已有一年多，官兵经过年余的磨炼，对湖沼战场的适应及战术技巧亦较为精熟，因此盛逢尧十分有把握，并于南岸征用控制几十艘民船，适时派出营以上部队对岳阳之日海军进行袭扰，引得日寇纷纷出动多次进犯，盛逢尧率部据守强固的湖防工事，狠狠地痛击来犯之敌，日军屡次受到打击知不敌乃退回，根本无暇东顾。

1940年1月，为便于对岳阳、临湘之敌，实施牵制攻击作战，加强支持第9战区关麟征、杨森部的反攻。盛逢尧奉命以一部渡湖北上，接替南大膳以西草尾、三仙湖、狗头洲阵地守备，与岳阳方面的日本海军隔湖相望。他立即构设好湖道封锁工程，此时粤汉北路及通城方面反攻作战激烈，日军为吸引反攻的关麟征、杨森部，缓解通城方面驻军的作战压力，以海军进入洞庭湖向盛逢尧等国军岸防部队发起进攻，企图分散转移国军攻击部队。这时的盛逢尧部担任湖防任务已久，霍揆彰对其作战能力很是信任，故十分支持他作战方面的要求，经盛逢尧多次提出议案，装备方面为其部队另增配了一个炮营和一个战车防御炮连、一个战斗工兵营，炮兵和工兵的数量已不亚于一个两师制的军，战斗实力大大增强。因此，对日军的屡次来犯，盛逢尧依托强大的火炮优势及强固的工事，全都率部自行将来犯日军击退，彻底粉碎敌人的企图，使得第9战区关麟征、杨森部的攻击行动毫无顾忌。

同时，盛逢尧也相应加强对日海军的袭扰作战，多次主动发起攻击，直至日军屡次受打击紧张万分，完全不敢出动迎战。同时，他多次派出一部伺机登陆，乘夜进入敌后游击，袭扰岳阳、临湘日军。由于日军这次需要应付中国各个战场同时发动的攻势，而不是哪一个或那几个战区的局部行动，故其兵力顿时显得尤为紧张。两地日军面对盛逢尧部的袭扰，只得龟缩据点工事之内防守，唯恐据点失守。国军由此大举进攻，使得日军东西不得兼顾。即使鄂南大沙坪日军频频告急，亦不敢稍伸援手。盛逢尧部等第6战区国军部队成功牵制岳阳日军，策应了第9战区的反攻作战。

冬季攻势是抗日战争相持阶段中，国民党军队发动的一场大规模的、进攻性的战役。这次战役对今后的战争双方都带来了深远的影响。牵制和消灭了日军大量的有生力量，冬季攻势历时三个多月，国民党军队直接参战兵力达55万余人，出击1050次，与敌作战1340次，歼灭日军20000多人（其中击毙日军中将一名、少将一名、大佐两名），俘敌400余人，击沉、击伤敌运输舰船九艘，缴获各种火炮11门，步枪2700多支。日军自己也承认：这次作战"付出的牺牲是过去作战不曾有过的"。此次冬季攻势国民政府军事委员会共抽调了约七十一个师的强大兵力，向日军发动了全面攻击，确是大出日军的预料。显示了国民党军队的战斗力，抗战以来连续败北的国民党军队，经过简化指挥机构、整训补充，其战斗力已基本恢复，并一改过去死守阵地、被动挨打的作法，增强了进攻意识。同时，由于国民党军队主动对日军展开了凌厉的攻势，向全世界展现出了中国决心抗战到底的信念。英、美认识到只要中国坚持抗战，日本就将深陷其中无力自拔，也就无法配合法西斯德国。因此，英、美决定给予更多的援助以支持中国的抗战。

本段有关问题考证情况

盛逢尧部参加冬季攻势作战，虽然没有直接的资料可查，但据相关史料可以得出肯定的判断，并且盛逢尧部的作战取得了很好效果，具体如下：

"第9战区向粤汉路北段之敌攻击，重点指向蒲圻、咸宁一带，""第6战区以一部向岳阳、临湘之敌，实行攻击牵制。"（田琪之译、宋绍柏校、日本防卫厅防卫研究所战史室著《中国事变陆军作战史》第三卷第一分册第91页）这里粤汉路北段就是岳阳、临湘及以东地区，与第6战区接壤的则是岳阳、临湘地区，从第6战区的作战任务看，结合部队驻扎的地理位置来说，盛逢尧部离此地最近。

"第6战区第20集团军在1939年冬季攻势作战中担任助攻，会同第9战区攻击粤汉路北段日军。"（戚厚杰、刘顺发、王楠编著《国民革命军沿革实录》第552、556页）上文已述，盛逢尧部此时隶属第6战区第20集团军，或者叫洞庭警备司令部（从霍揆彰履历看该时间段，他任第20集团军代总司令兼洞庭警备司令）所以，盛逢尧部作为第6战区第20集团军部队，守备洞庭湖区期间，在冬季攻势中组织袭击岳阳、临湘方面日军的战斗，也确属情理之中，应是毋庸置疑的。

这次战役取得了一定效果，日军在战斗中全面陷于防守状态，已无还手之力。其战史称："敌人的进攻意志极为顽强，其战斗力量不可轻视。""第11军除寄希望于第一线部队奋战外，同时把仅能集中起来的很少的部队向告急方面增援，力保当前的防守作战。"（田琪之译、宋绍柏校、日本防卫厅防卫研究所战史室著《中国事变陆军作战史》第三卷第一分册第86页）

日军在作战役总结时也认为："这次冬季攻势的规模及国民党军队的战斗意志，远远超过我方的预想，尤其是第三、五、九战区的反攻极为激烈。""此外，这次冬季攻势，对于缺乏进攻作战积极性的日军来说，也是一次教训。"（田琪之译、宋绍柏校、日本防卫厅防卫研究所战史室著《中国事变陆军作战史》第三卷第一分册第80页）

冈村宁次回忆道："该军在冬季攻势中作战'非常辛苦'，到最后受到敌军顽强、频繁反复进攻的是第3师团的信阳、应山方面，第13师团的襄河河畔及第6师团的崇阳、通城方面。"［日］稻叶正夫编、天津政协编译委员会译、中华民国史资料丛稿《冈村宁次回忆录》第415页）在冬季攻势中，日军第6师团在崇阳、通城受到顽强、频繁反复进攻，与湘北日军被盛逢尧部袭扰得无暇他顾是分不开的，盛逢尧部的行动很好地配合第9战区部队，给予当面之敌——日军第11军第6师团以沉重的打击。

此外，互联网上也有相关资料："湘北日军根本无暇他顾，以至于在整个崇阳通城战役期间，未闻岳阳、临湘方面有日军一兵一卒来援，完全达到了第9战区冬季攻势所企待的战略目标。"（摘自http：www.chinesewwii.net战争的艺术〈第二次世界大战中文网〉.stuka著《冬季攻势之鄂南战

役》战争秘史档案馆）

6. 枣宜会战

冬季攻势后，彭善率第18军11师开宜昌另行编并，盛逢尧的新编第23师与第43师合编为第87军，以后又将第118师王严部编入第87军。由第43师师长周祥初升任军长，副师长金德洋升任第43师师长，盛逢尧仍任新23师师长，均驻防益阳后调华容、石首。

周祥初（1900~1974）陆军中将。字玉麒，甘肃渭源人，保定陆军军官学校第8期步科毕业。历任第43师少将副师长、师长，第87军中将军长，第6战区干训团副教育长，察哈尔省政府委员兼民政厅长，甘肃省第2区（平凉）行政督察专员兼保安司令，甘肃省保安司令部副司令兼甘肃师管区司令；1949年8月自任甘肃自卫军总司令，9月11日在甘肃岷县率部起义。后任解放军西北独立第1军军长，甘肃省军区副司令员，甘肃省政协副主席，全国政协委员。（摘自zhangbingshu000的日志——网易博客）

金德洋（1895~1979）陆军中将。江苏盐城人，南京中央军校中校交通教官，曾任国民革命军第87军第43师师长，后任国民政府国防部监察局中将副局长。（摘自http：www.baidu.com百度百科）

此次编并时，霍揆彰大力举荐盛逢尧为军长人选，本来无论是论功劳还是任职资历都应属他，但陈诚是坚决不同意。盛逢尧初到18军时黄维为军长，次年由第11师师长彭善升军长，现在又由第43师师长升军长。周祥初是陈诚在保定军校的同期同学，所以霍揆彰的举荐自然没有得到陈诚的采纳。虽然如此，金德洋是刚由第43师副师长升任师长，后来的第118师王严是代理师长，到1942年才正式任师长，因此，在第87军的三个师中盛逢尧成了资格最老的师长了，霍揆彰对他也很支持，故此时虽开始进入最为困难的抗战时期，但其部队各方面都极顺利。还有一点要说明的，在此次编并后，盛逢尧的新编23师以其谱名广仁为代号，对外称为广仁部队，官兵全部印上广仁字样的臂章，第43师代号为广德，第118师代号为广武，后两部代号与其师长名讳字号都无关系，这是否说明盛逢尧或其部队在第87军的重要位置，现在也不得而知。

盛逢尧部这次编并第87军的具体时间不详，戚厚杰、刘顺发、王楠编著《国民革命军沿革实录》第551页记载："第87军1941年后辖新编23师、第43师、第118师。"这显然过晚了。而姜克夫编著《民国军事史略稿》第三卷下册第419页记载："1940年7月第87军辖新编23师、第43师、第118师。"说明在此之前盛逢尧的新编23师就并入了，这与盛逢尧自述的冬季攻势后并入能够吻合，所以采纳这个时间相对较准确。这次编并国民党方面未有明确统一的说法，而日军在战史中却认为是：国军的第三期整训，预定在6月至8月间结束。（田琪之、齐福霖译、日本防卫厅防卫研究所战史室著《中国事变陆军作战史》第三卷第二分册第2页）这时盛逢尧部随第20集团军第87军还是隶属第6战区，到了5月第6战区被撤销，其作战区域所辖部队均划归第9战区。（戚厚杰、刘顺发、王楠编著《国民革命军沿革实录》第552页）

1940年3月30日，汉奸汪精卫在日军的扶持下建立南京国民政府。日军为了摧毁重庆国民政府的抗战意志，对以重庆为中心的西南后方，进行持续半年之久的空袭。蒋介石决定在1940年夏季再发动一场比冬季攻势规模更大的夏季攻势。于是在冬季攻势后，立即着手整训部队，准备大反攻。但是，华中日军受到冬季攻势沉重打击后，正策划进行一次大规模的报复作战，又侦悉重庆方面将发动夏季攻势，决心以先发制人手段，突破第5、9战区的夹击态势，争取主动。这时冈村宁次已经调走，第11军司令官由关东军第7师团长园部和一郎接任，拟在雨季到来之前，大概在5月上旬开始攻势。在汉水两岸地区将国军第5战区的主力击败，并相机进占宜昌。企图通过作战，进一步削弱国军，并为推动对华政治谋略的进展作出贡献，这就是枣宜会战。

4月底，日军制定具体的作战计划，考虑到宜昌是进入四川的门户，距中国战时军事、政治领导中枢重庆只有480公里，具有极重要的战略地位，攻克宜昌，可给重庆及西南大后方以巨大威胁，有利于推进政治谋略，故确定宜昌为占领目标。园部和一郎将进攻宜昌的作战分两个阶段进行：第一阶段在枣阳地区打击第五战区主力，第二阶段渡过襄河攻略宜昌。为此，日第11军决心将其所属7个师团、4个旅团88个大队，除以小部兵力留置现地担任守备外，主力全部投入进攻作战。日"中国派遣军"也从长江下游第13军所属的第15、第22师团各抽调1个支队共7个大队配属给第11军。此外，还有第3飞行团、海军"中国方面舰队"第1遣华舰队及第2联合航空队协同作战。参战兵力48个大队近11万人。这样，枣宜会战就成了武汉会战以来日军在正面战场所发动的规模最大的一次战斗。枣宜会战期间，盛逢尧部所属的第20集团军第87军，因第6战区撤销，划归第9战区部队，守备沅江、华容间洞庭湖北岸湖沼地带，参加了枣宜会战。

重庆方面未得悉日军攻占宜昌的重大决心，一直以为是像长沙会战一样，真正目的在于打击第5战区主力，故将作战重点放在荆门、当阳东南地区与日军决战。具体调集了郭忏、张自忠、黄琪翔、孙连仲、汤恩伯、孙震、李品仙等七个集团军的大量部队应战。1940年5月初，日军待其主力部队集结完毕后，向第5战区发起了进攻。第一阶段日军按照预定计划，采取第3师团、第13师团从两翼迂回、第39师团从中间突破的战法。国军各部与日军进行了惨烈的战斗，但终究难挡装备优良的日军汹涌攻势。5月16日张自忠将军壮烈殉国！5月底，日军占领枣阳，第一阶段作战结束。

当日军在江北集结大部队进攻枣阳、宜城、荆门等地时，盛逢尧师正以大部守备草尾、南大膳等洞庭湖北岸湖防各线阵地，日海军的炮舰和大批浅水汽艇在飞机的掩护下，向盛逢尧部阵地开始发动攻击，作出攻击长沙阵势。盛逢尧令其一部予以阻击，并控制大部兵力准备随军策应长沙作战。战斗前后持续有月余，开始数日敌军进攻较为猛烈，盛逢尧部在洞庭湖沼地带作战足有年余，久经战火考验从未让日军得逞，所部战斗意志高昂，身怀国恨家仇的官兵们个个恨不得餐食日寇肉，渴饮倭奴血，每次待日军发动攻势靠近湖岸时，沿湖岸守军的轻重武器一齐开火，火力稠密，全部倾泻向日舰艇，打的敌舰四处逃散，竟战数日敌不支即退去。尔后，日军间或出动浅水汽艇及装有马达之民船沿湖岸试探扰乱，盛逢尧保持高度警惕，用最少的弹药耗量达到驱逐日军之目的，以备不时之需。但日军似以小部兵力进击长沙，而大部兵力仍集岳阳以防平江以北之杨森集团侧击，抑或是其他企图不得而知，故日军最终仍退回岳阳，洞庭湖区战斗得以平息。

在枣阳地区作战时，为了牵制和迷惑中国军队，日军故意宣传此次作战结束后即返回原防，并制造假命令故意丢失，使中国军队放松第二阶段作战的准备。5月31日，日军第3、第39师团由襄阳南面强渡汉水，突破了西岸防线。几天之内，日军接连攻占宜城、南漳、荆门、远安等地，从北面向宜昌扑来，第二阶段作战又拉开了序幕。6月初，日军第40、第13

师团、池田支队、汉水支队等部组成南路大军，在沙洋南北地区强渡汉水，双方激战至6月8日，池田支队突破江防军第26军的阻击，占领沙市、荆州，尔后沿宜沙公路，从东南面逼近宜昌。

日军向宜昌南北夹击猛进，对重庆统帅部震动很大。6月3日蒋介石急令已官至军事委员会政治部部长陈诚赶往前线，组建第33、29集团军和江防军为右翼兵团，全权指挥宜昌保卫战，以确保宜昌为主要任务。陈诚令第75、94军火速归还江防军建制，并将正在四川整训的第18军紧急船运到宜昌担任守备。随后，陈诚命盛逢尧部增援宜昌方面作战，盛逢尧留下一部分兵力继续驻守湖岸阵地，与日军保持相互袭扰接触，以牵制岳阳之敌增援宜昌。又亲率大部分兵力赶赴公安、石首等长江南岸布防，与友军一起阻止日军西犯，拖住其分兵支援宜昌作战，亦恐敌乘机渡江南下进攻长沙。在长江南岸，盛逢尧率部与日军交战达二十余次，反复攻击阻击月余，使日军未能南犯，其部亦伤亡不大，顺利完成了作战任务。但宜昌方面作战失利，6月17日宜昌被日军占领，24日枣宜会战结束。

枣宜会战是抗日战争相持阶段，日本军队驻武汉的第11军对中国第5战区部队发动的一场作战，会战以日军占领宜昌而结束。日军再一次显示了他们的战力远胜当时的国军，日第11军的战报显示，该会战日军伤亡仅约7000人，国军承认的战损为：阵亡36983人，失踪23000人，负伤50509人。经此一役，第5战区主力元气大伤，且重要性急速下降，直到抗战结束都没有恢复，换言之，日军的企图达成了。

在第一次长沙会战后盛逢尧积极参加冬季攻势和应对枣宜会战的期间，他参加革命以来的感情至深的长官姚纯军长，带病出征昆仑关，遭人诬陷去世。他开始接到消息军长遭人诬陷，本来准备待战事缓和下来就前往重庆探望，没想到不出月余，姚军长竟然一病不起而辞世，他连最后一面亦是没见到。念起军长一路来如兄长般关顾，他十分悲痛，但当时军情战事紧急，连葬礼不能抽身参加，心情愈加难过。伤心之余，盛逢尧找出姚纯军长赠与的照片，就在师部会议室摆香设案，邀集原赣军旧部祭拜。这段时间盛逢尧也思考了很多……有时伫立于姚纯军长在他当年率部出川抗战时赠与的"还我河山"的字幅下，久久不语。他觉得自己身处抗战沙场，唯有谨记临行前姚纯军长的嘱托（据盛之后人回忆，并非原话，仅为大意）："抗战到底、杀敌制胜、建功立业、为赣军争气"，才为对军长最好的怀念。可能正是这些信念支撑着他，在接下来全国进入物质匮乏期，他不顾军中的歧视排挤，艰难地克服各种困难，坚持抗战到底的。

本段有关问题考证情况

枣宜会战的第一阶段，盛逢尧率部在洞庭湖区与日军作战，史料同样缺乏具体战斗情况，但能够充分说明存在这个部分的战役。只是由于日军战史含糊矛盾，盛逢尧部参战的战役性质不好确定。日军攻击第9战区及洞庭湖区，如果是真打，盛逢尧部的抵抗则是另一个战役，与枣宜会战无关，如果是假打，盛逢尧部则属策应枣宜会战。现摘录日军战史资料分析如下：

"在长江南岸，首先是独立混成第14旅团揭开了对九江以西地区的扫荡战（4月23日开始）序幕，其他部队自26日起分别向各正面之敌开始攻击。另外，海军舰艇从20日起向洞庭湖及鄱阳湖方面实施佯攻，航空部队在23日以后开始了对第9战区重要地点轰击。"（田琪之、齐福霖译、日本防卫厅防卫研究所战史室著《中国事变陆军作战史》第三卷第二分册第7页）由此可见，盛逢尧部作为守备洞庭湖的前线部队，无疑是遭到日军攻击，双方确实是发生了战斗的，足以说明盛逢尧部在洞庭湖区阻击日军南侵，这一点应当是毋庸置疑的。日军此处称这些战斗为佯攻，说明日军真正作战意图在江北枣宜方面，按此说法，盛逢尧部在洞庭湖区的作战则是策应枣宜会战的范畴。

"昭和15年7月进行的宜昌作战，给第5战区部队的打击很大，粉碎了敌军的战斗意志，收到赫赫战果。但计划中的进攻长沙方面作战，却未能如愿。"（参见同上书第119页）这里日军却在该战史中叙述其有进攻长沙的计划，显然与上面的记载矛盾，令人十分不解。但其说计划进攻长沙方面作战却未能如愿，完全可以理解为其攻势，遭到盛逢尧等第9战区国军部队的顽强阻击，无法向长沙推进，所以称为未能如愿。

此外，日本陆军中央部于4月10日发出的大陆命第426号令："中国派遣军总司令官为完成目前任务，可在5、6月间在华中、华南方面，实施一次超越既定作战地区的作战。"（参见同上书第1页）在第11军的作战大纲中也有江北、江南同时集结部队的内容："江北的全部兵团及江南的主力部队，在4月下旬前集中完了。"（参见同上书第3页）日军这里说的华中、江北即国军第5战区辖区，华南、江南即第9战区辖区，前者进攻方向是宜昌，后者则是长沙。这段史料直接记录了日军同时在江南、江北集结部队，充分说明其有在两地实施作战的意图。也即是说，日军有真实的或包含了长沙作战计划，否则不会南北同时采取了军事行动，但到后来却称该行动是假的。这其中是否因为在江南进攻时，遭到盛逢尧等第9战区部队顽强阻击无法向长沙推进，不能实现南北协同。只得挑软柿子捏，专门打击第5战区（毕竟该战区以旁系部队为主）向宜昌攻击。编修战史时，日军为了要面子而将被迫放弃的长沙计划称为佯攻，现在也不得而知了。

会战进入到第二阶段时，盛逢尧奉命率部向北移动，到长江南岸作战，其作战区域属于枣宜会战的外围战。这个阶段虽然也无具体资料，但据众多亲历的高级将领回忆盛逢尧部参加了该次会战，现摘录这些回忆文章资料，作为口述史料：

由于蒋介石担心李宗仁的第5战区难保宜昌，急调军委会政治部长陈诚负责指挥宜昌战局。"当陈诚指挥所刚一建立，陈诚即商得薛岳第9战区同意，将周祥初第87军等部队，暂归其指挥，共同作战。但长江天堑所阻，又在日军沿江设防和敌机的整日监视下，不能渡过长江北岸参加战斗，仅能确保长江南岸，阻止日军向南窜犯。"（《湖北文史资料》第11辑纪念抗战胜利40周年专辑之一第164页全国政协文史专员方靖、杨伯涛撰《宜昌失陷经过概况》文）此前，盛逢尧部已隶属第87军了。

时任第5战区司令部作战参谋尚奇翔回忆撰写的《枣宜会战记略》称："重庆统帅部急令陈诚至宜昌指挥作战，继而下达调整第5战区兵团部署的命令，要旨如下：第5战区重新划分为左右两个兵团，右翼兵团长以政治部长陈诚担任，指挥江防军和第9战区转用部队（原洞庭湖西北部队即第20集团军霍揆彰部等），负责宜沙地区之作战。"（《湖北文史资料》第11辑纪念抗战胜利40周年专辑之一第125页）此前，盛逢尧部所属的第87军仍隶属霍揆彰的第20集团军。

还有的高级将领回忆，在枣宜会战进行至6月25日调整部署中，参战部队序列中均有其部其名："……（六）第87军新编23师（盛逢尧）担任石首、华容地区防务。"（《湖北文史资料》第11辑纪念抗战胜利40周年专辑之一第75页上海政协文史专员宋瑞珂撰《记枣宜会战》文）

此外，盛逢尧这个阶段的参战情况在日军的战史中也有所反映，其战

史专门讲了宜昌作战期间的其他正面防御作战情况,具体分为江北、江南两方面:

"宜昌作战期间,第 11 军周围的重庆军不断地向军警备地区发动攻势,其概况如下:江北方面……交战次数为 251 次,……江南方面,进入 6 月据蒋介石命令自 7 日半夜起以相当大的兵力转向攻势,但均在军的反击下,于 11 日暂时恢复平静。但 6 月 20 日半夜,一直在军前面蠢动的约 20 个师的敌人,加上后方的主力兵团一齐向军出击而来,行动极为迅速。据统计四个师团二个独混旅团共作战次数为 516 次。"(田琪之、齐福霖译日本防卫厅防卫研究所战史室著《中国事变陆军作战史》第三卷第二分册第 29 页)可见,盛逢尧部所属的江南战场,战斗进行得非常激烈,仅从日军记录的交战次数看,江南战场就是江北战场的一倍,日军战史都作出行动极为迅速的评价。

7. "抓到盛逢尧要活剥了他的皮"

"抓到盛逢尧要活剥了他的皮"这是盛逢尧的部属时任新编 23 师长沙留守处事务员的孙宗儒先生在其生前回忆往事时,经常挂在嘴边的一句话。笔者走访时,孙宗儒先生的儿子孙德培说:"抗战爆发时,在保家卫国氛围的驱使下,父亲毅然投奔邑中名流,国军师长盛逢尧部下,想上战场杀敌建功。由于年纪尚小,父亲一直留在盛逢尧部的长沙留守处搞后勤工作,未能上抗日战场。但那时的父亲一有空就拉着从战场上回到留守处办事的官兵,津津有味地听他们讲部队的抗战经历,没事时还到其他部队的留守处串门聊天,所以父亲记住了不少盛师长率领部队打日本鬼子的事。从小父亲就与我们讲盛师长的抗日故事,由于时过境迁我我也记不清是什么战事,但我记得父亲每次一讲起盛师长,就立即充满了对英雄的崇拜神情。讲得最多的是盛师长很会带兵打仗。部队在洞庭湖一带驻扎时,打了很多胜仗,每次都打得日军跳脚。日军对盛师长很仇恨,扬言抓到盛逢尧要活剥了他的皮。你说盛师长厉害不厉害?"这些说法,没有具体时间和地点,也不知出自哪位之口,但却是抗战亲历者亲耳所闻,以致铭记一生,屡屡乐道于子女。

笔者结合其他情节,认为这种流传的真实性是可信的,如洞庭湖的顽强抗击,城陵矶阻击战后日军对其所高度戒备的电文,以及原军长家族对盛逢尧本人骁勇善战的评价等等。当然,盛逢尧的自述材料并未涉及此说法，这正与其本人低调的人格涵养有关；国军的史料也没有记载，亦属正常。对某一战役的战况收集形成史料，着眼点是战役的时间、地点，双方布局，战术战法，战役过程中的周边环境及战役结果，反映的是战役的整体性状况，一般不会出现对具体人物的粗俗褒贬，更不会涉及出自日军中的恶意咀咒。但作为军中实实在在的流传，恰恰反映了战争的残酷。

盛逢尧将军在这个阶段率部守备洞庭湖湖沼地区，从1939年夏季攻势，到1939年9、10月间的长沙会战，接着，又于11月至1940年初的冬季攻势，最后1940年5至7月间的枣宜会战等。前后达一年多时间，与日军大小作战无以数计，始终坚守阵地未让日军越雷池一步，默默地践行着他保国守土抗战到底的诺言，均出色地完成了作战任务。盛逢尧部大部分时期隶属第9战区，虽然中途转隶于短暂成立几个月旋又撤销的第6战区，但他的防区均无调整，且与第9战区紧紧相连。他一直率部坚守洞庭湖南岸，处于与日军隔湖对峙第一线，频繁同日军作战。正是盛逢尧等大量一线部队的屡次浴血奋战，第9战区才打出声势，给日军造成很大的威慑。这一点日军在其战史中也不得不承认："1939年秋季湘赣会战以后，该军（指第9战区军队）未再受到我军打击，其战斗力已大体恢复，尤其第一线与我军近接对峙，不断向我发动进攻，或以游击队破坏我后方联络线等，活动日趋活跃，颇有成为第11军宿敌之感。"（天津政协编译委员会译、日本防卫厅防卫研究所战史室著《长沙作战》第12页）

守备洞庭湖区期间，最重大最出彩的战役，应当就是1939年9月的第一次长沙会战，在会战中他率部与日军进行了洞庭防御、营田阻击、汨罗追歼三个回合的战斗，是盛逢尧部继头一年的临湘、城陵矶战役后的首个重大战役，盛逢尧对此战前后在湖区的小规模防守战未如何看重，仅当作部队的实战训练磨砺。而对部队在此次战役中的表现则甚为满意，他在自述中说："这是本师改编后的第一个胜利，当时极得薛岳的嘉许。"可见，在会战结束后第9战区召开的军事会议上，薛岳充分肯定了盛逢尧部坚守洞庭湖南岸、湘江西岸阵地，成功阻击日海军登陆，并主动侧击日军主力等战场表现。陈诚在会上也表示对盛逢尧亲自上前沿阵地的做法大为赞许，继而要求战区各部师长全部上前线督战。但陈诚向蒋介石报告电文中，对盛逢尧部作战情况却只字未提。（详见1991年成都出版社孙挺信著《中日长江大决战》第132页）所以10月29日蒋介石在南岳召开党政军联席会，总结湘北大捷也就没盛逢尧什么事，连解除处分都没人提及。

值得一提的是，战后国民党当局对湘北大捷进行大肆宣传，各界人士纷纷赴湘北慰问，甚至将关麟征部抗战事迹拍成电影。这基于鼓舞士气、振奋人心的战略角度考虑，当然是很有必要的。可是在宣传对象的选择上却不是很客观的，似有趋炎附势之嫌。笔者发自内心地拥护关麟征将军抗日英雄的形象，但在这第一次长沙会战湘北陆路战场的表现，当前有关史料确有不同的声音。

第十五集团军代总司令关麟征（左）和第五十二军
军长张耀明在湘北会战中

据时任关麟征部第52军第195师566旅旅长韩梅村（1947年5月起义，先后任解放军某部第161师师长、江西浮梁军分区司令员、江西省农林垦殖厅副厅长等职）回忆撰写的《第一次湘北会战亲历记》中记述："1939年9月，日军第6师团约5000人，强渡新墙河南犯，向第2师和第195师阵地进攻。同时又派军舰护送步兵2000人在鹿角登陆，攻击第2师之左侧背。关麟征指挥十多万兵力，不派部队增援一线，竟被数千敌军吓到了，下令第52军撤退，我师不得不在最后放弃阵地。撤退到汨罗江南岸停止，准备继续抵抗。但军部和关麟征总部早已撤退到汨罗江以南50多里，我们用无线电联络，军部回电说：我军没有防守汨罗江南岸的任务，并命我们南撤至金井待命。我同覃异之师长研究决定，不可撤退过远，要与敌保持接触，见机行事。……湘北大捷后，长沙各界爱国人士组织慰问团，到湘北慰问国军抗战有功将士，关麟征在总司令部设宴招待。在宴席上，我国有名的爱国文学家田汉，因多喝了几杯酒，写了一副对联赠给关麟征，联曰：千杯不醉，一战成功。"（《岳阳市文史资料》第6辑纪念全民抗战50周年专辑第14、15页）

由此看来，当时确定关麟征为宣传对象，并不是完全出于战绩方面的考虑，不能排除政治或派系的因素，各界人士或多或少有些趋炎附势的成分。当然，这不包括田汉先生，毕竟他是多喝了几杯。因为在第一次长沙会战中，按当前普遍认可的两个战场来说，关麟征的湘北战场作战对象是第6师团和第13师团的奈良支队，而赣西北战场的作战对象是第33师团和第106师团，赣西北战场的战斗强度应当更大，却没有被如此高规格宣传。

盛逢尧部在洞庭湖抗击日军海军各部队和第3师团上村支队，虽然不能和赣西北战场的部队比，但丝毫不比关麟征部轻快。尽管如此，可是盛逢尧部的战斗区域根本未作为单独的战场来研究，所以更谈不上宣传他了。相反颇具讽刺的是，头一年的临湘、城陵矶阻击战中，盛逢尧部孤军独自与日军第9师团和第6师团的今村支队作战，日军投入的兵力与关麟征部此战面对的差不多，关麟征却因此被奉为抗战明星，盛逢尧那时却受处分，真是天壤之别。

六、立马江北

在日军攻占宜昌之时，国际局势风起云涌，急剧变化，英、苏两国出于自身利益，与日本签订协定，宣布封闭滇缅公路和新疆至苏联的公路。华南日军又向法属印度支那国出兵，切断了经由越南进入中国云南、广西的国际援助线。日军海军陆战队发动东南沿海战役，全面封锁中国出海口。日军空军几乎每天都有上百架战机编队，飞临重庆和整个西南数省狂轰滥炸，中国大地在炸弹的轰隆声中流血燃烧。中华民族的抗日战争由此进入了最艰苦最困难时期。

日本政府鉴于国力和兵力局限，利用枣宜会战取得的重大胜利和全面封锁措施，政治上积极扶持汉奸政权，企图逼迫中国重庆政府投降。据说蒋介石为拖延日方承认汪精卫政府的时间，秘密派出人员与日本方面联系谋求停战，这就是所谓的"桐工作"。8月，八路军在华北开展"百团大战"，给日军以沉重打击。此时，日军在华北方面的兵力密度为每平方公里0.36人，在华中方面达到每平方公里0.9人。（田琪之、齐福霖译日本防卫厅防卫研究所战史室著《中国事变陆军作战史》第三卷第二分册第95页）其战史中披露的昭和15年11月御前会议决定的《处理中国事变纲要》为："一、除继续进行武力作战外，应采取断绝英美援蒋行动及调整日苏邦交等一切政治和军事手段，力求摧毁重庆政权的抗战意志，以迫使其迅速屈服。"（田琪之、齐福霖译日本防卫厅防卫研究所战史室著《中国事变陆军作战史》第三卷第二分册第91页）后来，蒋介石明确拒绝日方的所谓和平条件，日军转向长期持久战态势。其制订的作战计划是："作战以维持治安及占据地区肃正为主要目的，不再进行大规模进攻作战。如需要可以进行短期的以切断为目的的奇袭作战。但以不扩大占据地区和返回原驻地为原则。"（田琪之、齐福霖译日本防卫厅防卫研究所战史室著《中国事变陆军作战史》第三卷第二分册第101页）

1940年夏季，枣宜会战后重庆国民政府面临的局势异常严峻，占领宜昌的日军如同一把钢刀，将第5、第9战区对武汉日军的防御体系劈为两半，刀锋直指陪都重庆。长江北岸第5战区被日军挤压到鄂西北山区，南岸第9战区被远远甩到侧后，对鄂西和湘西地区的防务鞭长莫及。以宜昌为中心，北起钟祥西延常德，形成了一个复杂薄弱的结合部。若宜昌之敌继续西犯，则重庆自然不保，国民政府就再无立锥之地了。因此，蒋介石决定在宜昌方面重新建立第6战区（1939年10月已建1940年撤销）。他在军委会上指出："这是关系国家、民族生死存亡的大事，第6战区比其他战区的责任更为重大，比其他战区的战略地位更为重要。"他甚至还提出了："军事第一！第6战区第一！"的口号。（孙挺信著《中日长江大决战》成都出版社1991年版第164页）

这时的陈诚因失守宜昌感到颜面扫地，国民党军中对陈诚颇多非议。抗战以来武昌、南昌、宜昌三次战役都在他的指挥下轻易沦入敌手的，所以被讥讽为"三昌将军"，声名狼藉。（《宜昌市文史资料》第四辑第73页收录时任第75军预4师第10团团长戴齐平回忆文章和第80页收录时任江防军政治部二科上尉曾偶光回忆文章）故蒋介石决定重建第 6 战区时，时任军委会政治部长兼三青团总书记长的陈诚毅然辞去中央的高官，自告奋勇下到第 6 战区出任司令。他到任伊始，为挽回面子积极组织战区部队向当面日军开展局部反攻袭扰作战。

此时，盛逢尧部自然又隶属第 6 战区，仍在霍揆彰的第 20 集团军第 87 军序列。这一年时间盛逢尧率部开赴江北打响了收复失地诸役、组织浩子口、龙湾抗击日军扫荡战、参加反攻荆沙战役、策应第二次长沙会战，均取得较大战果及胜利完成了作战任务。尤其是浩子口、龙湾两役，以同等兵力击退日军的疯狂进攻，打出了抗战期间最罕见的战例，为此日军专门印发了《对广仁部队作战的研究》的小册子，宣传普及对盛逢尧部作战的方法。

1. 收复失地

枣宜会战结束后，第 6 战区抓紧整补前线各部，力求赶在正面日军之前恢复战力，争取主动适时反攻。盛逢尧部在湖北石首休整，由于兵员装备补充及时，训练亦紧凑得法，部队的战斗力迅速恢复。到了年底，陈诚命霍揆彰派一部向江北挺进，切断敌人的交通和补给，伺机夺回枣宜会战时被日军占领的据点，使当地居民能够回家生产。霍揆彰立即召集集团军军事会议研究部署任务，决定命第 87 军以盛逢尧师为先遣开赴江北，第 53 军留守长江南岸策应，一直被强烈的抗战情形感染着的盛逢尧将军欣然复命。

1940 年 12 月，盛逢尧率部由石首开赴长江北岸，按计划直插沙市、潜江之间的日军占据地区。他令第 68 团任先锋警戒部队，一路向北搜索前进。由于日军本就兵力有限，加上会战后部队多在休整之中，大部分据点仅有几名日军及伪军，凭借坚固的碉堡和优良的火力配备据守，沿途虽阻力不断，但都在盛逢尧的前方警戒部队官兵的连续冲击下，日伪军据守数日即纷纷后撤，均被逐一排除，盛逢尧部向北推进得较为顺利。潜江境内龙湾、浩子口的大据点驻扎着一股日军，约有一个小队，敌人即设的碉堡及外围阵地极为坚固，盛逢尧当即调师部工兵营加强前卫团组织攻击。该团团长谢应麟指挥主攻部队利用夜幕掩护，迅速接近敌阵地，工兵营协助破坏日军一道又一道铁丝网和鹿砦（防守用的铁蒺藜栅栏），突击队官兵旋即向敌阵地和碉堡发起猛烈进攻，官长身先士卒，战士们前赴后继，气势十分勇猛，不日即分别夺下两地，日军逃向潜江。此时，盛逢尧部已向北推进月余时间，成功插入沙市、潜江之间地带，为避免敌趁其立足未稳发动反攻，巩固已夺回地区，盛逢尧商得霍揆彰同意，暂时放缓向北攻势，立即着手部署各地防务，以图巩固确保该一带地区。

在师部军事会议上，盛逢尧首先肯定了北进攻势中第68团作为先遣部队，行动大胆，作战勇敢，突击稳妥，损耗甚小，是这次作战的首功，责成参谋处为该团向战区请功。随后部署各团防务区域，着吴士瑜的第67团驻扎龙湾，以阻潜江之敌；赖秉权的第69团驻扎浩子口，阻沙洋之敌；魏蓬洲的野补团驻扎朱河向东南防守岳阳、新堤之敌；以第68团为预备队。另有友军第43师负责警戒沙市方面，这样全军在军事部署方面，算是在江北站稳了脚跟。

盛逢尧带兵向以"饿死不扰民，累死不拉夫"为宗旨，这次部队冒险锲入敌隙，初到江北人地两疏，考虑到民众刚刚饱受倭军欺凌蹂躏，尤其需要爱惜民众赢得支持拥护，多渠道多途径获取情报信息及地方支援，才能耳聪目明真正确保全师防区立于不败之地。于是，盛逢尧着重重申其部队的三条禁令：一是禁止擅征民力，非经师部批准各团不得擅自征用民夫修筑工事，要引导帮助民众恢复生产；二是禁止官兵扰民，强调要视百姓为父母兄弟，建立感情联系，迅速熟悉道路河叉山脉等当地地形状况；三是禁止各部摩擦，要求各团要与相邻的友军和睦相处，尤其要主动与熟悉当地日军部署情况，长期在该地坚持与日军游击作战的共产党新四军的鄂中游击大队李先念部取得联系，共同协作互通有无。

部署各团任务后，盛逢尧立即奔赴各团督促检查阵地防御工事的情况，这是他自带兵征战以来最为重视的功课，一直视为保存战力决胜战场的法宝。原来赣军第5师在国军就以善于构筑防御工事而著称，要不然当时的工兵营长张镜远也不会选为庐山军官训练团的筑城组教官。盛逢尧任第5师师长期间也是由此而与张镜远非常投缘，所以后来改编为新23师出川抗战时，他向姚纯军长亲点了两员干将为其部旅长带出，一个就是黄埔出身的李弥；另一个就是张镜远。这次察看后，他对各团工兵连架设的工事甚是不放心，可能也是由于刚刚驻守新的地方，心里总也不踏实。如同前年调他部驻守洞庭湖岸也是全新的防区，防御工事的部署架构他也是亲历亲为的，他觉得陌生的地方首次必须全程参与，倒不是不信任部下而是这个事确实太重要了，多一个人商量多一个主意，尽量使部署更周详细致。待理出了头绪熟悉了有经验了，以后类似的地方才可放手让部下去干了，他自己则可以轻快一点检查一下即可。这次初到江北又是在日军卧榻之侧，盛逢尧尤其不敢大意，各地看了一遍，随后立即召集各团团长、工兵连长、部分营长开会研究，同时把师部直属工兵、炮兵营长和配属工兵、炮兵营长等都叫来一起商量，又设计出更周密的防御体系，要求师部直属、配属两个工兵营接手工事。接着，盛逢尧又商得霍揆彰同意调拨了一批工事材料，以补救地形的缺陷，构筑半永久的防御工事，并加配直属炮兵营，料想应该是万无一失了，他才放下心来。

这个时期由于刚从日军手中夺回这么一片失地，为了巩固防务，加深军民感情。盛逢尧将军在军事战备方面稍有空隙，就经常视察防区，访问民众了解情况。不但制定了三条禁令的强硬措施，得到民众拥护和当地县政府、区乡公所等密切配合。而且组织了运输、救护、交通通讯，调查船只，编组民船，对日伪奸细的潜伏情况进行调查宣传。当时凡与广仁部队协力作战之民众，其给养概由部队发给。由于其工作细致，行动积极，待人亲和，故一旦战事方面有需要，当地各方面便可随时配合军队行动。由于军民合作，共同对敌，保证了防区安全。为了尽快恢复地方政府管理和民众生产生活秩序，他还对地方管理方面的诸多事情提供大力支持，专门派出没有阵地防御任务的第68团的干部，帮助潜江县政府组织了几期地方行政干部自卫训练班。（从湖北省潜江市档案馆藏71—1—335《民国30年潜江县地方行政干部训练所第一期官佐通讯录》中可以看出）

在潜江以东泗阳一带驻扎的第128师，名为国军，实为占山为王的独立军队。师长王劲哉，原为西北军的旅长，西安事变时背叛杨虎成投靠蒋介石，被蒋直接任命为师长。武汉会战时编入汤恩伯部，为避免被吞并，擅自率部开进鄂中，收编土匪和地方民团，赶走军统金亦吾的挺进纵队。靠为当地商团提供保护，获取军费。从此不服蒋介石调遣，不准国民党军政人员接近泗阳，曾活埋国军第49师前来联系的联络官；更不与共产党打交道，也不亲日；且偶尔与日伪军打游击争地盘。此次盛逢尧收复潜江后，陈诚任命潜江县的县长，尚未上任，却被王劲哉派兵到拖埠，缴了县府自卫队的械，县长不敢接印，王劲哉指定代言人行使政府职权。这是蒋介石自己酿出的苦果，盛逢尧对此本不以为然。当时国军中的不少高级将领、中央大员，都是曾经与盛逢尧在战场上厮杀过的地方军阀大小头目，但蒋介石为了拉拢他们，不论资历功劳，一律奉为上宾给以高官厚禄。使得盛逢尧这批一直拥护蒋介石的中央军将领，即使打了胜仗，到头来却要向失败的叛军叛将顶礼膜拜，盛逢尧对此由最初的不理解到此时已是习以为常。这次盛逢尧进驻江北，采取的是巩固地方，不与之冲突，积极警戒的策略，以进一步增强辖区的抗日力量。

现在盛逢尧认为王劲哉确实太过分了，任其在潜江胡作非为，将严重干扰战区对日作战的大局，对当时抗战形势的影响是负面的，也直接搅乱了盛逢尧部着力恢复的当地秩序。虽然王劲哉部号称聚集了六个旅，但大多是乌合之众，且装备短缺，盛逢尧对此并不在乎，西北军那点功夫他早在中原大战时期就领教过了。于是，盛逢尧以大局为重，商得陈诚同意，由刚刚受到嘉奖的第68团团长谢应麟出任潜江县长，这样既为部下找到了出路，又利于今后部队协调地方关系，更是为陈诚找了个台阶下，故陈诚自然顺水推舟欣然允诺。谢应麟上任那天，盛逢尧为防止王劲哉派兵袭扰。命各部加强警戒，并派一个连护送谢前往就职。后又建议谢把县衙设在师部附近的熊口。王劲哉果然一直未敢派一兵一卒来犯，潜江军民获得了片刻的相对安宁。盛逢尧的顾全大局，有理有节，为当地军民所称道。

本段有关问题考证情况

盛逢尧率部驻扎长江北岸，像一棵钉子牢牢地钉在沙市、潜江之间，使两地日军如负荆黎，让当地民众得以休养生息。其部北进途中的大小战斗，虽然无以见官方战史经卷，可地方史料却铭记了这一刻：

"1940年12月2日国军广仁、明义两支部队重返潜江西部，连续收复蚌湖、浩口、熊口等地，潜江西部失地大部光复。"（《潜江县志——大事记》第15页）

盛逢尧部北进如此顺利，不仅仅是盛逢尧指挥得当，将士英勇用命的缘故，也和日军当时的实际状况有关。日军占领武汉后，既要使用大量兵力来控制占领地区，又想发动战役迫使国民政府投降，兵力明显不够。具体讲，1940年5至7月刚刚发动枣宜会战，不仅没有达到迫降国民政府的目的，却迎来三个实际问题：抽调的部队要回防；所有参战部队要休整；新占领地要兵力守备。这些问题都直接导致兵力减少、战力下降，其战史中说：

"现在看来宜昌作战敌人蒙受损失很大，其后方补给也不如以前，进行整顿需要半年以上时间。……故我军须加速进行训练和其他各项准备。"同时日军确立1940年度作战方针为："在确保作战地区的同时，把主要作战区域置于襄西地区。乘敌反攻之机将敌消灭，摧毁敌之交战企图。"（田琪之、齐福霖译，日本防卫厅防卫研究所战史室著《中国事变陆军作战史》第三卷第二分册第120页）可见，日军在宜昌作战后，有力不从心的问题，故把目标定于确保占据地区，要求各部加紧整训。而盛逢尧部本就在枣宜外围战场，损失不大，战力恢复迅速，取得了发动北上攻势的机会，这是日军意料之外的，所以取得较大战果。

2. 寸土不让

这时由于日军的封锁，全国军民进入非常困难时期，盛逢尧等前线部队补给出现极大困难。他与所有的前线将领一样仅支领国难饷，家眷在长沙的生活渐入窘境，不得已经营一些小本生意维持。盛逢尧部的后勤补给已十分困难，他在部队坚持与官兵同吃同住同战斗，虽不至于挨饿，但大多时候也只有盐水浇饭，偶尔有少许蔬菜或补充些野菜。他自己与士兵一样，天天光着脚穿着双草鞋，并要求师部将士在前线必须穿草鞋。全师官兵在盛逢尧的带动下凭着满腔的爱国热情和民族精神，用信念坚持着和日军对抗作战。

在沙市、潜江之间巩固下来后，日军迟迟未发动反攻，盛逢尧据便衣队收集的情况，综合友军的通报，判断日军会战后大部队回防，留下来驻扎的警备兵力有限，只能依赖碉堡工事据守，无法组织中长途的奔袭。这正是寻机作战的好机会，于是，他又闲坐不住了，向霍揆彰提出继续往北推进，袭扰盘踞在襄西（即汉水以西）的日军重大据点沙洋镇，视情况收复该镇，或将敌诱出至浩口附近我军阵地聚歼之，霍揆彰其为赞同。1941年2月开始，盛逢尧数次派出营、连部队向北袭扰作战，连续收复不少失地，直抵日军重镇沙洋。据当时情报反映：这里驻扎着日军第39师团的总司令部，统辖江北日军占领区两万余兵力。由于左翼友军第43师进至后港附近，未能再往北推进，难与盛逢尧部取得协同。鉴于兵力悬殊缘故，盛逢尧只得命令部队在沙洋外围阵地沙洋与李家市之间，采取"敌驻我扰、敌出我退"的灵活战术，不断地袭扰日军作战，搞得日军疲于应付不得安宁。

5月，沙洋日军出动步、骑、炮兵约一个联队，直扑盛逢尧的袭扰部队，依仗强大的火力发动迅猛攻势。盛逢尧命令部队迅速变换阵型，前锋变成后卫部队，并与日军先头部队保持接触，主力交替掩护有序撤退，将敌人引入浩子口。同时，于浩子口紧急疏散集镇商户民众，并依托原防御工事为主阵地，在两翼部署分散隐蔽的火力点，架设起前沿警戒阵地，令第69团坚守阵地，组织有力阻击。

当浩子口正在有序部署时，前方盛逢尧部边打边退，诱敌深入，日军气焰嚣张，衔尾直追。次日，日军到达浩子口附近，盛逢尧部第69团已将一切部署完成，待日军开始进入前沿伏击区，一营长余鸿声命各个火力点的机枪、山炮一齐开火。顿时，日军先遣部队被突如其来的相互交叉密集的火力网，迎头痛击打得阵脚大乱，骤然停止攻势纷纷后撤防御，龟缩不动进行戒备。不久，日军主力部队亦赶到，立即就组织发动猛烈攻势，对着盛逢尧部前沿阵地一顿炮击过后，即以步、骑兵混合队形的小队冲锋，盛逢尧部各个火力点的轻重武器，又是差不多同时射向敌阵，打得日军人仰马翻，解决冲锋队大半，日军被迫退了回去。接着，又用山炮轰击冲锋时盛逢尧部暴露的射击点，随后再组织冲锋，旋又被盛逢尧部官兵打了回去。由于盛逢尧部的火力点分散隐蔽，日军一时难以准确扑捉炮击，战斗一直在前沿阵地持续，日军伤亡不断加大。

到黄昏时分，盛逢尧接到团长赖秉权报告，日军通过屡次冲击，并不断增加炮击，我方官兵伤亡也开始增加，余营长英勇负伤，仍在指挥战斗。盛逢尧见日军在前沿就损失百余名官兵性命，前沿阵地的阻击任务已完成，为减少己方人员损失，遂命令一营趁夜撤出阵地，向主阵地靠拢。第二天，日军进入盛逢尧部浩子口主阵地，发动疯狂的进攻，由于防御阵地全部是半永久工事，比前沿阵地的临时工事坚固许多，且精心经营数月，不仅分散隐蔽，而且机动灵活，各个炮位射点都有变换位置，利于掩护躲避日军炮击。日军虽然发起数次有力冲锋，均遭到盛逢尧部的猛烈痛击。战斗持续到二三日，日军久攻无果损失惨重。期间，沙市日军企图增援，出动攻击盛逢尧部左翼友军第43师阵地，后该师未能支持，为防止沙市日军侧击盛逢尧部，霍揆彰命盛逢尧撤离浩子口阵地，盛逢尧正俟将敌击退组织反击扩大战果，乃奉令撤出阵地殊为可惜。这一役日军伤亡约达数百，而盛逢尧部仅百余人。

6月，潜江日军又出动一个联队兵力直逼盛逢尧部防区的要隘龙湾，驻守龙湾的是盛逢尧部第67团，盛逢尧接报后，立即命团长吴士瑜，部署前哨阵地准备迎战。当时盛逢尧部士气旺盛，官兵们都希望在这次战斗中，狠狠打击一下敌人，以泄心头之恨。在日军袭来时战斗迅速打响，敌人一开始就疯狂地对阵地狂轰滥炸，空气中弥漫着浓厚的硝烟味儿，溅起的土浪在官兵身边翻腾。面对强力攻势，吴团长指挥战士们沉着应战，依托事先准备的工事，避敌锋锐，待敌略有疲惫之意时，出其不备集中火力重拳出击，打得日军没有喘息和还手机会。在前哨阵地消耗日军不少兵力，完成阻击任务后，盛逢尧命令吴团长放弃阵地，收缩战线至龙湾主阵地。主阵地亦与浩子口一样，工事异常坚固，日军屡次强攻，都被盛逢尧部交叉火力压制，激战数日均未得逞，且伤亡甚重。是夜，日军组织突击队由阵地右翼斜插而入，企图分割盛逢尧部该团阵地，与正面攻击部队包抄守军。由于日军突然出现在右翼，该团阵地上不免有些慌乱，顿时，官兵伤亡不少，被日军乘机攻入。团长吴士瑜担心阵地不保，连忙向盛逢尧报告，盛逢尧闻讯大怒，责令吴团长率部死守，否则军法论处。

吴团长是盛逢尧部下的老团长，打仗亦是十分骁勇的，深知师长脾性虽对部属严格，但素来极少发火，这次如此强固的阵地，被日军破了右翼，可谓阴沟里翻船，他自己也觉得没面子，非怪师长来火。于是，吴团长当即亲赴右翼指挥督战，强令部属消灭这股日军。该团附近官兵对日军进行夹击，由于双方隔得甚近，战斗一开始就成混战胶着状态，最后展开一场肉搏战，至为惨烈，一直持续到次日凌晨，残敌趁黎明时分退回。阵地安然无恙，日军在正面依然无法取得进展，伤亡不断增大。这时西南郝穴的日军出动支援，盛逢尧部左翼的友军第43师毅然予以阻击。但后来由于该部难以支持，霍揆彰旋令盛逢尧部策应该师作战，遂撤出阵地向师部附近集结。两部日军也未敢继续往师部攻击，先后退回潜江、郝穴，盛逢尧部复又控制龙湾。是役盛逢尧部仅伤亡百余人，日军伤亡恐有数倍于他。

本段有关问题考证情况

盛逢尧部浩子口和龙湾战役的具体情况，当前中日双方所谓的正规战史资料均无记载，其原因不再赘述。可是，国民党地方政府编写的《潜江县抗战史料》手稿却有记载。新中国成立后，该县对国民抗战事迹尤其重视，根据《潜江县抗战史料》手稿走访当地亲历群众，重新调查整理，终于使盛逢尧部在此抗战的情况大白于众。该县现改为地级市，中国文史出版社1990年10月出版的《潜江县志——大事记》第15页；该市政协1985年编写的《潜江文史资料》第1辑第9页；《潜江人民革命史》第87—88页和《古今龙湾》第48—51页等大量资料中均有详略不等的具体作战情况记载。同时，盛逢尧将军率部驻扎潜江县期间，当地民众都反映他的部队不但不扰民，而且十分爱惜民力，真正做到了"饿死不扰民，累死不拉夫"。这些资料均记载了他的部队修筑工事不拉夫，都是官兵亲自动手。作战时很注意保护民众，战前就积极动员民众转移；战时其部队要撤退前，怕民众遭日军报复，又组织民众先部队撤退，并且由部队进行专门掩护。（具体内容参见附录三）

  关于盛逢尧部在前线作战开始于补给方面出现困难的情况，笔者结合当时形势进行了一些考证，确实符合实情。这时抗战进入到了艰苦时期，用盛逢尧将军的话说（大意）："这一年，战事最为频繁，而前线作战的补给条件开始最为困难了。"盛逢尧与当时在前线与日军作战的所有中国军队将领一样，凭着一股强烈的民族责任感，克服诸多困难与日军顽强作战。日军的谍报部门也侦知这一情况，其战史说："中国军队的战斗意志很旺盛，但补给似很困难。"（田琪之、齐福霖译、日本防卫厅防卫研究所战史室著《中国事变陆军作战史》第三卷第二分册第95页）

  自1940年底到1941年上半年日军企图逼迫蒋介石重庆政府投降，对中国实施封锁截断作战，当时国内的情况相当严峻，究竟当时补给困难到那个程度。据有关资料记载，当时重庆政府的情况是：铁路不通，飞机没有，水运有日机轰炸，汽车没油没配件，用坏一辆少一辆。智慧的中国人民试制成功了桐油汽车、木炭汽车，陆续在许多抗日战场上都有这种车颠颠簸簸、缓慢地艰难地爬行。据蒋介石的苏军总顾问亚伊切列潘诺夫著《中国国民革命军的北伐》一书中说，当时由于国际封锁，油料断绝，国民政府中只有蒋介石一人才配有专门汽车。当时军事委员会军法执行总监部，是一个与军政部、军令部平级的单位，却没有配一辆汽车，该部总监何成濬上将每月有一百八十元车费补助，而当时的米价每石一千多元。据孙挺信著《中日长江大决战》一书中说，大后方民众生活艰苦不言而喻，成都、重庆每日饿死于街头无人收尸者，平均在十五人以上。大后方的军队和一般政府人员的生活同样难以过下去，1942年2月2日，中央内政部参事包惠僧，因其家中人口多，陪都米价昂贵，难于糊口，四处求人说情开后门，要求到生活较好的战区去工作。3月14日，少将参议兼中央考核委员会少将委员黄格，专门来找老熟人何成濬将军，求他写信给陈诚，让他到第6战区去工作，说是陪都生活太苦，想到前线去拼将一命，吃碗饱饭，其他绝无奢望。

原新编23师第68团第2营副营长姚行中先生回忆道："那时是抗日战争最艰苦的时期，我们构筑的阵地无水泥钢筋，只用树木构筑掩蔽部，阵地前面用树枝为障碍物。下雨天，掩蔽部里湿漉漉的，连睡觉的地方都没有，吃的是糙米饭和无油的蔬菜。"（参见本书附录三）

原新编23师第69团第3营机枪连中尉排长王清泉先生回忆道："到了40年代，抗日部队的生活更加艰苦，每天主食是大米两市斤，后来觉得实在不够，才每天增加半市斤。一个月的薪饷买不到两双麻草鞋，一个月的副食费，不足半个月使用。上面规定是5月1日换单衣，10月1日换棉衣，可是供应不上时，到了11月士兵还是穿着单衣，夏天穿着棉衣。在军服的质量上，由原来的呢军服，变成了土布军服（手工纺织的布）。军服上的纽扣原来是铜铁的，后来变成了铜铁皮纽扣，最后用的是木纽扣。官兵服装一律同是赤脚草鞋，虽然有些慰问品，杯水车薪，何济于事。有一次战区开干部大会，司令长官陈诚也是赤脚草鞋，这当然说得上是做作。"（参见本书附录三）

由此可见，连陈诚当时也是穿草鞋下部队的，即使以最坏的良知来揣测那时的国军将领，此举是作秀成分居多。毕竟连战区司令都要如此"作秀"，盛逢尧作为前线部队的指挥官，他不与将士同甘共苦，如何号令部队，如何激励官兵斗志。

3. 反攻荆沙

日本政府于1941年1月6日通过了《对华长期作战指导计划》，确立在夏秋之际，对敌施加强大压力，以期一举解决中国事变。（日本防卫厅研究所战史室《长沙作战》第10页）为实现这一意图，3月1日烟俊六大将出任中国派遣军司令，4月，阿南维畿担任第11军司令官，开始研究制订长沙作战计划，策划对长沙的第二次攻击，并进行各项准备工作。这就包括变更兵团部署，进行沙市、郝穴、宜昌作战，以掩护和配合长沙作

日军的毒气部队（摘自《宜昌抗战图片集》）

战。（罗玉明著《抗日战争时期的湖南战场》第181页）

7月，日本中国派遣军第11军酝酿长沙作战，于江北发动攻势，频繁调动军事部署。第6战区也在积极部署对宜昌的反攻战役，陈诚命令荆沙方面守军，在长江南北两岸攻击沙市、郝穴之敌军。

盛逢尧奉命率部参加荆沙反攻作战，当时与友军第43师一同行动，盛逢尧部担任沙市东南岑河的攻击任务，第43师负责郝穴方面。当晚盛逢尧即在师部召集各团、营长接受攻击任务，以第68团为主攻部队，师直属工兵营、迫炮营配属协攻，第69团作为攻击预备队，第67团留驻原防警戒监视潜江日军。次日，该团前卫营搜索前进，黄昏时到达指定位置。是夜，盛逢尧部第68团作为主攻部队，利用夜幕掩护，迅速接近敌阵地。师工兵营破坏了日军外围一道道铁丝网，迫击炮一齐轰击敌阵地，步兵旋即发起猛烈进攻，官长身先士卒，士兵前仆后继，气势甚是勇敢。日军恃其精良装备优势，全阵地打开探照灯，又连续地发射照明弹和曳光弹，把整个阵地照耀得如同白昼一般。盛逢尧部主攻部队的隐蔽行动，顿时暴露无遗，且官兵被照得眼花缭乱，摸不清方向。

这时敌人众多碉堡中的集中火力，以交织网状向攻击部队猛烈射击，并发射毒气弹，阵中黄烟四起，闻到气味的官兵打喷嚏、流泪不止，战斗力受到了很大削弱，部队的冲锋已是十分艰难，被迫停止于阵地前，即采取疏散队形借地形隐蔽。而盛逢尧部官兵仍然士气旺盛，斗志昂扬，团长亲临前线指挥。待日军停止射击的间隙，组织突击队向日军阵地猛扑，曾一度突破敌人的主阵地。敌人趁盛逢尧部突击队立足不稳之际，发动猛烈的逆袭。该团团长立即组织第二梯队支援，冲入敌阵的官兵与日军短兵相接，反复冲杀，伤亡甚重。卒因第8军荣誉师李弥部由南岸北进途中被日军截击，不能按时到达增援，终不能继续向前推进，全线攻击受阻。

霍揆彰命令盛逢尧部坚守待援，双方部队就此僵持，左翼郝穴方面第43师的阻击亦在艰难维持。这时日军出动一部向南移动，欲侧击第43师。正好李弥师摆脱日军纠缠迅速赶到，盛逢尧奉命率部增援第43师。于是，盛逢尧依令将阵地移交给了李弥，来不及与这个近来颇有官运的老战友老部属叙旧，就匆匆奔向郝穴。

8月初，盛逢尧率部连夜急行军，抄近道于资福寺附近阻击日军。因敌情紧迫时间仓促，来不及构筑工事，只能利用自然地物地形进行阻击，拂晓即与敌人先头部队遭遇。天一放亮，敌人的炮火先作试射，继而密集向阵地前后轰击，同时骑兵和战车掩护步兵纷纷向前线阵地进攻，一时枪炮声震耳欲聋，很快就进入剧战阶段。但盛逢尧部官兵精神上已有准备，故在一开火时，均能沉着应战，虽伤亡迭出，全线仍毫不动摇。同时，日军又使用毒气弹，盛逢尧部配备的防毒面具远不够用，官兵们只得把布条毛巾等物用水甚至尿打湿，蒙住口鼻坚持战斗。由于迎战仓促阵地工事与地形结合存在诸多缺陷，加之日军战车横冲直撞，在战斗过程中防线被日军屡次攻破。盛逢尧命令部队抢挖障碍堑壕，大量使用集束手榴弹，对付敌战车冲击，几度击退敌人

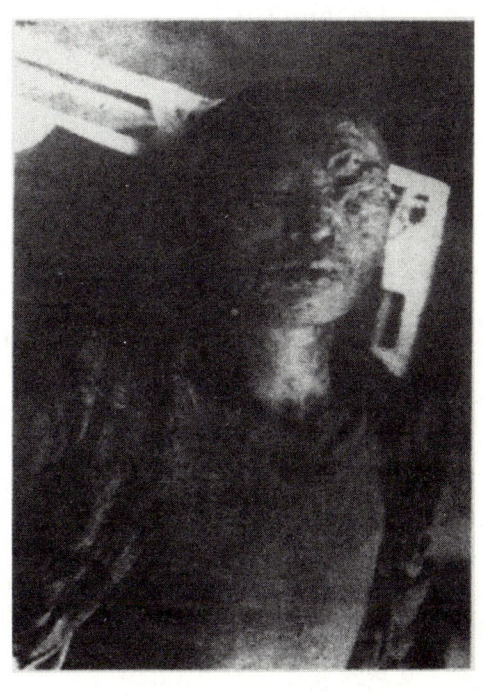

中国士兵被日军毒气弹击中的惨状
（摘自《宜昌抗战图片集》）

的强攻。所幸盛逢尧部官兵战斗意志极为顽强,许多官兵在敌人冲到掩体边,无法用火力制止时,便在阵地上同敌人进行白刃战,虽然伤亡很大,仍不退后一步,战斗自第三天即呈胶着状态,较为惨烈。后来,敌人由于经过数天猛烈攻击,未能突破前进,便改变攻击路线和目标,欲抄盛逢尧部后路迂回作战,而友军第43师亦奉命停止进攻,故盛逢尧命令部队迅速撤出战斗。在沙市、郝穴间诸役,盛逢尧部伤亡达千余人,而日军也恐有数百之众。

本段有关问题考证情况

这次战役同样不见所谓正史反映,可是地方史料却有明确的记载:

"1941年7月25日,国民党军广仁、广德部队反攻岑河、沙市,广仁部队在郝穴与日本侵略军战斗五日五夜,打死打伤日本侵略军500余名。"(《江陵县志——大事记》第21页)

日军作战史也有间接内容:

"昭和16年7月中旬至8月上旬,第11军进行沙市、郝穴、宜昌北方扫荡作战。"(天津市政协编译委员会译、日本防卫厅防卫研究所战史室著《长沙作战》第19页)

4. 策应长沙作战

1941年6月,日军正在酝酿发动第二次进攻长沙。但正逢苏德战争爆发,日军积极准备对英美开战,无力投入更多机动兵力,被迫缩小规模,仅将目的定为对第9战区中国军队一次重大打击。第9战区总结第一次会战经验,制定了反击作战计划。9月,日军发动进攻,强渡新墙河。由于第9战区下达作战命令的无线电报被日军窃收并破译,使中国军队陷入极大被动,虽多处与敌激战,但遭遇失败。月底,日军攻入长沙。但是,由于日军大本营正在积极准备发动太平洋战争"要求作战尽快结束",同时日军经连日作战,粮弹损耗很大,战线过长,后勤保障困难,决定10月1日开始撤退。中国军队随即展开追击作战。10月5日,日军退回新墙河北岸,中国军队恢复原阵地。这次作战,中国军队付出了相当大的代价。但是,从战略上说,是中国军队的胜利,日军并没有击溃第九战区主力,自身却付出了2万余人伤亡代价,阵地完全恢复到战前状态,日军没有收获任何大的战略价值。

湖北江陵人民为纪念这次战役各界人士捐资兴建的
"江陵抗战纪念园"（黄礼霖摄）

会战期间，遵照军事委员会9月20日及以后的一再电令，第3、5、6战区各向当面日军发动了范围广泛的袭扰活动，对日军若干据点和交通线形成一定威胁。特别是第6战区对宜昌的反攻作战规模较大，使日军受到震撼。9月23日中国第6战区乘他处日军空虚，对宜昌之敌发动猛攻，日军死伤惨重，面临彻底覆灭危险。宜昌日本守军师团长已写下遗书准备自杀，因进攻长沙的日军驰援才得以躲过灭顶之灾。军事委员会鉴于日军返转部队已接近宜昌，为避免陷于被动，于10月11日晨电令第6战区停止攻击，将部队有计划撤至城外，控制要点，进行休整，宜昌日军方得以躲过灭顶之灾，反攻宜昌的作战至此结束。宜昌作战也是1941年正面战场唯一一次主动发动的进攻战役，歼灭日军7000余人。而这正是第二次长沙会战造成的机会。

9月底，正当第6战区在积极部署反攻宜昌时，日军发动进攻长沙，为了能乘机夺回宜昌，并牵制敌兵力。陈诚命其部再次反攻荆沙。同时，为牵制日军攻击长沙，霍揆彰命盛逢尧部驻守朱河的野战补充团协同暂6师进扰了岳阳之敌。这时盛逢尧部经过月余的休整，官兵持续保持旺盛的战斗意志。

盛逢尧部的野战补充团自开赴江北以来，一直驻扎守备朱河方面，本就构筑有坚固的防御工事。日军发动长沙会战时，守备江南的友军暂6师赵季平部，由华容向东攻击白螺矶之敌，敌由岳阳派兵增援。盛逢尧部野补团亦派出一营南下袭扰，从侧翼策应佯攻白螺矶，引得日军出来追击，至朱河阵地予以痛歼。如此反复作战，使敌消耗不少。后来，日军据守白骡矶不出，赵季平部发动猛烈攻击，一举攻占敌白螺矶阵地。新堤的日军警备队出动攻击朱河，企图包抄赵季平师，盛逢尧部野补团据强固的工事阻击来犯之敌，激战数日后，日军不支向新堤退去。该团的作战有效地牵制了岳阳、新堤的日军，使进攻长沙之敌，战线过长兵力不足，且于株洲附近又遭广东开来的新2军的攻击，被迫退回新墙河原阵地线。

在沙市方面，战斗几乎同时打响，这一天，盛逢尧率部进攻沙市外围岑河口地区敌人的一个据点，出发时天色很阴沉，半路上突降大雨。盛逢尧命第67团任主攻，冒雨运动接近敌阵地。敌人探照灯照射不能发挥作用，等越过堑壕开始破坏敌人电网时，敌人才发现盛逢尧部的攻击行动，一时双方用手榴弹、掷弹筒互射了一阵。后该团选择敌阵地薄弱环节，集中全力实行锥形突进的攻击，敌军不支退至岑河。

日军在岑河的主阵地设置于沙市东南高地，为了达到固守的目的，其阵地工事构筑异常坚固，碉堡群之间连接盖有掩盖的交通壕，并有暗堡延伸于主阵地之前的障碍物内，伪装得极为巧妙，不易发现，掩体多为自动火器，并盖有钢铁板，副防御为屋顶型铁丝网二道，另有鹿砦和地雷。外围均有前哨据点，工事亦相当坚固，易守难攻。

当夜，盛逢尧即在阵前召集团、营长研究作战部署，以一个团任主攻，一个团警戒公路，阻击日军援军，另一个团为预备队。次日，各部迅速修筑工事，布置攻击阵势，盛逢尧命攻击部队采取钳形攻击，分从左、右翼同时进攻，一部主攻，另一部牵制敌兵力。发动总攻前，盛逢尧将师战斗指挥所临时设在离攻击点约800米的团指挥所，以激励士气便于观察。战斗打响时，他从望远镜中可以清楚地看到攻击的进度和发展，先是迫炮营向敌人第一线据点炮击，敌人随即亦以山炮还击。看到炮弹明明落在敌人阵地上，就是无法损其分毫。相持约半小时后，该团一、二营分两翼开始攻击，敌人凭籍强固工事应战，其错落有致的掩体碉堡里喷出密集交错的火舌，压制该团攻击队抬不起头来。另敌机两架不时临空侦察扫射轰炸，迫使炮营不能继续射击。盛逢尧部攻击队伤亡达数十人，被迫停于新占之线，与敌成对峙态势。近午时，该团预备队三营协助继续攻击，又值敌机飞来扫射，并投下两枚毒气弹，盛逢尧部损失扩大，只得逐次撤回原阵地，保持开始之态势，待黄昏后趁夜色再冲锋。当晚，该团又发动攻击前进，日军探照灯、曳光弹将战场照得如同白昼，攻击进行的异常辛苦，虽相继夺取了敌第一线据点两处，但盛逢尧部伤亡甚重。

此后数日里，在盛逢尧的督促下，该团又发动第二次、第三次攻击，敌主阵地依然未动。是役由于装备、火力方面处于劣势，除了以官兵血肉之躯和敌人死拼硬打以外，别无他法。敌碉堡工事均是钢筋水泥结构，盛逢尧部的迫击炮根本难以摧毁。战斗时尽管敌人大量使用毒气，消弱了盛逢尧部的战斗力，但官兵的战斗意志并未受到影响。在强烈的报国复仇氛围激励下，官兵们相反的仍不顾牺牲，英勇无畏，打得敌人只能缩在坚固工事中负隅顽抗，始终不敢出击。

正当岑河口僵持激战时，负责外围公路警戒的盛逢尧部另一团发现敌情，约有两个大队的日军奔袭而来，企图增援岑河守备之敌。盛逢尧命该团立即进行阻击。战斗一开始，敌出动六辆战车不断冲击，炮兵更番滥炸阻击阵地，该团伤亡惨重。正在危急时，霍揆彰调李弥的荣誉师和郭汝瑰的暂5师扩大对沙市附近的攻势。盛逢尧奉命将岑河口攻击阵地移交，部队撤下来休整做预备队。于是，他开始全力阻击企图援助岑河口的日军，旋即，驰往该地强令该团不准撤出阵地，并将原师预备队调来增援，及时鼓舞了士气。官兵们坚持在阵地上与敌搏斗了两昼夜，数度击溃敌人的进攻，战况极为激烈。这次打援战斗中，日军投入了数辆战车，由于敌战车有钢板防护，距离远时步机枪子弹穿透力不够，角度亦太大，打在钢板上即被弹开，无法阻止其冲锋。只有待其开近阵地时，近距离成直角射击才可能洞穿，或使用集束手榴弹轰击。因此，该团前沿的一营采取纵深配备，逐次抵抗。战斗多是在阵前近身作战，有的官兵见到敌人战车横冲直撞，如入无人之境，气愤不过，便跳出战壕，爬上战车往里面仍手榴弹，十分勇敢。敌人经过数日攻击，终不能突破盛逢尧部两团的顽强阻击，便悻悻而退去。

沙市附近的攻击战斗仍然在继续，李弥、郭汝瑰等部的正面攻击依然未取得进展，但业已扫清周围据点，盛逢尧部又成功阻击日军支援部队，遂得以将沙市及周边死死包围。依仗着坚固工事和优势装备的敌人抵抗也是极其顽强，国军各部队伤亡都不小。为减少损失加强攻势，霍揆彰命各部轮番上阵，发动攻击摧毁敌战斗意志。盛逢尧部亦奉命数度派出各团，轮换与李弥等部相互接替，死死围困日军，几支部队轮流休整、围困，前后作战达一星期之久。据当时情况判断，日军粮弹不足，恐慌不已，前线各部官兵对攻下沙市充满信心。

在沙市日军即将击溃时，攻击至长沙附近的日军和击退国军反攻宜昌的日军，分别由西北、东南向沙市迅速返回增援。盛逢尧奉命于郝穴方面构筑阵地阻击长沙反转的日军甲种精锐第4师团，同时，友军第8军第103师何绍周部在右翼协同作战。盛逢尧先将朱河的野补团抢在日军大部队反转之前紧急调回，撤出沙市附近的各团，均在郝穴附近集结，鉴于部队连续作战数日，官兵疲惫不堪，恐战斗意志受影响。他在传达集团军命令，部属阻击战斗任务时，召集营长以上军官作动员。全师官兵人人振奋，个个摩拳擦掌，准备战斗。这次决定由第68团担任主攻，第69团协攻，其余一团预备，另一团休整待命。

战斗打响时，盛逢尧部两团分别与日军激烈交火，不一会儿就进入激战，而右翼方面何绍周部只有零星的枪炮声传来，盛逢尧顾不得许多，径直坐镇在距前沿阵地约一千多米的战斗指挥所内指挥作战。由于其部的炮兵营配备的均是迫击炮，这种炮射程短、操作速度慢，又缺乏观测器材，发射一炮出去，敌人山炮野炮即以数倍之火力回击，炮兵营不堪受制，屡次变换炮位阵地，故难以发挥炮兵威力，协同步兵作战。在缺乏有力之炮兵支援的情况下，步兵浴血奋战，其艰难困苦是可想而知的。盛逢尧部两团对当面兵种、装备均居优势之敌，仍能以常规的简单武器作顽强的对抗。每一个据点都战到被敌机和炮火轰炸得无法立足时，始转移第二线阵地继续抗击。在敌人攻击点纵深只有一、两公里的区域内，作了四线阵地对敌决斗，坚持了四、五天之久，战况较烈，伤亡重大。

战斗中，敌人的阵地后面升起氢气球，那时为炮兵指示方位，敌炮肆其淫威，不断向盛逢尧部守军阵地炮击。盛逢尧的战斗指挥所，从第三天起其指挥所似被敌人发现，每天炮击数百，指挥所内硝烟弥漫，电话机设在机枪掩体内，前后均中了炮弹，电话线被烧断数次，通信连组织抢修班随时修理。这样的情况以前也多次有过，所以随从官兵劝其离开，他怕影响士气坚决不愿，并命参谋、特务、传令兵数人昼夜轮流在掩体外监视敌情战况，每天同官兵一起早晚两餐饭，坚持亲临指挥作战。这一次盛逢尧却没有那么好的运气了，敌人的炮弹在指挥所边上爆炸，指挥所掩体全部坍塌，盛逢尧头、背部被砸伤，大腿根处被弹片击中，当时随从将其从废墟中抬出时，人已呈昏迷状态，大腿处流血不止，遂被卫生员紧急送往野战医院。作战即由副师长代为指挥，直到最后全师奉命撤退。

本段有关问题考证情况

盛逢尧将军这个阶段主要战事，属反攻宜昌战役的重要组成部分，又于客观上牵制了日军进攻长沙的兵力，对当时正面战场有较大的意义。现今的史料对宜昌战场和长沙战场的情况有较为翔实的记录，而盛逢尧等部队作战的荆沙战场，虽然作战持续时间最长，一直到宜昌、长沙方面结束后，日军返转增援荆沙，又坚守近二十天才结束，这期间的艰难可想而知。但国民党当局的战史资料却无详细的记录，仅有梗概的一笔记录：

"……以第20集团军（辖第53、73、87军）向白螺矶、沙市、江陵方面攻击，切断汉（口）京（山）公路西段，阻止日军向宜昌增援。"（郭汝瑰、黄玉章主编《中国抗日战争正面战场作战记》下册江苏人民出版社2002年版第1049页）此处的记载过于简单，只能确定到盛逢尧部所属的第20集团军和第87军。同时，这里还涉及了白螺矶的部署，与盛逢尧部派一个团在朱河作战能吻合。

在当地史志中有相对明确的简单记载：

"国民革命军二十三师（广仁）1941年驻郝穴参加第二次反攻荆沙。"（《江陵县志——武装》第221页）这里番号应当有笔误，漏了一个"新"字，但其中括号中注明的部队代号为"广仁"，从上述潜江地方志记载中可见，广仁部队就是国民党中央军新编第23师，故在此作战的应属盛逢尧的部队无疑。

日军在荆沙地区苦战月余，付出了较大的代价，对此战高度重视，于战后专门进行了调查，以总结教训引起警觉。其战史中这样表述：

"作战结束后，根据第11军的调查，此次对襄西地区进行反攻的第6战区军的编制如下（仅摘录反攻荆沙作战的部队共4个师）：系统是第20集团军第87军新编第23师，反攻地区为沙市、郝穴方面；江防军第8军第103师反攻地区亦为沙市、郝穴方面；江防军第8军荣誉第1师反攻地区为沙市、岑河口方面；第20集团军第73军暂编第5师反攻地区为沙市对岸。"（天津市政协编译委员会译、日本防卫厅防卫研究所战史室著《长沙作战》第124页）由此可见，这个阶段反攻荆沙的国军部队是盛逢尧、何绍周、李弥、郭汝瑰四个师无疑，并且其中只有盛逢尧和何绍周两部既参加了沙市作战，又参加了郝穴作战。

　　日军在这次战役中，遭到盛逢尧等部的围攻，沙市险些被夺回，中国军队英勇顽强的作战精神，足以令他们刻骨铭心，因此其战史对这次战役的具体记载均非常清楚，现予以摘录如下：（该史料中岭河口应为岑河口的笔误）

　　"在此以前，驻沙市东南方（约10公里）岭河口的守备队，昭和16年10月2日以来受到荣誉第1师及暂编第5师的包围陷入苦战。"（天津市政协编译委员会译、日本防卫厅防卫研究所战史室著《长沙作战》第122页）这里虽未直接列举出盛逢尧部的番号，但据日军战后所做的调查，盛逢尧部此时分别在沙市、郝穴方面作战，据日军史料记载沙市方面的战斗，正是在岑河口一带。因此，盛逢尧部无疑参加了围攻岑河口日军的战斗，只是日军此处未能一一列举。

　　"梶浦联队长8日（笔者注：年月接上文）曾赶往岭河口进行救援，但重庆军的抵抗极为顽强，未能到达该地，遂发载重汽车5辆突破敌群，向守军补充了弹药粮食。以后该守备队直至17日重庆军解除包围后退之前，一直在敌军的重围中，持续战斗达15天完成了守备任务。"（天津市政协编译委员会译、日本防卫厅防卫研究所战史室著《长沙作战》第123页）这段史料更加强调了岑河口战斗的激烈程度，日军被围攻达15天。围攻岑河口的国军盛逢尧等部队，采取的是围点打援的方法，积极阻击企图救援岑河口的日军。

　　"第11军在完成对宜昌方面的处理之后，鉴于上述情况，10月11日决定对江北方面彻底进行扫荡。即13日命令以第4师团及第39师团的一部对郝穴方面进行作战，扫荡面前残存的第8军主力及新编第23师。……当时，由长沙反转途中的第4师团，奉命参加江北方面攻势作战，10日首先命鹈泽支队先行。另一方面，16日由宜昌返回的第39师团，编成两角支队（支队长第39师团长两角业作少将），20日由沙市东侧开始行动。以后两角、鹈泽两部队同时进攻击破了当面的敌军。鹈泽支队于24日挺进郝穴附近，切断了退路，配合师团主力由东北方攻击，压缩三湖（潜江南方的湖）东侧地区的包围圈，扫荡了残敌。两角支队也在协助第4师团主力作战后，于26日返回到沙市附近。"（天津市政协编译委员会译、日本防卫厅防卫研究所战史室著《长沙作战》第123页）这里是日军在增援荆沙方面的部署和作战情况，日军在宜昌和长沙方面的会战结束后，分别从两地调两个精锐师团增援荆沙方面。从双方兵力和作战的持续时间看，日军增加投入两个师团，而国军方面仅仅为盛逢尧部等四个师，且盛逢尧等国军部队反攻荆沙战役的时间比宜昌和长沙会战都要长，说明在当时敌我力量悬殊的情况下，盛逢尧部等国军部队作战持续的时间这么长，可见作战强度很大，战斗非常激烈。尤其是日军最晚攻占郝穴，而此地仅有盛逢尧与何绍周两个师作战，更加说明盛逢尧部作战的坚韧顽强。

在口述史料方面，也有反映盛逢尧部参加这些战役，原第6战区挺进军总指挥凌兆垚在其撰《第6战区挺进军进攻沙市之战》回忆文章中述："这时（即1941年9月），蒋介石令第6战区司令长官陈诚，派强大部队渡江进攻宜昌、沙市，以策应第9战区部队的作战。担任攻击沙市的是霍揆彰的第20集团军。"（《湖北文史资料》第11辑纪念抗日战争胜利40周年专辑之一第188页）这里也证明进攻沙市是霍揆彰的第20集团军，而据当时的隶属关系，盛逢尧的新23师隶属霍揆彰的第20集团军序列。

此外，这个阶段盛逢尧部补充团驻扎监利朱河的作战，除了上文引用郭汝瑰、黄玉章主编的《中国抗日战争正面战场作战记》中的记录外，在其他史料中也有所涉及：

"9月23日开始，第6战区向荆宜日军展开逆袭，相机收复宜昌，并以一部由监利、上车湾附近向临湘、白螺矶、岳阳方面推进，布防漂雷，并向岳阳附近佯攻，威胁敌人。"（罗玉明著《抗日战争时期的湖南战场》2002年版学林出版社第198页）

另有原国民党第199师师长宋瑞珂撰《进攻宜昌策应长沙会战》回忆文章中述："霍揆彰第20集团军，以赵季平师附洞庭支队，于九月二十八日进攻白螺矶，威胁岳阳之敌。十月五日攻克五家店，并冲入白螺矶市区，炮毁敌机数架。"（《湖北文史资料》第11辑纪念抗日战争胜利40周年专辑之一第169页）这里比上一条记录更加具体，明确到了盛逢尧部所隶属的第20集团军。

这些记载虽未能直接精确为盛逢尧部，但可以确定到第6战区第20集团军第87军等信息，并与当时部队辖区分布完全能够吻合，可以间接说明盛逢尧部在朱河作战。在这方面盛逢尧虽然只派一个团作战，主力都在荆沙方面作战，但该团同样发挥了应有的作用，有效牵制了岳阳方面的日军，直接策应了长沙会战。

5. 日军印发《对广仁部队作战的研究》的小册子

这个阶段，盛逢尧指挥的战役，打出许多成功的战例，引起了日军方面的高度关注。因此，日军为避免部队与盛逢尧部作战反复受损，组织参谋们研究其部战法，专门编印了一本《对广仁部队作战的研究》的小册子，发给相关各部指挥官，传授所谓击溃盛逢尧部的作战要领。虽然目前未曾找到该本小册子原物，据说解放前盛逢尧将军被俘时，其家属均未敢动、未敢拿任何物品，四处投奔他人。以至于盛逢尧的遗物下落不明，无法查找，甚是遗憾。尽管如此，我们却完全相信确有其事，因为这是盛逢尧将军在自述资料里，唯一一次提到日军对其部作战的反应。此前在湘北作战时，日军针对其部发的电文及扬言等，按理也是很值得称道的事情，但他都未曾提及过。所以前文据此也曾分析过盛逢尧将军的性格不肆张扬的一面，更何况撰写材料给家属写信时，他受当时气氛及人身限制，不至于敢捏造事实，虚夸自己。

1940年底到1941年底这一年期间，盛逢尧率部在江北作战，是其经历对日作战最频繁的一年。在这些战事中的浩子口、龙湾战役，他与敌同等兵力，而装备远不如敌军，取得敌方伤亡大于己方的战果，且日军在此战后专门编印了一本《对广仁部队作战的研究》的小册子发给作战官兵。为此，他颇为自豪，觉得从战术角度讲是其最为称道的战斗。尽管如此，盛逢尧对此也仅是一笔带过，没做任何渲染，讲述得很平和很简单。原文如下："这两役是预先占得良好地形，构筑成了分散隐蔽的强固野战工事，日寇以两个步兵联队再加骑、炮兵猛烈攻击两日一夜均被我师击退，其死伤损失较为重大，这役敌我兵力相等（日军的联队下辖数个大队相当于国军的团、旅级），是抗战以来所罕见的，因此日军对我师作战，还出了一本小册子为《对广仁部队作战的研究》。"在此他对经验的总结也很简要，仅是讲了工事方面的问题。

在兵力方面确实如他所述，纵观抗日战役中很少有在同等兵力时，国军能战胜日军的,从抗战以来的作战实践看,国民党的杂牌军 1 个师确实很少能打败日军的 1 个大队,更不要说 1 个联队了,虽然盛逢尧部不是杂牌军是老牌中央军,但因其受陈诚排挤,部队装备相对较弱,就是率带这样一支部队,硬是击败了同等兵力的日军。要知道在第一次长沙会战时,冈村宁次制订的作战计划时是以 1 个大队(相当于 1 个营)等同于国民党军队 1 个师的力量来计算战斗力的,如果把日军的空中优势和炮火优势加在一起,1 个大队完全有把握击败国民党军队的 1 个师。故日军的战史记载:"当时第 11 军的作战课是根据我以一个大队,可以和敌军一个师对抗的程度和战斗力量来判断的。和中国军队相比,我方有比较优势的航空兵力相助,炮兵力量一般也占优势。"(田琪之译、日本防卫厅防卫研究所战史室著《中国事变陆军作战史》第二卷第二分册第 151 页)

在这一年的战事中,盛逢尧部先是在枣宜会战后,迅速整训恢复战斗力,趁日军守备兵力不足之机,向江北挺进收复失地,充分凸显出中国军队坚韧的抗战意志,令日军当局不敢轻视。日军在战史中这样表述:"1940 年 10 月底中国军队第三期整训完毕。从最近第 11 军作战(指 11 月开始的汉水作战)情况看,其战斗力比去年同期降低二至三成。中国军队的战斗意志很旺盛,但补给似很困难。从昭和 15 年的情况看,由于我方采取了政治和军事上的各种措施,使中国方面受到了相当大的打击。但是仍保持着不可轻视的抗战意志。"(田琪之、齐福霖译、日本防卫厅防卫研究所战史室著《中国事变陆军作战史》第三卷第二分册第 95 页)

接着,盛逢尧在江北作长期战斗准备,于日军占领区间构筑阵地,频繁袭扰附近日军,在盛逢尧等中国军队的袭扰下,日本中国派遣军华中的第 11 军的士气,在这一时期显得极为低落。当时刚接任日军第 11 军参谋长的木下勇少将深有感触:"1941 年 3 月 19 日木下勇少将莅位后,感到参谋部和军司令部的气氛普遍沉闷,因此到任后即决心确立两条工作准则:一、鉴于第 11 军所处地位,需积极运用武力击破周围重庆军;二、应使司令部的气氛明朗,以威武的气魄充实勇敢战斗的精神。"(天津市政协编译委员会译、日本防卫厅防卫研究所战史室著《长沙作战》第 12 页)

在第 9 战区第二次长沙会战和第 6 战区反攻宜昌战役时,盛逢尧部作为第 6 战区部队随第 20 集团军参加了反攻沙市的战役。这次战役虽然是反攻宜昌战役的组成部分,也在客观上策应了第 9 战区的长沙会战。第 20 集团军所属的盛逢尧等部队发动的反攻沙市的战役，激烈程度丝毫不亚于长沙、宜昌方面，作战时间也比长沙宜昌作战更长，战斗过程极为艰苦残酷。这从上文引叙日军战史的作战经过中可以看出，当讲到岑河口战斗时，称是被荣誉1师和暂5师包围"陷入苦战"（这里的包围部队应当包括盛逢尧部）；讲到其联队长去救援岑河口时，称"重庆军的抵抗极为顽强，未能到达该地。"；讲到从13日起至24日止扫荡郝穴时，称"面前残存的第8军主力和新编第23师。"这里日军使用了"苦战、顽强、残存"等一系列词汇，足以见得当时盛逢尧等部队作战的坚韧程度。另据日军在战后的调查，反攻沙市的国民党部队主要是盛逢尧等四个师，且反攻地区的调查都较为准确，荣誉1师在沙市及岑河口方面，暂5师在沙市对岸地区，因此该两师基本上仅在沙市附近作战，而盛逢尧的新编23师和第8军第103师作战地区均在沙市、郝穴两个方面，可见这两师作战时是分割调度使用的，应当同时参加了沙市方面的作战。

仅从日军战史分析，也可得知盛逢尧部参战的整体情况，首先是岑河口战斗时，日军战史中虽然仅是列举荣誉1师和暂5师两部，未列举出盛逢尧部和第103师，仅仅说明日军在调查前只知道这两支部队围攻他们，并不清楚盛逢尧师和第103师均派出一部参加轮换围攻，只是在战后才调查到这两师也有部队在沙市方面行动，所以沙市岑河口围攻日军15天，被日军称为陷入苦战的局面，也离不开盛逢尧师一部官兵参与浴血奋战。其次，日军战史讲某联队长前往增援岑河口途中被截击，更是在战时并未搞清部队番号，仅用重庆军（蒋介石政府的军队）这一笼统称谓，在战后才调查清楚应当是盛逢尧师或荣誉1师、第103师其中之一，只有暂5师在沙市对岸不能参加，所以日军联队长率部救援岑河口，遭到的极为顽强的抵抗，致其未能到达，也极可能是盛逢尧部或多部联合作战的结果。最后是郝穴方面作战，这一战日军在战时就基本查清其作战对象是第8军主力和新编第23师，战后就更清楚了第8军主力即为第103师，在这里日军使用了面前"残存的"一词，结合作战时间看从13日开始直至24、26日才挺进郝穴附近，前后作战达十多天，可见所谓残存一词，也是日军对盛逢尧部及第103师何绍周部顽固抵抗的无奈，故而用此词以示贬损之意，壮其所谓军威，由此足见盛逢尧等部郝穴方面作战亦是极其顽强的。

这个阶段包括此后的一定时期，盛逢尧将军和当时所有的中国抗日军队的官兵一样，在衣不保暖，食不果腹的生存条件下，全凭一股报国不甘人后的民族精神，以劣质武器装备坚持同日军进行一次次残酷的作战，这无不令我们崇敬。

从当时国际形势看，这一阶段正是世界反法西斯战争处于极为艰苦的时期，德国占领了大半个欧洲，建立了在其羽翼下的亲法西斯政权；苏联艰难地抵抗着德国的进攻，德军的铁蹄正踏向斯大林格勒，苏军节节抵抗，节节败退，整个反法西斯战争的天空一片阴霾。中国战场长沙会战击退了日军的进攻，盛逢尧等部队发动的顽强反攻，打破了这一阴霾的天空，注入了一线胜利的曙光。这一系列战役有着重大的历史意义，降低了日军的国际威信，加深了日本政府的外交危机，鼓舞了中国的民心士气，同时极大地提高了中国政府和军队在世界反法西斯战争中的地位，向世人充分证明了"中国能以自力战胜强国。"（重庆《大公报》1941 年 10 月 3 日）

七、驰骋敌后

第二次长沙会战结束后，日本被德军在欧洲的胜利冲昏了头脑，其国内充斥着一股"不要错过公共汽车"的南进作战的热潮。加上德国淡化在苏联的军事进程开始遭遇阻力，日本被美、英、荷冻结资产，日美和谈出现僵局，日本逐渐陷入资源及经济的困境。1941 年 11 月 5 日日本天皇御前会议决定：如果在 12 月 1 日零时前无法取得对美谈判成功，则对美、英、荷开战，发动所谓的南方作战，即太平洋战争。12 月 8 日，日军偷袭美国在太平洋的海军基地珍珠港，同时攻占英国在太平洋的战略基地新加坡、菲律宾、关岛、香港等地。为策应美英盟军作战，重庆国民政府军委会从第 9 战区抽调部队南下增援香港。12 月 10 日，蒋介石发表了"告全国国民书"，以鼓舞士气，并指令各战区全面地积极采取行动。1942 年 1 月 1 日，美、英、中、苏等二十六国在华盛顿发表反法西斯侵略的《共同宣言》，决心共同对轴心国作战，绝不单独媾和。3 日，蒋介石出任同盟国中国战区盟军最高统帅。宣言的发表意味着中国人民的抗日战争再也不是孤军奋战，标志着反法西斯的世界力量正式结成牢固的作战实体。自此以后，各国反法西斯军队相互支持，紧密配合，协同作战，统一部署，逐步取得并扩大战役、战略主动权，直至最后取得第二次世界大战的彻底胜利。

太平洋战争爆发后，日本政府力图"在攻克南方主要地区的同时，迅速处理中国事变。""摧毁敌之继续抗战的企图。"（天津市政协编译委员会译、日本防卫厅防卫研究所战史室著《长沙作战》第138页）日本中国派遣军命令："……二、继续压制敌人，特别要加强封锁，摧毁敌人继续抗战的企图。……四、第11军应确保九江、信阳、宜昌、岳州、南昌，并尽力摧毁敌之抗战力量。"（田琪之、齐福霖译、日本防卫厅防卫研究所战史室著《中国事变陆军作战史》第三卷第二分册第222页）因此，在中国抗日战争的正面战场上，仍然是大小战役不断发生。在日军进攻香港时，华中武汉的日军为阻止中国派兵南下策应香港作战，遂于12月23日发动第三次长沙会战。

盛逢尧部仍隶属第6战区第20集团军第87军的作战序列，参加了公安、石首两县防御作战、敌后游击作战等，均取得较大战果，有力策应了第三次长沙会战。1942年下半年部队调宜昌整训，与宜昌日军数次对峙作战。此时部队隶属第6战区江防军序列，"第87军1942年下半年至1943年春隶属江防军。"（戚厚杰、刘顺发、王楠编著《国民革命军沿革实录》第551页）

1. 隔江防守

1941年10月底，盛逢尧在指挥郝穴作战负伤，部队奉命撤至长江南岸，此时，暂编第6师不支长沙反转的日军第39师团而后撤，虽盛逢尧部经年作战损失较重，亟待补充休整，但依然受命接替暂编第6师的长江南岸（沙市对面）守备任务，驻守长江南岸的公安、石首两县，与南侵日军进行公安、石首防御战役。该役盛逢尧部在其副师长熊克禧的指挥下，渡江后立即与公安、石首江边布置岸防阵地，阻击日军渡江数天，确保了南岸阵地，打破日军欲渡江西犯的企图。

熊克禧，江西安义人，日本士官学校第19期毕业，第96师567团团长，台湾二·二八起义时，任台湾警备总司令部少将处长。（摘自互联网bbs.tiexue.net—铁血社区—中国留学日本陆军士官学校毕业生名单16—29期）该资料中无熊克禧在盛逢尧部任副师长的记录，应属不全，本书附录三有新编23师师长盛逢尧、副师长熊克禧的任命部属的命令照片资料。

11月底，盛逢尧经治疗20余天后，鉴于前线战事紧迫，他又不安心休养，伤情稍有好转就立即赶赴部队。他到驻地不久即将师部由石首迁至公安斑竹垱，一个团在弥陀寺、一个团在沙道观。前沿阵地与日寇隔江相望防守，敌时常向其阵地射击，盛逢尧命令部队，一概予以报复反击，保持威慑对峙，以利于阵地守备及士气。12月初对岸日军突然炮击盛逢尧部阵地，随后派出浅水兵舰十余艘进攻长江南岸，盛逢尧部官兵坚守阵地，与日军展开激战，双方竟一日之奋战，日军无任何进展，乃退去。

期间，盛逢尧部于守备南岸时，进行休整补充。这时第87军军长周祥初他调，霍揆彰极力向陈诚举荐战功显赫盛逢尧接任军长职，陈诚以其尚受撤职留任处分未消除为由，不予考虑，要霍揆彰依例呈报军政部取消处分，再行定夺。故陈诚派高卓东出任军长，又系其保定军校同期同学。

高卓东（1896～1972）河北丰润，保定陆军军官学校第8期毕业，任第80军参谋长，第87军军长，石家庄铁甲车司令部司令。（据牛哥的博客http：blog.sina.com.cn转载保定陆军军官学校著名将领（五）作者：侯仁选）

第87军的其他两师长也得以提拔，第43师师长金德洋调他部高就，副师长李士林接任师长，第118师代理师长王严正式升任师长，盛逢尧仍任新编23师师长。

12月8日，日本偷袭美国太平洋军事基地珍珠港，对美英宣战，太平洋战争爆发。当天，美国即向日、德、意宣战。中国重庆国民政府也于当日正式向日、德、意宣战，重庆街头百姓奔走相告，热烈庆贺世界反法西斯战线的形成。消息传到前线阵地艰苦抗战的中国军队，将军和士兵都一片欢腾。当时，盛逢尧将军抑制不住内心的喜悦，深入部队前线各阵地与官兵共同庆贺，并鼓舞将士们说："弟兄们，穿草鞋吃野菜的苦日子熬出头了！马上有美国罐头、皮鞋、武器啦！小日本的末日就要到了！"官兵们齐声欢呼："打倒日本帝国主义"然后呼呼地朝对岸日军阵地放枪，以示庆贺。高昂激动的气氛，搞得对面日军及其紧张，以为国军要发动攻击。当时，盛逢尧真的以为有美国这么强大的国家参战，只要其在华北、华中各投入一个军就可带动全线反攻，把日本帝国主义驱赶出中国。他那里知道此后不久，国际反法西斯同盟确立"先欧后亚"的军事方针，也就是说中国战场乃至亚洲还得靠中国人民和军队独自艰苦的支撑。

本段有关问题考证情况

这个时期的作战，规模都较小，双方损失均不大。也没有其他资料可以参见，只能从盛逢尧部属的回忆中才能看出一些相关内容。如原新编23师第69团第3营机枪连中尉排长王清泉先生在其撰《抗日战争回忆录》中回忆说："长江的防务由荆沙到宜昌，87军担任了半年多，我们幸运地负责沙市长江南岸的防务，当时沙市就是日寇的重要据点，平静时沙市叫卖烧饼油条的声音，听得一清二楚，日寇心血来潮时，会向我们阵地上发射几声冷枪或几发炮弹，很有意思。"（参见附录三）在这里反映了盛逢尧部与日军对峙的情况。至于12月初，日军发动的一次较大攻势，从其叙述来看，像是一次佯攻，日军向来有准备大会战前调度部队部署换防时，对当面之中国军队发动佯攻的习惯，以掩盖其真实意图。

日军占领宜昌后，第6战区在这一年时间不断整训部队，充实装备，提高战斗力，开始派出游击部队不断袭扰日军，造成日军极大的恐慌。对此日军也不得不承认："尤其第一线部队与我军近接对峙，不断向我发动进攻，或以游击破坏我后方联络线等，活动日益活跃，颇有成为第11军宿敌之感。"（日本防卫厅研究所战史室《长沙作战》第12页）盛逢尧部也于这段时间，派出部队多次游击袭扰日军。

2. 敌后游击

盛逢尧部因在江北作战年余，损耗较大，按当时的安排其部在南岸担任守备的同时，进行兵员补充及休整，短期不再参加大规模作战。由于日军发动太平洋战争后，蒋介石命令各战区向当面之敌发动进攻，盛逢尧来不及好好让部队休整，轮换抽调部队向江北的日军作战。

1941年底，盛逢尧师又奉命向左移动，将师部移至松滋磨盘洲，右翼沙道观阵地仍归其师守备，并于长江黄水套及沙道观以北之长江南岸征用控制大批民船，准备随时派营以上部队渡江进入沦陷区游击日寇，是为公安、松滋防守南岸之役。

次年初，盛逢尧命69团于夜间乘帆船数十艘偷偷渡过长江，在枝江地区成功登陆。次日上午，该团便首战告捷，将两辆满载日军军用物资的汽车拦获，押车的几名日军全被击毙。随后大肆毁坏日军诸多公路、桥梁、通信设施等，在沮漳河渡河转移时，遭遇日军数百人从背后追击，赖团长指挥一营占领阵地，击溃该股敌军，掩护其余部队渡河，战斗至黄昏，敌军伤亡 50 余人后溃退。这次渡河作战，该团未伤亡一人。几天后，该团进至宜昌东南鸦雀岭附近，凌晨 3 时左右，正当全团官兵入睡休息之时，遭到日军数百人分头合围偷袭，幸被哨兵发现，全团各部均先后与合围日军发生战斗。经过七八小时的猛烈还击，敌人被迫退回。尔后，盛逢尧电令该团向石林以西敌空隙地区撤退，渡江至南岸守备。新 23 师 69 团这次在枝江地区的游击作战近 20 日，打得敌人风声鹤唳，惶恐不安，歼敌数十人，该团仅伤亡十余人，毁坏敌设施无算。盛逢尧对此很是满意。

此后，又屡次派出部队，轮流渡江袭扰作战，均取得不等战果，造成当面日军的极大恐慌。事后，盛逢尧为此专门报请霍揆彰司令，其部各团营得到了军令部和第 6 战区的嘉奖。

本段有关问题考证情况

该些游击战斗，也由于规模不大，并正式史料直接记载，但也有相关资料可以说明。"国民党军事委员会于 1941 年 12 月 9 日命令各战区对当面日军发起全面进攻，牵制日军。"（罗玉明著《抗日战争时期的湖南战场》第 201 页）

盛逢尧的部属，原新编 23 师第 69 团团附姚行中先生撰《姚行中抗日战斗故事》的回忆文章中，有一次较为详细的敌后游击作战的记叙，是为盛逢尧部游击作战的佐证。虽然作战的时间不是完全吻合，但从内容上看，应属姚先生的记忆有误。（具体参见附录三）

3. 再次策应长沙作战

12 月底，日军中国派遣军驻广州军进攻香港，日军驻武汉之集团军决定再次发动对长江以南中国军队的进攻，以牵制中国军队转用广东方向，阻止中国军队援助英军保卫香港。为此，武汉日军再次进攻长沙。1941 年 12 月 23 日，日军强渡新墙河，第三次长沙会战开始。这次会战，中国军队一改被动局面，在前两次长沙会战的基础上，进一步总结经验，运用"天炉战法"展开防御作战。第 9 战区一线兵团依托各阵地逐次抵抗，给日军相当的损耗和迟滞。待敌深入长沙预定决战地区，中国长沙守军顽强坚守核心阵地，连续挫败日军进攻。同时，第二线反击兵团周密协同，对日军进行合围。日军屡攻长沙不下，周围中国军队又不断压缩包围圈。日军弹药将尽而补给线已被切断，只能空投补给。日军见势不妙立即展开退却。我军合围部队立即转为向敌阻击、截击、尾击作战，穷追不舍，在多处予敌以重大打击，扩大战果，敌狼狈逃串，至1942年1月15日，日军退过新墙河，恢复战前态势，中国军队取得战役胜利。

在第三次长沙会战期间，蒋介石命第6战区实行全面的游击作战，策应长沙作战。1942年2月盛逢尧部奉命参加宜昌、沙市、荆门、当阳间敌后游击战役，这次盛逢尧亲率两个团另一营、搜索、通讯各连，向荆沙以西、昌宜以东、当阳天门以南、长江以北地区游击牵制敌人兵力。于沙道观以北民船控制之处，乘夜渡过长江，在公路两侧袭击敌运输车辆，破坏通讯设施。盛逢尧知道日军大部兵力调往长沙会战，只留少量兵力依托工事强固的据点据守，一般不敢独自出据点应战。此前，盛逢尧充分分析了所部游击的战况，得知日军有一套呆板的分进合击战术，发现游击部队时，只采取数据点出兵合击的态势，企图一举歼灭。掌握了日军的这些作战规律，盛逢尧率部在敌后游击则非常从容，部队每天在夜黑时，变换宿营位置，使敌人捉摸不定。就这样打击敌人十多天，拖着官兵们天天跑路，部队亦是十分疲劳，盛逢尧觉得需要休整，遂选定一有利地形，构筑好临时的防御阵地，于外围布置好口袋阵型，料定附近据点的小股日军不敢来犯，纵然出来正好饱揍他一顿，即使日军形成合击，亦需数日，且凭此地形可固守，因此，盛逢尧部于此一连休息了数日，部队得到休整战斗力恢复。

过了几日，日军果然来攻，盛逢尧立即组织战斗，正面以交叉的火力封死敌进攻之路，左右翼的敌人受到制高点阵地的瞰制射击，打退了敌人的数次冲锋。激战至近午，由于敌兵力不多，无计可施，双方呈对峙状态，仅有零星接触，但敌人无撤退迹象，一直相持至夜。盛逢尧判断日军必定在等其他据点增援，遂决定不再恋战，即趁夜向北转移，同时，派出一连兵力向日军宿营地施行夜袭，敌人手忙脚乱，爬起来打枪放炮，自顾不暇。待日军得知盛逢尧部意图，他的部队已在崇山峻岭的险要地形中消失甚远，故日军未再积极追击，部队得以全部转移。脱离了险境，盛逢尧部无甚损失，又得到休整恢复战斗力，盛逢尧继续于沙市、当阳、天门之间频繁袭扰日军，引得三地的大量敌人发动。分别从三路向他包围，盛逢尧乘敌未形成包围之际，率部激战竟日将西路敌人击退，向东渗入渡过汉水至东岸。见敌人未敢追击，又令部队作稍为停歇，即向北路敌人予以痛击。尔后，又向南路之敌奔袭，数日间辗转几百里，南路沙市之敌退入据点，北路敌人被袭击后亦退守据点。在日军退入据点之后，盛逢尧即以营以上部队推进敌后，大肆破坏扰袭，日军紧张万分，完全不敢轻率出城迎战，均以防守待援。

不久，盛逢尧派出的便衣队，连日来相继报告汉宜公路沙市支路装兵汽车来往频繁络绎不绝。他判断这是日军从汉口方面调来大部援兵，企图将其部予以歼灭。随即，盛逢尧以牵制敌兵力的目的已达，乃报请霍揆彰撤回南岸。这时，第6战区也接到进攻长沙之敌主力已返转的情报，命令游击作战的各部撤离，以防日军集结兵力大扫荡。于是，盛逢尧率带部队乘机透过沙金公路以东地区，夜渡长湖而休息于潜监地区。敌以大部兵力追击，结果扑空。是役盛逢尧部以相等于三个团兵力深入敌后达四十天之久，引起日寇三路向他围攻，大小作战十余次，伤亡约二百余人，敌则伤亡更多，惊惶异常误认国军将大举进攻，使沙市、宜昌、当阳、汉口各方面敌人纷纷出动，得已达策应任务。

在第三次长沙会战中，中国军队以第9战区30万优势兵力击败了日军的进攻，"共毙伤日军56000余人，国军官兵伤亡28000人。"（罗玉明著《抗日战争时期的湖南战场》第215页）给予华中日军重创，以较小的代价取得了战略战术上重大的胜利。盛逢尧部虽然未直接参与长沙会战，但他率部到敌后游击作战，有力策应了长沙会战，在一定程度上为长沙会战的胜利作出贡献。

本段有关问题考证情况

在会战期间，蒋介石确实曾命令第6战区实行全面的游击战，因而，这个阶段盛逢尧率部游击作战，能够与此契合。"蒋介石于12月17日命令：第5、第6、第9战区从12月30日起实行全面的游击战。"（天津市政协编译委员会译、日本防卫厅防卫研究所战史室著《长沙作战》第141页）基于此命令，盛逢尧奉命率部渗入敌后游击作战。虽暂无其他史料直接说明，但其自述情况与日军战史记录及蒋介石命令内容相互吻合，当属真实无疑。

4. 宜昌对峙

第三次长沙会战后，盛逢尧部仍驻防湖北松滋，在松滋担任长江南岸防务期间，盛逢尧前往参加了第6战区战干团将官班第一期培训，当时班主任陈诚，副主任吴奇伟、樊松甫，主要是研究抗日作战。但实际上陈诚于培训时大造势力，拉拢各将领，扩充其实力。盛逢尧对其吞并赣军耿耿于怀，本就不想依附于他，只是鉴于抗日大局，不忍破坏被人误解，更有保家卫国的军人天职使然，才决心率部坚持抗战，无意依附权势图升官发财。因此，盛逢尧对陈诚的谋权玩术，依然不屑一顾，两人关系并无如何改善。

自1940年夏日军攻占宜昌后，鉴于该战略要地十分关键，长期派其甲种精锐第13师团驻扎，并以一部兵力占领宜昌西岸磨基山、赵家岭一线山地制高点，构筑地堡、碉堡等永久性工事，企图保障宜昌城安全。

1942年10月，盛逢尧部又继续向左移动，移防宜昌三斗坪至曹家一带阵地守备任务，这是江防军的防区，为调度便利，他部暂时隶属江防军作战序列。当时，他以所属两团担任守备，一团预备，一团休整，定期轮换，对盘踞宜昌的日军采取防御作战方针，因此在守备的大部分时间内，均保持原有的对峙态势。由于宜昌以西和以北地区，多属崇山峻岭地势险要，利守不利攻。日军部队机动化水准高，其炮兵、战车和运输机等都受到了地形上的限制，不能发挥装备上的优势，不得不放弃继续进攻，转而以切断长江上游交通，确保宜昌，威胁重庆为策略。盛逢尧由此判断，敌人既不可能向他驻地继续进犯，所以其一面命令前沿阵地加强防御，并不时抽派小部队向当面日军突出的据点，进行局部袭扰攻击，破坏敌人据点外围工事。同时，较好地控制战斗规模，不至于引起激烈战斗，免造成自己的重大伤亡。在敌军方面，也时有以小部分兵力对盛逢尧部进行袭击和骚扰，还有时用山炮进行散布射击，以示威胁，表明他们亦未放弃攻势。

本段有关问题考证情况

这期间具体的战斗情况，有地方史料和口述史料记载：

"1943年1月1日，守备宜昌长江南岸的新编23师第68团，组织兵力对磨基山的日军发起夜攻。两天后，日军分队反扑，经激战，敌弃尸十余具撤退。"（宜昌政协文史资料委员会编、中国三峡出版社出版《宜昌百年大事记》第295页）

此外，盛逢尧的部属原新编23师第68团第3营长姚行中先生的回忆

文章，亦有相关的作战叙述。（参见附录三）

5. 打得日军惶恐不安

1941年底至1942年底的一年期间，盛逢尧部驻扎长江南岸，由石首、公安、松滋、宜都、宜昌逐次担任守备任务。虽然并未直接参加重大战役，但一直处于对日作战的第一线，终日与日军隔江对峙，小规模的袭扰作战不断。诚然没有令日军有重大伤亡损失，毕竟时刻向日本侵略者展示出中国军人的昂扬斗志。尤其是数度深入敌后展开游击作战，以破坏敌交通设施，攻击敌后方运输，袭击其小股部队的作战方式，使敌处处被动，疲于奔命。盛逢尧原部属姚行中先生在40余年后，回忆这段经历时，颇为自豪地称之为"打得日军惶恐不安"，这是一名战争亲历者的真实感受，着实让国人的民族自豪感油然而生。

抗日战争时期，中日实力差距较大，在军事上武器装备较之日本相去甚远，这是当时的实情。那么所谓"打得日军惶恐不安"，是否为当时一名中国军人的善意谎言呢？笔者倒认为无可质疑，日军处于被动，是由当时各方面条件决定的。那时据守华中的日军第11军仅余6个师团，需控制以武汉为中心的鄂中东部及豫南、湘北、赣北等广大地区，兵力本就不够，不能处处设防，都是选择津要构筑坚固据点，互相策应，日夜派遣小队于两个据点的空隙中往来巡逻，其他公路等地则稀稀疏疏设一些要点，保护交通。因此，在所谓的日军控制区域内，国军游击部队的活动范围很大。

同时，游击作战的战术规则，并不要求攻城夺地为目标，而是以破坏设施、交通及突袭小股部队为目的，所以日军的坚固据点并不能发挥作用，必须出据点扑捉游击部队的踪迹，单个据点兵力又因兵力不够，不敢贸然倾巢出击，因此日军对游击疲于应付，不得安闲，有的由于不能和其他据点形成联合出击，索性在据点工事中不出来，以免受到更大的打击。

此外，盛逢尧部发动的数次游击的期间，正好日军组织发动第三次长沙会战前后，大量的日军都调往湘北方面，日占区的守备兵力比以往更为空虚，所以日军面对盛逢尧部最少一个团的游击，会觉得惶恐不安，完全是由于兵力不足，无力实施有力打击，眼睁睁看着游击部队四处出击，而心里发虚不安。尤其是盛逢尧亲自率带近三个团的强大兵力游击，在日占区由西往东兜了一个数百里的大圈，日军更是提心吊胆不敢出来应战，这都是完全可能的，是由当时的这些实际情况决定的，对此我们不应该妄自菲薄。

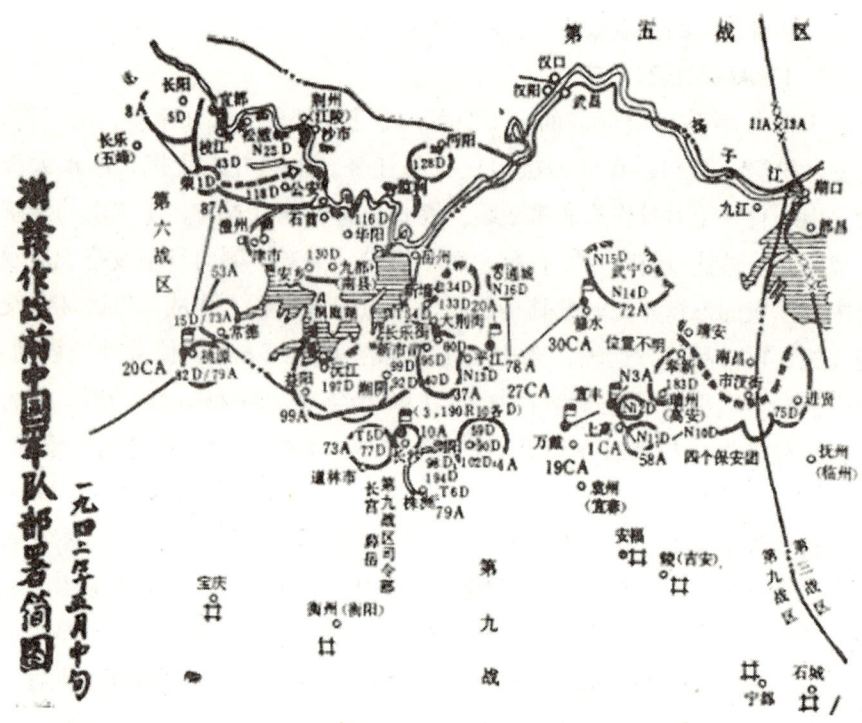

这是日军战史中侦察中国军队的部署图（摘自贾玉芹译、日本防卫厅防卫研究所战史室著《昭和十七、八（1942、1943）年的中国派遣军》上 P52）该图上的左上角松滋附近所标的"N23D"即为盛逢尧部新编第23师的英文缩写番号，可见，盛逢尧部驻扎于日军对峙的最前线，且该年他率部由此潜入日占区游击，亦是较为便利的。

在这一年内，盛逢尧部参与这些规模不大的战斗，游击牵制日军作战，有力策应第三次长沙会战。这时正值美英荷等国在太平洋战争中遭到惨败，东南亚诸国及西太平洋、西南太平洋诸岛相继沦陷。与此相反，在中国战场上，第9战区取得了第三次长沙会战的胜利，歼敌数万之众，迫使日军退守原防。这一胜利，极大地震撼了西方世界。伦敦泰晤士报称："是反法西斯同盟军唯一决定性之胜利。"（湖南省档案馆藏《第三次长沙会战纪实》第521页）这次胜利极大地增强了中国人民的民族自豪感和自信心，提高了国际地位。长沙会战之时正逢美国国会复会，他们也因中国战局的乐观，充满了欢欣的空气，并坚信："中国军队的配备若能与日军相等，他们即可以轻而易举地击败日军。"（湖南省档案馆藏《第三次长沙会战纪实》第 513 页）会战胜利后二十余天，美国国会通过议案，宣布给予中国五亿美元的贷款，以援助中国抗战。美国李蒙区时报社论认为："中国为反轴心阵线最主要因素之一，倘非中国继续抵抗，则日本必致在远东横行无忌。最近长沙一役，日军惨遭败北。西方人士对于中国人民倔强之特点，尚缺乏认识。有识之士，徒知中国拥有古老灿烂之文明，至最近方理解中国之战斗精神与坚强力量。英、美、荷各国军队，现已迭次后撤，与中日战事初爆发时中国情形相似……凡我美人，必能对于中国不屈不挠之精神，益具充分认识。"（湖南省档案馆藏《第三次长沙会战纪实》第 527 页）伦敦泰晤士报社评认为："中国为同盟国中唯一有近五年实际作战经验之国家，中国经过五年之作战，将日军近百万人牵制于各战场上，且逐渐派遣数目巨大之军队，援助荷印，保卫缅甸。任何人如认清武装之中华民国，在艰难困苦下之成就，则对其在同等条件下战败与驱逐侵略者之能力，绝无问题。"（湖南省档案馆藏《第三次长沙会战纪实》第 520 页）可见，第三次长沙会战的胜利，引起较为强烈的国际反响，英、美等国政府和西方舆论给予积极赞扬和评价。

日军自承"动摇了一部官兵的必胜信念。"1942 年底，和日军第 11 军新任司令官横山勇一同到任的，中国派遣军总司令部参谋调任第 11 军高级参谋的岛贯武治回忆在第三次长沙会战后第 11 军的状况时说："我自昭和 17 年末到汉口上任以后，耳闻目睹了军内状况，感到总的来说是对敌人估计过高，士气不振。我想，这可能是第二次长沙作战所带来的痛苦体验造成的。"［高书全译、日本防卫厅防卫研究所战史室著《昭和十七、八（1942、1943）年的中国派遣军》下第 19 页］这里日军所说的第二次长沙作战即中国所称的第三次长沙会战。

所有这些成绩的取得，当然有盛逢尧部积极策应第三次长沙会战，为取得彻底胜利作出的应有贡献。

八、浴血藕池

1942 年下半年以后，美、英军开始在太平洋战场进行反攻，形势逐变，日军由进攻变为抵抗。同时，美国已向中国派驻空军，为中国军队作战提供空中支援，对日军及日本本土造成威胁。此外，辽阔的中国战场，牢牢地拖住了日本的大半个身子，使其动弹不得。日方认为，在美英大规模的反击下，中国军队坐着不动，静静地咬住日军，日本也不堪重负，若不能迅速解决中国战事，日本将面临险境。因此，日本铤而走险，一再向中国增兵猛冲猛打，企图灭亡中国，或给蒋介石以颜色看看，迫使其坐到谈判桌上来。

1943年2月，日军大本营向中国派遣军下达了《1943年度帝国陆军对华作战指导计划》，这一作战指导计划表明，在华日军除在地面上力图以攻为守、稳住占领区、防止中国的反攻外。在空中战场力图保住即将丧失的主动权，改变被动局面和日趋不利的战略态势。日军决定在宜昌、常德间发动一场打击第6战区的战役，企图直接震慑重庆政府及美国空军，意欲从陷于泥沼中的中国大陆战场抽出兵力，转用于太平洋战场对付盟军。自2月起相继组织了"江北歼灭战"、"江南歼灭战"（日方又称宜南作战或江南作战，中方称为"鄂西会战"）、"常德会战"等。

鉴于前两个战役，盛逢尧部均作为主力，一直在正面战场作战，前后达三个月之久，故该三次战役自本节起，分三节叙之。

在"江北歼灭战"时，盛逢尧部仍隶属第6战区第20集团军第87军，（戚厚杰、刘顺发、王楠编著《国民革命军沿革实录》第556页）日军战史反映盛逢尧部所属的第87军，在1943年3月底仍然隶属第20集团军序列，"三月末第6战区长官有如下部署：1. 以第29集团军（第44军、第67军、暂编第5师）和第20集团军（以第87军为基干，第53军是否中止移动，不详）及第94军确保华容—公安—松滋一线附近。"[高书全译、日本防卫厅防卫研究所战史室著《昭和十七、八（1942、1943）年的中国派遣军》下第57页] 他率部屡次发动惨烈战斗，于石首藕池口阻击渡江西进的日军。盛逢尧师阵亡官兵近达四千人，是抗战以来损失最大之战役。

1. 藕池绞肉机

1942年12月22日，原关东军第4军司令官横山勇接任第11军司令官，他彻底地研究了11军的战略状况。发现该军经过三次长沙会战之后，尤其在过去的一年（1942年）中，面对周围第3、5、6、9战区国军挑衅般的游击骚扰，几乎保持休眠状态，士气跌落到消极作战的极点。于是，横山勇选择突入日军占领区的，连接汉口、岳州、沙市以沔阳为中心的长江北岸三角地带为作战目标，充分集结了十万兵力，对付该地区约三四万的游击部队，"采取用牛刀杀鸡的方式，使其部队体验一下必胜的作战实践，以此来振奋目前业已消沉下去的士气。"[高书全译、日本防卫厅防卫研究所战史室著《昭和十七、八（1942、1943）年的中国派遣军》下第19页]作战时间从1943年2月中旬起，一直到3月下旬。其作战目的及方针是："歼灭三角地带之敌，接着以一部兵力占领沙市对岸及石首、华容等江南要地，完全确保江北的安定，为今后作战确立有利态势。"（参见同上书第23页）为此，日军第11军制订具体的作战计划，将这次作战定名为"江北歼灭战"。

1943年2月，日军先以第34、第58师团和第39师团的两角支队及独立第17混成旅团，分别在湘北、南昌等地佯动，造成向第9战区（长沙）方面进攻的假象。同时于2月中旬迅速集结了第13、第40师团和第3师团的塘支队为主力，另附伪定国军、人民自卫军等部共达10万人的庞大兵力，在50架飞机的掩护下，以猛狮搏兔的绝对优势，对孤悬在洪湖地区的被称为"鄂中独立王国"的王劲哉第128师为主力3万人及第6战区所辖何绍南的江北挺进军等游击部队，发动大规模"江北歼灭战"。历经近半个月的作战，将存在4年的"鄂中独立王国"彻底颠覆，王劲哉及部属两万余人被俘，近五千人战死。第6战区江北挺进军方面3个纵队主力八千余人被击溃，余部被迫撤到长江南岸整理。日军以微弱的代价几乎全歼国军的游击部队，占领潜江、监利等江北各地。第11军在江北扫荡战中大获全胜，尽管凭借了绝对的兵力优势，但在一定程度上振奋了日军各部队的信心，提高了湖沼地带的实战能力，更加坚定了下一步全面西进战略的推动。

3月2日，已占据监利等江北腹心要地的日军按作战计划趁热打铁，在以一部确保江北安定的同时，以主力向长江南岸阵地发起进攻战，企图在长江南岸占领滩头阵地，为尔后实施西进作战创造有利条件。3月8日，集结于江北的日军第13、第40师团及塘支队分路从沙市、石首强渡长江，另以独立混成第17旅团由岳州向石首、华容侧击，向中国军队的江南前哨阵地发动猛烈进攻。负责南岸江防的是第87军第118师，[高书全译、日本防卫厅防卫研究所战史室著《昭和十七、八（1942、1943）年的中国派遣军》下第21页]虽顽强阻击日军渡江，但终不敌日军绝对优势兵力攻击,退守公安、安乡之间。接着,第87军第43师和第29集团军所属第44、73军各部,在石首、华容、弥陀寺、藕池口等地固守阵地阻击日军,然激战数日,各阵地相继失守。3月13日,日军下令结束进攻作战,进行警备保持作战。

3月中旬,盛逢尧奉命率新编23师,与第18军一部昼夜行军赶到石首附近。这时其所隶属的第20集团军第87军受命收复藕池口,该军以第43师与盛逢尧的新23师为主攻部队,反攻藕池口。盛逢尧接到命令后,即研究作战方案,据派出的便衣队观察当面敌情及地形看,这里都是湖港交错、沟堤纵横,只有藕池街市郊外有一高坝,日军于此布有重兵及山炮、野炮,反攻藕池必须先占领该地作为制高点,以利于支持攻击作战。由于日军也是刚占领该地,尚来不及修筑永久工事,防御设施并不十分坚固。盛逢尧对此有十分把握,但日军有战机及优势炮火协同作战,白天硬攻伤亡必大,乃决定采取夜袭。盛逢尧命第68团担任主攻,第69团协攻,并与友军第43师约定,其负责之方面亦于夜间同时发动攻击。

黄昏后,盛逢尧部第68团挑选百余人组成奋勇队,分成数个小组,以有作战经验的连、排长为组长,带上数箱手榴弹,趁夜色摸向高地。部队屡经近战、夜战磨炼,已有十分把握,行进时完全没有声响。破坏组先破坏了鹿砦,打开了攻击的缺口,但破坏铁丝网时,被敌人发觉,一时枪炮大作,奋勇队即以猛烈的火力集中射击敌人,并果断冲上一组,双方展开了激烈的战斗。盛逢尧部官兵士气很旺盛,前面的士兵倒下了,后面的马上冲上去,勇猛肉搏冲杀,与敌鏖战极烈。天将拂晓,敌人在炮火支持下,由正面发动反扑逆袭,致突击队伤亡较大被迫撤回。返回后,突击队总结经验,补充人员和弹药,准备夜间再举。当时在抗日战争期间,官兵都被高昂的爱国热情激励着,只要战斗中组织突击队,官兵多自愿奋勇参加,纷纷写好家信遗书交予官长。每当看到这一刻,任是久历兵戎的老将盛逢尧,也总是感动得热泪盈眶。次日夜,他给奋勇队增加了三挺轻机枪,并命第69团派出一个营预备,随突击队后,到高地附近潜伏,俟奋勇队扯开口子,即一涌而上。同时,命第68团即向藕池街市发动猛攻。

部署后,盛逢尧即守在前线战斗指挥所,听到高地上传来的手榴弹爆炸声与机关枪声交织在一起,战斗再次打响了,到了午夜枪弹声仍然十分密集，他知道战斗进行得较为激烈。一直到了下半夜，日军的枪炮声逐渐稀疏，盛逢尧有点兴奋了，可能已占领目标地了。但是按预先规定，占领后即发三枚信号弹，总也不见信号弹升起，他便打电话到前沿第68团指挥所，该团团长说冲上去后，敌人抵抗顽强，奋勇队伤亡很大，仍有少量敌人在负隅顽抗，等将敌人消灭确实占领再报。放下电话不久，传令兵来报看见了信号弹，总算是占领了，盛逢尧这才松了一口气。

在突击队打响战斗的同时，第68团主力也奉命对藕池集镇发动了猛烈进攻，其进展比预想的更为艰难。日军对该地防守甚严，城垣挖掘简易掩体暗堡和步兵线火力点，城口用土袋、沙包垒成轻重机枪阵地，附近较高的建筑都加固成碉堡，构成双层火力网。城内各个街口，房屋修筑有碉堡、屋下设暗堡，布设多层铁丝网，以备巷战。盛逢尧部第68团先以一个营从正面发动攻击，遭到强烈的反击，未取得进展。遂又改由右翼阵地衔结处，再次组织进攻，终于突破了一个缺口，冲进街市百余米，又遭到敌人密布的侧射，以致伤亡颇大，旋又被迫退出。战斗激烈进行一夜一天，最后乃以两营兵力，分别从两翼同时进攻，始得以突破。但城内掩体暗堡内日军，仍拼死顽抗，部队推进极慢，盛逢尧部在此危急情形之下，抱不攻占不撤兵之决心，寸土寸血，与敌往返冲杀，从外围之据点争夺，渐至城内之逐屋争夺，虽以敌优我劣，但官兵愈挫愈锐，苦战至均是数十米地艰难进行，于次日夜十二时攻入据点内，占领该镇街道半数。而这时友军第43师还未将当面的敌人扫荡。

3月下旬，由于丧失了阵地，日军气急败坏地派出独立混成第17旅团向藕池口增援，该部战斗力顽强，气焰十分嚣张。盛逢尧接报敌复由藕池东岸增援千余名向第68团占领地区反攻，他虽然了解到该团各部都遭受较大伤亡，而且激战数日，人马十分疲乏，继续战斗困难重重。但盛逢尧仍激励官兵，调整阵容，积极对增援的日军采取逆袭攻势。当时，仅在城外守备高地的第69团第2营阵地，就有约400余日军在炮兵掩护下进攻，该营官兵与敌激战多时，敌人久攻不下。至夜，日军组织武士特攻队，以精干日兵持战刀酗酒至半醉，悄然潜至该营地堡附近，进行必死的突击，官兵冲出地堡掩体与敌肉搏，夜战激烈。同时，正攻入城内的第68团各营阵地，均遭受到大量日军的蜂拥攻入。此时的藕池街市，因人多街窄，秩序十分混乱，双方争夺愈演愈烈，完全进入反复冲杀肉搏作战，战斗极其惨烈，全团伤亡惨重。

盛逢尧见状况危急，乃命令复增加一个团即把预备队第69团全部加入作战。这时的盛逢尧也红了眼，往头上扣上一顶钢盔，摸起一支冲锋枪，不顾部属阻扰冲出指挥所，亲率特务连部分官兵扑上阵地。正在与日军死拼恶战的两团官兵见师长亲自上阵地督战，更加英勇顽强，战场似乎成了屠宰场，敌我尸体枕藉，令人闻之动容。有几个士兵右手受伤，就用左手打枪，用牙齿咬开保险盖扔手榴弹；有个士兵腿被炸掉了，身边仅余的两枚手榴弹，该兵躲在掩体后用步枪散漫射击，诱敌靠近，即毫不犹豫地拉响手榴弹，与敌同归于尽；还有一排士兵阵地被炸，机枪、步枪大都被毁，他们有的用拆下刺刀，与敌作拼杀，有的手榴弹用完了，就以砖头、石块投轧向日军，甚至还有的士兵赤手空拳，与敌搏斗，用牙齿撕咬；不少官兵声音早已嘶哑，负伤数处，仍坚持与日军搏杀，终遭敌杀手倒地，弥留之际，犹高呼好弟兄们杀呀！杀呀！闻者无不壮之。可谓，用尽最后一分力，流尽最后一滴血，盛逢尧见所部官兵，如此英勇之壮举，感动不已，当即责成副官载入师部忠勇事迹录，让他们的英勇事迹传承颂扬下去，千秋万代接受后世人的敬仰，这是他作为指挥官唯一能为这些弟兄做

今日藕池集镇一角

的。藕池城内外的战事就这样惨烈地进行着,到了晚上,日军也间歇性暂停作战,官兵们累了就依偎在敌我的尸体上睡觉。战斗此消彼长,时断时续,阵地几经混战缠斗易手。第二日,盛逢尧被部下从藕池阵地扶下来,整个人已经走了样,变了形,眼眶充血,军服污秽破碎,身上几处负伤。第三天,藕池全镇即有三分之二被盛逢尧部占领,敌乃逐渐溃退。而这时友军第43师正面仍未突破。

连续数日的肉搏近战,日军战机、炮兵无从下手,盛逢尧部付出极大的代价,复又控制了藕池街市大部分。由于友军一直未能突破,两部不能于藕池取得协同,一口气拿下该地。正值深夜时分,可怜该两团官兵得以安心枕着敌我尸体休息一宿。迨至五时天候将明,敌复调动空军出动支持,又组织部队增兵反扑,飞机十余架轮番狂炸,并投下大批烧夷弹、毒气弹,以致盛逢尧师攻入之两团,被大火焚烧及轰炸,官兵中毒者甚多,全镇一片火海,不能立足只得命令退出。是役盛逢尧师第68、69团遭受重大牺牲阵亡近两千人。

2. 血染虎渡河

1943年3月底,盛逢尧部两团从藕池撤出,敌人紧随其后疯狂追击,敌机十余架次轮番扫射轰炸,部队虽相互掩护,有序撤退,伤亡仍在扩大。当时,虎渡河以东地区有数千百姓尚在转移之中。盛逢尧率部与日军作战多年,最熟悉这些禽兽部队的作风,但凡日军作战遭到强力阻击,最后占领该地区时,都乘机疯狂报复百姓。于是,盛逢尧为百姓免遭日军蹂躏,同时确保部队撤退稳妥起见,乃命令师部预备队第67团前往接应。该团通过虎渡河时,仅有几只木船作为渡河工具,渡船速度又慢,刚渡过河的一部分尚未展开兵力,即被敌空军发现,10余架飞机轮番轰炸扫射,并集中炮火向67团轰击,该团人员密集,又措手不及伤亡甚大。后续部队还有不少正在渡河,争先恐后拥挤不堪,有几只渡船被炸,官兵多人溺水毙命,有的甚至泅渡,有的船上官兵惨遭敌机扫射,当即翻落河里,河水不一会儿就被染得腥红一片,厥状甚惨。

该团团长见状不妙,立即命已渡过河的部队,全部不顾一切,将所有机枪、步枪一齐向低空飞行的日机瞄准开火,呼啸的子弹在空中组成弹幕,终将敌机驱散,停止了攻击。正待收容整理陆续渡河的部队时,日军的地面部队赶到,先是一顿炮轰,该团剩余部队渡河再次受阻。接着,日军派出骑兵发起进攻,该团无奈之下仓促应战,立刻采取疏散队形,利用沟堑地形隐蔽反击,尚在河堤上的官兵,也迅速撤到反斜面,依托河堤阻击日军冲锋队形。但大部分官兵过于集中,一时疏散不及,惨遭敌手,其状令人目不忍睹。其他剩余官兵仍奋不顾身,与来敌作顽强战斗,逐渐稳住了阵脚。

战至中午,大批虎东百姓陆续赶到渡口,随即第68、第69团也撤到虎渡河边,日军飞机炮兵随之发动猛烈轰炸,步兵继之蜂拥而来。第67团坚持掩护百姓和战友渡河,每渡一批时,河岸两边的该团官兵,都一齐向敌机开火,令敌机不敢作低空飞行扫射,但进展十分缓慢。后来敌机又协助其地面部队进攻,河堤上的守备部队,由于没有任何掩体工事,难敌日军陆空协作,伤亡迅速扩大,只得暂时停止渡河,全力支持阻击敌人的追击作战。

在河堤反斜面的官兵,全凭血肉之躯顽强抵挡敌人步兵的一次又一次猛烈进攻。该团第2营营长黄兼进,系盛逢尧的同乡,从军以来一直追随左右,作战勇敢,为人勤恳,深得盛逢尧器重。该黄营长于河堤纵横相连处,垒起几个沙袋,率带几名士兵,扛去两箱手榴弹,控制着两挺重机枪,扼守在此要点上,给敌人进攻造成重大威胁。敌人对他恨之入骨,屡次企图拔除这个强有力的火力点,他这里成为敌人的火力聚点,炮弹、手榴弹屡屡在旁边爆炸,敌机也数次对其俯冲扫射,他带上去的士兵一个个倒下,他自己也多处负伤,但仍坚持不退,数次拒敌猛攻,直至最后殉职牺牲。全团官兵深受感动,亦是愈战愈勇,毫不退缩,在黄营长牺牲后,又有数名官兵冲上该要点,继续据守。就这样盛逢尧部官兵奋起誓死抗击,敌我尸首成片,激战至薄暮,其战况之惨烈,足以惊天地而泣鬼神。

入夜后,敌机无法发挥作用,在第67团残部的掩护下,剩余百姓和第68、第69团官兵乘夜色撤回虎渡河南岸,第67团回到虎渡河南岸后,全团2000多人剩下不到300人,团长负重伤,副团长阵亡,连、排长等干部40余人只剩下了7人。是役,系渡河遭遇作战,部队没有任何掩体隐蔽,完全暴露于日军战斗机和优势炮火之下,全师两团濒临全歼。幸所部官兵凭极其坚韧之精神作顽强奋战,以血肉之躯抵挡日军猛烈攻击,保全了部队,亦将敌阻于虎渡河一线。

此后,盛逢尧部仍然顽强坚守在虎渡河以西南一线,与占领藕池的日军两阵相接，犬牙交错，数度拉锯胶着作战之后，终日成对峙状态。他将阵地尽量纵深配备成两线，一周轮换一次。敌机每天出动近十架次，不断飞到其部阵地侦察扫射。敌炮也时常炮击，白天，敌人在飞机掩护下，派小部队向其阵地袭扰，夜间，盛逢尧亦派出小部队向敌袭击。日军发动的江北歼灭战，经盛逢尧部及其它中国军队的强烈反击，终将敌阻于长江南岸公安、石首、华容以东地区。战事于4月转趋沉寂，但双方将士都清楚，这并不非战役的真正结束，而预示着一场更大规模激战的骤临。

本节有关问题考证情况

这个阶段的战役，当前的战史资料方面（主要引自国民党的官方战史）亦是较为梗概："3月14日，第87军以一部向藕池口日军反击。"（郭汝瑰、黄玉章主编《中国抗日战争正面战场作战记》下册第1197页）我们知道此时的盛逢尧部亦是隶属第87军，可以间接判断盛逢尧部参加作战。

当时国民政府的地方抗战史料中却有简略而明确的记载：

"我军44军担守江防，敌军复调一师团兵力猛攻江南各县，44军应战。当敌渡江进攻后，18军援兵即至，旋87部队（笔者注：应指盛逢尧部所属的第87军）亦同时开到。战况激烈，但终以武器悬殊，几乎全部壮烈牺牲，其战斗以盛逢尧一师为最烈。"（公安县档案馆藏127-4-1343民国37年3月《公安抗战史料》改编本第19页）这里直接证明盛逢尧部参加了上述战事。

日军战史中关于此次系列战斗，亦有许多相关记载。现逐一摘录如下：

"3月12日，塘支队主力在雾气嘴附近歼灭了企图夺回藕池口而来反攻的敌第43师，获得很大战果。以后支队负责在新占领地区扫荡残敌。"[高书全译、日本防卫厅防卫研究所战史室著《昭和十七、八（1942、1943）年的中国派遣军》下第52页] 这里没有提到盛逢尧的新编23师反攻藕池口，有几种可能：一是此时盛逢尧部确实没参加，正是由于第43师未能攻下，才又增派盛逢尧部参战，共同实施反攻；二是此时盛逢尧部已实际参战，但是日军并没有侦察出来。不管如何，由此来看日军自称已歼灭第43师，自然不可尽信之，但应当第43师此时已遭到重挫。结合前面所述，负责长江南岸江防的第118师，在日军3月初发动渡江作战时，就已经遭到重挫而后撤。因此,有一点是可以基本确定的,即截至此时第87军仅剩下盛逢尧的新编23师一个有战斗力的师了。此后,约半个月时间在藕池与虎渡河东之间作战,日军战史中所指的第87军,多是指盛逢尧新编23师,最起码也是第87军中最具战力的,或是以其部为主力的。

"从3月14日起进入由各师团分别确保新占领区的新阶段。然而,敌人为夺回江南的我方新占领地区而进行的反击,自从占领后一直十分激烈,期间曾展开激烈的攻防战。"[高书全译、日本防卫厅防卫研究所战史室著《昭和十七、八(1942、1943)年的中国派遣军》下第53页]这里的笼统概说,应当包括盛逢尧部对其的反击作战,日军连续用了两次"激烈"来形容,足见,战斗的惨烈程度。

"第40师团于3月13日下令结束进攻作战,从14日起进入新阶段。但是鉴于新占领地区阵地构筑状况及当面敌情,预计现态势还要保持数日才能确立新占领地区的警备。果然不出所料,从16日开始,敌人向以华容、藕池口为主的正面进行猛烈反击,目的是夺回新占领区。我军以手榴弹和白刃战击退了历次的反击。……对于敌人的每次反攻,部队经过激烈战斗都将其击退。敌人的反抗依然是激烈地持续进行。"[高书全译、日本防卫厅防卫研究所战史室著《昭和十七、八(1942、1943)年的中国派遣军》下第54页]这里有日军对藕池口作战的叙述,即盛逢尧部为主参加的战斗,文中"猛烈反击、白刃战、激烈战斗、激烈地持续进行"等等,足以证明,盛逢尧部作战的勇敢顽强。此外,笔者毫不隐瞒地说,素以自我膨胀来揣测当时之日本民族精髓,在这里亦有死要面子壮其军威的叙述。该段中的开头两句话有矛盾之处,明明是被迫停止进攻,却美其名曰下令结束进攻,他自己接着就讲了是鉴于当面敌情。综合来看,此时国军已于其面前摆开阵容反攻,日军不下令结束进攻也在客观上无法继续进攻了,后来通过双方近半个月的数度拉锯作战,国军的反攻既使未能夺回失地,但日军也无法进攻一步了,双方对峙僵持着,直到一个多月后,日军增派了大量兵力,才得以继续向西进攻。

"3月17日至31日间,在沙市对岸地区、藕池口及华容地区,分别有敌第67军、第87军、第44军各有力部队数次来攻。"[高书全译日本防卫厅防卫研究所战史室著《昭和十七、八(1942、1943)年的中国派遣军》下第57页]由此可以确定,藕池口地区的作战部队是第87军,足以说明盛逢尧部在藕池口作战更为确凿无疑。

"在江北歼灭战过程中，我第13、第40师团各一部，分别新占领沙市对岸及石首、华容地区等江南要域。紧接着敌人进行多次猛烈反攻，企图夺回这些地区。但每次都由我方经过激烈战斗将其击退。"［高书全译日本防卫厅防卫研究所战史室著《昭和十七、八（1942、1943）年的中国派遣军》下第64页］这里再次提到盛逢尧等中国军队的英勇顽强。

关于此战，在互联网用百度搜索鄂西会战，有许多具体详细的文章，虽难觅其确切出处，不好称为确凿之证明，但可以作为参考。现仅摘有关此战的一点内容："日军称'江南作战一开始即极为艰苦'。……日军本来以为在江南占领阵地，作战的地理条件与江北相同，欲行重演江北歼灭战中淋漓畅快的场景，但令其没料到的是遭遇极为顽强阻击推进如此困难。因为略微有所不同是，此次面对的不再是江北的游击部队，而是长期在此湖沼地带磨炼的中央军精锐部队。"（摘自http：www.blog.stnn.cc/zoupeng敏思博客——《浴血鄂西——中日陆海军鏖战长江实录》作者：决胜千里）这里日军所讲的作战极为艰苦，实际上就是遇到了盛逢尧等国军部队的顽强阻击。

3. "战斗以盛逢尧一师为最烈"

战斗以盛逢尧一师为最烈，这是湖北省公安县档案馆存的民国期间的《抗战史料》中，关于盛逢尧部这一系列战斗的简要记载，亦为当地政府和百姓对盛逢尧部抗击日本侵略者的最高评价。在这个阶段盛逢尧部的英勇奋战，广大官兵为国为民所作的壮烈牺牲，虽然国民党正规战史未见记载，但其精神却深深地震撼了当地政府和百姓，以至于将其部永远铭记。

这次战役一个月后，日军又向第6战区发动大规模攻势，日方称为二号作战（一号作战即江北歼灭战），又称江南歼灭战，或称宜南作战，中国方面称为鄂西会战。虽然目前中日双方的抗战研究，都将此作为两个战役，这是当时国民党当局照搬日军战史的说法。其实具体分析起来原本就是一个战役，只不过日军刚刚攻至长江南岸遭到国军顽强反攻的阻击，一时无法推进，被迫中止攻势。花了一个月时间集结部队，继续发动攻势。为了掩盖作战遭到被迫中止攻势（即失败）的事实，维护其所谓的军国主义荣耀，日军就假以当时既得的战果作为战役目的，把原本拟组织的一个战役，人为地分割成江北、江南歼灭战两个战役，这样就使江北歼灭战成了一场完成了预定作战目的的全胜之战，在长江南岸受阻的败绩转变成按计划停止进攻。这种编写方法，在日本方面出版的战史中屡见不鲜，笔者因此为其取名为"结果迎合法"。按此法编出的战史中所记载在中国作战，没有一场战役是未完成预定的作战目的，也就是说日军是战无不胜的，其实是极其可笑的。真如其战史吹嘘的那么厉害，也不至于1938年占领武汉后的七年时间都无法再向中国内地有效推进。

这么理解的主要理由有：

一是日军江北歼灭战的兵力规模很大，明显违反其用兵的惯例。一般日军当时在中国作战，依仗装备及空中优势，其出动步兵数量仅为中国军队的四分之一左右。而这次所谓的江北歼灭战，日军的作战目标仅是江北的国民党128师王劲哉部及第六战区江北挺进军等不到5万人的游击部队，却集结了10万兵力发动攻势，等于比以往作战兵力配备的惯例多出近十倍。对此日军在战史中也觉得难以自圆其说，自嘲为杀鸡用牛刀，可是这把牛刀也未免太过巨大了。这样的兵力规模足以与第二次长沙会战相媲美，那时日军也是集结10万大军，进攻第9战区薛岳的40多万长沙守军，此时的日军因太平洋战争爆发比那时的兵力更为紧张，我们想想日军有条件作出违反惯例，且如此奢侈的部署吗？显然其目标不是江北的几万游击部队，而是打击江南的第6战区中央军的抗战意志，迫使蒋介石屈服。既然目标不是江北游击部队，那么也就不存在所谓的江北歼灭战。

二是日军战史中陈述两战役的目的，与当时形势、年度的作战方针及目标不符。当时的形势是美英军队开始在太平洋发动反攻，日军日益显现败退之势。因此，日军在中国方面的作战方针是继续进行局部作战，摧毁重庆政府中央军的抗战意志，迫使蒋介石屈服。从而尽快结束中国战场，将兵力转用于太平洋战场。而日军战史中说江北歼灭战的目的是歼灭江北的游击部队，日军应当清楚小小几万游击部队的损失，对蒋介石来说无异于九牛一毛，根本造成不了任何威胁。发动这样的战役于当时形势无任何意义，更与其年度作战方针及目的相去甚远，所以日军战史编出的这个战役，纯粹就是维护面子的一个幌子。

三是在实际作战时既名不副实，又违反兵法战术常规。名曰江北歼灭战，可是日军在打下江北后，却又毫不停歇地打到江南去了，并美其名曰为下一步作战占领前哨阵地。首先，这有悖于日本民族一贯的严谨作风，明明作战计划是江北歼灭战，打到江南去干什么。其次，歼灭了江北部队后，与江南第6战区的中央军划江对峙，有长江天然之屏障阻隔，足以保障既得战果和安全。何必贪图过长江，违反兵法常规，把自己置于背水一战的凶险境地呢？所有这些问题，只有是日军意志以外的原因造成的，才能解释得通。这个意志外的原因即为日军刚一过江，就遭到他们未曾预料的国民党中央军顽强的反攻阻击，一时无法推进，被迫处于这种兵法上的危险状态。所以日军所谓的江北、江南歼灭战，其实就是内心一个目的支配下的，一个大型战役。只不过开始过于乐观，兵力准备不足，中间停止了一个月，来增加兵力继续作战。

揭露日军战史的这一点，意义在于说明我们目前的战史研究，亦追随与日方一致，仅把所谓的"江南歼灭战"视为鄂西会战。这样多少有些抹杀盛逢尧部的艰苦作战过程，因为按这种划分的鄂西会战，只有5至6月的一个月多月的时间。事实上，盛逢尧部从3月开始一直打到6月，期间虽有二十余日的间隙，也与日军朝夕相闻，相互袭扰作战未断。所以笔者认为当前的鄂西会战研究，应当以3月为起算点较为合理。

因此，将所谓江北歼灭战与此后的江南歼灭战（即鄂西会战）连贯起来，从一个大型战役的层面看，盛逢尧部等第6战区中央军精锐部队，在沙市至石首一线长江南岸，对渡江南犯的日军，勇敢地发动了无数反攻，狠狠打击了日军的嚣张气焰，有力摧毁了日军的作战企图，完全打乱了日军的作战计划，迫使日军停止进攻。同时在战术上说，虽然盛逢尧等部队未能收复失地，但是也打得日军一时无力再发动进攻，在客观上也为此后的江南歼灭战全局部署赢得了宝贵时间。所以盛逢尧等部队在这个阶段的战斗，是取得了完全的胜利，其意义亦是极其重大的。

退一步来讲，即使孤立地看待这次战役，即按日军战史所讲存在所谓的江北歼灭战，盛逢尧部在石首藕池（今属公安县）及虎渡河以东地区，与日军浴血作战近半个月，其全师光阵亡官兵就约达4000人，是盛逢尧率部征战大江南北以来，损失最为惨重的战役。盛逢尧部官兵面对日军优势的飞机大炮，充分发扬赣人爱国、忠诚、勇敢、顽强的传统品质，以血肉之躯相抗毫不退缩，数千爱国青年官兵付出生命，尽力掩护百姓转移，保全了部队。这一系列战斗，虽然由于各种原因，未实现收复失地的预定作战目标，但却虽败犹荣，打出中国军队英勇顽强的斗志，充分体现了中国人民百折不饶的战斗精神。

九、苦战鄂西

日军发动江北歼灭战，进攻至江南部分地区后，遂于3月底停止了继续进攻，5月初旋又继续发动大规模的进攻作战，日军称此战役为二号作战（一号作战即是江北歼灭战），又称江南歼灭战，或宜南作战，中国方面称为鄂西会战，起止时间是1943年5月4日至6月14日。

日军战史表述该战的目的是，获取船舶，同时歼灭敌野战军。由于侵华日军的后勤补给开始受到压力，需要设法从中国掠夺粮食的供应及船舶。常德地区是洞庭湖以西的粮食中心，控制常德还可以直接威胁重庆。宜昌一带国军控制了大量船舶，且为入川门户。所以横山决定统率恢复战力的第11军，转攻比夺取长沙更有意义的宜昌与常德。

在日军所谓的江北歼灭战后，第6战区代理总司令孙连仲鉴于前方的紧迫形势，充分利用这一个月时间进行全面战备部署，大力补充一线部队，并命令各部队乘战斗的间隙，毫不懈怠的积极调整，作新一轮部署，盛逢尧部因伤亡惨重也得到一些补充。日军也抓紧难得的机遇，即以华容、藕池口、石首、弥陀寺、宛市为主要据点，到处抢抓民工，大事经营、修筑公路、仓库等作战工事，并在监利白螺矶扩建机场。从1943年4月下旬开始，日军在江南滩头阵地的兵力逐渐增强，调动频繁。对西进战略的结局稳操胜券的横山勇集结了第3、13、39师团、独立混成第17旅团为主力，配属的第34、40、58、68师团各一部组建的野沟、野地、长野、小柴、户田、针谷等支队，以及海军陆战联队、重炮联队等特种部队，另附伪军29师、11师、24师等部万余人，总兵力达10多万人。分别集结于宜昌、枝江、弥驼寺、藕池口、华容一带地区，并在汉口、荆门、当阳等地集中航空兵第90、45、55、16、25、23和44等7个战队，以及1个独立中队，共有各型飞机248架，其中战斗机100余架。计划兵分3路向鄂西发起进攻。其中，左路由宜都、聂家河向渔洋关方向前进，右路由宜昌溯江而上，中路由枝江、宜都、长阳西进。4月底日军参加第一期作战的各部队开始集中，先后于石首、藕池口、华容等地集结完毕，摆出大举向我第6战区江南部队进攻的架势。

日军的动向很快传到恩施六战区长官部，孙连仲及高参们意识到日军此举非同寻常，确定有西犯之企图。为抵御日军的攻势，第6战区部署了第29、第10、第26、第33集团军，连同上游的江防军及其他警备部队等，共有14个军41个师、3个挺进纵队及2个独立旅，共计近30万兵力。军事委员会直属的第32军亦位于战区内。除江北方面第33集团军的30、77、59军及75军担任策应外，其余10个军29个师21万人直接参战，并有美国空军第14航空队协助作战。于是迅速作出反映，作战部署如次：以王缵绪第29集团军固守安乡至公安之线，以王敬久第10集团军固守公安至枝江之线，以吴奇伟江防军固守宜都亘石牌之间阵地，以周岩第26集团军75军和冯治安第33集团军之77军、59军固守三游洞亘转斗湾之间阵地，并令各部队以坚强之抵抗予敌不断消耗，然后转移攻势，压迫敌人于长江西岸而聚歼之。

此前，蒋介石应同盟国之共同决定，组建中国远征军开辟南亚战场。1943年2月23日第6战区司令长官陈诚赴云南兼任远征军司令长官，同时调第5战区左翼兵团司令孙连仲代理第6战区司令。霍揆彰的第20集团军归陈诚带往滇缅，转隶中国远征军总司令部，盛逢尧部所属的第87军作为第20集团军的基干部队，原本预定亦随霍揆彰开赴滇缅地区。正在积极休整做开赴准备时，3月份，日军发动江北歼灭战，战情危急，盛逢尧部及所属的第87军，奉命增援江南地区阻击日军进攻。没想到经半月惨烈作战，部队伤亡损失重大，只得于火线补充人员，业已不宜从与日军对峙的第一线阵地撤出开赴滇缅，第87军转隶第6战区第10集团军。

4月底，第6战区预计日军将发动大规模行动，为此积极应对，加强长江南岸、洞庭湖北部的防御力量。在原29集团军的基础上，增调王敬久的第10集团军往该地守备。

王敬久（1898～1964）陆军中将。别字又平，江苏省徐州市丰县人，黄埔军校第1期步科毕业，陆军大学甲级将官班第1期毕业。历任黄埔军校教导团排长、连长；国民革命军第1军21师36团营长、团长；陆军第2师第9团团长，第1军补充旅旅长，第4旅旅长，国民政府中央警卫军第1师副师长，第87师师长；北路军第2纵队指挥官兼第87师师长，第12绥靖区（驻福建）司令官，兼任江苏省高中学生集训总队总队长；抗日战争爆发后，任第71军军长兼87师师长，第37军团军团长兼第25军军长，第32集团军副总司令，第10集团军总司令；1945年底起任重庆卫戍副总司令，第32集团军总司令，第2兵团司令官，陆军总司令部第一训练处中将处长，第一编练司令部司令官，三军大学教授。1964年6月20日在台南病逝。（摘自互联网http：www.baidu.com百度百科公开资料）

由于霍揆彰的第20集团军随陈诚开赴云南组建远征军，盛逢尧所在的第87军转隶第10集团军，盛逢尧部随第87军转隶第6战区第10集团军，参加了鄂西会战。（戚厚杰、刘顺发、王楠编著《国民革命军沿革实录》第554页）盛逢尧率部自石首、公安起到长阳、五峰止，转战近千里，始终在正面战场节节阻击，顽强抵抗日军的疯狂进攻，后临危受命收复渔洋关，一举截断日军后路，带动全线部队进入反攻，迫使日军退回原阵地线。

1. 章田寺阻击战

盛逢尧部于藕池口战役后，将部队驻扎在公安章田寺、黄山头之间，与藕池口方面日军对峙警戒。虽说部队补充了半数的新兵，但由于其部基础较好，战斗力恢复得很快。在这一个月时间里，盛逢尧部与当面的日军小规模的相互袭扰作战从未间断，双方均尽力保持着威慑状态。同时，盛逢尧轻伤不下火线，坚持不离开部队去后方养伤，充分利用这一个月时间，往返于前线仔细勘察地形，研究决定最为优势的守备方略。在百弓嘴亘胡家厂一线，将部队作了纵深配备三线阵地，并于阵地上修筑了强固的野战工事。把兵力部署成211阵型，即一线阵地配置两个团，二、三线阵地配置一个团，师部留一个团作预备队。

1943年5月初的一个晚上，对面日军第3师团主力向盛逢尧部前沿阵地发动攻击，因为日军乃事先蓄谋，开始是攻势甚为凌厉，先是铺天盖地一阵炮轰，接着步兵、骑兵在强大的火力的支持下，展开一次次疯狂进攻。盛逢尧部官兵们通过养精蓄锐，斗志也极为旺盛，依托强固工事，打退了日军发起的一轮轮进攻。史称的鄂西战役由此打响。

第二天凌晨，日军调来战斗机、轰炸机协助，并向盛逢尧部全线阵地发动更为猛烈的攻击。盛逢尧部属在前线的第68、第69团的前沿阵地均同时与敌作战，敌人均先以战斗机和炮兵对其一线阵地，进行猛烈炮轰约半小时。尔后，组织小股部队在骑兵掩护下轮番进行冲锋，盛逢尧部依据有利地形顽强阻击。至午后时分，敌先头部队一百七八十人冲了过来，到达距盛逢尧部阵地前约两百公尺凹地半坡中，盛部部署于阵地前的各个射击点，即居高临下又形成致密的交叉火力网，对敌压制甚大，激战半小时，敌歼过半，其余向后退走。接着，敌军大部队到达，即与盛逢尧部展开战斗，日军不但炮火猛烈，而且有气球观测，炮击极为精准，盛逢尧部第一线阵地受到严重毁损，官兵伤亡增大。激战到黄昏时，敌仍然无任何进展，盛逢尧为避免部队损耗过大，遂命第一线的两团放弃阵地，撤下来做预备队休整，调原预备队野战补充团至第二线阵地，与第67团共同抗击日军进攻。

第三天拂晓，日军步、炮联合部队约两千人，附有榴弹炮数门，在数架敌机掩护下，向盛逢尧部胡家厂的第二线阵地发动攻击。敌人先以炮火和飞机轰炸阵地，约半小时以后，敌步兵才发起攻击。盛逢尧部官兵早已摸清敌人的规律，在轰炸时间内，该团官兵躲在反斜面阵地上修好的工事内，借以减少伤亡。在敌人攻击的正面上，只派少数监视哨监视敌人的行动，等敌人接近到阵地前六七百米时，该团官兵即迅速进入阵地。等到敌人接近二百米以内时，步枪也开始射击。该团居高地优势，以逸待劳，敌人第一次攻击被打退了。团长即命令各营留下监视哨，其余迅速撤至反斜面阵地。不久，敌人的炮火还是轰击，飞机也在上空助战，这一次敌人轰炸和炮轰约四十分钟，接着敌步兵有再次向该团阵地冲击。刚刚修补好的工事，被敌人大炮、炸弹炸毁的不少，官兵就利用弹坑做掩体，发挥交叉火力，大量杀伤敌人，经过两个多小时的激战，敌人又被打退。

5月7日晨，日军又继续发动进攻，这一次敌人发射的炮弹和战斗机轰炸比昨天要多出许多。盛逢尧部官兵们经过两天和敌人交锋，认识到自己的力量，更加增强了胜利的信心。在日军集中火炮猛烈轰击该团阵地，约四十分钟后，敌步兵、骑兵发动进攻。该团等日军接近其阵地前四百米时，利用交叉火网，大量杀伤敌人。整个胡家厂一线战火似海，敌尸成片。全团的轻伤号一律不下火线，多数人坚持战斗，右手受伤不能打枪的，就为战友们裹伤，为连里送子弹；当敌人攻到近距离时，左手拿着手榴弹，用牙齿咬开保险盖交给战友们迅速投掷。大家越打越有劲，越杀越勇敢，终于近午时打退了敌人的进攻。下午，敌人又发动攻击，但这一次攻击，敌军劲头不如前两次了。盛逢尧部官兵乘战胜余威，又把敌人打退。

盛逢尧接到敌人攻势减弱的报告后，立即引起警觉，令前线再仔细观察，发现敌人有移动迹象。原来与盛逢尧部对阵作战的第3师团主力中畑部队（笔者注：系后来常德会战的主力部队）攻打盛逢尧部阵地三昼夜，受到顽强抵抗仍毫无进展，遂将大部分兵力撤出，转而南下向安乡方面突进。盛逢尧查明敌人动向，亦逐次将第二线阵地守备兵力撤下一个团作为预备，只留一个团坚守胡家厂防御阵地，并迅速把情况向王敬久等报告。王敬久此时也已得到各路日军均指向安乡的情报，乃判断日军此战目的最终由安乡袭占常德，故命令各部队向进犯安乡之敌予以阻击。此后，盛逢尧部该团一直在胡家厂一线与日军留守部队对峙作战，日军每天昼袭夜守，该团则反之昼守夜袭，盛逢尧一再督饬坚持死守，死死地拖住了日军，大约相持一个星期至11日夜，乃奉命随全师撤退。

本段有关问题考证情况

江北歼灭战后，中日军队均停止大规模攻势的一个月期间，盛逢尧部与日军近距离对峙，一边休整部队部署防务，一边又与日军展开袭扰作战，对此日军战史亦有相关记录。"上述作战（笔者注：国军的反攻）结束后，沙市对岸地区及华容、石首（笔者注：那时藕池口系石首县管辖）地区的新占领区的正面逐渐趋于安定。但是以后也依然持续着敌我对峙的局面，小规模的战斗不断发生。然而毕竟是确保了这两个地区，它们在当年5月实行的江南歼灭作战过程中，发挥了前进基地的重要作用。"［高书全译、日本防卫厅防卫研究所战史室著《昭和十七、八（1942、1943）年的中国派遣军》下第55页］

在鄂西会战的参战情况有史料明确记载："第10集团军……第87军……新23师盛逢尧。"（郭汝瑰、黄玉章主编《中国抗日战争正面战场作战记》下册第1215页）

会战正式打响情况也有史料记载："5月5日拂晓按计划开始行动，第3师团由藕池口附近向百弓嘴第10集团军第87军新23师阵地进攻；"（郭汝瑰、黄玉章主编《中国抗日战争正面战场作战记》下册第1202页）

闵江月先生著《鄂西会战纪实》一文亦有基本一致的记载："1943年5月4日晚8时，日军第3师团之中畑部队（步兵第6联队主力）先期始向第10集团军87军新23师张家祠、高河场一线阵地发起进攻，鄂西会战的序幕就此拉开。5日凌晨，各路日军在大批飞机支持下，分向万林河口亘碑湾我第29集团军73军暂编第5师、15师以及第87军新23师阵地全线进攻。第3师团主力由藕池口附近向百弓嘴（经笔者实地考察应为公安县北宫乡附近）第10集团军第87军新23师阵地进攻。（载于《湖北文史》2003年第一辑（总第七十四辑）第30页）

日军战史中亦有其侦察到的国民党军队，在江南歼灭战前夕（大约为昭和18年4月下旬）的部署情况："在藕池口正面，配置了第87军所属新编23师及第43师主力。"［高书全译、日本防卫厅防卫研究所战史室著《昭和十七、八（1942、1943）年的中国派遣军》下第65页］所以，日军由此发动攻势，必然是盛逢尧的新编23师首当其冲，不可避免的一场恶战。

具体战斗情况，日军在战史中亦有涉及："独立混成第17旅团于5月5日凌晨从藕池口附近按既定计划发起攻击，与第3师团并肩作战，急袭突破该地西方之敌。"［高书全译、日本防卫厅防卫研究所战史室著《昭和十七、八（1942、1943）年的中国派遣军》下第72页］据实地方位所示，藕池口西面即为作战的正面，系盛逢尧部防守的百弓嘴附近第一线阵地。由此处看得出，盛逢尧部的作战对象是极其彪悍的敌人，日军第3师团和独立混成第17旅团，前者正是参加南京大屠杀的所谓甲种精锐部队，不难想见盛逢尧部作战是何等艰苦惨烈。

盛逢尧部放弃第一线阵地，后撤至第二线阵地作纵深防御，日军战史中亦有记载："第3师团中畑部队（步兵第6联队，野炮兵第三联队第一大队基干）一经突破高何场敌军阵地，即怒潮般地向西及西南进击。当天午后部队急袭并击破了俭家及百弓嘴附近据有数道阵地防线的新编23师主力，并向大门地附近突进。"［高书全译、日本防卫厅防卫研究所战史室著《昭和十七、八（1942、1943）年的中国派遣军》下第73页］

此外，互联网的资料亦有相关内容："日军第3师团主力由藕池口附近向百弓嘴第10集团军第87军新23师阵地进攻。"（摘自http：www.blog.stnn.cc/zoupeng敏思博客——《浴血鄂西——中日陆海军鏖战长江实录》作者：决胜千里）

2. 黄山头侧击救援第29集团军

7日，盛逢尧接到阻击日军进攻安乡的命令后，除留一个团仍在胡家厂二线阵地坚守外,立即率带第一线阵地上与日军苦战三昼夜正在师部休整的第68、第69两团,由虎渡河西岸赶在日军中畑部队前头,占据黄山头以北地区构筑阵地,从侧面阻击日军向安乡突进。由于事先占据了有利地形,日军又系突然受到攻击,部队尚不及集结休整。盛逢尧以一个团据工事掩护,以另一团发动袭击,战斗开始时倒是较为顺利。

当晚,安乡方面的友军第29集团军第15师、第77师阵地被日军突破,向安乡进犯之日军第3师团之桥本部队,推进至桃水港,安乡告急。这时王敬久又命盛逢尧部和黄山头以南的友军第118师,共同向日军侧翼发动大规模攻击。半夜时,盛逢尧部两团与友军在预定地点,即向东港于家台的日军第3师团主力发起猛烈侧击,日军屡次组织反击,战斗进行得异常惨烈。敌人逆袭攻势凶猛,数倍于国军的火炮将阵地轰难以容身,飞机在空中投下烧夷弹燃起熊熊烈火,熏得守军窒息,脸上像涂了黑炭,官兵在阵地上已无任何树枝等物借以隐蔽,仍然顽强地发动一次次冲锋,直到与日军白刃肉搏。第二日夜,盛逢尧部奉命再次发动夜袭,两团官兵十分顽强,再次与日军发生肉搏战,战斗一直持续到凌晨,部队损失重大。两团长几近哭腔分别打电话给盛逢尧,要求增援,否则部队将拼光。此时,盛逢尧也急得团团转,他手头也无兵可派,三个团摆上去,只有补充团一个团昨天刚刚从战场撤下来休整,疲乏之军强行拉上去,反而会坏事。于是,他无奈之下立即向孙连仲请求支援,但援军于第三天仍迟迟不到。后来盛逢尧才知道孙连仲本欲派驻扎松滋的江防军第67师增援藕池方面,但被陈诚拒止。

第三天黄昏,日军主动发起更为猛烈的进攻,两团危在旦夕。团长们为保全部队打电话给他请示撤退。盛逢尧此刻正为援军的事憋了一肚子火,对着该团长吼道:"是大丈夫你们就给我死拼坚守,部队打光我都在所不惜,等待增援。"看似盛逢尧有点情绪化,实则不然,久经沙场的经验告诉他,火线加压是非常必要的,因为战场上前线指挥官的信念不能动摇,越是危急时刻,越要施加压力,这是之所以兵法有破釜沉舟,背水一战的故事,这样才能最大极限地激发人的潜能,再派出部队增援就能收到事半功倍的效果。盛逢尧不愧为深韵此道的骁勇战将,放下电话果然二话没说,立即着副官随从组织师部机关和直属部队人马,亲率师部直属部队向弹火纷飞中的前沿阵地奔驰而去。阵地上异常悲惨,敌我尸体成片,掩体工事被日军炮弹在四周围炸开一洼洼深坑，官兵们利用这些炮弹坑掩护，极为艰难地阻击敌人进攻。盛逢尧果断地决定发动逆袭打退敌人的攻势，他将队伍分成两股，像两把钢刀从两翼直插日军心肺，官兵们听说师长亲自率部来援，自然士气大振，一时间端枪的、抄刀的、扛手榴弹的个个奋勇向日军里猛扑，喊杀声不绝于耳。日军对突如其来的冲锋弄得怔住了，炮弹失去了作用。接触不久双方就开始了残酷的白刃肉搏，日军攻势受到重挫，遂退了回去。后来，由于第29集团军大部分已摆脱日军包围，盛逢尧奉命带着部队往公安虎渡河以西撤撤出战场。日军沿路追击，盛逢尧亦以后卫部队与敌保持接触，双方损失均不大。

自8日以来，除公安方面的日军有一部仍被盛逢尧师阻滞于胡家厂一带以外，其他公安、石首之日军虽被盛逢尧部及其友军第43师、第118师侧击，但也仅仅是拖住了一部分，其余日军已攻抵安乡、南县的北郊地区。同时安乡、南县以南地区日军针谷支队等主力在草尾、狗头洲、肖家渡等处纷纷登陆，北攻三仙湖，基本形成了对安乡、南县守军第29集团军的包围态势。此时，第6战区司令部才摸清了日军的真实企图，日军声东意在击西，造成进攻常德之假象，以迷惑我6战区将领，实则在于消灭第29集团军有生力量。为挽救糜局，第6战区组织第29集团军44军及10集团军集中所能之力实施反击，但由于通信不畅，不少部队慌乱中又失去控制，各自为战。当调整部署尚未完毕之际，作为日军突击兵团主力的小柴支队已推进到南县西北地。第29集团军第44军到达安乡、南县附近的第161、暂5师在日军夹攻下苦战终日，伤亡极大。鉴于情况恶转，当夜被迫分散突围分别撤往羌口、沅江地区收容。第29集团军的第44军除150师以外基本跳出了日军包围，但该集团军的第73军却被日军重重围住。为援救已丧失战斗力的第73军和第44军150师，盛逢尧部奉命同属第87军的118师、43师主力，于8日晚分别向酉港、青石碑各处侧击日军，敌势稍挫。

9日晚，当盛逢尧正在为黄山头侧击受阻时，其胡家厂阵地阻击日军的第67团团长报告："当面日军发动数日来最为猛烈的攻击，全团伤亡很大，阵地险于失守，请求增援。"盛逢尧焦急万分，他知道如果这支日军阻滞不了，第73军难免会迅速全歼。于是，他咬牙命令说："要增援没有，阵地不能失守，打到你一个人，最后我去接替你！"他又照例给该团长施加压力，以利于士气的提振。放下电话后，他就立即调已休整两天的补充团前往增援，并令副师长吴士瑜，系第67团老团长，随部督战不准后退一步，否则军法处置。该团星夜奔到胡家厂阵地，阵地上官兵已作出死拼状态，屡次打退敌人的进攻，团长正要再次动员组织敢死队准备与日军拼杀，欣闻增援部队来得及时，官兵士气大振。副师长马上吩咐山炮连长摆开炮阵，集中对准日军冲击队一顿猛轰，日军哇哇叫着跑了回去。第二天一早，日军阵地上传来叽叽哇哇的歌声，这是日军在鼓舞士气，由于受阻多日不能推进，确也累积了不少怒气。盛逢尧部官兵知道今天又是一场苦战。果然日军于这天发动了频繁进攻，所幸盛逢尧部已增加了一倍的兵力，但战斗打得非常艰苦，期间几次组织敢死队与日军肉搏战，部队伤亡损失惨重。因地形坦荡，不利坚守。却始终坚守阵地未退半步，有力阻滞日军中畑部队南下安乡围歼73军。

战至11日，第73军残部才开始陆续从河湖港叉中拼死突出重围，南渡常德东面的沅江、酉港整理。这时日军突然由黄山头以南迂回攻击友军第118师，该师与日军激战竟日，终未能支持，致全军右翼告急。11日，第87军军长高卓东决定全军撤至公安以西，命盛逢尧部为掩护部队掩护全军后撤，盛逢尧以一团兵力作为后卫部队，实行轮动阻击，交叉掩护撤退，经数度阻击作战，敌亦不敢向盛逢尧师猛进，最后乃得以安全撤退。至此，敌求与国民党湘北野战军主力决战之企图乃完全落空。

本段有关问题考证情况

进入这一阶段后，由于日军积极围歼第29集团军，盛逢尧部兵分两头作战，一边继续坚守原阵地，一边又亲率部队侧击日军主力，救援友军第29集团军各部。闵江月先生著《鄂西会战纪实》一文的史料亦有极其一致记载：

"7日，向安乡进犯之日军第3师团主力推进到桃水港，遭到我第87军新编23师、第43师、第118师的猛烈侧击。一部被新编23师阻止于胡家厂、周家场一线。"（载于《湖北文史》2003年第一辑（总第七十四辑）第31页）从猛烈侧击可以看出，盛逢尧等部作战是非常英勇，战况也是很惨烈的。

"战至9日至11日，我第87军各部始终在夹堤、白洋堤、胡家厂亘周家场之线与敌对峙。"（载于《湖北文史》2003年第一辑（总第七十四辑）第32页）盛逢尧部守备胡家厂阵地，一直坚守至11日，足见其部官兵作战精神之顽强。

从日军战史中，亦可看出盛逢尧部为救援友军第29集团军，侧击日军作战的顽强惨烈：

"7日，师团鉴于安乡附近战斗状况，命令中畑部队进入安乡附近，协助独立混成第17旅团作战；同时命令桥本部队推进到桃水港，以加强切断敌人退路的力量；命令其余部队为进行第二期作战，在七日以后于东港及于家台附近，通过步兵、工兵紧密配合，排除西北正面之敌（新编第23师残部、第43师、第118师）顽固的侧击阻力。"[高书全译、日本防卫厅防卫研究所战史室著《昭和十七、八（1942、1943）年的中国派遣军》下第73页]向来不服输的日军，在此处亦不得不承认盛逢尧部等中国军队侧击是顽固的阻力。

此外，互联网上的资料亦有相关内容："7日，日军第3师团主力则在东港及于家台遭到第87军新23、43、第118师的猛烈侧击，激战于汪家咀、永真河、梅家港，经3次夜战，白刃肉搏，118师354团2营仅存40余人。一部被新23师阻止于胡家厂、周家场一线。"（摘自http：www.blog.stnn.cc/zoupeng敏思博客——《浴血鄂西——中日陆海军鏖战长江实录》作者：决胜千里）这里提到了部队进行白刃肉搏，可见作战的残酷激烈。

"战至9日至11日，我第44军150师及第87军各部始终在夹堤、白洋堤、胡家厂亘周家厂之线与敌对峙。因地形坦荡，不利坚守。直至5月11日，我第73军残部在第87、44军侧击救援下，才从河湖港叉中拼死突出重围，南渡常德东面的沅江、西港整理。至此，敌求与我湘北野战军主力决战之企图乃完全落空。"（摘自http：www.blog.stnn.cc/zoupeng敏思博客——《浴血鄂西——中日陆海军鏖战长江实录》作者：决胜千里）这里亦指出了盛逢尧部在胡家厂、周家场一线阻击日军直到5月11日，从7日起总共坚守此地达5日之久，足见盛逢尧部作战之顽强。

3. 厂窖屠杀惨案

这个阶段，日军主要围击了国民党第29集团军，在当地制造了骇人听闻的"厂窖大屠杀"。当地地方志、革命史、军事史等有关史料，均有记载，有必要在此引用介绍，证明日军犯下的罪行：

日军历时7天，动用实际兵力11个大队，连同配属的炮、空部队约3万人，对洞庭水乡军民进行围堵追杀。国军第29集团军的第44、73军等部处于极其被动的险境，尤其致使三面环水、腹背受敌的第73军主力13000人损失殆尽。故在日方战史中评价该战"不失为歼灭程度很高的作战"。日军声称国军遗尸13067具、俘虏1284人。而自己仅战死168人（内含军官13人），伤638人（含军官32人），共伤亡804人。

9日，南县陷敌，驻守华容、南县、安乡的第73军主力1万多人奉命撤退，准备西渡常德，以摆脱日军的围追堵截，刚逃到厂窖，便被逼入到以广窖为中心，西至汉寿西港、东至沅江草尾、北至南县肖公庙方圆百里内的南北长10多公里，东西宽约5公里的狭长半岛地区，都在等待搭船过湖到常德避难。除此之外，还有湘鄂两省随军涌来的2万多难民，其中包括一部分公务人员、学校师生等，加上当地居民2万余人。一时间，当时方圆仅24平方公里的汉寿县厂窖垸被包围的军民总共达5万人之多，军民不分，难民如潮，溃兵如毛，一片混乱。

当日，日军高品彪少将率领独立混成第17旅团和针谷支队之迨木大队、户田支队及小柴支队所属的吉冈追击队，共计3000余人乘60多艘汽艇，切断南北通道，封锁东西河道，分四路合围厂窖。先用10余架飞机轮番轰炸，接着以海、陆、空、步、炮、骑兵开始有计划的进行长达3天3夜的拉网式疯狂大屠杀，一同并举的还有烧光、抢光政策。据1943年6月25日的《阵中日报》记载：日军指挥官竟下令："当杀人时，应尽可能将其聚集在一块地方，节约子弹和搬运劳力"，"无论什么时候，须以不令一人漏网，全部歼灭，不留任何痕迹为主旨。"在侵略者丧心病狂的大肆屠杀下，厂窖地区到处是"千人坑""绝户堤""血水库"。3天内，杀害32800多人，256户人家被杀绝，强奸妇女达2400多人，其中，第73军等部官兵5000余人。当时，厂窖正值洪水季节，而灭绝人性的日军临走时竟掘堤数十处，使60%青苗被水淹没，当年内居民饿死2000余人。

日本侵略者的兽行令人发指，罄竹难书！造成抗战八年中，仅次于南京大屠杀、扬州十日的惨绝人寰的"厂窖惨案"，更在日军的禽兽史上创下了每兵共杀10人，每天屠3人的两项新记录，而日平均杀人过万，创下了二战时期最恐怖、最残忍的"世界纪录"！其中有1个小分队的12名日军，在一天（不到9个小时）的抢掠过程中，就枪杀和刺死140多人，还强奸 20 多名妇女。

4. 公安、澧县、松滋三县交界防御战

日军占领安乡、南县后，主力继续西进。5 月 12 日，日军第 3、第 40 师团计步兵三万、骑兵两千人向公安、松滋方面移动。当晚，日军向据守东港水乡地带之第 87 军 118 师的白洋堤、汪家嘴阵地发起攻击。当夜，日军突破白洋堤阵地，并乘势向西急进。13 日中午，日军进至孟溪寺附近，国军其余各师在日军猛攻下，苦撑不支，全部相继撤至西斋、大堰当以西地区重新设防。盛逢尧部因在公安阻击日军十余日，全军撤退时又担任掩护任务，部队伤亡惨重，刚刚从阵地撤下来尚未得休整。故开始时并未担任阻击任务，友军阵地相继失守乃随全军西撤。

13 日晚，盛逢尧部所属的第 87 军，于公安、澧县、松滋三县交界处防御日军，盛逢尧奉命率部守备西斋附近阵地。其左翼是友军第 94 军阵地，右翼是第 118 师、第 43 师阵地。当晚日军第 3 师团由杨林市一带来攻，分三路齐头并进攻击其 87 军各师阵地。盛逢尧在前线战斗指挥所用望远镜观察战场情况，日军集中山炮 6 门配合轻重机枪，对盛逢尧部守军的工事猛烈轰击扫射。一营长站在沙袋垒战的阵地上，指挥士兵一边利用颓垣残壁作掩护，进行拼死抵抗；一边在有利地形重修工事。"打呀"！盛逢尧大声喊叫着命令，国军机枪就向扑上来的日军波状部队"嘎嘎嘎"地猛扫，突然一颗日军的重炮弹在国军新修工事旁炸开，盛逢尧心里骤然紧缩起来，想到那些奉命抢修工事的弟兄，一定是全完了。等到烟尘散了，盛逢尧睁眼一看，只有三个弟兄躺在工事的碎石堆上，其余的竟然都还活着，不仅活着，而且都在继续拼命地往缺口那儿填沙包石块。他被感动了，"唰"地两道热泪就滚落下来。弹如雨泄，硝烟弥漫，来去奔跑的士兵，各种情绪的吼叫，一片紧张忙碌，与死神做搏斗的气氛。在这气氛中，西斋附近的阵地稳定住了。

至 14 日，盛逢尧与同属第 10 集团军之右翼第 87 军各部，仍与日军第 3 师团在大堰垱、刘家场之线鏖战竟日，杀得天昏地暗。当日上午，日军第 3 师团松山部队由澧县方向攻破第 118 师阵地。下午，又连续突破第 43 师阵地防御。两师相继溃至盛逢尧部阵地，致盛逢尧部阵地右翼受到极大威胁。盛逢尧十分淡定，毅然收容两师大部官兵西撤，并组织其残余战力构设阵地，以阻击右翼方面的追击之日军。同时，强令其部前线两团坚守阵地，盛逢尧率所部官兵与日军进行惨烈战斗，日军的攻势一拨比一波疯狂，其阵地两团与之做极其顽强的抵抗，两团伤亡已接近过半。但阵地上官兵眼见身边弟一个个倒下，战场充斥着浓烈的血腥味，对生死已然麻木的官兵战斗意志异常亢奋，几次冲出掩体与冲到阵前日军冲锋队血拼，其之惨状目不忍睹。盛逢尧接到前沿阵地团长战情报告，对日军之凶残恨得咬牙切齿血脉喷张，对官兵浴血奋战壮烈殉国的处境痛心不已。他已两次向军长要求增援，但高卓东均命其自行坚守不准后撤。这时右翼友军残部刚组织的阵地也与追击之日军接火，并业已报告日军进攻凌厉，坚守极为艰难。他知道兵败如山倒，在右翼阵地防御作战的是友军溃退下来官兵气势已尽，斗志已衰，必然支持不了多久。这样下去他部队即使打光，也无法抵住日军从右翼的包抄进攻，于是，他再次向军长报告请求后撤一带予以阻击，高卓东仍是不允。

激战至当晚半夜时分，由于第10集团军之左翼防守刘家场以北茶园寺至长阳右岸的第94军各部，于当日晨即受到日军第13师团和东线野沟部队的包抄，与敌激战终日，处境十分险恶，终不支敌凌厉攻势，撤往长阳资丘一线崎岖山地。盛逢尧部左翼的门户大开，追击第94军的日军第13师团逐渐逼近其阵地。第87军军长高卓东见三个师被挤压在盛逢尧部阵地狭窄地带，四面受敌，陷于孤立，盛逢尧部作战极为艰难，惟恐全军被日军围歼。遂下令全军逐次向西面转移，又命令盛逢尧率部掩护全军撤退。

盛逢尧再次接受掩护全军撤退的重大任务，由于两师大部已撤，盛逢尧部仍坚守阵地至凌晨，待军部直属部队和两师之残部退去后，开始命令所部官兵撤出阵地。其亲自率带师部直属部队、休整团和补充团，名义上是两团，其实除去近期战斗伤亡，折回战斗力仅就一个团。与后方十余里处设阻击阵地，阻击日军掩护两团后撤，令副师长督率这两团又于后方设阵地阻击日军掩护其撤退。全师就这样相互掩护着逐次往西撤。日军追击迅速，盛逢尧部节节阻击抵抗，与敌作顽强激战竟一日，待军部与两师均已安全转入鄂西山区后，已是15日黄昏。其乃率带全师乘黑夜安全退却至渔洋关以西山地，而留监视敌人行动之便衣搜索队。至此，第87军全军乃告摆脱日军追击，使其围歼第10集团军的企图破灭。

此时第10集团军，在番号上虽仍保持5个师又1个团的规模，但实际兵力仅1/3强，战斗力又极为脆弱。按战区最新命令撤至清江以南、渔洋关以西地区作持久战，阻击消耗日军。

陈诚（背立者）视察鄂西抗日部队，官兵杀敌情绪高涨高呼"血战到底！"（摘自《宜昌抗战图片集》）

5月15日，日酋横山勇在确认扫荡了枝江至公安之间第10集团军之第87、94军后，一方面继续围歼该地的残部，同时依然保持对常德佯攻的态势，并逐步准备以后战斗。以备参加第3阶段作战，进攻宜昌对岸的江南地区。16日攻占松滋。日军在战史中声称全歼第10集团军，战果却仅记录"敌遗尸3426具，俘敌1138人"。而己方战死81人（内含军官5人），负伤279人（内含军官17人），计损失364人。由此，在日军内部闹了个啼笑皆非的丑剧。

湘北炮声，惊动重庆。蒋介石急电昆明中国远征军司令长官部，令速将刚上任不到3个月的陈诚调回恩施督战。5月17日，陈诚奉命从昆明飞抵恩施，返任后，即将自己的指挥机构——第6战区前进指挥部设于前方三斗坪，决心指挥三军，保卫石牌，一雪1941年宜昌反攻战之耻。

紧接着，在太平溪花栗包临时军事指挥部里，陈诚召集全军师长以上将领参加军事会议，军委会副总参谋长白崇禧特从重庆赶来出席会议。白崇禧一身戎装在会上传达了蒋介石对鄂西会战的指示，并勉励三军，共赴国难，英勇战斗，痛击敌军，坚决保卫石牌。陈诚对于当前紧要形势再三强调：江防一线，干系全局，石牌为陪都咽喉，必须确保安全，其嫡系第18军第11师都应固守石牌要塞，纵令全军皆亡，也在所不惜。并迅速作出了作战部署，即以石牌为轴，先确保主决战线，第10集团军和江防军决战线确定为渔洋关、津洋口、石牌要塞之线，确保石牌外围安全。陈诚遵照蒋介石的指示，正式确立了该战的指导思想：各部队以韧强之抵抗，不断消耗日军，并将日军诱至渔洋关亘石牌要塞间，然后转守为攻，将日军压迫于大江西岸聚而歼之。至此，战场逐渐西移。日军进入鄂西山岳地带作战，困难重重；我军凭险据守，这里便成了埋葬敌人之大坟墓。

本段有关问题考证情况

在这个阶段，盛逢尧部随全军撤到公安西部及松滋地区，遭到日军第3、第13两个甲种精锐师团的南北夹击，顽强竟战数日，被迫撤往鄂西山区。闵江月先生著《鄂西会战纪实》一文的史料有些相关记载：

"日军陷我安乡、南县后，其主力悄然向公安继而松滋方面转移，企图歼灭我第10集团之第87军和第94军。这时我军置于公安、枝江一线的兵力有6个师，即第87军43师、118师、新编第23师余部；第94军55、121师和暂35师。日军第3师团于5月12日晚向我据守水乡地带之第87军所部发起攻击。"（载于《湖北文史》2003年第一辑（总第七十四辑）第32页）

"到了15日，中日双方军队在大堰垱、刘家场、茶园寺亘枝江西侧之线鏖战竟日，杀得天昏地暗。我第87军由于四面受敌，陷入孤立，乃放弃公安，逐次向西面转移。"（载于《湖北文史》2003年第一辑（总第七十四辑）第33页）

5. 收复渔洋关

山镇渔洋关古称渔洋寨，为五峰县东大门，该县第一大集镇，建制于明末清初。改土归流之前，为汉人进入土司、土司族人进出汉人区域的重要关隘。其上控鄂西，下通荆宜，历为兵家必争之地。加之雄关巍峨，山环水抱，街市俨然，武汉陷落后，成为通往战时省政府恩施的陆路必经之路。既为兵家必争之地，也是商旅云集之处。有据河锁山之势，更兼水路入清江直达长江，交通便利，故百业兴旺，史有"小汉口"之称。

日军攻陷公安、松滋后，第13师团全部于5月17日分向暖水街、刘

今日渔洋关一角（黄礼霖摄）

家场集结，衔尾追击第94军，意在西取五峰渔洋关，然后北进，配合第3师团等敌从左翼攻击第6战区江防军，夺取石牌。从13日开始，日军飞机对渔洋关狂轰滥炸，死伤军民数以百计。5月19日凌晨，敌13师团分兵两路向渔洋关进犯，一路以第116、104联队为基干配属骑、炮、辎重等主力，从暖水街经风相坪向渔洋关；另一路以步兵第65联队为基干，配属山炮、工兵组成的右纵队，以65联队长樱井大佐为纵队长，从刘家场经仁和坪、全福寺向渔洋关，形成夹攻渔洋关之态势。

第10集团军第94军军长牟庭芳派第121师在此把守，该师大多为后方征调来的新兵，且简易的防御工事仅以2天赶筑，极不牢固。进犯渔洋关之敌，由于沿途受到我军阻击，进展亦缓慢。21日午夜，日军第13师团主力116联队先头部队约2000人窜抵渔洋关东北2公里处，守军121师发现后当即予以阻击。然而，日军后续部队源源到达，第二天，一场争夺战在渔洋关附近展开。国军奋勇抵抗，与敌激战竟日，终因众寡悬殊，22日当夜第121师遂撤离渔洋关，转守于长阳马鞍山、川心店、龙潭坪之线，致使渔洋关及五峰县东部地区沦于日寇铁蹄之下。

要冲渔洋关失守，震惊恩施，陈诚为之焦虑万分。渔洋关之失意味着恩施门户洞开，石牌也将受到威胁。陈诚当即决定抽调部队赶往建始、野三关布防，以防不测。渔洋关沦陷的消息传至重庆，蒋介石担心5年前武汉会战的马当悲剧重演，深感安危所系，心情极其焦躁不安。下达了整个鄂西会战中最严厉的一道命令：急调第94、86、87、79军阻击第13师团主力，严令各部协同作战，夺回渔洋关要塞。否则，师以上军官以军法处置。

5月15日，盛逢尧奉命率部掩护全军直属部队和第43师、118师转进鄂西山区，16日日军占领了松滋，盛逢尧令部队坚守阵地阻击日军，与敌激战竟日，待全军安全通过后，遂令各团轮流后卫阻击日军的追击，逐次强韧抵抗节节西撤，17日终于率部摆脱日军沿路追击，撤至渔洋关以西的鄂西山区。由于渔洋关方面有友军牟庭芳部第121师防守，盛逢尧考虑到官兵又是四五个昼夜未得休息，及时命令部队抓紧时间就地休整，以图乘隙恢复战斗力。

20日，忽闻渔洋关失守，王敬久总司令十分气愤，坐立不安。这一次重庆要是认真追究起来，他这个集团军总司令是难脱干系。次日，接蒋介石的死命令：不夺回渔洋关，师以上军官全部军法处置。他思忖，这个艰巨的任务如何完成，这第10集团军从公安、石首到此已转战近千里，各部均遭重大损失，极为脆弱。第94军在刘家场险被歼灭，刚刚摆脱日军追击撤下来，未得休整；第87军毕竟已休整了几日，看来只有让87军去担任此责，他还必须找一位指挥攻击战有丰富经验的将领，盘点全集团军六位师长中大部分是抗战期间提升的，由于抗战至此均是防御战多，这些将领于守阵地、守城池尚有些经验，而对于攻击战的指挥则稍显不足，只有盛逢尧这位老将军于北伐及内战期间对指挥攻击战有丰富经验。本来在开战前夕他的同学霍揆彰率第20集团军赴滇缅时，原隶属第20集团军的第87军转隶他的第10集团军，霍揆彰就大力向王敬久着力介绍了盛逢尧，从近期屡次作战的表现来看，果然名副其实。看来只有盛逢尧可以胜任，他打定了主意。于是，特地选在盛逢尧部驻地，现场召集集团军各师师长会议，传达命令，研究策略。最后，恳切地请盛逢尧担任收复渔洋关的重任，盛即受命于危难之际。据他后人转述其曾在自述材料中道："王敬久总司令郁于渔洋关失守，乃托余以重任，自然不容推辞，前往收复"。

盛逢尧接命令后，立即率部赶往渔洋关。鉴于此战关系重大，他非常慎重。先是反复派出便衣队前往侦察，通过数天侦察，对渔洋关的敌情及地形摸得很是清楚了。之后，才开始思考攻击作战的部署。渔洋关地势险要，易守难攻，一夫当关，万夫莫开，日军占领渔洋关后，留下足足一个大队的步兵驻扎城内。在战术上仅从攻防双方兵力配比的惯例看，盛逢尧部作为攻击部队兵力是够的，但考虑日军装备优势，前面已阐述过，长沙会战时冈村宁次以其一个大队等同国民党军队一个师（遭遇战）计算战斗力，由此来看盛逢尧一个师与日军一个大队是同等战力，这显然对于作为攻击方的盛逢尧部来讲是极其不利的，更何况地势方面又于日军防守有利。此外，从整个会战的大局来说，国军自抗战以来一直处在防御阶段，日军气势强盛。可想而知。日军可谓占尽了天时地利及兵力优势，盛逢尧部唯一有的就是官兵基于高昂的爱国热情，保持着旺盛的士气，一想到这些，盛逢尧纵然是久经沙场的老将，亦是七上八下十分不安，攻占渔洋关可做的就是于战术方面弥补不足。

要想在战术上克敌制胜却也不是那么容易的事，日本民族虽说从唐朝起诸事皆习于中国，但在近代军事方面，当时的将领却多是直接间接师从于日本，那时新生少壮将领多是黄埔的，老一点的多是保定或云南讲武堂的，当年黄埔的教官多是保定或云南讲武堂的，而保定及云南讲武堂的教官多是从日本士官大学毕业的。徒弟要想打赢师父，不胜于蓝是不行的，于是盛逢尧精心进行策划部署，与参谋处及各团长反复论证。鉴于日军防守渔洋关有一个大队，并充分利用两边山坡有瞰制四面之利，配属的炮兵小队。盛逢尧知道必须首先拔除这两个火力点，否则攻击行动将受到严重的掣肘。

他深韵兵法云："围城为之阙"的道理，即：要占领一个城池，将其包围的时候，要给敌人留一个出口，这样的话这个仗才好打。否则如果将敌人死死围住，无异于把敌人逼上绝路，势必会大大刺激敌人的战斗意志，导致其背水一战，做鱼死网破式的打算。试想，敌兵个个成了拼命三郎，我军即使拿下该地，也须付出极为惨重的代价。因此，盛逢尧几经深思熟虑遂作出决定：反攻作战定于5月26日开始行动，以第67团迂回两翼拔除山头上日军的火力点；以第68团担任渔洋关正面主攻任务；以第69团埋伏于预留的出口途中峡口一带伏击日军。把战斗分为三个阶段：第一阶段第68团在渔洋关正面发动佯攻，牵制敌人兵力，第67团迂回占领山头制高点；第二阶段待第 67 团成功拔除敌人山头的火力点后，协助第 68 团于敌正面发动猛攻，一举占领渔洋关；第三阶段第 67 团占领后，以一部佯追击日军，将日军赶入第 69 团预设的伏击区，第 69 团负责歼灭日军该部。

5 月 26 日，盛逢尧命令全师向渔洋关进发，为避免日军飞机侦察，官兵以草帽树枝隐蔽，昼夜行军悄然赶到渔洋关附近。日军守备部队没有丝毫察觉，盛逢尧部按事先部署，当晚即由第 67 团偷偷迂回摸上敌两翼山头阵地，发起攻击后，正面第 68 团亦开始佯攻，牵制敌人兵力。守备日军由于没有丝毫准备，仓促迎战。激战数个钟头至凌晨，第 67 团即占领山头制高点的有利地形。拂晓，盛逢尧率全师发动猛烈攻击，激战至晚十二时完全占领，敌向峰山坪退去。当日，溃败的日军退至伏击区峡口一带。因峡口两岸绝壁夹峙，下临深渊，日军组成密集火力，拼死冲锋，试图一举冲过峡口。埋伏于两侧山头的第 69 团用立体火力网拦截。双方在此弹丸之地短兵相接激战竟日，敌死伤惨重，仅一天即遗尸数百具。日军见正面突围无望，便率部绕行侧翼。峡口两侧山势险峻，荆棘丛生，荒无人烟，上下数十里，皆为山中蛇行小径。山路险窄，樵夫猎户亦视畏途。日军皆脚穿笨重皮靴，手提肩扛辎重弹药，驱赶战马驮骡，一步三滑，失路跌死悬崖之下不计其数，人尸马躯堆积山脚，尸臭瘴气，经月不绝。至此，新 23 师收复渔洋关，宣告截断了日军主力第 13 师团的后方。数日后第 10 集团军其余各部队，均经由此东出北上围歼日军。

盛逢尧在抗日战场上可谓是一员福将，连他自己怎么都没有想到，顶着这么大压力接下的艰巨任务，他甚至是作了部队付出巨大牺牲的准备，竟然一切进展得十分顺利，想象中惨烈的恶仗赢得非常漂亮。

中国军队向渔洋关挺进的场面
（摘自《宜昌抗战图片集》）

盛逢尧率部攻击渔洋关的同时，第6战区江防军的防御作战正异常激烈，第39、第3、第13师团等各路日军逐渐向重庆门户石牌外围阵地步步逼近。5月25日上午，盛逢尧的老部队第5师，姚纯军长殉职后，刘采廷师长也受排挤，部队被陈诚吞并。这时的师长系陈诚第6战区长官部办公室主任刘云翰，此役后获青天白日勋章调远征军总司令部副参谋长，但师内尚有一些老部下。这支部队在石牌外围阵地偏岩一带，接替13师守备任务。据此，江防军总部当即调整部署：以第5、18、11师分别守备馒头咀、峡当口、石牌之线。26日第5师又退至馒头咀一线，与第18师并肩作战阻击日军。此时，是江防军全线抵抗连日激战最艰苦的几天，江防军总司令部也从三斗坪后撤到秭归沙镇溪。28日日军第13师团先头部队从都镇湾北上迂回逼近木溪桥，第5师又从馒头嘴撤至木溪桥江防防线，30日第5师两个团分别在木溪桥、太史桥顽强阻击日军。在石牌方面主要由第11师防御，28日日军第3、第39师团日益向石牌推进，29日进入第一线阵地，遭到第11、18师阻击。30日日军突破第11师的第一线阵地攻入二线阵地，11师与敌激战于石牌附近。

盛逢尧部克复渔洋关后，自行追击溃退之日军，第10集团军其他各部开始由渔洋关插出，待石门方面开来的增援部队第79军、第66军到达，即对日军形成战略上的包抄夹击。因此，会战的关键要看江防军第11师、第18师能否顶住正面的日军。可是，这两师到了31日即告支持不住，全线动摇后撤，包括其所隶的第18军军长方天亦进入慌乱的退却中。幸好日军担心渔洋关失守后路被抄，也于这天崩溃，下令全线撤退。第18军极其所属的第11、18师，才不至于落下临阵惧敌的骂名。

在鄂西会战进入最为危急的时刻，盛逢尧率部大胆逆势而为，悍然收复渔洋关，为全军打开了包抄攻击石牌的日军的后路，为扭转整个战局发挥了重大作用。关于盛逢尧部收复渔洋关战役，日军战史中没有记载，他们讲到这个时间段，仅是说全歼第6战区江防军后，开始反转作战。说法含糊却积极维护其军国荣耀，这是日本民族的特点决定的，反正在其战史中从没用过撤退的字眼，就是再打败仗也是反转作战。

本段有关问题考证情况

闵江月先生著《鄂西会战纪实》一文中对盛逢尧部收复渔洋关有具体

记载:"我王敬久第 10 集团军全部向渔洋关、都镇湾方面侧击日军,该集团军之 87 军新 23 师奉命攻克渔洋关。当时,新 23 师采取"引蛇出洞,三面包围,放弃一面,伏击逃敌"的战术,对日军展开攻势。该师以第 68 团任主攻,第 69 团打伏击,并将该团置于渔洋关外 6 里之有利地形处。5月 26 日,68 团以第 2 营为先锋,从驻地出发,为避开白昼日机的侦察,星夜行军。靠近渔洋关时,道路及两侧山坡尸体甚多,多为国军和日军作战阵亡官兵,间有少数平民,无人掩埋。28 日黎明前到达渔洋关附近,迅即占领山头。营长姚行中经过一番观察,发现困踞于街内的日军并无防守工事。该营向师部告以敌情后,决定立即对敌展开进攻,他们先用重火力居高临下向敌炮击,约 10 分钟后,步兵便发起进攻。从睡梦中尚未清醒过来的日军,即遭到国军猛烈炮击和俯射,一时惊恐万状,仅与我 2 营对战约 1 小时,便一面纵火烧毁房屋,一面仓皇撤退。营长即将战况报告团、师部,师部旋命第 69 团做好伏击准备。当溃退的日军逃至我伏击圈时即被团团围住,双方军队在此弹丸之地激战竟日,我军毙伤日军 200 多人。皆冢大队长率一股日军侥幸冲出包围圈,夺路北窜。此次皆冢命不该绝,7日后,这股日军连同皆冢一起被我追击部队歼灭于长阳磨市。28 日晚,我军收复渔洋关,截断了日军第 13 师团的后方。"(载于《湖北文史》2003年第一辑(总第七十四辑)第 34 页)

该文还有一处再次讲到盛逢尧部收复渔洋关,并涉及收复渔洋关对整体战局的影响,即迫使日军撤退,诱发国军反攻。其叙述为:"第 87军开始向渔洋关、天柱山方面侧击尾击敌人,其新编 23 师于 5 月 29 日首克渔洋关。有鉴于此,陈诚又令第 79 军改向渔洋关东北前进,以断敌人退路。"(载于《湖北文史》2003 年第一辑(总第七十四辑)第48 页)

关于盛逢尧部新编 23 师收复渔洋关的战役,与上述内容基本雷同的资料还有不少出处,如:《五峰革命斗争史料汇编》P320、宜昌市夷陵区政协编《浴血鄂西—纪念石牌保卫战胜利 60 周年专辑》P6 亦载有闵江月先生著《中日鄂西会战纪实》一文、姚行中先生回忆文章《姚行中抗日战斗故事》(见附录一)从资料内容看,应当都是根据姚行中先生的亲历回忆编辑的,因为姚行中先生当时作为盛逢尧部第 68 团第 2 营营长亲自参加了战斗,应当是真实的。同时盛逢尧的自述材料亦有相同的内容,两者完全可以相互印证。因为，从证据学角度讲，两个战斗亲历者分别对同一战斗所作的一致陈述，应当是确凿无疑的历史再现。

此外，互联网上关于渔洋关失陷及收复情况，亦有较详细的资料："第94军军长牟庭芳派第121师在此把守，该师大多为后方征调来的新兵，且简易的防御工事仅以2天赶筑，极不牢固。……21日晨，日军后续部队源源到达，第二天，一场争夺战在渔洋关附近展开。我军奋勇抵抗，与敌激战竟日，终因众寡悬殊，当夜我121师遂撤离渔洋关，转守于长阳马鞍山、川心店、龙潭坪之线。致使渔洋关及五峰县东部地区于22日沦于日寇铁蹄之下，为期达一周。……渔洋关战事重开是在6天之后。随着会战的进展，我王敬久第10集团军全部向渔洋关、天柱山方面侧击日军，该集团军之87军新23师奉命攻克渔洋关。当时，新23师采取"引蛇出洞，三面包围，放弃一面，伏击逃敌"的战术，对日军展开攻势。……至此，新23师收复渔洋关，宣告截断了第13师团的后方。"（摘自http：www.blog.stnn.cc/zoupeng敏思博客——《浴血鄂西——中日陆海军鏖战长江实录》作者：决胜千里）

但是当前关于收复渔洋关战斗的部队，有不一样的说法，宜昌市夷陵区政协编《浴血鄂西—纪念石牌保卫战胜利60周年专辑》P33收录选载中国第二历史档案馆藏的陈诚口述《鄂西会战经过》整理资料中讲："第10集团军全部向渔洋关、天柱山方面侧击尾击敌人，第118师首克渔洋关，诱发攻势转移之机。"时任第66军副军长的宋瑞珂撰《鄂西会战》中说："正当此时，我由五峰、资丘出击部队第118师和第185师攻克渔洋关。"（载于《湖北文史资料》第十一辑纪念抗日战争胜利40周年专辑（之一）第207页）看起来后两个讲述者的官位级别更高，好像更具信用度，其实不然。官位高者往往政治性太强，为了某些目的过于圆滑，导致是非混淆的比比皆是。比如，宜昌市夷陵区政协编《浴血鄂西—纪念石牌保卫战胜利60周年专辑》P36还专门收录了时任第18军军长方天将军从台湾寄来的约稿《石牌会战前后》一文，方天将军在文中说当时第18军军长是胡琏，自己仅任第18军下属的第14师师长，实际上据目前所有资料显示当时第18军军长是方天，而胡琏时任第18军下属的第11师师长，这是确凿无疑的客观事实。那么是方天老将军记错了吗？这也错得太离谱了，明明是自己的下属，却说成是自己的领导，这种事会记错吗？抑或是人老了有些糊涂了，更不是。其实方天精明得很，因为胡琏在解放战争后职务提升很快，到了台湾成为仅次于陈诚的权高位显的人物，他方天身在台湾，他不想因此引起胡琏或其后人不必要的误会，故意置历史事实不顾自降职务。所以历史资料的收集，不能迷信所谓权高位重者，往往还是来自基层亲历者的东西，更少政治色彩和顾虑要相对真实得多。同时更要充分运用证据学思维予以论证，不能搞拿来主义。

关于收复渔洋关战斗的主体问题，陈诚的口述为第118师，这是抹杀盛逢尧功劳，起码陈诚是有故意的动机的，本书前面已叙，陈诚一直苦于无借口吞并盛逢尧部，所以他是最不愿看到盛逢尧有大功劳的。宋瑞珂说是第118师和第185师共同所为，看似可以和陈诚的说法部分印证，其实更是不对的，因为第185师当时属宋的第66军序列。因为宋瑞珂所谓的《鄂西会战》中很多关键内容抄袭陈诚关于该战的口述材料，如在讲长阳宜都追歼战时分别有这么一段连表述方式都完全一样的"敌第13师团主力及独立第17旅团之一部（宋文讲一部，陈诚文则为89大队），亦为我121师、118师、194师及98师主力围困于宜都城郊之狭小地区。"（参见宜昌市夷陵区政协编《浴血鄂西——纪念石牌保卫战胜利60周年专辑》第34页）和（参见《湖北文史资料》第十一辑纪念抗日战争胜利40周年专辑（之一）第207页）其他雷同及形式上改改的地方还有很多，这里不一一列举。由于陈诚的口述资料形成于民国期间，且公开存放于中国第二历史档案馆供人查阅，而宋瑞珂的文章形成于上世纪八十年代，其任上海市政协文史委员期间，所以宋在时间上、工作上完全有条件获取陈诚的资料抄袭之。那么为什么讲到收复渔洋关的部队时，在陈诚所讲的基础上加了个第185师呢？这也很好解释因为该师是宋瑞珂所任副军长的第66军所属，无非是集体或个人荣誉感而已。

倒不是笔者以非善意揣摩宋瑞珂这位老前辈，指责其抄袭其实另外还有几处硬伤。一是宋瑞珂未参加完整的鄂西会战，他却以《鄂西会战》为题写了一大通，并发表在《湖北文史资料》第十一辑纪念抗日战争胜利40周年专辑上，鄂西会战时他任第66军副军长，据当时的军长方靖回忆，第66军是在日军攻击石牌后，奉命同第79军一起驰援鄂西的，参加该战役的最后一个阶段作战，即包抄日军后尾部队，追击日军后撤部队。（方知今著《远逝的硝烟——原国民党高级将领方靖亲历纪实》第113页）陈诚的口述中未提到第66军的作战情况，这也是有其一味想捧第18军的目的，所以方靖作为陈诚的嫡系将领，也对此不理解，这是另一个话题了。但陈诚提到了第79军参战的大概时间，是这样说的：118师首克渔洋关，诱发攻势转移之机。乃令原定由渔洋关——五峰间北进之79军转向渔洋关东北前进，可见在渔洋关收复时，第79军尚未到达渔洋关，此后也是由渔洋关东北包抄日军，根本就未经过渔洋关，如果按方靖所说其第66军是与第79军一起行动，则第66军也没有通过渔洋关，更不存在收复渔洋关的问题。二是第66军方靖军长未提及收复渔洋关战斗，作为军长其集体荣誉感肯定不比副军长差，如果其所属的部队收复了渔洋关，他不可能不提及，更不可能是不知道该战的对全局的重要意义，连陈诚都谓之"诱发攻势转移之机"。方靖将军更不是没有机会讲，要知道就在宋瑞珂发表《鄂西会战》一文的同一辑文史资料上，他单独发表了《襄河冬季攻势的战斗》一文，还与杨伯涛共同署名发表了《宜昌失陷经过概况》一文。如果鄂西会战情况他很清楚，为什么不与宋瑞珂共同署名，正副军长共同回忆他们第66军的参战情况不是很好吗？显然方靖将军对自己没有实际亲历的战斗，是持谨慎客观的态度，不去鹦鹉学舌人云亦云。因此，他仅仅通过方知今著《远逝的硝烟——原国民党高级将领方靖亲历纪实》透露，当时他的第66军和第79军一起增援鄂西战场，言下之意是仅是参加了此后的追击作战。三是第185师的军官黎长泰回忆随部参加鄂西会战也未提及收复渔洋关，黎长泰撰写《鄂西会战前后的185师》一文，没有说其所属的部队收复了渔洋关。（宜昌市夷陵区政协编《浴血鄂西——纪念石牌保卫战胜利60周年专辑》第86页）

6. 长阳宜都追歼战

5月29日盛逢尧收复渔洋关后，残敌往东北长阳方面退去撤逃。这时石牌方面外延阵地正在激战，战区司令部也未下达全线反攻追击的命令（实际直到31日才下达）。盛逢尧觉得有必要巩固渔洋关要塞，并激于对日寇的强烈民族仇恨，急着捕捉住这稍纵即逝的战机，尽可能多地歼灭残敌扩大战果，同时他判断日军正集中兵力进攻江防防线，这股残敌必定无援，完全有把握歼之。鉴于战机难得情况紧急，根本等不及往来汇报、研究传达，盛逢尧不愧为一名征战沙场多年的老将，当即果断决定乘胜追击，仅留师部及直属部队驻渔洋关接应友军通过，命副师长吴士瑜率第

68、69两团往长阳方向追歼北溃之敌，自己亲率第67团、补充团按陈诚的原命令继续侧击，进攻石牌方面的日军第13师团主力。

当晚，盛逢尧部迂回追至栗树垴附近，前方警戒部队发现日军在前方休息，原来敌因久战疲惫不堪，误认为后无追兵，便在栗树垴周围村落吃干粮休整。吴副师长当即作出战斗部署，以第68、69两团占据阵地伏击日军主力，抽一个营伏击日军的后卫部队。由于该营官兵对敌怒不可遏，未按战前部署行动，抢先向日军后卫部队开枪射击。敌惊闻枪声向我还击，组织千余人包抄攻击这一个营，双方发生激战数小时，营长余鸿声阵亡，全营官兵伤亡甚重。

吴士瑜副师长及时调整作战方案："命该营停止进攻后撤一段，占据有利地形防御作战，两团超越日军于前方设伏，敌军心已散必无心恋战继续东逃，即尾随其后保持骚扰追击，将敌赶入前方伏击圈聚歼这股日军。"同时留1个连兵力加强第3营作战后，吴士瑜即率两团连夜急行军，抄近路至日军前方，占据路边高地连设两道伏击圈。不久，日军果然无心恋战，该营按计划紧跟其后保持距离作骚扰追击，日军怕被我军主力追上，急冲冲朝盛逢尧布设的伏击圈奔来。当敌进入该团伏击区内，即刻被各营、连分割包围，顿时该团枪炮齐发，愤怒的火舌向日军倾泄，激战几小时后，即开始短兵相接枪击、近战肉搏一齐上。这时，在盛逢尧部的猛烈攻击下，被该团一个营包围的日军百余人，举起白毛巾示意投降。待该营派出一个连前去收缴武器，刚与敌一接近，狡黠的敌人突然以猛烈的火力发动袭击。该连猝不及防，造成重大伤亡。该营见状迅即移动位置，全团官兵怒不可遏，迅速集中迫击炮10门、机枪60多挺和全部预备队兵力，向敌发动猛烈攻击，将这股顽敌全部歼灭。

在伏击这股日军时，该团依计在往第二道伏击圈的方向留了一个口子，一部分日军由此冲出伏击区纷纷败逃，一路上被该团强大火力追击，日军慌不择路朝着第二道伏击圈窜来。四更时分，日军进入68团伏击区，该团立即截断日军去路，以主力正面阻击之两翼配置部分兵力掩护，由于该团预先占据有利地形，突然集中火力发动攻击，打得日军哇哇乱叫阵脚大乱，该股日军终被第68团基本歼灭。

30日晚，盛逢尧率部往北侧击日军第13师团主力，到达长阳峰山坪附近时与日军主力遭遇，双方接触后，就立即抢占有利地形，相互对峙激战。由于兵力不占优势，且日军武器装备的配备处于明显优势。盛逢尧认为，强行啃掉这快骨头，自我消耗太大，故迅速调整战斗策略，命令部队转为防御作战，设法缠住日军。同时，命副师长吴士瑜迅速赶到峰山坪集结部队围歼这股日军。半夜时，日军连续发动数次攻击，均被盛逢尧部两团击退。直至凌晨双方仍在僵持，日军已看出盛逢尧部的意图，无心恋战，迫切地想突破盛逢尧部的阻击阵地。遂于当天上午发动猛烈的进攻，组织兵力作一轮轮波状队形，向盛逢尧部阻击阵地反复冲锋。日军的急躁进攻，使盛逢尧更加确定日军东逃北溃的判断，发现敌人军心动摇，增加了他吃掉这股敌人的信心。故命令两团死守阵地进行顽强阻击，一次次顶住日军的冲锋，战斗殊为激烈。午后，副师长吴士瑜率带两团赶到，稍作休整立即召集几个团长，部署"正面吸引、两翼主攻、封锁后路"的围歼方案。以一团继续在日军阵地正面组织佯攻，吸引日军火力，以两团分别从两翼同时发动进攻，摧毁其山炮等火力强大的防御阵地，另一团包抄日军后路围歼。开始时日军凭借其优势火力，进行强烈反击抵抗，待两翼主攻同时打响时，日军根本就无暇应付，顿时阵脚大乱，少量日军及伤兵后撤，又被另一团堵截。盛逢尧见日军已被基本围死，随即向各部发出信号，集中火力歼击，一时间炮弹、集束手榴弹、轻重机枪纷纷抛射向日军。眼看日军士兵血肉横飞，伤亡不断加大。日军发现被围后，仍一边顽守抵抗，一边集中剩余兵力向薄弱处突围，最后一部分日军从包围圈东北角的陡峭大山上攀爬突围出去。是役盛逢尧部歼敌近千，活俘来不及跑的伤兵数十名，缴获军品甚多。

　　话说盛逢尧反攻渔洋关之前，24日，在新四军第5师、根据地武装和苏区人民配合下，第10集团军及时到达资丘一线，掩护了江防军右侧。25日开始侧击日军第13师团，阻滞其北上，策应江防军正面阻击和盛逢尧部反击收复渔洋关。由于第10集团军所部侧击和盛逢尧部反击渔洋关，有力地拖住了日军第13师团主力从右翼攻击江防阵线，极大地减轻了石牌方面江防军正面阻击的压力。

　　5月29日盛逢尧一举克复渔洋关，着实令在第6战区司令部的陈诚甚为兴奋，这既在其意料之中又是其意料之外，对他来讲盛逢尧虽有点桀骜不驯，可带兵打仗却是毫不含糊的，但令他意外的是盛逢尧部从藕池口到渔洋关，转战数千里三四月，其部损失惨重仍有如此战斗力。同时盛逢尧这关键一击奏效，可谓敲响日军的丧钟，作为指挥官他立即意识到这是战场出现转机的开始，压缩于清江以南、渔洋关以西的第10集团军等部，则可由渔洋关东进包抄敌第13师团主力，日军必不敢于石牌与江防军11师、5师、18师久战。30日江防军方面抵住的猛烈进攻，他长长地舒了一口气，接下来就看他与横山勇比耐力。

29日盛逢尧率部一举克复渔洋关，在日军后路狠狠插上一刀，日军作战部异常震惊，开始担心再不撤退，惟恐截断退路，被国军围歼。30日，中路日军于石牌久攻不遂，损兵折将惨重，信心完全丧失。日军第11军司令官横山勇眼望连天群峰，莽莽穷窿无计可施，只得下令全线收兵后撤。31日横山勇由于正面攻不下，侧翼及后尾部队又频受袭击，终于熬不住了下令全线撤退。到了5月31日夜晚，江防战场上的枪炮声突然沉寂下来，进犯石牌之敌纷纷掉头东逃。陈诚立即组织各部全线反攻追击，这就是其战后汇报时归纳出的"坚守拒敌、抄敌后路、四处点火、全线反攻"的战术。

31日晚，盛逢尧部于长阳峰山坪追击战斗结束后，命令部队就地隐蔽休整，士兵们又是两天两夜没合眼，得抓紧时间让他们休息，尽快恢复体力，他知道战场变幻无常，不知什么时候就突发战事。次日，盛逢尧接到战区下达的全线反击命令，不由得舒了一口气，这说明攻击石牌方面江防防线的日军开始撤退了，自己先前在峰山坪与日军遭遇战时的判断是准确的。由于此时他已先行率部反攻追击两天，算是对日寇出了一口恶气，且各部都十分疲劳，强行令部队劳师袭远去寻歼日军，不甚划算。更何况友军均于各处反击日军，他则无意凑热闹抢功劳。因此他决定以逸待劳、守株待兔、继续休整。旋命令部队以团为单位埋伏在长阳、宜都一线日军必经之路边，继续让各部隐蔽休整。当天晚上仅有小股日军窜逃，盛逢尧意在钓大鱼，故未作战斗部署，让各部继续休整，就这样部队得以休息了一整天。

6月2日凌晨，盛逢尧部搜索队发现大批日军即将进入其布下的伏击区，系日军第13师团主力第104、116、65联队之一部，约四五千人，正于长阳东逃途中。盛逢尧立即命令各部作战斗准备，注意隐蔽，等待进攻命令。望远镜中日军队伍蜿蜒数里，朝其伏击区奔来，他耐住性子等日军先头部队通过后，大队人马全部进入其各团伏击区，立即命令各部同时发起袭击。激战数小时后,由于各部相隔甚远,不便指挥,盛逢尧乃令各团各自为战分割日军,可怜日军被盛逢尧的新23师拦腰截为数段歼击。但日军的抵抗非常顽强,战斗进行得十分激烈。但不多时日军即稳住阵脚就地反击,双方开始短兵相接一场激战,各团坚持顽强阻击,与日军激战多时,日军抵抗亦非常顽强,几次组织反攻欲冲出包围。此时,盛逢尧部已转战近千里,名义上号称有四个团,但实际兵力每团均不足两营。可是盛逢尧实在不愿放弃这个机会,仍拼命督率各部死死围住,他率部抗战六、七年,无数官兵兄弟生离死别,眼见百姓遭受摧残,对日寇的兽行早已激起他强烈的愤恨,用他的话讲吃得他的肉下去,这一次如此好的机会为死去的官兵和遭殃百姓报仇雪恨,他无论如何也不愿放弃。

天亮后,盛逢尧见战斗进展仍不大,且其部消耗开始加大。于是,他致电孙连仲要求全面支援,坚决全歼日军。不久,附近的友军第66军、第79军等部均迅速靠拢加入战斗。这支号称甲种精锐部队的日军第13师团,参加南京大屠杀沾满同胞鲜血的主力师团,在这里成了瓮中之鳖,终于遭到了应有的报应。在盛逢尧等国军部队要发动攻击时,战场上空飞来数架美军战斗机,向日寇阵地投下大量炸弹,日军暴露于山坡林地,藏躲无处,血肉横飞,炸死炸伤数以百计。这是盛逢尧率部抗战以来,首次得到空军协助,以前屡屡都是受到日军来自空中的掣肘。这回总算是扬眉吐气了,阵地上各部官兵十分兴奋,有的甚至激动得冲出掩体向飞机挥手致敬,全体将士士气大振。在飞机投弹、俯冲扫射后,盛逢尧一声号令,各团立即收紧包围围歼,正待逐步歼灭,但是大部官兵此时已情愤激昂,迫不及待立刻冲进日军阵地,以猛烈的

长阳一个山头遭到中国军队阻击的日军某联队长及军旗(摘自《宜昌抗战图片集》)

火力和勇猛的拼杀，打得日军人仰马翻歼灭甚多。期间有部分日军乘乱向北落荒而逃，较为可惜。此战缴获日军轻重武器两千余件，其他军用物资无以计数，生俘日兵七十余人，日军死亡近两千人。盛逢尧部仅伤亡官兵数百人。

当晚，盛逢尧让部队继续就地休整，命令师部直属工兵营营长盛广智率部随同友军，乘夜追击溃逃的日军至磨市附近，经过激战数日，残余日军退据附近高地顽抗。日军于长江北岸调来大队人马渡江援救，又派来飞机助战，该残部侥幸突重围，与宜都聂家河之敌会合，向枝江方面逃窜。战斗中营长盛广智率两连曾一举突破日军第13师团部警戒线攻入，敌师团长只身由水沟中逃脱，所有师团部行李、马匹、军品、弹药等及文件全被缴获。是役盛逢尧师伤亡不多，敌则伤亡无算，盛逢尧部的战事乃告结局。

至14日，友军第74军于公安克复车家嘴、申津渡等地，并对困守华容、石首、藕池口、雾气嘴、闸口、黄金口、弥陀市、宛市之敌包围攻击。战斗至此，双方均已完全恢复5月5日以前之原有态势，鄂西会战胜利结束。

本段有关问题考证情况

盛逢尧部参加长阳、宜都追歼作战的情况，盛逢尧的原部属时任第68团第2营营长姚行中先生的回忆文章《姚行中抗日战斗故事》中有更为具体详细的叙述。（参见本书附录一）闵江月先生著《鄂西会战纪实》一文中有几处记载，分别摘录如下：

"第87军开始向渔洋关、天柱山方面侧击尾击敌人，其新编23师于5月29日首克渔洋关。有鉴于此，陈诚又令第79军改向渔洋关东北前进，以断敌退路。"[载于《湖北文史》2003年第一辑（总第七十四辑）第48页]

"由长阳败退到五峰栗树脑之日军第13师团之116联队及骑兵队各一部，6月1日被我第87军新编23师追击。……终将这股顽敌全部歼灭。"[载于《湖北文史》2003年第一辑（总第七十四辑）第48-49页]此处有详细的战斗过程，已直接充实于上文，故省略。

"日军第13师团第104联队、第116联队之各一大队以及第65联队之一部，共约3000余人，于长阳东逃途中，由于我第10集团军第82军（笔者注：应属笔误为第 87 军）新 23 师、第 94 军 55 师之抑留及第 79 军 98 师、第 94 军 121 师之超越追击，6 月 3 日，被我重重包围于长阳磨市附近。经过激战，日军第 104 联队第二大队长皆冢被我击毙。"（载于《湖北文史》2003 年第一辑（总第七十四辑）第 49 页）

中国第二历史档案馆藏的陈诚关于鄂西会战的口述资料中，对盛逢尧部追击作战情况，亦有一处记叙："而敌 13 师团 104 联队、116 联队之各一大队及 65 联队之一部约 3000 余人，因我第十集团军新 23 师、55 师之抑留，及 98 师、121 师之超越追击，被我重重包围于长阳磨市附近，不及东窜。"（参见宜昌市夷陵区政协编《浴血鄂西——纪念石牌保卫战胜利 60 周年专辑》第 34－35 页）此处内容与闵江月著《鄂西会战纪实》中雷同，应当是闵先生参见了陈诚的口述资料，可见闵先生该文是充分结合陈诚和姚行中等亲历者回忆内容形成的，说明闵江月先生整理鄂西会战资料是较为客观，且进行了一定的分析甄别的，只是可惜闵先生并未掌握陈诚与盛逢尧之间的关系，不然其甄别力度定然更大。尽管如此，具备了基本客观的史料研究精神，所出之成果。必然比宋瑞珂照搬陈诚口述资料，盲目与其保持高度一致，假以亲历者身份编成的所谓回忆文章，无论在真实程度及史料价值方面都更高。

此外，日军战史对长阳、宜都等追击作战（日方称为返还作战），照例极力粉饰其所谓军威，对此败局固然又是轻描淡写含糊叙述，故只能找出极少印证性的说法。如："5 月 29、30 日两天，军就返还作战进行了部署，其主要内容如下：（译略）这样，看来各兵团的返还作战有可能顺利结束。可是敌人对第 13 师团的尾追却更加疯狂了，特别是师团的后方部队，甚至受到了敌人的包围。"[高书全译、日本防卫厅防卫研究所战史室著《昭和十七、八（1942、1943）年的中国派遣军》下第 103 页]

关于皆冢大队长阵亡一事，日军战史也仅在注释中予以说明。"皆冢大队先从渔洋关附近出发，掩护野战病院等后方部队直奔宜都。6 月 2 日奉师团命令担任收容部队任务，负责收容经长阳返还来的各部。4 日，该大队在收容最后通过部队，即第五中队时，受到数倍于该大队的敌军包围。大队竭尽全力奋战。当天，皆冢大队长被敌人子弹打穿右胸，阵亡。"[高书全译、日本防卫厅防卫研究所战史室著《昭和十七、八（1942、1943）年的中国派遣军》下第 104 页]

此外，互联网上也有资料反映盛逢尧部追击日军的战斗，可供参考如下："渔洋关附近另一部日军向刘家场方向撤逃，新23师68团、69团奉命迂回追歼至栗树垴。由长阳败退到五峰栗树垴之第13师团之116联队及骑兵队各一部约3000人，6月1日被我第87军新23师追击。该师以第68、69两团伏击日军，又以68团第3营伏击日军的后卫部队。……69团立即调集迫击炮10门及机枪60多挺，集中全部预备兵力向敌边攻，终将这股顽敌全部歼灭。对其余日军该团依计网开一面，日军约1000人马连夜向刘家场方面败逃。次日凌晨，日军进入68团伏击区，短兵相接一场激战。天亮后，国民党空军和盟国飞机以大队机群，配合地面部队向日寇败兵阵地投下大量炸弹，日军暴露于山坡林地，藏躲无处，血肉横飞，炸死炸伤数以百计，国军士气大振。我方飞机投弹，俯冲扫射后，一声号令，大部队立刻冲进日军阵地，以猛烈的火力和勇猛的拼杀，打得日军落荒而逃。此战国军所部缴获日军轻重武器千余件，其他军用物资无以计数，生俘日兵70余人，日军死亡近400人。我方伤亡官兵300余人。逃出包围圈的日军向湖南石门逃窜。……同时，第13师团第104联队第2大队、第116联队的1个大队以及第65联队之一部，共约3000余人，于长阳东逃途中，被在此休整、以逸待劳的10集团军第87军新23师、第94军55师拦腰截住，又遭第79军98师、第94军121师之超越追击，6月3日，被我重重包围于长阳磨市附近，无法动弹。经过激战，5日克复磨市，击毙第104联队第2大队长皆冢大佐。"（摘 http：www.blog.stnn.cc/zoupeng 敏思博客——《浴血鄂西——中日陆海军鏖战长江实录》作者：决胜千里）

对于日军第13师团战斗司令部被袭击的情况，陈诚的口述资料中讲是暂编第6师所为，盛逢尧自述材料中称系其部工兵营在磨市、峰山坪之间所为。因为盛逢尧的材料从未公开过，所以当前各类史料均采用陈诚的说法，但是现在盛逢尧的自述材料公开，问题也随之暴露出来了，在这个问题上陈诚是否会基于与盛逢尧的隔阂，而予以隐瞒，这是很值得质疑的。毕竟陈诚在其口述资料中，只有一处提到盛逢尧部作战情况。其实盛逢尧部从藕池开战至渔洋关反攻，一直在正面战场同日军主力作战，再怎么样都不会如此没有表现。可见，陈诚对盛逢尧部是十分吝啬口水和笔墨的，与亲历者姚行中的回忆相比隐瞒了很多情况。但是客观地讲盛逢尧称袭击日军第13师团战斗司令部系其工兵营所为，至目前乃是一家之言，其部属姚行中先生的回忆中并未涉及于此，日军战史中彻底未承认此事，因此也是无法印证的。虽然当时重庆《新华日报》记者陆诒先生撰《鄂西会战见闻》中讲到："日军第13师团长赤鹿理也亲到渔洋关附近的鸭子口前线督战。"（《湖北文史资料》第11辑纪念抗日战争胜利40周年专辑之一第213页）盛逢尧部当时正在渔洋关附近作战，也只能说明其部冲击第13师团战斗司令部的可能性较大，并不能直接证明，故这个问题至今客观地说仍属未解状态。

最后笔者觉得不能埋没民族英雄，在追击战中阵亡的盛逢尧部营长余鸿声，有必要予以考证为其正名：据互联网的信息所示"余鸿声（1903~1945），字兴嵘，号振远，安徽望江县长岭镇枫树塘人。幼读私塾。秉性刚烈，好打抱不平。民国19年出走至九江从军，旋即考入湖南武卫军随营学校。毕业后分配至九江陆军第五师独立团任机枪连长，后升独立营少校营长。民国34年5月间，日本侵华军溯江西进，余先后随军驻守岳阳、渔洋关，任辎重营营长，见渔洋关前线吃紧，主动请求率一营兵力出关。经其周密部署，与兵士戮力同心，采取正面佯攻，迂回包抄的战术，重创来犯之敌，取得渔洋关阻击战的胜利。在追击日寇途中，遭到日军飞机扫射，余身负重伤，经抢救无效身亡。"（参见中国望江网 www.wangjiang.gov.cn）该网站公布的余鸿声资料，与盛逢尧部的余鸿声有许多细节相同。如盛逢尧部的原番号为第5师；余的职务为营长；抗战时在岳阳、渔洋关作战；殉职于渔洋关附近等。仅是牺牲的年份不正确，月份都几乎接近，笔者认为年份应属笔误，因为民国34年（即1945年）渔洋关附近根本无此战事。此外，由历史和地域关系看，安徽望江县古时曾隶属九江郡，其东南与江西彭泽县隔江相望，故余鸿声营长早年参加赣军是完全可能的，所以笔者认为应当系同一人，确属盛逢尧部的抗战英雄。按此前已引用的湖南省档案馆藏盛逢尧部机构序列营以上主官名单（具体参见本书附录二）所示，在1940年6月余鸿声任第69团第1营营长。他还于1941年参加了潜江浩子口战役，被当地史料称为负伤指挥战斗的英雄。

7. 东方斯大林格勒保卫战

鄂西会战，是八年抗战中发生在湖北境内的四大会战之一，也是抗战期间全国22个著名会战之一。此次会战从5月4日开始，6月14日结束，历时一个多月。战线东起湘北滨湖之华容,西至长江西陵峡口之石牌,绵亘千里。国军三军将士同仇敌忾,浴血奋战,使不可一世的侵华日军遭到空前惨败。石牌该战的最终胜利,挫败了日军入峡西进、袭取重庆的美梦,粉碎了日军攻打重庆的部署,遏制住了日军肆意践踏的铁蹄,是中华民族抗日战争的重大军事转折点。当时中央社称:西方军事家神话般誉为"东方斯大林格勒保卫战",确立为世界军事史上中华民族反法西斯取得胜利的著名战役,并作为世界第三大军事战例纳入各大军校教材。

正义终必战胜邪恶,正义终必战胜邪恶。历时一个多月、规模宏大、战况空前的鄂西会战,国军战果辉煌,毙伤日军官兵达 25700 余人,其中毙敌校级指挥官 5 名,为侵华日军在鄂西地区作战以来被国军击毙的指挥官最多的一次。同时,毙伤日军军马 2000 余匹,击毁日机 15 架,船舶 122 只,并俘获人马、缴获械弹无数。尤其是曾经在中国战场东奔西突、往来征战的日军甲种精锐师团——第 13 师团,原定调往太平洋战场对付美军,经过鄂西会战元气大伤,不再具备机动作战能力。此后,日本大本营取消前令。这支参加南京大屠杀、沾满中国人民鲜血的部队,于 1945 年秋在广西乖乖地向中国受降部队投降。

第 6 战区在此次会战中共牺牲 23550 人,负伤 18295 人,失踪 7270 人,计损失 49115 人。以国军所失踪人员内,绝大部分被俘的统计惯例,可见日军公布俘虏国军为 4729 人,还是较为客观的。而被俘的国军中,又

败退回宜昌城区的日军第 39 师团为"江南作战
(即鄂西会战)"中战殁者慰灵祭的场面(摘自《宜昌抗战图片集》)

以在滨湖惨遭围歼,几乎全军覆灭的73军尤甚。

鄂西会战结束前夕,中国政府外交部长宋子文于6月4日到白宫拜访美国总统罗斯福,通报中国鄂西大捷情况。9日,宋子文又在太平洋作战会议上报告鄂西大捷情况,令在座的盟军高级将领对中国军队不得不刮目相看。

7月1日,第六战区长官部在恩施召集军事将领检讨会议,总结鄂西会战的经验教训。蒋介石特从重庆赶到恩施出席会议,并作训示。蒋氏高兴地说:"鄂西大捷是中国抗战以来一次决定的胜利,对中国抗战前途固然多了一层胜利的保障,而尤其当此国际战场同盟国家准备总反攻的前夕,具有更重大的意义。"

鄂西会战胜利的消息传出后,举国同胞心中都舒了一口气,情绪极为振奋。三天前还人心惶惶之下,准备西迁的山城恩施,一时间竟成了时事新闻中心。曾因丢失武昌、南昌、宜昌,而被冠上"三昌将军"之恶名,著称于世的第6战区司令长官兼湖北省主席的陈诚,终于在宜昌失陷后的第3年,统一调度指挥第6战区取得鄂西会战的辉煌胜利,因此他也再一次在国人面前以功勋卓著的统帅的新姿态露脸,成为万众瞩目的新闻焦点人物。

8. 真假石牌防御战

战后,陈诚作为指挥官要为第6战区的参战部队论功行赏。因为这次面对大多是其嫡系的第6战区部队,毕竟手掌手背都是肉,纵然他是此中老手亦感到十分为难,这个向来手段高明的人物,这次也无法平衡内部关系,导致其嫡系内部矛盾重重。陈诚将首功给予其老牌嫡系第18军,相应地在宣传方面也着重突出第18军参加的石牌防御战的重要性,从而淡化了其他部

1943年5月30日中央社重庆电《鄂西我军告捷》在《国民日报》上报道(摘自《宜昌抗战图片集》)

队包括其嫡系的战斗，论功行赏出现重大偏颇。分别授予第 18 军军长方天、第 11 师师长胡琏、第 18 师师长罗广文、第 5 师师长刘云翰等人象征着国民政府最高荣誉的"青天白日勋章"，除了第 5 师外，其余都是第 18 军的军、师长受奖，第 5 师当时虽不属第 18 军序列，但该师在石牌外围阻击日军二、三日，且师长刘云翰原系陈诚任第 6 战区司令部参谋处处长、办公室主任，亦是陈诚的亲信。因此，引起许多参战的其他嫡系将领愤愤不平，以至于揭露了第 18 军在石牌作战的真相。

荣祜先生在其撰写的《抗日驻宜军队的二则纠葛》中如是述："鄂西会战，当时第 5 师由邱行湘率领连日苦战。据报吴奇伟跑了，第 18 军方天跑了，就连驻扎在悬崖峭壁有利地形之上的第 11 师师长胡琏也跑了。日军佯攻一下，随即撤退，各路兵马争先上阵。胡琏一回到石牌，马上给邱行湘师长打电话说：'行湘兄，你们辛苦了！'不出几天，蒋介石向吴奇伟、方天、胡琏等人发了'青天白日勋章'，对邱行湘只给口头嘉奖。这使邱十分气愤，跑到恩施找参谋长郭忏，责问战区没有是非功过。郭忏对邱行湘说：'你是自己人，要识大体，第 18 军多年受何应钦压迫，新装备领不到，兵员补充困难，再不给他们一点好处，辞公说话就不响了。'（笔者注：辞公即陈诚）"（载于《宜昌市文史资料》第四辑第 116 页）

从方知今先生著《远逝的硝烟——原国民党高级将领方靖亲历纪实》中可以看出，时任第 66 军军长的陈诚嫡系将领方靖就颇有想法，该书是这样叙述石牌方面作战的相关内容的："重庆统帅部大为震惊，从湖南调第 79 军王甲本部和方靖的第 66 军赶到聂家河。日寇唯恐归路被切断，5 月 31 日全线撤退。当时第 18 军军部及第 18 师正在慌忙退却中，闻知日寇已撤退，军长方天喜出望外，立即向第 6 战区长官部报告。孙连仲、郭忏一面向重庆报捷，一面命令全线各部队停止后撤。……蒋介石此时正需要前线大捷的消息稳定人心，于是亲自指示军令部打电报给方天，要求上报战绩及参战将领姓名，以便大加宣传，并给予奖励。方天命参谋长赵秀昆闭门造车，瞎报一通，军令部拿去粉刷一番，再经过中央社记者的描绘点缀，中央电台广播小姐便吹得有声有色了。什么将领誓与要塞共存亡，什么使敌无一生还……如此弥天大谎，竟然公之于世，可笑也可怜。……陈诚也先期赶到恩施，主持授勋仪式。孙连仲及第 18 军的军、师长和参谋长都得到一枚最高勋章——青天白日勋章。而真正在这一战役中起到扭转逆势的第66军和第79军却只字不提，难怪这两个军的将领跳起脚来骂娘！"（方知今著《远逝的硝烟——原国民党高级将领方靖亲历纪实》2006年华文出版社第112－113页）可见，石牌方面的作战并不是完全如同史料所记叙的那样英勇，第18军及第18师在日军撤退前就已经开始撤退了。

至于方靖将军理解这一战役是他的第66军和第79军起到了扭转逆势的作用，这一点倒是有点不全面。当时第66军和第79军来增援鄂西会战，其任务是和盛逢尧所属的第10集团军一样的，即侧击、尾击正在进攻石牌的日军，是在同一个方面对日军作战。实际上等这两个军赶到时日军已经开始撤退了，此时由于第10集团军在鄂西会战中打了一个月损耗很大，实际兵力弱小仅能勉强算做一个军，而方靖将军所讲的两军此前并未参战，因而兵力充沛具备完整战斗力，加入这一方面的作战，必然在此后的追击战中发挥了重要的实际的作用。所谓扭转逆势的作用，应该是在促使日军作出撤退决定的问题上起到了作用，由日军战史（上文已引用）可知，日军在5月29日、30日两天就对返还作战进行了部署，此前第10集团军奉命侧击、尾击正在进攻石牌的日军，而方靖所说的两军已接到加入侧击、尾击行列的增援命令，正在赶赴长阳的途中。这时唯一发生的对日军有实际触动的事件，就是28日晚至29日凌晨时分盛逢尧部收复渔洋关。因此，这时日军作出撤退部署，客观地讲是考虑到渔洋关一破，等于打开了关闭鄂西山区部队的闸门，早先被其压缩于渔洋关以西的第10集团军会由此倾巢而出，向东北运动包抄正在进攻石牌的日军的尾部，这样日军就没有了退路，进攻石牌的日军就成了一支被包围的孤军。当然日军也知道和他打了一个月的老对手第10集团军此时实力并不怎么样，尤其令他们害怕的是陈诚嫡系的第66军方靖部和第79军王甲本部，正在往这边赶，不日即可加入包抄尾部断其退路的行列，这时的两个中央军精锐部队，足以当二三个第10集团军，这对攻打石牌的日军是极其凶险的。

通过这些分析可知，如果石牌方面作战，确系前两位将领所言，吴奇伟、方天、胡琏等人均先行撤退，那么守石牌在鄂西会战中也就没什么作用。盛逢尧部收复渔洋关就成为鄂西会战中扭转战局的关键，因为日军作出撤退决定的直接原因只能是：一是第10集团军的侧击、尾击因盛逢尧部收复渔洋关取得实际进展，给日军造成实际威慑；二是第66军、第79军正在日夜兼程赶往长阳包抄，亦给日军造成重大的心理威胁。因此，方靖将军在这个问题上仅讲了其中之一,不免显得有点不够全面。

退一步讲,即使石牌方面的第11师、第18师、第5师作战是真实的,没有经过添加政治水分,也不见得就比盛逢尧部作战的功劳要突出。盛逢尧部在鄂西会战前参加藕池口阻击战,成功阻止日军中断其宜南作战计划达一个多月,为国军部署鄂西会战赢得了宝贵的时间。因此,其部也伤亡近半,事后仅经简单补充,就是这样一支兵员、装备都出于相对劣势的部队,毅然打响了鄂西会战的第一枪。尔后,于会战中从藕池口到渔洋关转战近千里,屡次坚守阵地未让日军前进一步,积极侧击日军救援友军,两次掩护全军撤退至安全地带,最后临危受命一举收复渔洋关扭转全局,并主动追击日军,又率先打响了鄂西会战的反攻日军的第一枪。由此可见,纵观鄂西会战全局各参战部队,盛逢尧部可谓劳苦功高,理当属鄂西会战第一功臣(后文有具体观点评价)。然而,令人遗憾的是,战后蒋介石的国民政府论功行赏时,新编23师师长盛逢尧将军却榜上无名,这其实是战争结果政治化的典型表现。

实际上且不说石牌在步步退守的危急下之所以未被突破,很大程度依赖于盛逢尧将军及时收复渔洋关,一举截断日军后路造成日军恐慌,无心于前方攻占石牌。就算三个授勋师长在石牌正面坚守与盛逢尧将军收复渔

鄂西大捷后,国民政府派慰问团至第6战区司令部所在地恩施劳军
(摘自《宜昌抗战图片集》)

洋关的战略意义、战斗强度是相当的，仅此一役他们的功劳就应相当。但该三个师基本都是从26日前后才参战至31日，而盛逢尧将军却转战近千里，参战一个多月，数度坚守阵地，数次掩护全军，不说功劳，就是这些苦劳累加一起，无论如何也是这三个师所不能及的。无非盛逢尧将军不属黄埔系又不屈服于陈诚，因此不符合蒋介石的政治导向。抗战期间，蒋介石为加强控制军队，维护其独裁统治，大力提拔黄埔系将领，为实现这一目的，必然于战役评价设法突出黄埔系将领，尔后再以战功提拔，就显得名正言顺。所以鄂西会战后论功行赏发生重大偏颇也就不足为奇了。

9. 打响第一枪　吹响冲锋号

国民党军队派系倾扎的窝里斗，毕竟都是已经过去的事。今天在这里有必要摒弃偏见，客观归纳总结一下盛逢尧部该次作战功绩，尽可能还原抗日民族英雄部队的公道。

首先是，强力反攻，惨烈作战，有效阻击并中断日军的疯狂攻势。

当前的鄂西会战是指从5月4日到6月14日的作战，上一节已阐述了其不合实际及日军的虚伪所致，这里不再累述。盛逢尧部参加鄂西会战的情况，应当不能迎合日军战史的自大，对盛逢尧部作战的综合评价，也应从3月份的反攻藕池口战斗说起。因为不管日军如何划分战役乃至捏造战役，盛逢尧部在事实上，从3月开始数次反攻藕池口起，一直与日军作战至6月初。期间4月份中日双方虽然停止了大规模攻击作战，都在部署下一步作战，但盛逢尧部却没有得到片刻休息。他驻扎在藕池附近与日军对峙，连日军战史中都说双方对峙期间相互袭扰作战不断，所以这个所谓的停止进攻的期间，其他部队得到休整，盛逢尧部却始终处于高度紧张的第一线，时刻与对峙日军作小规模战斗。在这一点上盛逢尧的部属回忆亦可证实，时任新编23师第69团第3营机枪连中尉排长王清泉先生是这样叙述的："我军防守长江任务时，日军发动了一次声势浩大的鄂西会战，梦想逆江而上直逼重庆，鄂西正面的主战场任务是我们第87军担任的。从会战开始到结束，经过三个多月的时间，每人一条军毯，从未进入民房休息过，敌人到处，鸡犬不留，房屋尽毁，到处是膨大的尸体，臭味难闻。"（参见本书附录一）所以不管是否采纳应从2月中旬的江北歼灭战时算为鄂西会战的发动时间，最起码盛逢尧部作为个别部队，客观上是从3月份参战一直作战至6月初，实实在在打了三个月。

其二是，坚守阵地，侧击日军，成功帮助友军突围并掩护撤退。

在当前公认的鄂西会战阶段，盛逢尧部于全局的作用可以简单归纳为"打响第一枪、吹响冲锋号"。

这个阶段日军的计划是作出进攻常德的姿态，实际以歼灭第29集团军为目标。整体战役情况是石首西南、公安东南之日军和草尾、三仙湖之日军分别由北南两面包抄撤至安乡、南县的第29集团军，第10集团军87军各部积极侧击日军救援友军，第29集团军44军及时突出重围撤退至洞庭湖以南的沅江一带，但其73军则被日军围死，阵亡13000人几乎被全歼，后余部亦撤至沅江。5月4日，日军首先向其前沿阵地发动进攻，盛逢尧部官兵奋起反击，坚守阵地寸步不让，直至5月11日全军撤退。同时，鉴于日军已逐渐对第29集团军形成了包围，盛逢尧又奉命派出一部侧击日军，终使友军部分成功突围。尔后，由于黄山头的第118师阵地不守，日军得以迂回攻击其部，使第87军全军告急，决定撤往公安以西，盛逢尧部又奉命掩护全军撤退。

盛逢尧的新编23师由于在藕池口反攻时受到重创，兵员虽得到补充，但整训时间不足，此后在该战役中，盛逢尧部作战频繁、损耗最大、人员补充最迟，而其部坚守、侧击、掩护等任务完成得最好，可以说盛逢尧部漂亮地打响了国军抵抗日军的第一枪，使本想"捏软柿子"的日军碰上了"硬钉子"，并且坚守阵地达八天之久直至奉命撤退，有效拖住了日军围歼第29集团军的兵力，客观上为被包围的友军减少了部分压力。同时，还抽调一个团侧击包围第29集团军的日军，直接帮助友军44、73军突围。最后，又成功掩护全军撤退至公安以西。是这个阶段参战的前线部队中，发挥作用最大的。

坚守作战方面，据日军战史中公开的作战地图（见附图）显示，当时江南国军的防御基本以藕池口至松滋、澧县交界处为界线划分防区，此线以北为第10集团军守备，以南为第29集团军守备。第10集团军辖第87军、第94军，盛逢尧部隶属的第87军驻守公安、石首，而第94军驻守枝江、松滋，两个军的各个师均是自东向西一线排开，盛逢尧部位于集团军部署的最东面，直抵藕池口日军阵地。

结合日军地图所示，敌人由藕池口方面发动进攻，整个第10集团军只有盛逢尧部和日军直接相抵，所以这个阶段的阵地坚守作战就是盛逢尧部一部参加，第 10 集团军中的其他部队均由于位置所限无法参战，故无论功劳苦劳都不能和盛逢尧部相比。这是在第 10 集团军内部评价，如果放在当时整个战场来看，就得和第 29 集团军各部的作战相比了。5 月 4 日，日军最先攻击盛逢尧部，但接着也同时攻击位于藕池口南部的第 29 集团军第 44 军阵地，日军在盛逢尧部阵地攻击三四天仅进入第二线阵地，而藕池南部方面却早被完全突破，三四日后，日军就进入了安乡、南县附近，驻守安乡、南县的第 73 军都开始与敌接战，并传出第 29 集团军被日军包围。此后，盛逢尧一面继续坚守阵地，一面又奉命派一部往南侧击日军救援第 29 集团军，一直坚守阵地到 11 日。第 29 集团军摆脱包围后，盛逢尧奉命撤出掩护全军撤退。可见，盛逢尧部的阵地坚守战，确实比同在藕池口第一线驻守的第 29 集团军第 44 军的部队，打得顽强得多，一直坚守到任务完成奉命撤退。

侧击作战方面，盛逢尧部在坚守前沿阵地至第三四日时，第 29 集团军的前沿阵地被突破，并整个集团军被日军包围，盛逢尧奉命派出一部增援，同时与其同属第 87 军的第 43 师、第 118 师也赶赴增援，共同侧击包围第 29 集团军的日军。由于侧击日军作战过程中，第 29 集团军各部有的被歼灭、有的却跳出包围，这是否完全为盛逢尧等三个师的功劳，也不好一概而论，具体哪一部打得更好亦不好区分。虽说最后是第 118 师阵地不支，而导致全军后撤，也不能因此就认定该师最差，因为毕竟侧击的任务是救援友军第 29 集团军所部，而不是坚守阵地。所以在侧击作战方面，凭目前资料不能作出判断，只能算功劳相等。

最后是掩护作战方面，第 87 军决定撤退时，命令盛逢尧部掩护各部撤退，这也是盛逢尧部独家作战，其他两师属于被保护对象，根本不存在可以与盛逢尧部论功劳的。

由此可见，盛逢尧部该阶段作战，除侧击方面功劳与其他各部相当以外，在坚守和掩护作战方面，于第 10 集团军内部来说，因是其本集团军交付的单独任务，只有他这一部作战，所以其他各部友军不能与之相比。尤其在坚守方面，明显比同样负坚守友军第 29 集团军相关部队，作战更顽强坚守时间更长。因此这一阶段，盛逢尧部无论于其本集团军内部，或在其他参战的集团军各部中，即这时所有参战的部队中，数其战斗打得多、打得好，综合发挥的作用最大，自然功劳苦劳均属之。

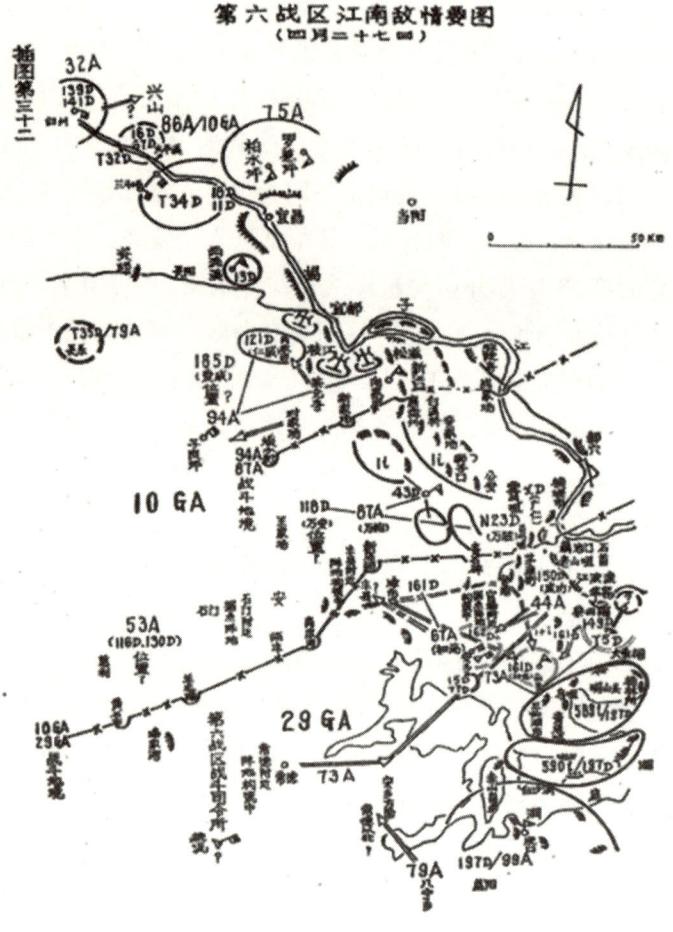

日军侦察到 1943 年 4 月 27 日第 6 战区江南敌情要图（摘自高书全译、日本防卫厅防卫研究所战史室著《昭和十七、八（1942、1943）年的中国派遣军》下 P196）图上百弓嘴附近所标"N23D"是盛逢尧部新编 23 师的英文缩写番号，该番号之下的"（万胜）"应属日军侦察出的盛逢尧部的代号，驻扎地点是百弓嘴。图上雾气嘴附近所标"XD"由于 X 是未知数的意思，故日军此处如此表示应是指并未侦察出该师的具体番号，但该番号之下的"（广仁）"则属盛逢尧部的对外代号，驻扎地点是雾气嘴。由此不难推断出，当时，日军占据了藕池口，而与该地鸡犬相闻的百弓嘴、雾气嘴两地应当都是盛逢尧部驻扎，这一点与战斗过程的叙述也相吻合，盛逢尧部只有驻扎于此，才会首先和日军打起来，也只有位于这个位置才便利侧击日军救援友军第 29 集团军。该图所标只不过说明日军的侦察分别有些小错误，百弓嘴驻军的番号搞对了代号却错，雾气嘴驻军的番号未侦察到，但代号是对的。

其三是，顽强抵抗，摆脱包围，再次成功掩护全军安全撤至鄂西山区。

这个阶段日军目标明确，围歼第29集团军后，不再作出攻常德之势，而由安乡直扑向公安、松滋的第10集团军，其目的很明显是围歼第10集团军。5月12日，日军向第118师阵地猛攻，13日第10集团军撤至西斋、刘家场附近，所属的第87、94军构筑阵地顽强阻击，日军第13、3师团主力分别由南北两面施钳行围攻，两军与敌激战三昼夜后，第10集团军摆脱日军包围撤退至鄂西山区地带，粉碎了日军围歼的企图。

在这个阶段战斗中，盛逢尧部与友军一起顽强抵抗日军进攻，一直坚守阵地激战三天后，其右翼第118师、43师相继被日军突破，盛逢尧连续收容友军，继续坚守阵地阻击日军。接着，左翼94军又被北面的日军突破，全军面临被日军围歼，遂决定撤退。盛逢尧部又奉命掩护全军西撤，节节阻击日军三日，才摆脱日军追击撤至鄂西山区后。

这次全集团军各部包括第94军，均参加阻击日军战斗，盛逢尧部一直坚守阵地直至奉命掩护撤退，可以说在全军三个师的阵地防御战，只有该师算是相对完成了坚守任务的，因为盛逢尧部不是被敌人击溃，而是奉命撤退并掩护全军。尔后，盛逢尧部又临场再次义不容辞接受掩护全军撤退任务，经过三日的阻击日军追击的战斗，掩护了全军安全撤至鄂西山区，成功保了全军。

因此，该阶段战斗，在战术上第10集团军是失败了，没能阻止日军进攻，更没有中心开花反攻日军，所以参战各部没有功劳可讲，但相对来说数盛逢尧部阻击时间最长，自然其中的苦劳是最高的。在战略意义上第10集团军却是胜利了，避免了被日军围歼，而全军安全撤退中，盛逢尧部又担任掩护的重要任务，于保全部队发挥作用最大。

其四是，临危受命，率先反攻，一举收复渔洋关扭转全局。

第10集团军撤至渔洋关以西山区后，留第94军第121师驻守渔洋关，这是南路日军攻击三峡要塞石牌的必经之地。在日军两个联队的夹击下，该师坚守一天即告失守，由此日军第13师团向石牌猛扑。此后，石牌频频告急危在旦夕，震惊重庆，蒋介石下了一个死命令：第10集团军不夺回渔洋关，师以上将领全部军法处置。这时盛逢尧顶着巨大的压力，率新编23师临危受命，竟两整夜的猛烈攻击，一举收复渔洋关。

如果说石牌是重庆的门户,那么渔洋关则是石牌的门户,战略意义是极为重要的。这也就不难理解蒋介石为何要为该地失守而下了整个鄂西会战中最严厉的死命令。

其次作战难度极大,由于渔洋关地势险要易守难攻,几日前日军作为攻击方攻占渔洋关时动用了两个联队的兵力,而防守方国军一个师,按日军在中日战争中一贯秉承的兵力折算惯例(遭遇战日军一个大队当国军一个普通师),那时日军作为攻击方以6个大队的兵力,攻击一个师即为一个大队的战力,或说相当于用国军6个师兵力攻占一个师的领地,攻防兵力比为6比1。可是,盛逢尧奉命收复渔洋关时,日军为防守方驻扎了一个大队在渔洋关,盛逢尧部作为攻击方的兵力与防御方相等,按日军的上述折算惯例,攻防兵力比为1比1。这还未考虑日军防守的地利因素、装备条件等。可想而知,该战既对盛逢尧部的战术技巧和作战强度要求高。同时,作战难度极大,还体现在当时盛逢尧部的攻击行动完全是逆局势而为的,鄂西会战从石首到宜昌近千里作战,一直是日军占据攻击的主动权,国军一直处于防御作战的境地,那时国军官兵于气势方面显然弱于日军。盛逢尧部在这种形势下领命发动攻击战,无疑要官兵克服惧敌的心理障碍,振奋疲乏精神,鼓起打硬仗的斗志,才能逆此大局势而战,这就又对盛逢尧部战斗意志考验极大。所以盛逢尧部攻克渔洋关作战难度是非常大的,丝毫不亚于石牌方面国军第11、第18、第5师凭借江防天险,对日军两个师团主力作阵地防御作战。

最后收复渔洋关有扭转全局的作用,因为从5月4日日军发动进攻以来,可谓一路高歌猛进近千里,22日攻下渔洋关后,大量日军主力更是日益逼近石牌,致江防军坚守得异常艰辛,节节阻击石牌危在旦夕。28日,日军已突破石牌阵地的第一道防线,29日已达第二道防线,这日凌晨时,盛逢尧部收复渔洋关,一举截断日军后路,打通了包抄日军的通道,日军担心被包抄而不敢作持久攻击。立即于29、30日研究决定撤退部署,31日开始全军撤退,因此直接导致日军撤退的重要因素,除了正面江防军顽强抵抗以外,就是后面盛逢尧部突击成功截断后路。在闵江月著《鄂西会战纪实》中作全局分析时,几次强调新编23师收复渔洋关的重要性。陈诚的口述资料中,也称克复渔洋关为:"诱发攻势转移之机",足见与战局的重大战略意义。渔洋关收复后,使原被日军压缩于清江以南的第10集团军及增援的部队，开始先后由渔洋关奔出，包抄追击溃退之日军主力。因此，收复渔洋关不仅有占领重要关隘、截断日军后路的战术作用，更为重要的是，造成日军恐慌、振奋国军士气的战略作用，直接促使日军决定撤退，解救了石牌的危急，吹响了反攻的冲锋号，敲响了日军发动鄂西会战的丧钟。

其五是，主动追击，精心设伏，围歼溃退日军计千数缴获军品无数。

5月31日，日军开始全线撤退，国民党第6战区各部进行追击作战，实际上盛逢尧部在此之前就主动追击日军。从史料记载看，连陈诚的口述资料中都提到了盛逢尧部参加了围歼日军第13师团主力的战斗。盛逢尧部确实在追击日军战斗中斩获战果较多的部队之一。

在这个阶段，盛逢尧部收复渔洋关后，5月29日，就能及时扑捉战机，主动乘胜追击日军从渔洋关溃退部队，足见盛逢尧的战场应变能力非常强，胆量很大。此举有利于巩固渔洋关的占领，依军令尚属其收复渔洋关任务的范畴，即使不报告也不至于被指责为擅自行动。同时也在客观上包抄攻击石牌日军的后卫部队，还可直接歼击日军，实属一举多得之决策。而战区司令部于31日才下达全线转入反攻的命令。盛逢尧部在长阳、宜都之间数度伏击日军第13师团，将其截为数段歼击，歼灭溃退日军数千计缴获军品无数。因此，盛逢尧部率先打响了追击日军的战斗，并且歼灭大量日军主力，所发挥的作用应不在其他参与追击的部队之下。

综上所述，新编23师在鄂西会战前参加藕池口阻击战，成功阻止日军中断其宜南作战计划达一个多月，为国军部署鄂西会战赢得了宝贵的时间。新编23师因此伤亡近半，事后仅经简单补充，就是这样一支兵员、装备均出于相对劣势的部队，毅然打响了鄂西会战的第一枪，尔后于会战中从藕池口到渔洋关转战数千里，屡次坚守阵地未让日军前进一步，积极侧击日军救援友军，两次掩护全军撤退至安全地带，最后临危受命一举收复渔洋关扭转全局，并主动追击日军，率先打响了鄂西会战反攻日军的第一枪。纵观鄂西会战全局各参战部队，新编23师可谓劳苦功高，理当属鄂西会战第一功臣。然而，令人遗憾的是战后蒋介石的国民政府论功行赏时，新编23师师长盛逢尧将军却榜上无名。该师全体将士为国家民族浴血奋战的过程，一直被当时的政治埋没，这其实是战争结果政治化的典型表现，盛逢尧将军甚至因此被当权者明升暗降解除兵权，愤于抗战报国之心愿难遂，将军被迫辞职卸甲归田，离开了这支他亲手重建并率带了六年之久的部队。因而我们今天的抗战历史研究，尤其要有独立的学术思维，本着实事求是的态度，客观地展现真实历史，公道地评述功过，不让民族英雄部队爱国将士的血白流。

10. 不见蒋介石

战争与政治是紧密联系的，甚至是政治的一种手段，研究历史上的战争，必然要结合当时的政治。当前的抗日战争研究就是这样，那时的中华民国政府饱受封建军阀遗留的派系斗争的困扰，蒋介石为确保其统治的稳定，借抗战扩充其嫡系部队，把其认为对他忠心耿耿的黄埔系纷纷提拔到重要岗位，由此，一批三十来岁的少壮派得到了很好的展现平台，也因此立下了不少赫赫战功。总体看，黄埔系于正面战场的功劳不小，这是客观事实无可非议。但我们同时要注意蒋介石为实现其上述目的，在一定程度上于战争时保存实力，又突出黄埔系将领的功劳，这必然导致战役的评价难以客观公允。

我们的抗战研究则大可不必如此随其波而逐其流，不进行重新评价，照搬移植国民党当时的论功行赏的结论，这是毫无意义的。如果说我们以前的研究是左倾，对国民党正面抗战一概否认，那么如今这样的研究态度则有些右倾之嫌，对国民党正面战场一律照搬。这种美其名曰的研究态度，与其说是研究，倒不如说是平反翻案，这应是我们抗战研究领域所要摒弃的。因为研究是在实事求是的基础上客观分析公证评价得出准确的结论，用以反思过去指导未来。笔者倒是认为，抗战研究的主要目之一是挖掘弘扬中华民族的爱国精神，因此，我们把目光聚焦在那些装备差火力弱的炮灰部队，这些非嫡系部队战时也得不到很好休整，冲锋是先遣，撤退是掩护，打起仗来全凭血肉之躯与日寇死拼，更能体现我们的民族精神。因此，当前的研究完全有必要进行客观全面的评价，不能像蒋介石当局一样排挤歧视这些英雄的部队，如果发现得了这样的部队，无疑是抗战研究领域对民族精神的升华的重大贡献。笔者通过业余研究鄂西会战，发现新编23师就是一支这样的部队，故抛砖引玉与大家共同求证。

鄂西会战后的论功行赏，陈诚的不少嫡系将领都没有份，自然更轮不到盛逢尧这个陈诚的眼中钉。当然检讨过失时，骁勇善战的盛逢尧，自然亦令陈诚找不出任何把柄。反而，盛逢尧在前后三个月里，率部转战千里，既使不记其功劳，这份苦劳亦是有目共睹的。第10集团军总司令王敬久，虽与盛逢尧仅相属1个多月，但盛逢尧数度在全军面临覆灭的危急关头，挺身而出，衔命而战。盛逢尧的忠诚坦直，其部的英勇善战，已深深感动了他。王敬久觉得抗战需要这样的战将，党国需要这样的忠臣。因此，对陈诚的做法他亦是有气，他认为第18军在石牌阻击三四天，立下了天大的功劳出尽了风头，而第10集团军转战千里节节阻击日军一月，没有功劳亦应有苦劳吧？同时，他一直对盛逢尧的遭遇鸣不平，何况在其第10集团军中尤以盛逢尧部表现最为突出，这样的党国干将出任军长一职是众望所归。为此，王敬久出于公心数次向陈诚举荐盛逢尧，要求陈诚予以考虑。陈诚当然也收到了军内的这种情绪，盛逢尧的新编23师可谓第87军的主力部队，该军其余两部即第43师、第118师，先后有数任师长升迁，尤其是第43师（系其基本部队）已有三任师长升迁，现任的师长中无论凭资历还是能力，盛逢尧在军中都是备受推崇的。故亦对王敬久的看法予以附和认可。

自武汉会战以来，盛逢尧出于对原部忠诚的情感和官兵的责任，不向陈诚妥协，不接受他对部队的所谓"改造"，桀骜不驯的个性使陈诚对他成见极深。以至于陈诚这六年中始终把盛逢尧放到一线作战，一直想找他作战失利的借口，剥夺其兵权，吞并赣军这最后一支劲旅。可骁勇善战的盛逢尧连个老马失蹄的闪失都未有过，反而屡立战绩，此前霍揆彰也是屡屡推荐盛逢尧升任军长，这令陈诚是"狗咬刺猬无处下嘴"。这样的将领陈诚当然不会给他升迁，但现在王敬久的极力请功举荐，形势所迫不认可盛逢尧将难以服众。他反复掂量决定来个顺水推舟、明升暗降的手法，表面上顺从民意认可盛逢尧在此战役中的功劳，将盛逢尧撤职留任处分取消，并记其两大功，拟升盛逢尧专任第87军中将副军长。这样就自然免去了盛逢尧的新编23师师长一职，实现其剥夺盛逢尧兵权的目的，接着，就可以大刀阔斧地以改造之名吞并最后一支赣军了。对此，盛逢尧自是看穿了陈诚的阴谋，坚决不愿就任副军长。

不久，蒋介石到恩施，要召见盛逢尧。多年的军旅生涯，使盛逢尧已经隐约感悟到，在中国，之所以军事难以救国，是因为它始终是政治的附属物。蒋介石站在政治的最高端，用的恰恰是军事手段，一步一步地去实现其独裁腐朽、排除异己的目标。盛逢尧已不再想成为蒋氏的政治宠物了。因此，对这种召见，他毫无兴趣，竟称牙痛，跑到常德看牙病去了。

十、驰援常德

1943年秋，世界反法西斯战争的形势发生了根本变化，在欧洲战场，苏联取得了保卫斯大林格勒的伟大胜利，包围歼灭了德军33万人，俘虏了包括德军元帅鲍利斯在内的许多高级将领9万人。8月，又取得了库尔斯克战役的胜利，这两次胜利标志着德国法西斯"已经处于完全覆灭的灾祸之前了"。（《论苏联伟大卫国战争》第98页人民出版社1954年版）与此同时，美军也于8月占领了意大利西西里岛，墨索里尼的法西斯政权倒台，9月意政府与美英签订了无条件投降书。在太平洋战场，日军连连败退，8月美军将日军逐出布肯维尔岛，攻占了所罗门岛。10月苏、美、英、中四国外长在莫斯科发表了联合宣言，要把战争进行到底，直到敌人无条件投降。所有这一切，都使日军惊恐万状，深感其末日已经来临。为了消除这些心理压力，显示继续作战的能力，日军在中国战场发动对国民党正面战场的进攻，企图消灭抗战军队的有生力量，加速重庆政府的崩溃，以求迅速解决中国事变。

日军在鄂西会战中，非但没有消灭第6战区中国军队，相反，却被中国军队击退。这使急欲解决中国事变的日军十分不安。会战结束后，日军为"给敌野战军以痛击，粉碎敌人的抗战力。"并强调"牵制中国军把兵力转用到缅甸方面，以策应南方作战。"［高书全译、日本防卫厅防卫研究所战史室著《昭和十七、八（1942、1943）年的中国派遣军》下第125页］遂于11月积极策动常德作战，企图威胁重庆政权及改变东南亚对中美联军作战的劣势。中国方面称常德会战，或常桃会战。

由于盛逢尧部在鄂西会战中受到极大损失，奉命在川湘边区的秀山整补，部队直接隶属第6战区。日军发动常德会战时，盛逢尧部即作为第6战区直辖部队，列入参战部队的序列（姜克夫编著《民国军事史略稿》中华民国史资料丛稿第三卷下册第683页），先是作为机动队控制秀山、来凤一线策应作战，后来奉命参加常德会战的外围增援作战。

1943年7月盛逢尧在湖北宜昌驻防休整，期间，第6战区长官部召开军事会议，第10集团军王敬久总司令以盛逢尧战功卓著为由，大力举荐其出任军长一职，陈诚仍是不准，后蒋介石在恩施召见盛逢尧，他因患牙病至常德医治未去。9月，盛逢尧奉命率部在秀山补充兵员，全师官兵连续征战数个月，总算得到休息以消除作战疲乏。可是，仅休息个把月时间，日军又蠢蠢欲动集结部队，看情形似要发动较大的进攻。10月，盛逢尧参加第6战区军事会议，得知日军可能准备进攻常德，并就防御应对作了部署。盛逢尧部由于在鄂西会战中受损惨重，部队尚未经足够的休整，故作为战区直属的预备队，控制秀山、来凤一线，随时策应常德会战。盛逢尧返回秀山，立即传达命令，布置各团防务，要求各部修筑工事，控制秀山、来凤一线，作战斗戒备策应常德作战。

11月1日，日军集结8个师团及一个旅团的兵力，分四路向第6战区发动进攻，国军逐次抵抗消耗敌人战力，力求将敌人阻止于石门、澧县地区。但因力量悬殊，终未能实现有效阻击。17日，日军占领桃源、汉寿、澧县、津市各战略要地，对常德形成包围态势。18日，日军第68、第116、第3师团以优势兵力，向常德及其近郊发起猛烈攻击，守城的国民党第74军第57师余程万部，与日军血战半月，除极少数突围外，大部分壮烈殉国，12月3日常德沦陷。在日军围攻常德的同时，国民党军委会为解常德之围，自24日即电令第6战区和第9战区协力包围敌人于沅水河畔予以歼灭。

战役开始时，盛逢尧部作为第6战区直辖部队，一直奉命于秀山附近构筑工事，拱卫着陪都重庆的大门，严阵以待随时准备死守驻地。12月初，由于常德守军频频告急，盛逢尧奉命率部由宜昌奔赴常德北部前线，与友军第18、第79军等一同在澧县、津市以北及公安等地区，截断了攻占常德的敌人的后路。同时，第9战区的增援部队亦赶到常德以南附近，日军面临被包围的境地。12月6日，日本中国派遣军总司令部鉴于在常德附近的日军陷入第6、9两战区7个军的围攻之中，后路有被截断的危险，为免遭全军覆没，决定放弃常德适时撤退。8日，日第11军开始撤退。11日夜，日军向北面突围撤退，国民党军委会电令第6、9战区指挥各军实施追击。

此时，盛逢尧已率部到达公安、澧县一线附近集结，占领阵地拟侧击敌人。其部作为增援部队，准备对反转北上的敌人进行伏击，以阻止敌人的行动，策应友军作战。一日拂晓，便衣队侦察发觉，敌人由澧县向盛逢尧部阵地附近急进。盛逢尧立即命令前哨阵地的团、营长，集合队伍进行战斗部署。8时许，盛逢尧部第69团第1营开始与敌人接触，日军持其装备优势，武器精良，又是刚刚攻占常德的胜利之师，气焰骄横。战斗打响后，即集中兵力、火炮向该营阵地猛扑狂冲。盛逢尧部所幸有该团团长靠前指挥，营长亦能镇定自若，官兵虽新老掺杂，但一次又一次击退敌人的冲锋，激战半天阵地巍然不动。这时，友军第18军等在正面对日军作攻击前进，与盛逢尧部接战的敌人无暇旁顾，相继撤出该地的战斗，以大部分兵力转用于正面接触作战。此后，盛逢尧部于此役中亦未与日军发生大规模作战，故其部队无重大伤亡。后来，因盛逢尧部此前作战频繁，新补充的兵员来不及得以很好的训练，便投入战斗，自然影响军队的战力，未作为追击战中的主攻部队，因而在日军撤退后，盛逢尧奉命在公路沿线部署警戒，与日军保持接触，形成对峙局面，配合主攻部队作战。直到友军陆续收复澧县、公安等地津要据点，日军节节后撤，一直到石首、藕池附近。

与此同时，其他围攻常德的日军亦遭到中国军队的截击，在各路国军的打击下，日军迅速败退，到1944年1月6日，敌我恢复原来态势，常德会战结束。

盛逢尧部在常德会战中，由于时间仓促战力恢复不及的问题，未在这次会战中担任主攻任务，但全师官兵毫不气馁，仍然积极策应作战，大力保障友军攻击前进，协助收复了不少失地，将日军赶回了原阵地线。

笔者赴常德市收集资料时瞻仰常德会战纪念坊留影（无名氏摄）

整个常德会战，日军伤亡达 40000 人以上，毙敌 3 名联队长。中国方面亦损失 50000 余人，殉职 3 名师长。会战从 1943 年 11 月开始至 1944 年 1 月结束，历时两个月，其作战时间之长，牺牲之惨烈，是抗战相持阶段少见的。应该说常德会战最终取得了胜利，它不仅直接歼灭了日军大量的有生力量，而且切实粉碎了日军以常德为前哨地威胁陪都重庆，迫使重庆政府投降求和的企图，并有力配合了缅北和太平洋战场。

本节有关问题考证情况

在当前的史料中，虽均没有盛逢尧部参加常德会战的具体经过，但有大量资料可以说明盛逢尧部参加了该次会战。

首先是常德会战的战斗序列中有盛逢尧部番号及主官姓名，具体为："现将常桃会战中中日两军战斗序列列下：甲、中国军队方面……战区直辖部队，第 87 军新编第 23 师师长盛逢尧。"（姜克夫编著《中华民国史资料丛稿——民国军事史略稿》第三卷下册第 683 页）

其次，还有互联网上资料显示常德会战时，盛逢尧部在作战序列之内："战区直辖部队……新编 23 师盛逢尧中将师长"（http：www.chinesewwii.net 战争的艺术〈第二次世界大战中文网〉stuka19 著《常德会战》台湾战争秘史档案馆版）笔者注意到此时盛逢尧职务已是"中将师长"，可见其军阶为中将，对此笔者欲进一步考证，无奈数年都无法联系到作者，经查看该文章的所有参引史料，估计出自台湾"国防部史政局"编《抗日战史》系列之《常德会战》（1—2 册）一书，可惜笔者多方查找亦未得一阅，故只得通过其他资料证明其最后的军阶情况。

此外，盛逢尧的部属，原新编 23 师第 69 团第 3 营中尉排长王清泉撰写的《抗日战争回忆录》中说："鄂西会战结束，我军伤亡惨重，奉令到川东整补，未及一个月，又奉命车运解常德之围，乘车参战，是抗日以来破天荒的第一次。"（参见附录三）这份回忆明确指出盛逢尧部在常德会战中，不仅是在川东秀山策应作战，并且于常德告急时直接奔赴常德战场参战，因此，是目前所有资料中讲述盛逢尧部参战情况最为直接的。当前各项其他资料仅限于常德会战的作战序列或战前军事部署中有盛逢尧部的番号，对盛逢尧部在会战中期直接奔赴常德战场参战的情况，均未见涉及，这可能是盛逢尧部战斗时间不长，亦没有以前诸次战役中进行得那么惨烈的缘故。

其他说明盛逢尧部参加常德会战的资料还有如下：

"第87军辖新编第23师、第43师、第118师……该军先后参加第一次长沙会战、1939年冬季攻势、鄂西会战、常德会战。"（据戚厚杰、刘顺发、王楠编著《国民革命军沿革实录》第551页记载）

"调兵遣将，做好兵力配置。……第6战区直属部队第87军控制在秀山、黔江、彭水、来凤等地区。"（罗玉明著《抗日战争时期的湖南战场》第232页）

据军事科学院军事历史研究部著《中国抗日战争史》下卷（2005年修订版）P458记载："中国军队常德会战的部署是：……第6战区直辖部队第87军、第94军集结于秀山、建始地区。"

十一、兵出长衡

1944年初，世界反法西斯战争的各个战场捷报频传，日本侵略者被动挨打，处境困难。在太平洋战场上，美军对日军的反攻与进攻不断增强，日本与南洋的海上交通线已被切断，它在中国的长江补给线也受到美国空军的严重威胁。日本帝国主义为了挽救覆灭的命运，决定发动代号为"一号作战"，称为打通大陆交通作战，中国方面称为豫湘桂会战，在湖南境内的第6、9战区又称为第四次长沙会战和衡阳会战，简称长衡会战。

4月份，日军华北方面军出动4个师团及第5航空军一部，发动对豫中的进攻，用了约一个半月的时间，打通了平汉线。

在河南会战开始后，日军华中第11军加快了对长沙的进攻准备，从关东军调集了5个师团，共集结了8个师团的主力和大量的铁道部队。中国方面驻守长沙的第9战区对日军即将展开的攻势却置若罔闻。原来自第三次长沙会战胜利后，两年多来日军再也没有发动对长沙大规模的进攻，第9战区官兵普遍存在着一种骄傲情绪，有了轻敌的意识，误以为日军不敢来攻，不积极作战守准备。重庆国民党军事委员会十分着急，屡次致电第9战区积极应对，但第9战区却坐失良机，不依据敌情变化及时调整部署，依然固守其所谓的天炉战法，湘北、鄂南、赣北各处及长沙附近仍然是分兵把守的态势。5月27日，日军分左、中、右三路大举南犯，第9战区各部顽强抵抗，终不敌日军的攻势，6月18日长沙失守。第四次长沙会战是在世界反法西斯战争有利于中国抗日战争的形势下进行的，当世界各反法西斯战场节节胜利的时候，中国抗日正面战场却出现了相反的情况，整个战役中国民党军队伤亡达35000人，曾被誉为铜墙铁壁的长沙城，阻止不了日军的进攻。

日军占领长沙后，乃以第二线兵团加入作战，倾其主力迅速南下，在以衡阳为中心的广大湘南地区，展开了对国民党军队的搜索歼灭战，这就是衡阳会战。该会战很复杂，由同时进行的四个战役组成，即第9战区主力在湖南茶陵、醴陵、安仁等湘江以东及江西萍乡、莲花以对日反击为主的作战，称为茶陵反攻战；第6战区部队在永丰、湘乡等湘江以西地区的攻势作战，也称双峰作战；第10军方先觉部守备衡阳城的衡阳保卫战；军事委员会直接指挥李玉堂部等，在衡阳近郊增援作战，即衡阳解围战。整个战役从6月20日开始到9月初结束，历时两个多月。各参战部队同时在四个不同的战场上给予日军以沉重的打击，消灭了日军大量的有生力量。特别是衡阳保卫战，第10军以17000余官兵，坚守孤城47天，毙伤日军19380余人，自己也付出了15000余人伤亡的代价，在中国抗战史上写下了悲壮的一页，虽然国民党各参战部队进行了浴血奋战，但会战仍以中国军队的失败而告终。

本节有关问题考证情况

盛逢尧的新编第23师作为隶属第6战区的部队，在湘乡、永丰等地区，参加了湘江以西的对日作战。"6月21日，日军第40师团在12架飞机的掩护下，猛攻湘乡城，城内守军新编23师及第92师一营奋勇力战，激战至黄昏，湘乡城失守，第23师残部向石狮江突围，"（罗玉明著《抗日战争时期的湖南战场》第276页）"23日，日军占领三枣、石狮江，国民党第92师、新编第23师向蒋市街、永丰地区转移，当晚，第99军奉令以新编第23师守永丰及附近地区，以新编第23师扼守现阵地，主力向蒋市街东北山地转进，伏击日军，"（参见同上书第277页）总之，从中国方面的史料可看出，对新编第23师参战情况，只有6月下旬的这两次战斗，史料对该部作战评价还是肯定的。

据日本方面的战史资料,则显示新编第 23 师参加了长衡会战的全部过程,且同样认可该部作战顽强。"上述行动,大致从 6 月 4 日清晨开始。重庆第 37 军稍经战斗,其主力即有向浏阳方面撤退模样。唯独第 99 军(军长梁汉明将军——由第 92、第 99、第 179、新编第 23 各师组成)在小青山、营田、大娘桥、达摩山一线进行顽强抵抗。"(天津市政协编译委员会译日本防卫厅防卫研究所战史室著《一号作战之二湖南会战》上册第 50 页)日军战史记录了各个阶段侦察出的国军情况"7 月 18 日的敌情……第 99 军(实力为一个师)驻在安化附近。第 4 军和新编第 23 师的一部等残败部队似在宝庆附近集结。"(天津市政协编译委员会译日本防卫厅防卫研究所战史室著《一号作战之二湖南会战》下册第 10 页)"8 月 8 日衡阳周围的敌情……第 74 军(新编第 23 师、第 51 师)"(参见同上书第 86 页)第 11 军于 8 月 10 日对当前敌军的判断报告称:"第 99 军(名下列有)新编第 23 师。"(参见同上书第 90 页)这里 6、7、8 月的所谓敌情中均有新编第 23 师,可见新编第 23 师从 6 月起基本参与了会战的全部过程,故对该部参战相比中国方面的记录较为完整。同时,从日方战史记叙"唯独……顽强抵抗"等,足以看出该部作战是顽强的,保持着一贯秉承的高昂爱国精神。

长衡会战时的新编第 23 师,从部队的作战精神看,符合自 1939 年正式改编以来在抗战中的一贯作风,该部官兵杀敌报国的旺盛斗志和强烈的爱国民族精神,正是该部主官盛逢尧的精神写照,正所谓"兵熊一个、将熊一窝",一支部队的作风、精神往往是由主官的性格、人品决定的。可是长衡会战时的新编第 23 师却是隶属梁汉明第 99 军的战斗序列,这一点长衡会战参战部队序列(中华民国史资料丛稿姜克夫编著《民国军事史略稿》第三卷下册第 731 页)和日军侦察的长衡会战战斗序列表(天津市政协编译委员会译日本防卫厅防卫研究所战史室著《一号作战之二湖南会战》上册第 19 页)中均有明确记载。而原来盛逢尧部的新编 23 师在 1941 年前是隶属第 18 军,此后一直是隶属第 87 军战斗序列,这时的新编第 23 师是否为同一部队,在日军战史中对此进行注释:"新编第 23 师原属第 87 军序列,不隶于第 74 军。1944 年 5 月,改隶第 99 军。"(天津市政协编译委员会译、日本防卫厅防卫研究所战史室著《一号作战之二湖南会战》下册第 168 页)所以长衡会战时的新编第23师就是原盛逢尧部无疑。

另据刘国铭主编《中华民国国民政府军政职官人物志》中重要战役参战部队序列P589列明："长衡会战参战部队序列（1944.5-8）：第99军梁汉明（名下列有）新编第23师盛逢尧。"这里明确注明了盛逢尧的姓名，似乎足以说明长衡会战时盛逢尧仍是新编第23师的主官，直接指挥该会战中的其部的所有战斗。且还有资料记载此事："盛逢尧抗日战争期间任第23师师长，曾率部参加第一次长沙会战、长衡会战等。"（刘国铭主编《中国国民党九千将领》中华工商联合出版社第706页）这么看来，好像是盛逢尧将军直接指挥了新编23师参加长衡会战。

其实不然，据盛逢尧将军的自述其于常德会战后即辞去了师长职务，当前的军史资料也有此说法："1939年新编第23师，师长盛逢尧。1944年1月钟祖荫接任师长。"（咸厚杰、刘顺发、王楠编著《国民革命军沿革实录》第551页）可见，盛逢尧自1939年任新编第23师师长，一直到1944年1月即常德会战后才卸任，所以长衡会战时，盛逢尧已未再出任新编第23师师长一职。上述几本书中在重要战役参战部队序列中列出新编第23师的主官姓名仍是盛逢尧，或直接说盛逢尧率部参加长衡会战，应是整理者的失误。

由此看来，新编第23师参加长衡会战，是在新任师长钟祖荫直接指挥的，作战之所以能赢得中日双方战史的肯定，则不能完全归功于他，盛逢尧的遗风也起了一定作用。我们总结作战成功无非就是两条：指挥得当、将士用命，前者是由新任师长即指挥者决定的，后者则是取决于部队官兵的战斗意志，这就非是一朝一夕之功了。因为钟祖荫毕竟接任师长一职才短短两三个月，其无论客观上改造部队，还是主观上影响意识形态，在时间上都是无法一蹴而就的。而盛逢尧亲手组建该部队，并一直率带部队驰骋于抗战前线作战长达七年，他率先垂范、以身作则，时时刻刻均在影响着官兵，数年来与官兵同生共死，屡经诸多大仗、恶仗的艰苦磨砺，其顽强的战斗意志和强烈的爱国精神，已逐渐成为部队的精神灵魂。可以说盛逢尧造就了这么一支顽强的民族英雄部队。所以新编第23师在长衡会战的英勇表现，虽然不是盛逢尧亲自指挥的结果，却也是其作风精神的遗留。

十二、心灰意冷

　　抗战期间，由于部队派系的遗留隔阂，陈诚利用蒋介石之信任，时常排除异己扩充嫡系部队。当然对赣军系统也不例外，姚纯军长殉职后，这种矛盾自然就转架到盛逢尧处，因为这支赣军最精锐的基本部队是第5师，时任第5师师长的盛逢尧自然成为其异己对象。城陵矶失守，陈诚取得蒋介石手令，要将盛逢尧排挤出中央军。盛逢尧也曾被陈诚逼得萌生过去意，但那时尚在抗日之初，正值国家民族存亡的危难之际，盛逢尧将军迫切地想在杀敌报国的战场一雪民族耻辱，他知道那时如果与陈诚计较，愤然退出军事舞台，不知情者会认为他盛逢尧是临阵脱逃，这是他基于中国军人强烈的责任感和荣誉感，无论如何都不能接受的。故而坚决抵制。

　　可是，陈诚借机给盛逢尧戴上撤职留任的帽子，以待其稍有闪失随时终结其军事生命。盛逢尧在改编为新23师，编入陈诚系统的七年中，可谓如临深渊、如履薄冰，好在盛逢尧无心与此争斗，调整心态以强烈的爱国热情，凭中国人之良心抗战，充分张扬了骁勇善战的本能。不仅于屡次对日战役中毫无闪失，令陈诚处心积虑七年未抓到任何把柄。反而由于盛逢尧作战强悍，赢得陈诚系统第11、第14、第43师等部将领的推崇，以至于陈诚嫡系的罗卓英、霍揆彰、王敬久三个集团军总司令，先后三次举荐盛逢尧出任军长。盛逢尧还得益于自己作风清廉、作战勇猛树立军中威望，尽自己最大能力牢牢掌控部队，实现其对赣军的高度忠诚。让他彻底失望的是，蒋介石为人无情无义过河拆桥，他除对陈诚这位浙江老乡偏听偏信以外，主要是此时已借抗战之机将黄埔系统大力提升为各部重要将领，自认为牢固地掌控了全国军队。而对曾经在各路派系军队对他朝归夕叛的最困难时期，始终如一四处征讨叛逆维护其统治的赣军及将领，认为已无依仗价值，任由陈诚去摆弄。因此，盛逢尧于抗战时期就屡次萌生情愿脱身不再干了的想法。当时，甚至后悔与陈奇涵失去联络，李先念在鄂中监潜游击，他也多次要部下团营长与李取得联络，但终未能下足决心。

　　鄂西会战中盛逢尧的重大立功表现，又给了陈诚这个政治玩家创造了绝好机会，那就是名义上提升盛逢尧为中将副军长，实则将其排挤出新23师，按陈诚的意愿改造该师。盛逢尧看透了这种阴谋，坚决不就任副军长一职，对陈诚抵触得亦十分激烈。促使盛逢尧下定决心的事件是与军长高卓东的矛盾公开激化，高卓东与陈诚同属保定八期同学，他自任军长以来秉承陈诚意旨排挤压制盛逢尧极为厉害，平时于装备配给等方面均予以歧视，盛逢尧部战斗力强均是官兵凭顽强的战斗意志与日军死拼出来的。鄂西会战后至常德会战期间，盛逢尧因部队迭次作战损失甚重，在阵亡官长家属处理、师内老人升迁、兵员补充等人事装备抚恤方面，高卓东又是处处给以歧视牵制，致盛逢尧部阵亡官兵家属和伤残官兵到头来无以归宿，使成千上万跟随他出生入死的兄弟白白流血。盛逢尧对自己的官兵备感愧疚，确已忍无可忍愤怒至极，最后乃与高卓东拔刀相向。此后，盛逢尧再次萌生退出的念头……

盛逢尧开始冷静思考，七年来，他始终保持平和的心态不图名利，凭着一名中国军人之良心，克服常人难以想象的困难条件，忍受陈诚等人的排挤歧视，率带近万之众始终在第一线与日军死拼作战，历经无数次苦战、恶战，一次次死里逃生，应当是对得起民族国家。这七年里，白眼太多，打压太多，不公太多，与部属的生离死别太多，盛逢尧终于感到身心俱疲。现在，全世界反法西斯战争的局势一片大好，意大利已经投降，英美苏等同盟国在欧洲战场对德军展开了全线大反攻，太平洋和缅甸、印度战场的日军在美军攻击下节节败退，全世界反法西斯战争胜利在望。中国战场的日军虽在作垂死挣扎，但国内各界反攻日本侵略者的呼声日益高涨，中国抗战也已近尾声。盛逢尧将军觉得此时退出，虽不算功德圆满，但也于心能安。更何况，盛逢尧将军现在即使有心报国抗日到底，也被陈诚剥夺了平台，有力无处使，与其摧眉折腰事陈诚部下为副军长一官职，不如安心回家种田自食其力来得痛快。因此，盛逢尧坚定了辞职退役的决心，多次请求辞去师长职务，自愿充任第6战区司令部附员的闲职，以方便办理退役。

常德会战后，即1944年1月盛逢尧的屡次辞呈得到批准，调充第6战区司令部附员。

这里，我们看到这样一个盛逢尧：国家受难时，他忍辱负重，没有动摇人格；而当灾难逐渐远去时，这种人格必将支撑他拒绝受辱。据他后人回忆转述其的自述材料中说"这一阶段是最痛苦阶段。自改编新23师起至退役时止，本人从四十岁苦战日寇至四十七岁，整个七年间，为民族而牺牲，为抗日而吞声饮泣，受尽了陈诚之歧视压迫，为了顾全抗战忍气吞声、苦拼苦干，直至最后还是不顾袍泽之情，抛开自己的官兵一走了事，使成千成万跟我出生入死的弟兄白白流血汗。抗战再怎样艰苦出力卖命我都熬得过，但军中一些阴谋诡计摧残，却使我心力交瘁。"

国民党军队源于军阀林立的社会环境，其派别门类，错综复杂，其相互掣肘、倾轧，是一种客观的历史现象，也是中国历史发展的必然过程。蒋介石在风雨飘摇和军阀分立的社会中脱颖而出，借历史发展的潮流，在军队的统一中扮演了一个重要角色。应当承认，在这一点上，蒋氏是有历史位置的。抗战中，他毕竟是全国的最高统帅，没有完全置全国民众的心声于不顾；正面战场上，国民官兵的英勇牺牲是毋庸置疑的。我们再也不会在严肃的历史画卷中去描绘国民党军队只是抗日胜利后下山摘桃子的群体。在这种历史环境中，从某种意义上讲，蒋介石之所以能跻身最高层，正是由于他具备了拉帮结派、排除异己的政治手腕；我们可以毫不掩饰地说：蒋介石的人格特质，恰恰迎合了当时社会存在和发展的内核，是历史选择了蒋介石。

陈诚之所以一直被蒋介石视为股肱之臣，是因为他与蒋氏具有相同的人格特点。对盛逢尧而言，他是恶魔，而对"李逢尧"、"王逢尧"而言，他可能又是道者，完全取决于当时政治环境的需要。陈诚对盛逢尧的排挤打压，代表的是当时国民党统治时期一种政治和军事的固有生态；陈诚和盛逢尧只不过是分别充当了两个不同载体而已。

深受儒家经典熏陶的盛逢尧，自幼在孔孟之道中求"曰仁""曰义"，以忠诚和坦直面对一切。他始终把陈诚的纠结视着两人之间的个体关系，而无法去领悟这种关系背后的普遍和本质。于是，纠结、苦恼、委屈、迷茫接踵而至，几乎伴随着他整个从军生涯。尽管他一再坚守，还是无法逃离厄运；这是他个人的悲剧，也是历史的悲剧。

十三、一寸山河一寸血、十万青年十万军

盛逢尧调任第 6 战区司令部附员的闲职后，新编第 23 师师长职务交钟祖荫接充。钟祖荫曾任国民党军事委员会政治部委员，军务司副司长，系陈诚任政治部部长时的亲信嫡系。同时，钟祖荫又是赣人，因为盛逢尧部

多是赣籍子弟,这样有利于沟通,保持吞并时部队的稳定。这是陈诚吞并部队的老手法了,前文业已介绍。

钟祖荫,别号厥昌,江西修水人,毕业于黄埔陆军军官学校第三期。曾任国民党军事委员会政治部委员、军务司副司长,1944年任新编23师师长,1946年任联勤司令部驻新疆供应总局喀什分局局长,1947年任第128师少将师长,1949年到台湾任"国防部"第四军官团团长,1958年退役。(据互联网 http: www.baidu.com 百度百科公布的资料)

但是,这次钟祖荫接任师长后,任职时间并不长,前后不足一年。1944年1月接任,6月,钟祖荫率带部队开湘乡、永丰参加策应长衡之战,后又开往贵州策应湘西会战,阻击日军对中国军队作出的垂死挣扎。到当年底,钟祖荫则调离新编第23师。旋即该师被改编为青年军第205师,其中原因是否为盛逢尧部官兵抵触陈诚的公然吞并,只得借蒋介石组建青年军的名义进行改编,现在也不得而知了。因为青年军的待遇非常好,士兵全部享受军官待遇,这可能也是盛逢尧部官兵愿意接受改编的缘故。

关于青年军的待遇问题,陈诚的嫡系将领方靖在其回忆纪实中有相关叙述,当时方靖任第79军军长,部队与青年军203师一同驻扎在四川泸州,期间方靖部的官兵有逃跑到青年军当兵的现象。方靖一查究竟,原来青年军待遇高得诱人,那时普通军队士兵伙食费每月6元,从1925年北伐时就是如此,而1925年的黄金每两40元,到1945年黄金价高达每两3万元,士兵的伙食费却一直没涨,基本上是到了食不充饥的地步。而青年军是蒋介石以"抗日救国"名义招募来的大、中学生组成的军队,蒋介石对这些文化兵恩宠备至,一般部队的士兵赤脚穿草鞋,青年军的士兵却穿皮鞋!士兵享受军官待遇,每人每月伙食费26元,是一般部队士兵的4、5倍!(方知今著《远逝的硝烟——原国民党高级将领方靖亲历纪实》2006年华文出版社第128页)如此来看,盛逢尧部改编为青年军也就不亏,盛逢尧也不必为曾经辞职,抛开抗战中共同浴血奋战的兄弟,一直耿耿于怀而内疚了。总算是善有善报,其部下的官兵,应该说得到了较好的去处或归宿,当初备受陈诚压制,现在等于全部提了干部,起码在待遇上是这样。

在1944年底,盛逢尧部被改编为青年军205师的具体缘由及过程,现在也不得而知。根据有关资料先将青年军的情况介绍如下:由于长衡会战中,日军占领中国大片领土,直抵贵州独山。会战结束后,即 1944 年 9 月,蒋介石在国民参政会上号召知识青年从军,并于 10 月的知识青年从军会上提出"一寸山河一寸血、十万青年十万军"的口号,决定成立青年从军指导委员会,由蒋介石直接领导,并指定何应钦、陈果夫、白崇禧、康泽为常务委员,具体工作由各级三青团负责。同年底,又设立青年军编练总监部,由罗卓英为总监,黄维、霍揆彰为副监,蒋经国为政治部主任,编练总监部下设参谋、军务、军需、军法等处,分掌有关业务。青年军的组成以大、中学校在校学生为主,也有少数大学教授和中、小学教员以及行政机关公务员。由于青年军构成人员的文化水平较高,也须配备军事和文化水平较高,并且具有丰富作战经验的干部,否则难以胜任。编练方式有两种,有的以原本基础比较好的师为基干编成,有的则抽调骨干编成。自 1944 年秋起到抗日战争胜利止,青年军先后编练了 9 个师另 2 个团,番号为第 201 师至 210 师,师长多是以资深副军长以上级别的将领担任。如第 201 师由第 18 军副军长戴之奇充任师长;第 202 师由第 1 战区参谋长罗泽闿出任师长;第 203 师由第 71 军军长钟彬充任师长;第 204 师由第 57 军军长刘安祺充任师长;第 205 师由第 52 军副军长覃异之任师长;第 206 师由著名的衡阳守将原第 10 军军长方先觉任师长,等等。青年军第 205 师,以新编第 23 师为基干编成,1944 年 12 月 20 日覃异之接任师长,次年 2 月覃异之调任 204 师师长,刘安祺任师长。该师于贵州扎佐。1945 年 4 月 19 日任张灵甫为该师师长,张未到任,仍以刘安祺为师长。(戚厚杰、刘顺发、王楠编著《国民革命军沿革实录》第 605-606 页)

由上述资料可看出,青年军确实在国军中的地位不一般,直接由蒋介石、蒋经国父子领导,各亲信军政要员都出任要职,并且青年军的各师师长比一般军队的师长级别要高,就连士兵的素质都比一般军队要高。同时,在全国仅仅编练了 9 个师,选择直接作为编练对象的部队的基础和实力,应当是在当时国军系统中有一定的公认程度的。盛逢尧部新编第 23 师,这时被选择直接作为基干部队编成青年军第 205 师,说明新编第 23 师的战斗力即综合实力,在当时国军中得到极高的认可的,可见,关于盛逢尧擅长带兵打仗说法,确是有实际事实依据的。这个新编第 23 师是盛逢尧一手由第 5 师改编的,抗战期间一直由他亲自率带征战于湘鄂第一线战场,钟祖荫仅仅于 1944 年接手了数月,这支部队能被选为基干部队直接编成军中翘楚的青年军第205师，一方面可以说盛逢尧是功不可没的，足见其军事才干；另一方面说明赣军在盛逢尧这一支，在抗战时期是打出了声望的，赣家子弟抵抗侵略的爱国意志也极为顽强。

抗战胜利后，青年军编练总监部被撤销，罗卓英调任他职，青年军9个师，除第207师隶属昆明防御司令部外，其余由杜聿明带往东北，隶属东北保安司令部。不久青年军退伍，为此专门成立了青年军复员管理处，军政部部长陈诚为处长，蒋经国为副处长，对复员士兵全部授予"少尉预备军官"证书，建立通讯组织，设立大学补习班，优先安排升学、复学、复职等。1946年秋复员完毕后，青年军撤并为7个师，第204师编入第205师，覃异之复任第205师师长。1947年7月第205师开往台湾。（戚厚杰、刘顺发、王楠编著《国民革命军沿革实录》第607页）从传统方面来看，青年军第205师是盛逢尧将军的旧部，也即赣军的最后一支可以追溯源头的部队，值得庆幸的是这支部队毕竟没有参加解放战争时期大规模伤亡的战役，保持着为抗日而成立，在抗日中立威，抗日后基本和平走向的良好结局。同时，由于部队最终去了台湾，盛逢尧的部属应当多在台湾，这是盛逢尧部抗战史料或民间资料，在新中国方面流传较少的重要原因。

第七章　卸甲归田建家乡

一、囊中羞涩

1944年1月底，盛逢尧先到恩施战区司令部就任，联系申请办理退役事宜。接着赴四川秀山部队驻地，前后共住了月余，他先将移交办清后，就深入各部驻地做最后一次巡视。随后开始为搬家返乡做准备。当时退役尚未办妥，战区经费困难，退役金不能提前预支，盘点全家所有节余才发现竟然连回家的路费都不够。

盛逢尧将军不由得感慨万千，自己自1919年离家立志革命从军报国，于役军旅，转战大江南北足二十五年，尽忠革命，勤慎从公。只知一心一意为革命为民族而苦战奋斗，对家庭生活未曾加以顾虑，以至于事到临头时捉襟见肘。自己所在的部队，虽说1928年即编入蒋系中央军，也仅薪酬待遇强于地方部队，并无其他经济来路。中央军相应的军纪要求严格，官兵处处率当各部楷模，其部自熊式辉的赣军序列时起，到抗战时期的陈诚序列，该两人均于军中推崇"廉洁节俭"作风，盛逢尧本也是贫苦出身，自然对此甚为拥护，作为师长甘为表率，部队的官兵作风在军中素以清廉著称。他自己也仅于独立旅长时，得以支少将薪俸，有300余大洋之多，为解决全家生活还于德安开设米行，生活日渐富裕，但不久就因抗战时局动荡，举家搬出即终止。总共不到两年也积累了一点。到了抗战期间，由于日本侵略者的疯狂掠夺，中国经济全面瘫痪，国内物价飞涨，国家异常困难，为了集聚财力早日打败日寇，所有的高级将领一律领"国难饷"，与普通军官一样多的薪俸，可谓勒紧裤腰带来与日寇作战，这时的生活本就较为困难。更何况在抗战这七年里，家乡的亲友、邻里、乡亲为免遭日军迫害逃难投奔于他，又不符合条件从军的，他不忍见他们再度流亡都一并收容，当时全家三十多人随其转展于重庆、长沙等地用度甚大，早年在德安开米行的那点积蓄，在抗战这几年也花销的差不多了。

老师长盛逢尧将军的这些困境，当时师部的干部都非常清楚，正当盛逢尧暗自为路费犯难时，这一日，副师长及师部其他官长拿了截留的钱来送给其作为路费。这些钱是他执掌部队以来平时节俭和精心盘算所截留下来的。盛逢尧鉴于抗战时期经济拮据，部队给养困难，官兵生活艰苦，为确保部队战斗力，不至于军心涣散，他定下规矩专门用于作战前后改善伙食，犒劳参战官兵和战后额外补贴伤亡官兵及家属，是其部队中甚得军心之举措。因此，盛逢尧将军坚决不肯接受，并说："这些钱是官兵兄弟流血卖命的钱，任谁都不得动用，我这次抛开弟兄一走了之，本就于心不忍，即使我沿途乞讨回去也不能让众弟兄白白流血，希望你们今后能继续未雨绸缪，把师内自给抚恤事务坚持做好，让弟兄们多得一分钱我们良心就多一份安宁"。

正在大家为盛逢尧的态度束手无策时，军需官赖涛提出了一个两全之策，得到包括盛逢尧在内所有官长的一致赞同。由于赖涛从事军需事务多年，十分熟悉当时物资流通情况，知道桐油在长沙是紧俏物资，湖南沅陵多产此物，且价格便宜。他提出在沅陵购一批桐油，运到长沙去买，即可赚上一笔不少的利润。于是，盛逢尧于师内借了法币十万元，在沅陵买了一批桐油运到长沙出售，由于一切均有赖军需事先联络，交易进行得极为顺利。盛逢尧由此中赚了五万元，作为由长沙搬家眷回武宁的川资，师内十万元卖了桐油时，立即汇还中校军需赖涛。此外，师内官长赠送给盛逢尧缴获的日军战马二十匹，他则选十匹老马领受了，一则以作纪念，二来也好途中代步。至此，退役返乡遂得以成行，具体退役手续，于1946年由第6战区长官部代其办妥。

本节有关问题考证情况

关于盛逢尧退役的时间，据湖南省档案馆藏国民党国防部服役业务处编印中华民国35年10月机密第0458号《将官（监）退（除）役名薄第一册》第1376页记载：盛逢尧将军的正式退役时间是中华民国34年11月5日，即1945年11月5日。

二、老马、老将、老家

这一天天公作美,冬日里的太阳却早早就出来了,暖洋洋地晒在人们身上。盛逢尧在师部驻地与大家作辞,正要启程。这时各团由驻地闻讯赶来数百人,这些官兵多是新 23 师改编之初的老部下,有不少还是其在独立第 36 旅、第 5 师时期的老部下,都是共同出生入死十余年的难兄难弟。这些抗日战场上的铁血硬汉,此时此刻却留下眼泪,有的甚至嚎啕大哭,当时场景十分感人,盛逢尧也不由得鼻头发酸难以抑制。这时师部的随从和各团官兵中,有数十名一直视其为再生父母或兄长亲如手足的老部下,已备好行装决意要同盛逢尧返乡随侍左右,盛逢尧极力劝慰仍是坚持,只得临时与师部官长商议,他选择二十余名年纪偏大、或是有些轻微残疾,于部队发展难有前途,又确实无家可归的官兵,嘱咐师部代办退役手续,先行带着他们同行。其余则以国家需用人之时,不得令师部官长为其难等为由劝慰,并勉励他们继续为国出力、为家争光,同时留下自己详细的地址,承诺在家等着大家共享自给自足的安逸生活,官兵们虽幸幸失落,但均予以理解不再勉强坚持。盛逢尧遂带着其二十余名旧部,依依不舍地告别官兵,离开这支奉献一生的部队,由秀山到长沙接家眷回老家武宁。古来征战几人回,他以身经百战的残生仍得平安归来,这是何等的愉快何等的欣幸,过上了他认为最闲散最舒适的享福生活。

1944 年春,从长沙经由浏阳、铜鼓、靖安至江西武宁的路上,老将、老人、老马一行六十余人风餐露宿徐徐而行。这就是身经百战退役还乡途中的盛逢尧将军,此刻远离派系倾扎国民党军队的他,感慨万千,心情亦十分愉快。到了武宁境内经过石门很快就到了罗溪岳父家中,由于其老家甫田尚在沦陷区,其岳父又系当地大户人家,有良田数十亩,故携家眷及部下暂居住于此。从此,盛逢尧带着家人和老部属专心专意在罗溪种菜作田,对地方一切事务均不愿预闻,过着自给自足的舒适生活。期间,他每日携家人部属大力开荒辟田,养猪养羊,还利用部队带回的几匹战马于罗溪开设碾米房,经营兽力碾米方便群众,贴补生活开支。由于大家得到渴望以久的和平生活,心齐气顺勤劳力作,这个大家庭的生活日渐富足。闲暇时盛逢尧还四处请人说媒,张罗着为部属娶妻成家,忙得不亦乐乎。比起以前戎马倥偬南征北战的清苦艰辛，这段时间是最闲散最舒适的享福阶段了。

1945年9月9日，中国战区在南京举行受降典礼。原日本中国派遣军参谋长小林浅三郎（左）将冈村宁次签署的投降书递呈何应钦。（摘自中国第二历史档案馆编《抗日战争正面战场》上插图）

1945年8月15日抗日战争胜利，日本法西斯向中国人民投降。当时，罗溪也飞来国军飞机在空中散发胜利的传单，盛逢尧听到这个消息着实兴奋，专程到石门楼购买了鞭炮、酒菜等物，还杀了家中的一只羊，与部属家人共同庆贺胜利。9月县政府由石门迁回县城。年底盛逢尧偕同家人回老家甫田，沿途均是被日军烧毁的房屋等一塌糊涂，大批返乡的乡亲无家可归神情悲戚，举目所见一片萧条令人触目惊心，盛逢尧的老家甫田当然也毫不例外，未能幸免于日军的蹂躏。于是，盛逢尧将全家迁至老家甫田浩岗村居住，在这里除了耕作父亲留下的几亩田外，他又于浩岗、罗段等地购买一些耕地，还带着家人部属辛勤开荒垦出一些土地，此后，照常每日日出而作，日落而息辛勤地耕作，他一大家人倒也衣食无忧。

本节有关问题考证情况

盛逢尧返乡情况均系其后人及部属回忆。

三、热心战后重建

盛逢尧在莆田老家居住期间,由于莆田乡小学毁于日寇战火,他看到乡亲们的子女四处嬉戏无法入学,确实不是办法,更不利日后前程,甚为担忧。他因此找到有关人士请求复建,但因抗战后地方萧条,诸事待兴,学校建设苦于资金无着未能启动。他由此寝食难安,一直记挂于心,先是东拼西凑了一些钱,于莆田街市的小河边的荒滩上,修了一栋砖木结构房屋,取名为尚志书院,供乡亲们的子女上学。

盛逢尧将军建的尚志书院旧址(黄礼霖摄)

1946年底,盛逢尧接到国防部通知其往领退役金,有法币四十八万元之多。领到钱后他想到的第一件事就是教育,毫不犹豫地立即出资在被日军毁掉的小学旧址上,紧锣密鼓地兴建设家乡校舍,并请其老师黄隐霆先生出面,邀集地方教育界人士组建莆田乡小学。不久,校舍建好,学校重新办了起来。看到孩子们都兴高采烈地上学读书,盛逢尧仿佛又看到了自己的童年时代,心情愈发轻松愉快。后来,省教育厅来视察莆田小学,一致认为是当时武宁全县最好的小学,这令他甚感欣慰。此后,盛逢尧因出外活动,将学校交与地方人士董安湘、郭茂志两人主持。

卸甲归田建家乡 | 273

原甫田乡小学的遗址上已建起了商铺（黄礼霖摄）

在盛逢尧还乡两年多期间，当时的县长刘非礼是他小学老师，几次亲到罗溪、甫田要其出来做事，他以曾为国浴血沙场数十年个中争斗已看破，难得过上这自给自足心情愉快的生活，不愿为这个政府再负半点责任，故一再予以推脱。1946年2月盛逢尧最尊敬的协和先生逝世，他十分悲痛，国民政府为协和先生举办大型国葬时，盛逢尧携家人及全体部属赶往箬溪悼念。此后，刘非礼又数度登门相邀，并动员他过去同学以及部下都来三催四请，要其出去担任全县干部教育责任。告诉他地方上受日寇侵扰多年，有许多应办的事，因地方派别不和不能进行，要其出来代表协和先生作号召，促进地方一切建设事宜。

盛逢尧看到抗战以来，武宁地方贫瘠萧条，人民生活十分艰难。一念之间，他又燃起了那热情炽火，为地方为人民又是积极的干起来了。1947年初，盛逢尧被聘为武宁自治促进会委员，并经推选为主任委员。该会是协和先生于1928年组织的，以促进地方自治为宗旨，具体办理全县建设事宜。原有会员五百余人，选出委员三十余人，过去修街道做中山公园以及永武路、修武路衔接南浔铁路等都是该会所领导的。当时该会有识之士，秉承协和先生遗志，见抗战后地方萧条、诸事待兴，仍想振作以往精神再来干干。同时，他因刘县长的请托担任了地方自卫干部训练班的主持人。

于是，盛逢尧开始四处奔走，利用其影响力筹措资金，修路筑坝建房，指导自卫干部训练，昼夜为家乡建设忙碌起来。

1947年初，盛逢尧用其退役金于县城北门购置旧屋一栋，请邑中名流杨苏更提名"浩岗城庐"，至此，家眷和部属分别于县城、浩岗、罗段、罗溪四地，从事耕作、碾米等得以安居乐业，但由于经济拮据，该房屋一直未进行粉刷翻新。同年底，盛逢尧见各地均大力搞战后重建，木材需求量增多，武宁的木材储量非常丰富。他即于永修吴城开设宁丰木行，经营武宁木材生意以贴补家庭经济。至1948年木材生意进展极顺，获利颇丰。盛逢尧为扩大经营、缩短贩运环节、让广大山户直接收益。他组织全县各山户集股金两千三百万元，创办武宁木材运销合作社，将山户砍下的木材直接运送南昌、九江等地销售，带领广大山户共同受益富裕。期间，盛逢尧为减少中间环节的压榨，打通木材直销的渠道，不畏强暴亲自率带几名旧属携着枪支，深入南昌、新建等地与控制木材生意的青洪帮分子周旋，始得以疏通。这是当时武宁经济来源最大的生产部门，本以为可以向省银行办理特别生产贷款的，将全县南北两大山的大量杉木砍下运出，结果因那时国共战乱又起，省银行无心经营，故未能做到仅仅邀集的股金为数太少未能进一步发展。

同年，开始"国大代表"竞选，盛逢尧根本无志于政治活动，但其一班同学及友人则兴趣颇高，他也不好推托，故任由他们去运作。为团结地方人士的力量，他的同学林绳武、朱优陆（小学同学）、王宗尧、张佩德、洪剑影（讲武堂同学）及杨士贵等人，先以盛逢尧名义与柯建安等商定组织成立政治团体——民治社。后因"国大"选举前民治社取消改为民力社，柯建安则加入县党部组织的日新社。盛逢尧于无奈之下出来主持民力社，并为维护退役军人利益，团结武宁退役在乡军人干事，责成王宗尧以其名义组织在乡退役军人联合会。在当时是国民党倡导的民主政治，他也认为只要是对家乡有益的都应当做，此后他的民力社与柯建安、潘世纶、钟瑞坎等所组织之日新社，相互把持监督地方选举行政及一切应兴应革事务。次年，杨士贵找到熊漱冰筹组江西地方自治研究会武宁分会，该会系熊式辉政学系系统，杨士贵假以熊式辉名义聘盛逢尧为筹备主任委员，当时他已不在家（在吴城开木行），未具体参与，到底办怎样也不晓得。同时，盛逢尧于吴城开木行时，时常于南昌走动，当时省主席王陵基与他讲，陈诚介绍他在江西出任行政区督察专员。他不想再出来为官，更不愿与陈诚有联络，认为这是无人格的事。后来，胡家凤任省主席时，保安司令曾憂初与盛逢尧交谊素笃，又迭次要请其出任行政区督察专员，盛逢尧只得与曾憂初讲清自己确实看破，无意出来为官，一再予以推脱。

古来征战几人回，这些年盛逢尧以身经百战的残生仍得平安归来的愉快心情，日惟偕同家人作田种菜经营兽力碾米，又于吴城邀股开一小本木行，同时又在武宁各山区筹组木材运销合作社，资金虽少进行亦极顺利。正好韬光养晦、修养生息，是其最闲散最舒适的享福阶段。乃思不及此，为促进教育、交通、自卫及工农业经济等地方事业，组织民力社和军官会，虽引起国民党党部与军官会的对立，造成地方选举纠纷，但毕竟籍此推动家乡抗战后的诸多建设事宜，因此，在这几年间他的精神亦颇舒适。

本节有关问题考证情况

基本为其后人及当地群众回忆提供。

四、将军与农民

从残酷战争中走来的盛逢尧将军，内心盼望和平，尤为珍惜安宁的生活。他终日偕家人部属耕田种菜，享受着作为一个农民自给自足的乐趣。从一名号令千军万马的将军，变成一名普通农民，在外人看来地位确有很大落差，可他却由衷地感到欣慰。此时，我们看到从将军到农民的盛逢尧，如此地拿得起放得下，可见其豁达的胸怀与乐观之心态。

目睹家乡遭受日军烧杀劫掠的惨况，他无比痛心之余，激发了对家乡的仁爱之情，从此他又积极为家乡建设开始忙碌起来。盛逢尧将军尤其对教育非常重视，他见家乡甫田的学校被日军烧毁，孩童无处上学，毫不犹豫地拿出自己都尚未捂热的退役金，重建了甫田小学，并经当时的省教育厅验收得到很高评价，可见建设规模在那个时候是不一般的，其所花费的财力也应有不少。虽然如今我们已无从知晓具体的数额，但可以确定一点他那时算不上有钱人。1946 年领到退役金 47 万，这对他的家庭来说无疑是一笔可以预见的财富，作为居家过日子的人都有自己的打算，而盛逢尧将军竟然用来建学校。

为了生计开了间兽力碾米厂，所谓兽力就是他带回的几匹退役军马。要知道盛逢尧早在1935年任独立旅旅长时，就有实力开办机器碾米厂，这时的他肯定不是为了环保，而不开机器碾米厂，很可能是没有钱投资购买机器了。由此也不难看出，盛逢尧将军把自己投身革命一生的血汗收入，大部分捐出来给家乡建小学和书院，仅为家里添了一间附房和一幢旧宅，这种重义疏财的品行是殊为可贵的。

不仅如此，盛逢尧将军还继承协和先生热爱家乡、重建家乡的遗志，应邀出来主持武宁自治促进会。在此期间，陈诚、曾憂初两次分别要其出任行政区督察专员，他都予以推辞，而唯独接受这一任务。究其原因武宁自治促进会是协和先生一手创建，先生去世后该会运作就遇到困难，会中人士考虑到盛逢尧将军是协和先生带出去的家乡子弟中，算是最为有影响的人物，所以以协和先生的名义邀盛逢尧主持。盛逢尧将军基于对协和先生的感情，觉得有责任维护协和先生遗留下来的事业。同时，家乡萧条百废待兴令他心里着急，战后重建符合其迫切希望，因而欣然接受。此外，武宁自治促进会是一个社会组织，主要是协助政府从事地方建设事宜，担任这一职务不至于卷入官场的争斗，符合其退役返乡的意图，所以他能够接受。于是，盛逢尧将军带领一班有识之士，积极投身全县的战后重建事宜，日夜忙碌于武宁各处修桥补路，乐此不疲。

随着社会活动的增多，盛逢尧将军的社会责任感不断增强，但他自己的财力的确有限，仅靠从事农业生产，难以维持家庭开销和自己想从事的社会事业。于是，他后期又开始作经商的尝试，邀人合股在吴城开设木行，摸出门道后觉得确实有利可图，他就想到在山中生活艰辛的乡亲，欲邀全县山民成立合作社，直接产销见面，带着大家的共同致富。为了让山民不受黑恶势力的盘剥，他不畏强暴敢于与黑恶分子作斗争。虽然这项大型构想最终因没有贷到款，而没有完全实施成功，但他不畏强暴的精神和带领山民共同致富的善良愿望，是值得我们钦佩和称道的。

这段时间盛逢尧将军还从事了军官会、民力社等活动，我们觉得并不有悖其退役还乡的初衷，这些活动毕竟都是社会活动范畴。如果他想复出为官，他就不会拒绝出任行政区督察专员的职务。依我们看来盛逢尧将军由于参与家乡战后重建，社会交往与活动必然增多，必定要联系一些同学或朋友。这些人中有些出于政治目的，借其名义组建社会组织，他出于人之常情或义气也不好说什么，因此只好做些协助捧场的事。据《武宁县志》记载：柯建安、刘景武、洪剑影、杨士贵、王宗尧等人都先后借助民力社等组织，参加国大代表选举，而盛逢尧将军并未参加选举。可见他本人在那时是没有复出从政的心思，仅仅是致力于家乡建设。

　　从非政治的社会角度来看，盛逢尧将军作为一个已达知天命年纪的老人，看到家乡遭受日寇蹂躏后一片萧条，不顾自己家庭生活如何拮据，尽己之财力与劳力、心力，积极参与建设家乡，致力于改善家乡面貌，这种爱国家、爱家乡的仁人志士，于古于今历朝历代都是值得弘扬的，可以说是中华民族传统文化精髓。我们不能因他那时的上层建筑是腐败的国民政府，而对一个普通百姓传承优良文化传统的作为一概予以摒弃，因为我们不能强求每个平常人都具有智慧的政治眼光，像陶渊明一样超脱世外，不曲从于腐败政府的毕竟太少，绝大部分人还是难逃历史的局限性，这也是我们当今依然弘扬在封建政府统治下仁人志士的精神的主要原因。

第八章　愚忠复役不归路

一、盛情难却

抗战胜利后至1947年底，国民党既忙于接收、抢占地盘，又要整编军队发动内战。其编制、番号非常混乱，既有抗战时形成的战区、集团军、军、师，又有抗战胜利后新设立的行营、绥靖公署、指挥所、绥靖区、兵团等。从1946年6月蒋介石挑起全面内战到1947年7月，经过一年多的作战，国民党军成建制的部队被歼，不得不将军事上的全面进攻转向全面防御。到1947年8月随着战事失利，又将全面防御改为重点防御。为挽救颓局，继续对解放军作战，蒋介石遂调整部队领导体制，1948年5月相继撤销各行辕，分别成立剿匪总司令部和绥靖公署。第十六绥靖区1947年12月成立于湖北咸宁，以霍揆彰为司令官。

1948年初第十六绥靖区司令官霍揆彰到任后，得知盛逢尧未在地方行政任职，遂致信约其往驻地咸宁叙旧。盛逢尧正于吴城经营木行，生意甚好，不能脱手，故回函如实说明一直未脱身前往。1948年冬，全国解放战争的形势发生了根本的变化，特别是中国人民解放军取得辽沈、淮海、平津三大战役胜利后，国民党主力部队大部被歼灭，败局已定。

1949年1月21日，内外交困的蒋介石被迫引退，其职务由副总统李宗仁代理，而实质上引退溪口的蒋介石依然暗中操纵大局。蒋介石计划争取3个月至6个月的时间，在江南重新编练200万新兵，以卷土重来。由于国民党军队在各个战场伤亡惨重，需要补充大量兵源，成立8个直属陆军总司令部的陆军训练处，训练新兵编组第二线兵团。霍揆彰接到训练及防御等新任务，苦于身边无湘鄂赣边区有影响力的得力干将，想到盛逢尧家居赣北，又于湘北、鄂南抗战七年，对边区熟悉，人脉基础好，能够迅速打开局面开展工作。故他又迭次具函电致盛逢尧，约其前往驻地咸宁一晤。同时，霍揆彰还托其他军中友人函催盛逢尧前往咸宁。盛逢尧觉得盛情难却，始往咸宁一走。霍揆彰十分高兴，热情招待盛逢尧，酒过三巡后两人又促膝长谈，说及抗战时期的许多往事，两人感慨万千，最后霍揆彰挑明讲大意，无论如何都要盛逢尧在其绥靖区任职，帮助他开展各项军事工作。盛逢尧因素与其交好，且霍揆彰于抗战期间曾力荐他任军长，虽最终因与陈诚成见太深，未致成遂，但盛逢尧对霍揆彰的这份情意还是记着的。盛逢尧本就是个性情中人，这时又和霍揆彰数年未见酒醉至半夜，此情此景已实在不好再推托，故只有应承下来。

第二天，霍揆彰即以第十六绥靖区司令部名义，派盛逢尧出任国防部九江江防指挥所主任兼陆军总司令部暂编第十七纵队中将司令官。负责指导江防及行政上一切措施，担任由瑞昌下巢湖起经九江、湖口、彭泽、马当至以东止之江南防御守备任务。陆军总司令部暂编第十七纵队负责训练指挥江西保安第二团、第三团以及九江、瑞昌、星子、湖口、彭泽五县自卫团队，后又增加永修、德安、武宁、修水等数县自卫团队。霍揆彰对盛逢尧为人及军事才干非常信任，仅派喻耀离为副司令，其余均授权盛逢尧自行呈报任免。盛逢尧接受任务后立即赴九江就任，并将第十七纵队司令部也设在九江。以方便开展工作。此后两个多月，他都亲自指导长江岸防工事构筑、兵力配备以及民船控制等，拟于马头镇、九江、湖口、彭泽、马当构筑坚固据点，阻止解放军横渡长江。不久，由于蒋介石下野，政府由桂系主持，华中剿总白崇禧要求接管九江指挥所，故盛逢尧于三月间奉令将指挥所主任一职交第八绥靖区副司令徐启明接替，一切工事等都由接办了。同时，盛逢尧遵照国防部规定将其陆军暂编第十七纵队进行编组，照国防部规定纵队仅为三个步兵团以及直属部队编制，以江西保安第二团、第三团以及各县自卫团队为基干，编成三个团及直属营连，分别任王宗尧、吴都骏、吴抚夷为团长，开始训练及防务工作。

二、组军闹剧

1948年8月到1949年1月，经过东北、华东、华北3次战略决战，国民党精锐部队损失殆尽。为迅速编练部队以补充被歼各军师，于1949年2

月将陆军总司令部的各训练处改组为编练司令部，成为训练、补充、作战合一的军事建制单位，并扩大其职权。所辖部队司令官招收在乡军官、预备干部或选拔部队军士，予以训练后分发各部队任用，就地发动壮丁应征入营，求迅速补充兵员。有权指挥所属部队担任辖区内防卫事宜、交通通信之维护。由此，国民党已近似于垂死挣扎，彻底放宽组军条件，妄图组织长江防线，划江而治。

于是，国民党败退下来的将领有不少赶往江西各地组织军队，原第18军军长胡琏，以闽浙赣边区司令名义在赣东北组军；原第8军军长李弥，以闽粤赣边区司令名义在赣东南组军；还有蒋介石之子蒋经国在赣南组织青年救国军。这时湘鄂赣边区的第十六绥靖区司令霍揆彰自己的部队本就被拖到战场，一去不回。他又被匆匆任命为第十一兵团司令，也急于组织新军队，眼见各路将领都来江西抢兵员，他便命令盛逢尧在赣北扩编组军。

同年3月，盛逢尧接到命令后，对这个任务他倒是不着急，他心里很清楚修江几县有王陵基的四川散兵游勇五六千人，在武宁、永修、德安间的河南散兵游勇有三千余人，平时这些散兵游勇对家乡百姓不断骚扰，搞得地方治安不稳百姓不安，他本就为此事发愁。现在，倒正好借机把修江几县的散兵游勇，整个集合组成军队带出去，这样既完成霍揆彰下达的任务，又可把这些散兵游勇带走，免得他们逗留地方骚扰人民，可谓一举两得。据此再组一个师是没有问题的，于是他召集纵队各团长开会，当场宣布霍揆彰的组军命令，按组的兵员多少，经过点验即委以相应职务。同时，向他们下达了征发各县散兵游勇的命令。没过多久，原保安第三团团长吴都骏，号称在铜鼓组了数千人三个团，盛逢尧于是马上呈报霍揆彰任其为纵队副司令，霍揆彰竟然批准了。这极大地刺激了组军积极性。尔后，其他两个团长及一些旧部下纷纷向盛逢尧呈报所组兵员，由于人员众多国防部和兵团司令部来不及前往点验，又担心有人趁乱骗取空饷，便给了盛逢尧先行任命、编排临时番号的权力，待国防部点验后，再给正式番号予以任命。盛逢尧只好先行以十七纵队的名义另编十个支队，委任了支队长八九个，一支队王宗尧（武宁）、二支队吴都骏（铜鼓）、三支队苏祖轼（德安）、四支队刘国政（湘北）、五支队车正（瑞昌未成立）、六支队吴孝先（瑞昌）、七支队潘济民（永修）、八支队胡平戎（奉新上高）、九支队叶礼中、十三支队杨柳青（南昌）。

　　同年4月第十六绥靖区正式改番号为第十一兵团，霍揆彰给了盛逢尧三个师的临时番号，命其组编三个师待国防部点验。盛逢尧于是又将第十七纵队的三个保安团和十个支队分别编成三个师，将一、四、六支队和第一团改编成第91师归王宗尧带；将八支队和第二团及铜鼓、万载、宜丰、高安等自卫团编成暂1师归吴都骏带；将三、五支队与第三团编成第348师归吴抚夷带。不久，奉命集中鄂南通山、崇阳、通城点验，第91师改编为国防部陆军暂编第1师，开赴湖南沅江整训，其余两个师俟点验后再开动。

　　组军时国防部发给副食费微薄，初发三元后改十元，差不多完全是要负担菜蔬油盐了，又因国防部对军服棉被一再不发。当时天气寒冷，官兵以素无训练又无衣被、副食的饥寒情形，各部要全部集中接受国防部的点验，因此弄得集中地骚扰不堪，甚至有些老老实实的老百姓自己夜间挨冷都把被子借给纵队士兵来用。其他组军县如德安、永修、新建、安义、奉新、靖安、高安、上高、宜丰、万载、铜鼓、修水各县自然也不例外。4月份在鄂南点验后，国防部仅拨给一个师的经费补充，其余由各绥靖区负责补给。盛逢尧因此找绥靖区司令部要补给，霍揆彰也无办法，只得按国防部规定的职权，给了盛逢尧一纸请辖区地方行政机关商调军粮军费的公文，盛逢尧则忙于日夜奔走各地与地方官长筹借军粮经费补给，对各部骚扰的事，究竟到什么程度，他自己也不得而知。

　　当时强行拉壮丁入营的事情应当也是有发生的，盛逢尧本人对此非常痛恨，具体的情况基本上是这样的，往往这些强行拉丁的部队主官，在开始时即向上面虚报了兵员，私吞了军饷，等到国防部来点验时，这些部队集合不出相应的人数，为避免遭受军法处置，故而去强行拉丁冲数。盛逢尧一直在军纪严明的中央军带兵，对欺瞒官长、贪污军饷的部下是深恶痛绝的，他知道这样的烂部队是没有战斗力的。但是当时的形势已是如此，到处人心惶惶，他也于此非常无奈。盛逢尧在与各地方官长联系时，有所耳闻，绥靖区司令部也接到地方反映，霍揆彰也向盛逢尧发电要其查处。因此，在4月份，王宗尧于武宁集合第91师时，强行征发民夫数百，部队赴鄂南点验营连人数不足，王宗尧为凑足人数就地把数百民夫补作兵员，以至于通过点验编为国防部暂1师。盛逢尧得知此事时，王宗尧已生米成饭，但他还是对王宗尧作出撤职的处理，以平民愤。尔后，只得自己亲自兼任该师师长，不辞辛劳带着部队往湖南沅江整训。对其它各部拉壮丁的事件，盛逢尧也着人前往调查处理，一再严令处置仍在所难免，也是出于无可奈何的情形。

盛逢尧此时的无奈，确属实情。笔者走访孙宗儒的儿子时，了解到这么一个故事：前文已叙孙宗儒系盛逢尧之外戚，抗战时期就投奔于他，后来亦回了武宁务农。组军时期，武宁的负责人竟然把孙宗儒也抓来当兵。盛逢尧在一次回武宁检阅当地组军部队时，赫然发现孙宗儒在队列里，这要是在以前，他肯定会责备当地组军人员把他的亲戚也抓来。但那时盛逢尧当场没有作声，检阅完后，他向当地负责人假称要两名警卫兵带走，遂把孙宗儒要了出来，再放他回去了。

同年5月，暂一师驻防湖南沅江整训期间，由于部队成立未久、训练不够，补给又不充足。正值沅江大水，地方缺乏粮食，又要供给军队更加困难了，于是出现查仓封粮事件。盛逢尧接报后立即赶往处理，当场撤掉了为首的营长，并在沅江打住一星期，专门找地方官长协调此事。由于地方人士与盛逢尧过去抗战时期相处很有感情，所以经他一番解释大家才知道这种情形，也就都予以谅解了。

三、踏上归途

同年6月初，第11兵团旋改为湘鄂赣边区绥靖总司令部。该部开始组建湘鄂赣边区人民自卫救国军，赣北十五县编为第1军；鄂南十县编第2军；湘北十二县编第3军，每军各辖三个纵队及军部直属部队，以幕阜山脉、九岭山脉等山岳地带及鄱阳、洞庭湖沼地带为根据地施行长期游击战。盛逢尧奉命至长沙总司令部开会，会上宣布他出任湘鄂赣边区人民自卫救国军第1军中将军长，将其部改编为湘鄂赣边区人民自卫救国军第1军，赣北九江、星子、瑞昌、德安、永修、安义、靖安、奉新、高安、上高、宜丰、万载、铜鼓、修水、武宁等十五县为边区辖地。

会后，盛逢尧将正在沅江整训的暂1师（已经国防部点验过的），相关事务作了妥善安排，后来该师随程潜、陈明仁在湖南起义。于7月上旬来赣北铜鼓，以便将前次编定未开出去的支队重新改编为自卫第1军，此时吴抚夷的第348师在修水起义，吴都骏的暂1师回驻铜鼓人数尚未完全集中。兼之前次开平江长寿点验时,与白崇禧的第126军冲突后损失一部,人数更感不足。当时,盛逢尧到铜鼓不过一个多星期,仅仅是召集吴都骏、喻耀离等人开了会,宣布了长沙带来的命令。其他一切联络均未确实,身边仅有同行的吴孝先的瑞昌自卫队、陈士元的游击支队两部分,吴都骏的暂一师几个团,人数亦不多。于是他就先将这三个部分改编成一个纵队,同时,派副司令喻耀离前往万载成立一个纵队。

7月14日,解放军由修水来解放铜鼓,吴都骏的纵队溃散。盛逢尧闻讯后,乃率军部机关和直属特务、通讯、野战医院等由铜鼓开往长沙。途经浏阳张家坊附近与解放军遭遇,盛逢尧命令部队占领阵地准备进行抵抗,但陈士元等游击支队已无甚战斗力,不能组织起有力的阻击。后见被解放军龙江部队前后包围,即令停止战斗向解放军投降,将枪全部交给龙江部队。随即,该部将盛逢尧部押至浏阳县城,解放军龙江部队通过审查,得知盛逢尧是抗战时期的国民党军队的退役老师长,并没有参加解放战争,只是在当地出来组军,刚刚被国民党方面任命为所谓"反共"救国军军长,尚未来得及做阻碍中华民族解放等罪大恶极的事情。故经请示上级同意,决定将盛逢尧及家眷等释放,并发给盛逢尧等人川资、路条,令其回原籍武宁为民。

这是盛逢尧将军无论如何都没有想到的,本来他认为自己曾与共产党红军多次作战,这次落入共军手里绝对是没有好下场的,所以他在被俘后,开始关押的几天期间想了很多较为烦恼,最后把心一横,觉得反正与共产党红军时期在战场上交锋的一些旧账,翻开哪一笔来算都不得了,要杀要剐也只有听便。当龙江部队的官长向他宣布处理决定时,盛逢尧自然很意外很感动。但同时,对共产党宽宏大度既往不咎的胸襟由衷钦佩,对共产党执行政策说到做到而感慨不已。盛逢尧将军甚至有些动摇自己为之战斗一生的三民主义的信仰,转而拥护共产主义,他此时完全有充足的理由相信,中国在如此开明政党的领导下是肯定会迎来崭新的明天。在他看来,曾经在战场屡次作战的共产党对他如此坦诚宽容,而自己为之献出一生的国民党却对他是那样的无情无义,相较之下他情愿接受共产党的领导成为一介百姓,也不去国民党那边受气受逼了。因此,盛逢尧将军自然情愿接受龙江部队官长的安排,饶有兴致地回老家务农,从此不再过问军政事务,过上自给自足的平静生活。

7月下旬，盛逢尧将军感激不已地告别解放军龙江部队的官长，心情甚是非常轻松愉快，带家眷由浏阳返回武宁。没想到刚刚出浏阳县城半天，到达上次的被俘地，即浏阳县境的张家坊时，正好解放军西河部队由此经过，遇到盛逢尧进行例行盘查，得知盛逢尧乃国民党高级将领，认为其友军龙江部队释放不妥，遂又将盛逢尧将军一行拘捕。从此，盛逢尧将军相继转解袁州军分区、南昌军区，直至1950年押送中南军区武汉高级战俘军训队改造。次年，全国各地开展镇压反革命运动，盛逢尧之家乡武宁人民对此热情甚高，为求将该项运动深入开展，需要一位本地的"大人物"的反革命分子，作为镇压对象打响镇反的第一枪，以表示开展运动的决心态度。盛逢尧是当地了国民党军政界健在的资历职务最高者，又正在接受改造，自然就成为地方政府大搞运动的首选对象。于是，当地政府屡次向有关部门要求将盛逢尧要回去处理，终于得到了批准同意，盛逢尧将军又从武汉中南军区被辗转押回于家乡武宁。1951年国庆时，武宁召开万人大会，进行"镇反运动"的动员，盛逢尧将军作为"罪大恶极的反革命头子"被当场处决。据当时亲历者回忆：当时，武宁县城到处张贴了处决布告，列举其罪行主要是：围剿红军、强拉壮丁等。一生身经百战，矢志率带赣军抗战到底，晚年身入囹圄，接受改造两年余的老将军，终于燃尽了生命的烛火。

综观盛逢尧将军戎马不息的一生，其个人自幼受中国传统文化教育熏陶，十分注重传统品行方面的修养，满脑子忠孝仁义思想，他最终的结局也与此不无关系。由于他过于忠诚，笃信"军人以服从为天职"，这本是优秀军人的品质，但是他不明政治盲目服从命令与红军作战；由于过于忠诚，笃信"滴水（举荐）之恩涌泉相报"，这本是为人处事的准则，但他不辨时局盲目复役组军；由于过于忠诚，笃信"君子从一而忠"，这本是君子的德行，但他不够灵活始终忠于原部丧失了多次升迁机会。他的一生得益于中华民族传统文化精髓，所赋予的忠、孝、礼、义、廉、耻等优良品质，但也受惑于此受害于此，马列主义哲学告诉我们任何事务都有度，这些儒家精髓也是这样，任何时候，任何场合都适用它，必然导致物极必反的结果，有过之则不及。这是我们今天重新弘扬中华民族传统文化时，通过评读盛逢尧将军生平，而应当吸取的教训。

尾声　为谁开　荷花满塘

作为盛逢尧将军生平略考，本书应当搁笔了，但笔者又忍不住将收集到的盛逢尧将军被俘前的真实小故事叙述于此，来作本书结尾。

盛逢尧在铜鼓期间，解放军已打到了修水，形势非常紧迫。可是，正逢他的太太频临生产，虽然大家心中慌乱，但都不愿强行启程开拔，以免车马劳顿影响胎气。盛逢尧纵然久历兵戎，此时也只是表面上保持着镇定，内心也感到日末途穷，方寸已乱。但太太分娩的头一天晚上，盛逢尧的心情很是轻松平和，显得与当时所处的危急状况格格不入，这一夜他睡得非常安稳，朦胧之中感觉自己飘飘然像是飞了起来，看见一口池塘中盛开着满满的荷花，碧玉般的荷叶交映相连一片，翠绿之中高低错落的荷花婷婷玉立，亦红亦紫相间的粉嫩四溢芬芳，在烈日炎炎的酷暑里，盛逢尧像是在盛开荷花的塘畔散步赏荷，不仅使他赏心悦目，而且清风徐来，淡淡的清香随风从万绿丛中飘散出来，他的心肺像洗涤过似地，顿觉凉爽舒畅。

当盛逢尧正在享受满塘荷花带来的清凉世界时，传令兵李怀德急匆匆跑来，急切地唤着："军座、军座"，一边轻轻地推着盛逢尧的手臂。盛逢尧惊醒后，方知道刚刚是在做梦。传令兵立即报告："太太发动要生了。"盛逢尧连忙赶往军部野战医院，在医院未等几久，军医官即出来向盛逢尧报喜："恭喜军座又添一千金，母女平安。"得知母女平安，盛逢尧非常高兴，欣喜之余，他觉得这个事情亦是太过巧合了，自己刚刚做了如此美好的梦，而女儿恰恰在这时降生，总觉得冥冥之中是有神灵给他某种暗示，梦境清晰美好，应当是个好兆头。这时盛逢尧已完全忘却了解放军不日攻至的焦虑，立即派人四处打听寻访铜鼓县城的算命解梦的高人。终于，有一个叫刘半仙的术士来其驻地。盛逢尧将梦境一五一十讲述给刘半仙听，刘半仙听完后连称："好、好、好。"随后解释说："荷花乃祥瑞之物，这个梦是大吉大利之征兆，求财发财，前程通坦，逢凶化吉。贵千金随荷花降生，亦如金童玉女转世，能带来避凶趋吉好运道。"盛逢尧将军一生征战不息，见惯生死离别，生死于他来说极为自然。原本从来不信这些名堂的，但在当下，怕影响士气，一直刻意压制着内心的焦虑。这一回是他破天荒头一遭，或许这就是所谓的人到难中信鬼神吧，也可能是他为了以此来增强信心提振士气吧，总之，听了刘半仙一席话，盛逢尧将军非常高兴。

盛逢尧此刻对这些虚幻的东西似乎很重视，还从一件事情上可以看得出来，那就是在给女儿取名上，此前他育有八个子女，都是按照其盛氏宗族的排行取名，一律以"维"字辈，取名为盛维某，这次他竟然一反自己秉承的传统，为该女取名为盛瑞荷，小名叫梦得。

待太太休息几天后，盛逢尧怀着对前程美好憧憬的侥幸，带着军部直属部队一班人马，向长沙进发。可是，命运与他开了了一个极大的玩笑，一行人未走几久，刚刚出得铜鼓界，在湖南浏阳境内的张家坊，即遭到解放军围攻而被俘，从此一代赣军战将的生命就此定格。

……

为谁开，荷花满塘？盛逢尧的梦境，也许就是对责任担当、罪孽救赎、抑或是灵魂解脱的最终注脚。

附录一：盛逢尧将军简历

一、基本情况

盛逢尧，谱名广仁，号克私，生于光绪二十四年（1898年），江西武宁县甫田乡浩岗村人。先人五代业农，其父耀明是个读书至十八岁，因家贫亲老辍学而耕的农民，希望子女能多读书，为国家出力尽忠，为家庭争光荣。故其七岁得入蒙学，十岁入经学，十五岁入高小，十八岁考入南昌洪都中学，一学期未完母亲黄氏逝世，乃辍学在三贤段、碎石村、黄狮村教书，以图谋生救民。民国六年，闻邑中革命先进李烈钧将军总兵百粤讨伐龙济光，其受民主革命思潮影响，立志投笔从戎投身革命。民国八年，协和先生号召邑中青年往广东学习军事，遂函老师黄隐霆请介，继乃赴粤投协和先生麾下从军，追随孙中山先生革命。自此于役军旅，北伐抗日，转战大江南北近三十年，只知一心一意为革命为民族而苦战而奋斗。

护法运动期间，盛逢尧将军参加与桂系的斗争、北伐作战、靖难戡乱、闽南图存、回赣战役等广东、赣南、闽南各地诸役。

北伐战争期间，他随部参加收复赣南七县诸役，谢埠、莲塘、南昌围歼军阀邓如琢、唐福山、周凤岐等部诸战役，于苏浙长兴二十三湾、海州、徐州围歼军阀孙传芳部诸役，又于山东临沂、淡城围歼军阀张宗昌部方永昌师诸役。

国内战争期间，其率部对鲁东日军作战、讨伐石友三、鲍刚等战役、于陇海路讨伐阎锡山、冯玉祥诸战役，也曾奉命到江西与红军作战。

抗日战争期间，其率部参加武汉会战、第一次长沙会战、冬季攻势、枣宜会战、鄂西会战、积极策应第二、三次长沙会战、常德会战等对日正面战场的重大战役。

解放战争期间，其退役在乡务农，未与解放军作战。解放前半年，接受了国民党当局的任命，在赣北复出组军，遂被解放军羁押，先后转送江西军区、中南军区改造。

镇反运动期间，在家乡武宁去世。

盛逢尧将军早年胸怀革命理想，投笔从戎远走他乡，投身民主革命，从此一生戎马倥偬三十载，屡经战火历练逐渐成长为典型的职业军人和赣军主要将领，抗战八年带领赣籍子弟浴血奋战，为赣人在抗日战场争得一席之地，最后，终为保存赣军不被吞并压迫而卷入国民党军队派系争斗，愤而退役返乡务农。

盛逢尧将军一生塑有平民和军人两个角色，片面看似乎非常成功。平民盛逢尧可亲可敬，体现在投笔从戎之前和退役返乡之后。无论是作为崇尚民主革命思想，胸怀报国富民志向的热血青年，还是乐于躬耕垄亩之余，恻隐乡亲疾苦，不遗余力参与家乡战后重建的热心老者，他的身上都透露着中华民族子孙爱国爱家的优秀品质；军人盛逢尧有功有过，忠于部队、骁勇善战实为优秀的军事将领。在战火纷飞的年代，他一直效力于一线战斗部队，经过无数次战争考验，以战功相继擢升排长、连长、营长、团长、旅长、师长、军长各个层级的军事主官。

唯一的遗憾是军人时期，由于过于忠诚，笃信"军人以服从为天职"，这本是优秀军人的品质，但是他不明政治，盲目服从命令与红军作战；由于过于忠诚，笃信"滴水（举荐）之恩涌泉相报"，这本是为人处事的典范，但他不辨时局，盲目复役组军，维护腐朽的国民党政权；由于过于忠诚，笃信"君子从一而忠"，这本是君子的德行，但他不够灵活，忠于原部丧失了多次升迁机会。

二、学习工作情况

民国元年月考入江西武宁县高小读书；
民国5年月考入南昌洪都中学读书；
民国6年月江西武宁县甫田乡三贤段、碎石村、黄狮村教书；
民国8年6月护国援赣第2军潮州驻军陶学潜营4连士兵；
民国8年9月由协和先生保荐考入云南陆军讲武堂韶关分校第2期步

科学习（半年）；

民国 9 年 2 月由协和先生保荐考入云南陆军讲武堂第 15 期步科学习（二年）；

民国 11 年 3 月由协和先生电调回广东分发赣军第 2 混成旅（赖世璜部）候差员；

民国 11 年 8 月任赣军第 2 混成旅（赖世璜部）3 团 2 营 6 连少尉排长；

民国 12 年 6 月任赣军第 2 混成旅（赖世璜部）3 团 2 营 8 连中尉排长；

民国 12 年 11 月任赣军第 2 混成旅（赖世璜部）4 团 2 营副营长；

民国 13 年 5 月任赣军第 2 混成旅（赖世璜部）4 团 2 营 8 连上尉连长；

民国 14 年 11 月任赣军第 2 混成旅（赖世璜部）4 团 2 营副营长；

民国 16 年 1 月任国民革命军陆军第 14 军第 2 师 6 团副团长；

民国 16 年 3 月任国民革命军陆军第 14 军第 2 师 6 团 1 营少校营长；

民国 16 年 12 月任国民革命军陆军第 13 军第 37 师 4 团 3 营中校营长；

民国 17 年 9 月任国民革命军陆军第 5 师第 14 旅 28 团 3 营营长；

民国 20 年 1 月任国民革命军陆军第 5 师 14 旅 28 团上校团长；

民国 22 年 9 月参加庐山军官训练团第三期学习任 2 营 7 连连长（三个月）；

民国 22 年 10 月任国民革命军陆军第 36 军第 96 师 571 团团长；

民国 23 年 4 月任国民革命军陆军第 36 军第 5 师副师长；

民国 23 年 10 月任新淦警备区司令兼国民革命军陆军独立第 36 旅 706 团团长；

民国 24 年 1 月任国民革命军陆军独立第 36 旅少将旅长；

民国 25 年 5 月参加陆军大学研究处函授教育（六个月）；

民国 26 年 3 月任国民革命军陆军第 36 军第 5 师少将副师长、代理师长；

民国 26 年 12 月参加陆军大学将官班第一期学习（三个月）；

民国 27 年 3 月任国民革命军陆军第 36 军第 5 师少将师长；

民国 27 年 12 月任国民革命军陆军第 18 军新编第 23 师师长；

民国 29 年 11 月任国民革命军陆军第 87 军新编第 23 师中将师长；

民国 30 年 8 月参加第六战区战干团将官班第一期学习（三个月）；

民国 32 年 7 月任国民革命军陆军新编第 23 师中将师长兼副军长；

民国 33 年 1 月任中央军事委员会第 6 战区司令部附员；

民国 34 年 10 月退役还乡务农；

民国 38 年 1 月任国防部九江江防指挥所主任兼陆军总司令部暂编 17 纵队中将司令官；

民国 38 年 6 月任湘鄂赣边区人民自卫救国军第 1 军军长；

民国 38 年 7 月被俘。

三、军阶资历情况

盛逢尧将军在国民党军队的最高军阶规范表述应为：陆军中将（未经铨叙），此前有的资料称其为陆军少将是不对的。近年台湾战争秘史档案馆《常德战役》的作战序列中就记载其为新 23 师中将师长。1949 年 1 月任九江江防指挥所主任兼陆军总司令部暂编第十七纵队中将司令。

据有关资料：国民政府从 1935 年起恢复铨叙军衔制，开始为个人授予永久军衔，一直沿用到国民党政府败走大陆。由铨叙部门根据军人资历、功绩、停年（对军衔晋升的年限要求，即升任上一级军阶必须时间，当时如少将进中将，战争时期为三年，和平时期为四年），统一办理军阶授予，称为"任官"，程序较为严谨，即使任命少尉，也要国民政府公报公布。军人职务的任免则军委会、各战区、绥靖公署等都有权利决定，称为"任职"，程序相对简单。由于两套系统运作，必然存在不同步的现象，因此在国民政府的行文上，军阶与职务一致的，称为"任官有案"，即使该军人后来调任低一级职务，也享有原军阶佩戴原军阶章。职务高于军阶且经中央备案的，称为"任职有案"，职务在任期间允许佩带相应的阶级章，而不受实授军阶局限，职务不在任时则不享有该军阶不得佩戴阶级章，这有点类似西方的临时军衔。

但是在实际操作过程中，由于战事频繁，军队扩充、军人晋升迅速，依法进行的铨叙跟不上。而军阶与职务相差太多，也不利部队指挥、人事管理和官兵士气。于是，各部门在委任职务的同时，往往会带上相应的军阶，比如中将军长、中将师长等，因此平时称谓及佩戴阶级章亦可如此。但在填写履历时则须按规定进行注明以严格区别：属于任职有案且在任的填职务军衔，但必须在括号内注明实授军衔；属于任官有案的但又未经铨叙的也必须于括号内注明。另外，据抗战时期国民党军队师级编制规定：每师设中将师长1名，少将副师长1名，少将参谋长或上校参谋长1名。由此可知，盛逢尧将军各个时期的军阶为：

1935年任独立第36旅少将旅长，因该旅兵力与当时剿匪师相同均为三团制，而那时盛逢尧的实授军衔是陆军上校，他这时就属"任职有案"的情况，佩戴少将的阶级章，规范的正式表述为：陆军少将（实授陆军步兵上校）。

1938年任第5师少将师长，因该师系调整师兵力为二旅四团制，而那时盛逢尧经铨叙的实授军衔是陆军少将，规范的正式表述为：陆军少将。

1943年任新编第23师中将师长兼副军长，因抗战时期每师师长的编制即为中将，且盛逢尧那时按任职算少将有8年，按任官算少将有5年，均已远超过少将进中将3年的年限，此时就属"任官有案"的中将，但未及时铨叙，故规范的正式表述为：陆军中将（未经铨叙）。

1949年任九江江防指挥所主任兼陆军总司令部暂编第十七纵队中将司令，如上所述系"任官有案"的延续，表述亦同上。

一般来说，未经铨叙的主要原因是未及时铨叙或当时未实行铨叙，而未及时铨叙一般指任职命令下达后，依规定呈报铨叙部门实授过程中，该军官因自己原因致暂停授予或无实际授予必要，如：退役、辞职、被俘、死亡且不属追授情形的等等。盛逢尧将军就属于这样的情况，1944年他未等中将军阶实授下来就辞职并退役，1949年又未实授就被俘而后去世，但其实际上已属任官有案，仅是未及时铨叙而已。

抗战期间，国民党军官尤其是黄埔系统职务晋升非常快，基本上1至2年则提拔，因而任职有案的情况相当普遍，真正符合编制规定的中将师长了了无几，反倒成了个别现象。如上述常德会战的战斗序列中的所有参战师，仅盛逢尧一人为中将师长。从任职来看，他是1935年的陆军少将，从任官来看他是1938年的陆军少将，均远远超过了当时少将进中将的年限规定，可是未给他按时呈报晋升。

即使按1938年正式任官铨叙为陆军少将，也于当时国民党军中资历不一般，如戴笠生前虽佩带中将阶级章，但他实际是 1945 年才正式铨叙晋升为少将的；和戴笠同一天晋升少将的还有已任新 1 军中将军长的孙立人，同年正式铨叙陆军少将的还有张灵甫、李弥、胡琏；廖耀湘是已任第九兵团司令后，才于 1948 年 9 月 22 日正式被任官陆军少将，同年正式铨叙陆军少将的还有刘云翰、郭汝瑰等；其他于盛逢尧之后正式铨叙陆军少将的较知名的国军将领还有：邱清泉、戴安澜、罗广文、覃异之、方先觉等。解放前江西武宁籍的军界人物熊仁荣、柯建安、刘景武等人，都在 1948 年之后才正式铨叙陆军少将，资历均在盛逢尧将军之后。

附录二：1940年6月盛逢尧部机构序列及营以上主官名单

新编23师司令部	盛逢尧；		
参谋处	盛钟泰；	副官处	魏凤韶；
军械处	王宗尧；	军需处	徐　鸿；
军医处	张元祖；	军法处	张立功；
特别党部	陈雪怀；	军士队	吴　昊；
突击队	周斌权；	便衣队	林叙三；
特务连	陈达夫；	骑兵连	刘校光；
炮兵55团第1营	李荫柏；	战车防御炮2连	彭茂林；
工兵第16营	王兴源；	迫炮营	费焕中；
工兵营	刁涵霞；	辎重营	赖名志；
输送连	盛春生；	通信连	门国琛；
卫生队	蒋君鹏；	野战医院	李如先；
第67团团部	吴士瑜	第68团团部	谢应麟
第1营	温宏基；	第1营	张震亚；
第2营	钟国英；	第2营	余谟适；
第3营	文宏业；	第3营	万天民；
第69团团部	赖秉权	野战补充团团部	魏蓬州
第1营	余鸿声；	第1营	周斌权；
第2营	刘国政；	第2营	盛广智；
第3营	曾生春；	第3营	唐述尧。

中华民国二十九年六月三十日

该资料来源：湖南省档案馆藏民国29年《第六军邮总视察段密通令（特种代表信箱号码）》90–1–485–P136

附录三：抗战事迹亲历者回忆文章

一、《我的父亲——抗日将领姚纯》

姚辉云口述 贺焕明整理

我父亲姚纯，字兼一，号汝阜、生于清光绪十九年（公元1894）年，萍乡北门后埠里桐车岭埠车岭人，兄弟3人，排行第二。

父亲幼年家境贫寒，随祖父务农，聪颖超众。因族中人多不识字，少有文化，常受外人欺凌，痛感读书识字的迫切紧要，经族中长辈共同商议，挑选姚纯等3名子弟，由族中祠堂公款资助入学，遂入私塾就读，后转入萍乡中学堂第二班。

当时正是辛亥革命时期，受革命思想影响，父亲决心投笔从戎，报效国家，便于1912年毅然离乡，考入南京入伍生总队，随后又转入武昌第二预备军官学校。1914年，又升入保定陆军军官学校第三期步科，1916年秋季以优秀的成绩毕业，分配到江苏陆军巡缉队任见习排长。不久，接到广东光复军总部副官长族兄姚季逊来信，召他南下，遂决心投奔革命，当年奔赴广东孙中山先生麾下、任滇、粤、桂援赣联军重炮队连长，随后参加讨伐桂系军阀陆荣廷、广东军阀陈炯明战役，以战功升任赣军第一混成旅二团二营营长。

北伐战争时期，父亲任国民革命军第13军37师4团团长，他集合部队，慷慨陈词，誓师北伐，转战江西、福建、江苏、上海等处，多次与北洋军阀孙传芳部激战。有一次孙传芳部队集中优势兵力向革命军猛烈反扑，父亲率部坚守阵地，血战数日，终于将敌军击溃，深获上司好评。因屡立战功，先后擢升14旅旅长，第5师副师长，96师师长等职。

因长期征战辛劳过度，父亲于1933年不幸患染肺病，1934年被迫在上海住院治疗，后转到九江休养。

1937年抗日战争爆发，父亲时任36军副军长。国难当头，全民奋起，军人更是守土有责，父亲再也无法安心治病了，遂中断休养，率部入川待命。1938年升任36军中将军长兼渝南警备司令，36军除担任川江三峡防务及拱卫陪都重庆的重任外，还先后抽调167师赵锡光部及新23师盛逢尧部奔赴前线，参加武汉会战和湘北会战，部队与日军奋战于大江南北，歼敌甚众，在缴获的日军文件中有云："如遇新23师（盛逢尧部）作战不可轻敌"等字句，足见将军治军有方，部属之骁勇善战。

1939年，日寇21军安藤利吉部队，乘着大风浪的日子，从广西北海钦州湾偷袭登陆，随即分3路向北推进，南宁危急！昆仑关危急！父亲多次请缨驰援广西，终获批准。接到出征命令，将军激奋不已，自思戎马倥偬20余年，抗日报国宿愿今乃得遂，出发前奋笔书下"抗战到底"、"还我河山"、"精忠报国"等条幅交与家人，然后慷慨率部出征。

到达广西后，36军担负昆仑关正面防守任务，1940年2月初，与日军第5师团村均部队激战于昆仑关前。将军正欲指挥部队一举歼敌，以遂抗日报国宿愿，不料左路友军李延年部队防线被敌人突破，日军包抄至我军阵地后方，前后夹击，向36军阵地发动猛攻。将军接到报告，急愤交加，当即呕血数口，仍沉着镇定指挥部队与日军血战终日。后接到上级撤退命令，乃抱病率部突围，撤至广西上林一带整编待命，昆仑关随即失守。将军报国之志未酬，悲愤欲绝，肺病复发，在前线一直吐血不止。

昆仑关失守以后，蒋介石在柳州召开军事会议，检讨战役失利原因，商讨收复昆仑关作战部署。因国民党内部派系复杂，相互倾轧，有人诬告姚纯擅自撤退，对昆仑关失守应负主要责任。蒋介石大发雷霆，在会上严厉斥责36军作战不力，并声言要对军长姚纯依法惩处。姚纯当时抱病参加军事会议，身体虚弱，有口难辨。幸亏随同参加会议的军部参谋长郭鯀从容镇静，待蒋介石怒过之后，将藏于军帽中的撤退命令取了出来，双手呈上去，蒋介石看过撤退命令，怒气方才平息。

柳州会议以后，父亲回到重庆治病。报国之志未酬，又遭流言诬陷，心中积郁，虽多处延请名医诊治，终非药石所能奏效。病情日渐沉重，但仍念念不忘抗日大业，常常提及待病体痊愈之后，要率领旧部重上抗日前线，报仇雪恨。然而苍天不遂人愿，1940年5月，父亲病情急剧恶化，并发肺炎，高烧不退，昏迷中将军连呼数声"抗日救国"之后，呕血而亡，终年46岁。当时重庆各报载曰："36军中将军长姚纯抗战积劳成疾以身殉职。"

父亲逝世以后，由国民政府军事委员会拨款在重庆举行公祭，蒋介石派侍从室主任陈方、竺方明前来吊唁，国民政府主席林森送来挽联："英名垂青史，楚地寄哀思。"当时的国民党政府许多军政要员都送来了挽联、发来了唁电。姚纯灵柩运回萍乡后，由江西省政府在萍乡举行了隆重的安葬仪式。粉碎"四人帮"以后，拨乱反正，我父亲姚纯将军为抵抗日本帝国主义侵略而殉职的历史事实，得到社会的认可和公正评价，萍乡市将他作为重要的历史名人加载文史资料和市志。

该文来源：直接摘自2005-6-17《萍乡日报·双休刊》，此外，江西萍乡市《姚氏家谱》、《文史资料》中均有记载，且雨光先生于2000年、2001年发表在《萍乡日报》、《九江日报》的《抗日将领姚纯》一文和雨山先生于2005年发表在《纵横》杂志的《昆仑关战役与姚纯将军殉职》一文均有同样内容的记载。

二、《姚行中的抗日战斗故事》

作者：ypjahz

姚行中1915年3月20日出生在安源区青山镇水口村，他在萍乡中学读书期间受到父亲姚唯（时任黄埔军校招生办主任、与叶剑英同室办公）的爱国思想影响。1933年，萍乡中学毕业后，18岁的他来到国民军第5师投军，在时任师长的堂叔姚纯（抗日爱国将领、国民党36军中将军长）手下当兵。在姚纯的关照下，他先后进入国民党中央军校陆军培训班、陆军学校教官研究班和陆军大学参谋班学习深造。抗日战争爆发后，姚行中与战友们开赴战场，与日寇进行了殊死战斗。期间，他因作战勇敢、富有谋略而多次升迁，历任少尉排长、上尉连长、少校营长等职。抗战结束后，姚行中在时任国民党东北保安司令长官的杜聿明的长官部任中校作战参谋。1947年9月，杜聿明拟调姚行中任所部某团上校团长，要他率部与解放军开战，但姚凭着一腔中国人不打中国人的爱国良知，毅然辞职返乡。

战斗故事一：1938年10月，武汉会战中的信阳阻击战

武汉三镇位于长江和汉水的汇合口，平（京）汉、粤汉两铁路在此联接，为水陆交通中心，全国心脏地区，素有"九省通衢"之称。自南京失陷后，武汉成为当时中国的政治、经济、军事和文化中心。日军为此集中兵力进攻武汉，企图击溃我军，以武力迫使国民政府投降。由于武汉在战略上具有重要地位，政府不得不调集兵力以保卫武汉。

信阳位于大别山北麓，南襟全楚，北屏中原，又有平汉路贯穿南北，实为武汉之门户，侵华日军在进攻武汉的谋划中，把攻占信阳作为重点，于1938年8月下旬派第2军由合肥附近出发，沿六安、商城、光山、罗山向信阳进犯。

国民党统帅部于1938年8月间，抽调驻在重庆之36军96师乘船东下武昌。当时我在第5师30团团部任上尉副官。为增加96师作战力量，从第5师抽调3000余人充实该师，改番号为167师。当时我被抽调到167师499旅997团第一营机枪连当连长，驻在武昌东湖附近。日军为毒害我军战斗人员，用飞机投放病毒，致使我军大多数人患伤寒病，时有官兵病死，非战斗减员严重。

日军第2军的4个师团，在商城、光山遭到国民党于学忠、冯治安部的坚强抵抗，9月下旬，在罗山附近的我124师受日军第3、第10师团优势兵力进逼后撤。10月6日，167师由武昌开赴信阳，归第17军团胡宗南直接指挥。10月8日，第17军团分派苏联制轻型坦克4辆给我团协同作战，向罗山日军发起攻击。侵占罗山之时敌人有两个师团，人数达4万之众，第17军团令我们在五里店附近的闵岗占领阵地阻敌进犯。

10月9日上午，日军的1个大队（营）在炮兵掩护下向我营攻击，待敌军进至300至400米时，第一线各连的轻、重机枪、步枪以强大火力向敌人猛烈射击，营迫击炮排以炮火向敌后续部队射击，敌人遭我火力压制，改用少数兵力隐蔽接近我军阵地，向我军发射枪榴弹（那时我军无此武器），给我军造成较大伤亡。下午4时前后，营长率第2连增加到第一线，由第一线左侧沿小河隐蔽前进向敌人侧背发起攻击，第1、3两连则从阵地上冲出与敌人拼刺刀，我军控制的两挺重机枪亦向敌人猛烈扫射，阻击敌军后续部队增援，在肉搏中我营营长和3个步兵连长、多数排长先后负伤，士兵伤亡200余人，敌人伤亡亦百余，日军仓皇败退。团长令我代

替营长指挥作战，一直到深夜仅有零星互射枪声。

10日上午第2营与日军仅有小战斗接触，下午日军施行报复性打击，增调山炮、野炮10余门，向第2营阵地连珠般炮击，2营的防御正面与前后纵深不过400米，1小时内遭敌炮弹1000余发，把一个山冈几乎削成了平地，全营除炊事员未上火线外，全部壮烈殉国。接着敌炮兵延伸射程，空炸、地炸各种炮弹雨点般射来，阻挡我预备队增援，掩护敌步兵登上第2营阵地。看到侵略者登上我阵地时那不可一世的样子，我心中仇恨的怒火，实在抑制不住，立即指挥我营轻、重机枪、迫击炮集中火力向日军猛烈射击，敌人遭迎头痛击，抱头退回了原地。

为防敌坦克沿信（阳）罗（山）公路进袭，我命第1排蒋排长带两挺重机枪封锁公路。不久，果然有3辆敌军坦克耀武扬威地开来，我军拼死抵挡。不到5分钟蒋排长便负伤下来，我立即前往接替蒋排长，忽然"嘘……"的一声，一颗炮弹在离我不远处爆炸，当时，我的两耳被震聋，直到一个多月后才恢复听觉。我大声吼着"打，狠狠地打！"全排士兵在硝烟弥漫的阵地上，瞄准坦克射击，一个牺牲了，另一个立即顶上去。经过一番浴血苦战，敌军坦克在我军猛烈的射击和集束手榴弹爆炸的威慑下，狼狈地退了回去。

黄昏时分，团长叫我到第2营阵地将阵亡战友的尸体抬回，其时，整个2营已无一个幸存者，壮烈的场面令我悲痛万分，泪洒如雨。11日晚，我师奉命撤退，信阳于12日陷入敌手。事后据日军战报，第2军在光山、罗山、信阳等地伤亡11000余人。

战斗故事二：1939年9月，第一次长沙会战中的夜袭杨家山

1938年冬，武汉失守后，长沙成为保卫西南各省前哨，粤汉铁路是抗日战争南方的运输干线，由广东、广西两省海上运来的国际援华物资都要通过这条铁路分流，战略地位十分重要。日军为击破我第九战区部队，打通粤汉路，1939年秋，日军第11军团长冈村宁次从鄂中、鄂北抽调部队秘密向岳阳、通城等地集结。9月中旬，敌重兵由武汉、赣北分两路对长沙形成包围。守备新墙河北岸我52军，激战数日，受日空军轮番轰炸及炮兵连续炮击，伤亡很重，被迫撤退。70军在营田、浯口之线构筑阵地，阻击敌人。

新编23师正防守线为湘江西岸靖港—白马寺，洞庭湖西岸草尾—南大

膳—注磁口。为了消耗敌人兵力，我军采取顽强防守，节节抵抗，正向拖住敌人，机动灵活地转到敌人后面，变敌人的后方为前方，伏击敌人的后援部队和后勤辎重部队。

9月下旬，我军68团第2营接得情报：在营田杨家山有敌20余人，抢劫食物，强奸妇女。上级令我营抽调一个加强连赴该地予以围歼。当时，我任该营副营长，当即率第6连分乘5艘木船趁夜出发，并悄悄地在杨家山以南约3里的地方登陆。摸黑向宿营在杨家山小学内的日军袭击。不料我军行动时到处犬吠，引起日军哨兵警觉而预为戒备，距日军约50米时，日哨兵便向我先头排射击，这时我军既被敌发觉，袭击不成只好强攻，战斗一个多小时后，日军不支利用夜暗隐蔽逃窜。

日军原计划10月上旬占领长沙，由于我军民一致对敌，吸取过去经验教训，以己之长，制敌之短，到处坚壁清野，破坏道路，使敌大炮、坦克等无法行动。同时，将阵地战与运动战相结合，使敌军处处受我军民打击，寸步难行，辎重损失惨重，不仅没有踏进长沙一步，反而在长沙周边葬送了成千上万的日军性命，最后不得不狼狈溃退，我军取得了保卫长沙的胜利。

战斗故事三：1941年5月，宜（昌）沙（市）中间地区的游击战

1941年，新编第23师守备长江南岸宜都、松滋、公安等地江防，5月间，第20集团军总司令霍揆彰电令我师抽调一个团，前往长江北岸宜昌沙市中间地区展开游击作战，牵制打击日军调动兵力进犯长沙。新编23师抽调69团（团长赖秉权，我任团副）即在附近集结，征用帆船数十艘，于夜间渡过长江在江陵以西地区成功登岸。次日上午，我军便首战告捷，将两辆满载日军军用物资的汽车拦获，押车的日军全被击毙。

一个星期后的一天下午，我团在枝江以北离向安10余里的地方渡河，河宽约50米，水深3米，不能徒涉，仅有一只小船运送部队过河，经过4个小时只渡过两个营，尚剩团直属部队迫击炮连、运输连、通信排、特务排和第3营等待渡河。我警戒部队忽然发现日军数百人从我军后面逼近，团长即令我指挥第3营的第9连、重机枪连、团迫击炮连占领阵地，击溃该股敌军，掩护其余部队渡河。战斗至黄昏，敌军伤亡50余人后溃退。这次渡河作战，我军未伤亡一人。

几天后，我团先头部队进至宜昌东南鸦雀岭以南的一个小集市，由于

渡江游击作战将近20天，整日作战没有得到休息，人员非常疲劳。那天凌晨3时左右，正当全团官兵入睡休息之时，日军数百人由方冲、郭畈、瑶化分头合围。当晚我带着一部无线电收发报机和士兵10余人住在一个老乡家，日军听到无线电手摇发电机的吱吱响声，一个小队数十人向我住地偷袭，幸被哨兵发现，连喊："老东来了！"（湖北地区人民呼日军为老东），并向敌人连射数枪，当场将敌人小队长击毙。这时全团各部队均先后与合围日军发生战斗。我率官兵10余人，利用一水塘塘岸和树木作为掩护，与敌对峙。上午7时前后，日军向我部进攻，进至100余米时，我们猛烈射击，敌人被迫退回。是役，我部伤亡数人。9时，团长将战况报师部，师部回电令我团向石林以西敌空隙地区撤退，渡江至南岸守备。

新23师69团这次在宜沙中间地区游击作战，打得敌人风声鹤唳，惶恐不安，事后得到了军令部和第六战区的嘉奖。

战斗故事四：1942年12月，夜袭磨基山

1940年夏，日军攻占宜昌后，以一部兵力占领宜昌西岸磨基山、赵家岭一线山地制高点，构筑地堡、碉堡等永久性工事，企图保障宜昌城安全。

宜昌位于长江三峡口之北岸，号称"川鄂咽喉"。为长江航运的一个中转站，战略地位十分重要。日军占据宜昌，截断了第五、第九两战区与重庆的水上交通，直接威胁到重庆的安全。

1942年，新编23师移驻长江南岸三斗坪至曹家一线。那年冬季，我68团第2营（我任营长）守备一无名高地，与日军磨基山阵地直线距离约为2000米。那时是抗日战争最艰苦的时期，我们构筑的阵地无水泥钢筋，只用树木构筑掩蔽部，阵地前面用树枝为障碍物。下雨天，掩蔽部里湿漉漉的，连睡觉的地方都没有，吃的是糙米饭和无油的蔬菜。

记得在12月下旬的时候，前线连长向我报告："日军来了慰劳团人员到磨基山，载歌载舞，防备松懈。"我立即向团长李归川请战，他同意抽一连兵力，晚上袭击敌人。是日午夜，我派第4连轻装前往袭击，该连进至敌阵地前，因一个士兵踩中敌人埋设的地雷，引发爆炸，日军闻声纷纷进入阵地对我军进行阻击。激战约两个小时，眼见天色渐亮，而战况毫无进展，我即令第4连撤回原驻地。

自遭我军夜袭后，日军从宜昌增援200多人到磨基山，企图拔除我们

阵地。一天，敌军约 400 人，在炮火掩护下，向我阵地攻击，我第一线各连待敌军接近射程，各种轻重武器一齐向敌军开火，团预备队第 3 营派出第 7 连亦适时赶到，协同第 4 连绕至敌军侧背，向日军侧击，日军攻势顿时受挫，敌炮兵转向我 4、7 两连炮击，战斗至黄昏，日军遗尸 10 余具，退回磨基山阵地。从此，日军整天龟缩在阵地内，不敢再出来进犯。

战斗故事五：1943 年初春，突击藕池口

日军侵占长江北岸沙市、宜昌以后，以一部兵力在长江南岸占领藕池口（石首县境）作为桥头堡阵地。1943 年初春，第六战区司令陈诚电令新编 23 师抽调部队，拔除敌人藕池口桥头堡阵地。藕池口城墙为高约 4 丈的砖石结构，城外还围有铁丝网等，日军第 6 师团的一个加强大队驻守此地，守备十分森严。

新编 23 师接到命令后，决定以 68 团为攻击部队，67 团为预备队。我在 68 团第 2 营任营长，我营为左翼，向西门发起袭击。第 1 营为右翼，向东门发起袭击。当日凌晨 3 时，我派第 6 连为袭击连（连长周子青，萍乡人），匍匐前进接近敌哨兵，以迅雷不及掩耳之势将两个哨兵刺死，敌守军 50 余人尚在酣睡中，先头部队用手榴弹投向敌屋中，同时用步枪、轻机枪向敌军射击。城内日军闻到枪声后，派出部队向第 6 连猛扑，这时我率第 4 连亦进入城门口。而第 1 营因行动稍缓，我营攻占西门后，1 营尚未开始攻击，东门敌人闻到枪声发觉我军袭击，迅速用障碍物封锁城门，第 1 营因此未能攻下东门。

不久，天色渐明，我 4、6 两连进展困难，敌人火力密集向我军射击，敌机 3 架在头顶投弹、扫射助战，我 4、6 两连进入民房内，与敌军展开巷战。多次打退敌军进攻且杀伤甚众，敌人付出沉重代价毫无进展。黄昏后，敌军增援约 1000 人，再次向我 4、6 两连猛扑，我军沉着应战，多次重创敌人。入夜后，我军奉命撤出战场，先将伤亡官兵 20 余人运出，而后两连趁夜发起进攻，打乱敌人向我军攻击部署，敌人遭到攻击，不明虚实，不敢妄动，我 4、6 两连安然撤出战斗。

战斗故事六：1943 年 3 月底，血战虎渡河

1943 年 3 月下旬，日军独立第 17 旅团向藕池口增援。3 月底某日下午 5 时，日军约 400 余人在炮兵掩护下，向我 68 团 4、5 两连阵地进攻，激战多时，至夜晚 9 时，敌人一部利用夜色潜至我 5 连 1 排地堡附近，排长

任彪率官兵与敌肉搏，敌不惯夜战，败退。

天明后，敌人连续向我阵地炮击，当时67团接防部队，通过虎渡河时仅有几只木船作为渡河工具，渡船又慢，刚渡过河的1、2两营尚未展开兵力，被敌空军发现，10余架飞机轮番轰炸扫射，同时派出骑兵向我军发起进攻，并集中炮火向67团轰击，该团伤亡甚大。战至中午，在日军飞机炮兵猛烈轰炸之后，步兵继之蜂拥而来。面对敌人的猛烈攻击，全团官兵奋起誓死抗击，激战至薄暮，敌我尸首枕藉，其战况之惨烈，足以惊天地而泣鬼神。

入夜后，我营撤回虎渡河南岸，伤亡官兵40余人。67团回到虎渡河南岸后，全团2000人剩下不到300人，连、排长40余人只剩下7人。

该文来源：http://www.yaogens.com/bbs2007-09-0312：02 同时，磨基山战斗和游击战的情况，姚行中先生1989年4月撰写的《磨基山抗日战斗及渡江游击战》文章亦有同样叙述，该文登载于《宜昌市文史资料》第11辑。

三、《城陵矶防守战》

国民革命军第5师山炮连连长王家峻

1938年3月我由第6师补充兵教育营编入第5师任山炮连连长。于1938年11月上旬开赴湖南岳州，改编为新编第23师，师长盛逢尧，辖第13、第15两个旅，第13旅旅长李弥，第15旅旅长张汝和。

当时第23师属第18军黄维指挥，并听从关麟征的第30集团军总部的直接调配，将我师配备于城陵矶沿岸湖畔，及临湘、岳州铁路沿线，以防御南进的日军。

第15旅担任城陵矶江口一带防务，第13旅防守临湘及岳州铁路沿线，当时我被调任第29团团副，团长李梦苍，我团担任城陵矶江边西日一带的守备。第30团赖秉权担任城陵矶东岸至铁路线。

第30集团军还配有山炮4个连，工兵1个营，在城陵矶南高地一带。当时日军主力在湖北通城、蒲圻一带，关麟征集团军的第53军及第25军配置于岳州洪山以东，第53军的装备比新编第23师要强，但关麟征将他自己的部队配置于第二线，而将新编第23师配置于第一线。

1938年11月20日，日军以两个大队（营）的兵力进犯城陵矶沿岸，企图强行登陆，我第29及第30两个团的沿江守军，以猛烈火力痛歼来犯之敌，激战到傍晚，打死打伤日本侵略军200多人。

11月23、24两日军以飞机24架轮番轰炸我城陵矶两岸阵地，外加炮艇12艘，登陆艇8艘，强攻城陵矶，企图登陆，我第29团官兵对来犯之敌予以迎头痛击，敌死伤甚多，我官兵伤亡亦达300余人。其中主要是敌机炸的。其次因我军是新编的部队，百分之六十是新兵，没有作战经验，加上战斗多在夜晚进行，官长对士兵不易掌握指挥，也是伤亡大的原因之一。

11月25日，敌人猛攻我30团阵地，未能得逞。27日敌人复以战斗机和轰炸机36架，轮番猛烈轰炸城陵矶西岸我军阵地，我第29团官兵与敌血战四天三昼夜，官兵忍饥受寒，加上我军缺少防空武器，敌机可以逞其淫威，对我军进行低空扫射，我军伤亡多达300多人。

26日，日寇在海空配合下，强行登陆，占领了城陵矶西岸高地，此时，我第29团已失去战斗力，被迫退守到铁路线附近高地。我第15旅指挥所则退到岳州车站北面高地，从而全线动摇，旅长与团长都失去联络。师长盛逢尧带着李弥的第13旅的两个团，退守岳州铁路之线。

城陵矶的失守，影响极大。关麟征将临湘以东的第53军调来增援，仍然保持不了城陵矶的阵地，日军在占领城陵矶之后，并没有跟踪追击，仅用24架敌机向退却的部队扫射和低空投弹。岳阳城镇的兵站人员，为了不使军需物资资敌，纵火将粮库、弹药枪械库焚烧，岳州城顿时火光冲天，居民全部逃走，使岳州有一个多月成为真空地带。

11月27日傍晚，师长盛逢尧命令副师长王建煌率领各团团附，带领骑兵一个排，特务连两个排，星夜赶赴汨罗，霞疑一带拦截溃退的散兵，收容他们归队。我们目睹沿途的混乱状况，万分惨痛。

该文来源：笔者于2009年9月从黄埔军事网下载，系国民革命军第5师山炮连连长王家峻先生撰稿。

四、《抗日战争回忆录》

黄埔第二分校十七期王清泉撰稿

孙中山先生领导的国民革命,虽然在辛亥年赶走了一个腐败的满清政权,但结果却换来了张勋的复辟,袁世凯的称帝以及军阀的割据局面。此时此刻的孙中山深深地体会到,没有充足的军事实力,革命是难以成功的,所以他就决心创办一所中央陆军军官学校,培养一批军队骨干,建设一支战无不胜,攻无不克的国民革命军,彻底完成空前绝后的国民革命伟业。校址是在广州珠江口的黄埔岛上,所以就定名为黄埔军校。校内干部国共两党都有,校长是蒋介石,校训是亲爱精诚,校歌开头就是:怒潮澎湃,党旗飞舞,这是革命的黄埔……由此就可以看到学校的伟大目标和崇高的理想。

黄埔十七期王清泉的毕业证书

在孙中山先生的联俄联共的政策下,国共两党第一次合作,以黄埔学生为骨干的国民革命军,展开了浩浩荡荡的北伐战争,革命进展,势如破竹,军阀闻风而逃,很快就被消灭了,遗憾的是国共未能继续合作精诚团结建设祖国。日本人的胃口是填不满的,九一八战争侵占我国的东北后,又向华北进攻,最后是妄想占领整个中国。中国人民一向是以和平未到根本绝望之时,决不放弃和平,但日本军国主义者不问满足他们的欲望,所以迫不及待地于1937年7月7日，又在卢沟桥无理地发动了对中国的侵略战争，中国人民看清了和平根本绝望，牺牲已经到了最后关头，自觉地人不分男女老幼，地不分南北东西，迎来了国共两党第二次合作，团结一致，共同抗日。在抗日战争初期，虽然我国军队在方方面面较之日军，处处逊色，但是我们全国上下军民，士气高涨，宁为战死鬼，不做亡国奴，是以在卢沟桥就有第一位师长赵登禹壮烈成仁了，后期有张自忠总司令的为国捐躯，更有谢晋元领导的八百壮士孤守上海四行仓库，宁死不屈，这种可歌可泣之事，层出不穷，但是也有民族败类的出现，如汪精卫之叛国投敌，韩复榘之违令撤退，长沙警备司令酆悌，曲解焦土抗战，防火把长沙烧成一片废墟，这些人都是受到了国家极刑处罚，汪精卫虽未在国内服法，但陈公博做了替罪羊，成了千古罪人。

我在学校心里常会思索，如果日本人真的把整个中国占领了，全国人民就都要当亡国奴，做日本人的牛马了。到时就是大学毕业了，又有何用？所以我就下了决心，投笔从戎，适时黄埔军校第二分校第17期到江西招生90名，我与班上十多名同学报考了，报名人数共有1200多，体检下来就下去了一半，我们学校报考的同学有5人榜上有名，笔试与口试也都过了关，而且我是亚军上榜（冠军是安义的刘上熹）我们是步行到湖南武冈第二分校的，一路上我们班上5位同学，在艰苦的行军中，有说有笑，自嘲是现代的五虎上将，其他同学好像是在围观我们演戏，也凑趣不小。到学校后我们江西这批同学被编入第17期第6总队，都被分散了。头3个月是新兵的入伍教育，好苦呀！起床号音一响，3分钟要到操场集合完毕，并要整理内务，迟到了就会给你不好看，吃饭时间是5分钟，到了时间未吃完饭，也得放下碗筷。一年四季洗冷水脸，无论晴雨风雪，天天是赤脚草鞋（稻草编的），天气越坏，越要到外面去野战训练，回营总是一身泥，食堂里每天总是萝卜、白菜、辣椒、豆腐。学校每月发下来的数元钱补贴，能买得起什么？家境好的同学，都向家里要钱花，我呢？好向哪里要一分钱？所以我们总队有两位华侨同学，因受不了，未假而去。学校并没有去追究他们，而且还集合全总队的同学训话说：要是还有受不了的同学，可以申请退学，学校决不为难，结果呢？一个也没有。

在行将毕业时，上级来了指示，第17期第6总队延期半年毕业，在延期教育期间，我写了一篇题为：我心目中的延期教育，内容是延期教育中,所学的是陈腔滥调,没有一点新的东西,浪费了好时光,并在墙报上发表了。因此触怒了领导,常找我的麻烦。我吗,一不犯规,二不落人之后,找不到什么,只好记在心里,批评了事。一次区队长想体罚一位同学,我立即挺身而出曰:如果你今天违规体罚同学的话,我就与你对抗,他未敢动手,回营后告了我的状,中队长借此报总队要开除我,总队长认为好马三分烈,该生留着有用,作个检讨算了。

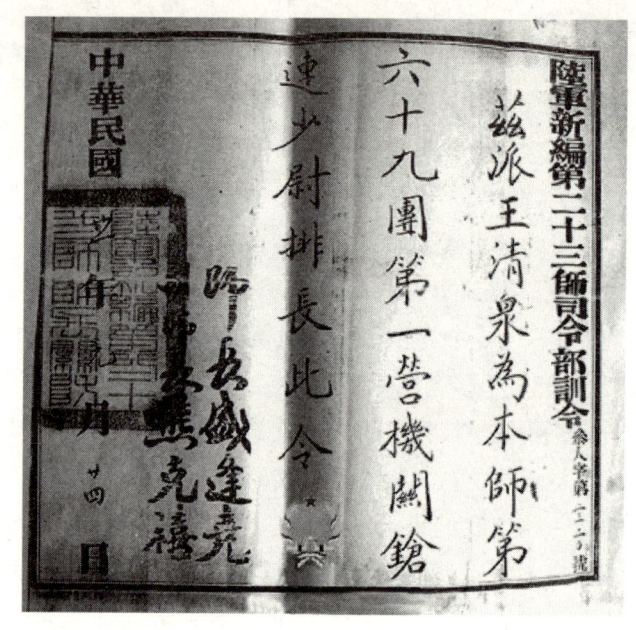

王清泉在盛逢尧部的任职证书

毕业了,我们江西籍十多位同学,被分发到第6战区第87军新编23师69团,在团部测试后,把我留在团部工作,这很违背我的心愿,半年后坚决要求去了机三连任少(中)尉排长,初到连上时,连干部多数是行伍出身的,认为军校学生的来到,是要赶他们走,内心很不乐意,处处孤立我们,对我们总是敬鬼神而远之的。我心里很清楚,这样下去不但是工作开展不开,而且处境会更加恶劣下去,于是想到了与他们同流,但决不与他们合污,是以我就在此时学会了各种赌术,有时间的话就和他们在一起混下子,不久后就与他们成了志同道合的战友了。与干部团结的问题解决了,可以用大部分精力去搞好官兵关系,到了20世纪40年代,抗日部队

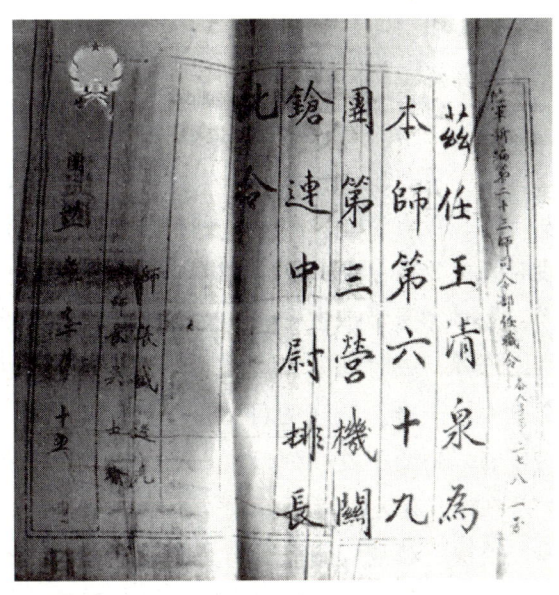

王清泉在盛逢尧部的任职证书

的生活更加艰苦,每天主食是大米两市斤,后来觉得实在不够,才每天增加半市斤。一个月的薪饷买不到两双麻草鞋,一个月的副食费,不足半个月使用,上面规定是5月1日换单衣,10月1日换棉衣,可是供应不上时,到了11月士兵还是穿着单衣,夏天穿着棉衣。在军服的质量上,由原来的呢军服,变成了土布军服(手工纺织的布),军服上的纽扣原来是铜铁的,后来变成了铜铁皮纽扣,最后用的是木纽扣,官兵服装一律同是赤脚草鞋,虽然有些慰问品,杯水车薪,何济于事。有一次战区开干部大会,司令长官陈诚也是赤脚草鞋,这当然说得上是做作,有些俄国佬和美国佬(来支持抗战的,人数很多,都是顾问与技术人员)也好奇地穿着草鞋,形态好笑。在大会上,中央派了一个慰问团到第六战区慰问,慰问团团长讲话说:我首先讲个故事,当年朱元璋作了明朝开国皇帝,他的婶娘想到南京去看望他,觉得没有什么送他而犯愁,忽然想起朱元璋小时候喜欢吃鹅肉,便决定带只鹅去送他。在船上鹅挣脱飞走,婶娘眼快手捷把鹅一抓,鹅没抓到,却抓了一把鹅毛,婶娘气极了说:鹅没抓到,这把鹅毛也要送给侄子。朱元璋得知此事后对婶娘说:"千里送鹅毛,礼轻情意重。"慰问团团长最后说:"我今天送给你们的也不过是一把鹅毛而已,人民的心意有分量呀！"全场掌声雷动，经久不息。

　　长江的防务由荆沙到宜昌，87军担任了半年多，我们幸运地负责沙市长江南岸的防务，当时沙市就是日寇的重要据点，平静时沙市叫卖烧饼油条的声音，听得一清二楚，日寇心血来潮时，会向我们阵地上发射几声冷枪或几发炮弹，很有意思。日军很重视训练，他们在沙市防守的部队，每隔一段时间也要来一次实弹射击，他们的练兵原则是重在平时，平时不惜用子弹，战时才爱惜节省子弹，做到弹无虚发。我军则与之相反，平时舍不得用子弹，战时则不惜浪费子弹，真吃了不少亏。射击方法，日寇与我军也大不一样，防守的目的是要把敌人消灭在阵地前100米以内，攻击的目的，是要不发一弹，攻入敌人阵地，消灭敌人。可是我军的老战术，常在400米左右就开始射击，而且多为连放，既暴露目标，又浪费子弹，很快就被敌人的飞机与大炮消灭掉。日军对我们的射击，总是2～3发为止（啪、啪……啪、啪、啪），黄埔军校学员对这点很有改进，收效很大。

　　我军防守长江任务时，日军发动了一次声势浩大的鄂西会战，梦想逆江而上直逼重庆，鄂西正面的主战场任务是我们87军担任的。从会战开始到结束，经过3个多月的时间，每人一条军毯，从未进入民房休息过，敌人到处，鸡犬不留，房屋尽毁，到处是膨大的尸体，臭味难闻，日军最怕我们砍头剥皮，他们迷信被砍头剥皮的人，不能投胎来世。不当俘虏的工作，他们做得出色，还记得那时许多晚上在阵地上与尸体共眠，有一晚我们抓住一个日寇哨兵，捆住了他的手脚往上级送，可结果他是咬舌而死，抬着的又是一具尸体，竹篮子打水，又是一场空，还有一次，日寇6人窜进一所砖瓦民房，据守楼上，怎么也不肯下来投降，然后上级批准用火消灭了，日军宁死不降的精神可佳。在会战后期，有一股日寇据守在湖北长阳的宝山坪山上，白天他们有飞机大炮掩护着，我军进攻不利，进入晚上时，我团奉命攻击该敌。第二营任主攻，战斗一开始，枪炮声犹如春雷一般地震动天地，火海过后，一片喊杀声，震耳欲聋，双方展开残酷的白刃战，战斗结束时，宝山坪卧满尸体，清理战场，以第六连伤亡最重，全连只剩下一位准尉事务长及六名士兵未牺牲，一个月之内，第六连阵亡了三个连长，尤其是第三位连长接任不到一周，就在宝山坪阵亡了。是役，战斗之惨，真可谓惊天地、泣鬼神、草木为之含悲，风云因而变色。鄂西会战结束，我军伤亡惨重，奉令到川东整补，未及一个月，又奉命车运解常德之围，乘车参战，是抗日以来破天荒的第一次。

部队奉出川入湘之命时，我机枪连有个四川籍士兵，名字叫刘胜友，听说部队要出川，便想逃走回家，被团部特务排抓住，团长决心要把他枪毙，给全体士兵敲一下警钟，这个小伙子聪明，能干活泼，处处讨人喜欢，杀掉了真是可惜呀！家里人还盼着他回去，谁知道他已经成了刀下鬼，永远也见不到了。有办法救他一命多好呀！我真想救他，于是就去与连长营长商议此事，他们都说会碰得头破血流，不敢苟同，在此情况下，我未心灰意冷，动摇决心，便独自去见了团长说：刘胜友不是逃兵，是我批准了他的假，因为当时被吓呆了，忘记说清此事而误会，若是我准了他的假又把他的命断送了，岂不太冤屈了他吗？我如何是好呢?！那就请先处罚我。经过一阵唇枪舌战后，团长沉思了一会儿说："好，我改变决心，收回枪毙刘胜友的成命。"事后刘胜友向我跪下磕头，我想的是见其生，不忍见其死，他何尝不是逃呢？

常德会战中，余程万师，几乎全军覆没，敌人也伤亡不小，但仍未忘记重庆，又梦想沿湘桂、黔桂铁路，迂回包围重庆，绝断滇缅路，断绝我国际路线。此时我军奉令赶赴桂林堵击敌人，谁知道敌人在我军到达之前，就已经占领了桂林。随即又奉命取道湘西、黔东去保卫贵阳。每天步行120华里，白天完不了任务，采取夜行军，根本就没有时间休息呀，精神疲劳不堪，我军到达贵阳附近时，日寇处处受到严重打击，困难重重开始撤退。我军奉命在贵州黄坪待命，此时我们营里来了一位新营长，新营长威风不小，大概他是不与黄埔人合作的，到任后立即与连长们开见面会，在会长他首先向机二连连长开刀，亲手酌一大碗白酒，逼其一次喝干，不会喝也得喝，否则就是不服从命令，当夜不欢而散，事后机枪连连长对我说，他准备好了走，过了几天新营长把矛头对准了我，事由是四、六两连各有一名逃兵被抓，新营长决定只枪毙六连的逃兵，四连的逃兵则免死，问原因说是杀一儆百，我六连的就好儆百，四连就可以不儆百吗？不公平，欺人太甚！我也不是好惹的，要么两个都杀，或者两个都不杀，这才合乎情理，新营长始终坚持他个人私见，气得我跑去团部，说清事情经过，讨得了一张六连逃兵暂缓枪毙的手谕交给了新营长，他脸色突变的走了。一个营长有杀人权吗？他怎么能这样的目中无人，枪毙逃兵连团部都不知道，没有什么奇怪，因为他是师长的外甥，其目的就是想更换几位连长。

处境既然如此，若继续在这里干下去，后果定是凶多吉少，所以就藉整编机会，去了南昌第六军官总队待命，部队里也有黑暗与死角，说没有的话，就是尚未发现，借刀杀人更阴险。

国共和谈破裂，内战爆发，我为了不参与骨肉相残的内战，去了原海军总部警卫营任职，不久随海总去台湾，听共方广播：国民党的官兵，只要放下武器，弃暗投明，共产党是欢迎的，并妥善安置工作。因此，我毫无疑虑地回到大陆，为祖国效力，谁知地方政府把上级政策变质，土改时将我评为"历史反革命"。三十多年的时间，天天在改造中渡日，等到摘帽子时，已经是花甲老人，此时此刻，一事未成，两袖清风，奈何？人生有几个三十年，可惜呀！

现在尚有极少数处境不好的黄埔老人，他们既失去了劳动力，又断绝了经济来源，更无任何依靠，生活上得不到温饱，他们也曾在抗日的战场上流过血和汗，是国家的有功之臣。希望有恻隐之心的社会人士，伸出温暖的手拉他们一把，这样他们心里也会感觉得在抗日战场上的血和汗，没有白流！！！

部队每次战役结束后，要开两个大会：一是追悼大会，吊唁阵亡将士，其悲惨之情，令人落泪。二是检讨大会，战斗中良心有愧者，无不失魂落魄，各个自危，唯恐送上断头台。这是警告国人，若能武官不怕死，文官不贪财，国家定会永久富强！

我现在是90岁的老人了。孙子上了大学，生活尚可，精神微可自慰。我看到国共第一次合作，完成了北伐战争，统一了中国，看到国共第二次合作，打败日本，建立了新中国，最后希望看到国共两党第三次永久合作，精诚团结，把祖国的明天，建设得更美好，国家更富强，人民更幸福！

该文来源：2009年摘自黄埔军校网—黄埔战场。

五、潜江市文史部门收集当地抗战亲历者回忆资料

国民党广仁部队与日军龙湾之战

武汉沦陷后，国民党政府实行消极抗日，积极反共的政策，但这一政

策，即使在蒋军中、下级军官中，也是不得人心的。有些军官出于爱国心驱使，在一定条件下，也能奋起抗日，国民党新编二十三师即广仁部队在龙湾与日军之战，就是一个例子。

　　日军占领潜江后，经常到乡间骚扰，先后经过龙湾2次没有受到任何方面的抵抗。来来去去，趾高气昂。1941年6月，广仁部队进驻普济观，在龙湾派驻了一个连，当月11日，广仁部队获悉潜江的日军又要前来龙湾"扫荡"，考虑到我方驻地满是堤埂湖泊，即可作掩护，又便于周旋，遂决定抓住战机，给日军一个出其不意地打击。广仁部队一面命令原驻龙湾的某连，赶挖战壕，构筑工事；一面又于这天下午，派出骑兵70余人，在敌人必经之路的幺河一带查看地形，做好迎战准备。

　　龙湾街上的商民，虽然照常营业，各行其是，学生也照常上课，但看到军队这种积极备战状态，就知道日本鬼子又要来了。果然，下午7时左右，保长通知每户只留一个老年人看守门户，其余青壮年和小孩一律撤离，到乡下自找隐蔽地点。通知一传开，各家各户，拖儿带女，肩挑手提，纷纷向西、南方向疏散，不到两个小时，全街即撤离一空，此时，龙湾街上反而显得分外宁静，几点星火，几声犬吠更增添了战前的恐怖气氛。

　　晚12时左右，广仁部队287团在团长吴士俞、副团长赖某的率领下，悄悄地进入阵地。

　　广仁部队的这个团，包括三个步兵营，一个机枪连，一个炮兵连，总兵力约在千人左右，武器配备属于中上等，由于该部队是主动寻战，所以各方面准备充分，紧张而不忙乱。它的战斗部署是：以龙湾街为依托，将兵力部署在敌人来攻方面，距离龙湾二三里地的南至徐家台（右翼）、北到刘旺垸（左翼）一线；核心选在龙湾后街祖师殿，左右策应；正前面的干河子、李家祠堂则作为前哨阵地；阵地后龙湾河西岸的三鸦寺、泰山庙一带，配备了大炮十余门，整个阵地的轻重武器、互相配合，形成一个战斗整体，进可攻，退可守，处于有利地位。

　　13日凌晨，日军以一个团的兵力，仗其武器精良，大摇大摆地向龙湾进发。狂妄的侵略者以为和以前一样，不会遇到什么阻挡，没有想到行进到李家祠堂附近，即遭到广仁部队阻击，后见广仁部队人数不多，遂组织强攻。广仁前哨部队则且战且退，一直撤到距龙湾后街正面阵地只有三四里地的侯家脑台附近顽强阻击，鏖战了两三个小时，广仁部队考虑到正面阵地所承受的压力太大，又将一个梯队的加强排派往前沿，准备替换撤退到侯家脑台的兵员，而此时敌我双方相距不到百米，胶着正紧，加强排虽然到了前沿，而原官兵却撤不下来，只好并肩战斗，广仁部队的下级军官身先士卒，同士兵一道与日军拼杀，情况极为壮烈。日军遇到了非同往昔的抵抗，虽全力进攻，也未取得进展，于是又组织力量向广仁部队左翼刘旺垸迂回。刘旺垸是龙湾河堤边的一个村庄，居民的砖墙瓦屋，居高临下，可做堡垒；田埂水沟，蜿蜒曲折，是天然的掩体；况且刘旺垸前面又是一片开阔的水稻田，一览无余，这地形对日军本来不利，但因日军求胜心切，错误地估计了对手，多次督令士兵发起冲锋，结果只留下了个尸横遍野。午后日军指挥官忽然发现我方阵地黑鱼口前，有一条可用以掩蔽前进的干涸河沟，河沟两边芦苇丛生，可直达龙湾河，认为这是一个直插广仁部队右翼徐家台的绝好路线。下午4时左右，日军组织了一个小队，神不知鬼不觉地向右翼运动，很快到了徐家台右侧。当时形势十分险恶，如果日军进攻得逞，趁势由徐家台溯龙湾河而上，截断龙湾镇上三座水桥的通路，那末，广仁部队除团指挥所少数人员及炮兵而外，其余皆面临绝境，广仁部队一时显得极为被动。徐家台虽有观音阁和徐家台两个配有轻重机枪的制高点可做防守，但是控制面太小，封锁不住来势凶猛之敌，很快在敌人的反复强攻中失守。观音阁一班16人，除一个副班长外，全部战死；徐家台制高点，官员伤亡殆尽，附近的群从如徐南清等人，也早敌军枪杀，徐家台失守后，广仁部队迅速组织精锐，企图趁敌人尚未站稳脚跟之际，夺回已失阵地。在这场争夺战中，团长吴士俞亲自临阵指挥，机枪连长董英亲自持枪射击，当敌我双方粘在一起进行肉搏时，忽然出现了一个意想不到的新情况，那就是战前广仁部队布置在干沟外的一个班，在日军沿干沟强攻徐家台时与我方隔断，现在发现干沟对面自己的部队与日军打的正酣，遂马上回头打来，形成了对日军的左右夹攻之势。这个班配有机枪一挺，几个点射，连续击毙敌人多名，使得敌阵顿时大乱，广仁部队增加了战斗力，战局急转直下。黄昏时，日军只好抛却在前沿留下的尸体，龟缩到当地老百姓徐尚勤的砖瓦屋内，负隅顽抗，广仁部队即放火烧房，谁知这样一来反而给日军造成机会，让他借着弥漫的烟雾夺路逃走了，正当广仁部队准备乘胜追击继续扩大战果时，忽然得到情报说，西南面郝穴的敌人已经出动增援，广仁部队恐遭围击，这才趁着夜色苍茫之际撤出了战斗，向普济观方向转移。

第二天（14日），日军进街，有两名妇女逃避不及，被日本军奸污，一名受伤日军躺在刘旺垸的一块田里，听到日军已进街，遂大喊大叫，希望被自己人发现后营救，哪知反而惊动了在附近躲藏的老百姓，有七八名青年朝伤兵跑去，伤兵举枪朝来人射击，这个日军被这伙青年和随后涌来的老百姓用铁锹砍死。

日军在这次战斗中，伤亡200余人。侵略者为了隐瞒败绩，在强拉老百姓用担架向潜江运送尸体时，把一具具尸体用蚊帐遮了起来，其实这是欲盖弥彰，老百姓心里有数。

第三天（15日），日军走后，广仁部队再次回到龙湾，收敛官兵遗体，共阵亡73人，将其集体安葬在文昌宫对面，并建有石刻"陆军新编二十三师龙湾战役阵亡将士纪念碑"一块，碑文上款是："民国三十年六月"，下款是"团长吴士俞"。

国民党广仁部队与日军双剅沟诱歼战

国民党广仁部队某团赖团长率部于1941年正二月间进驻浩子口，主力驻扎在附近的竹蓬嘴一带。该部纪律严明，不索民物，自己动手砍树，挖战壕，修筑地下掩体工事达几里路长，日军曾多次用飞机侦察，未发现该部的踪迹。

农历5月下旬，赖团长用少量兵力诱击盘踞沙洋的日军。27日，敌果然出动炮兵、骑兵、步兵共数百人，气势汹汹，直逼浩子口。赖部边打边退，诱敌深入；日军无所顾忌，步步进逼。28日下午，日军被诱入双剅沟（观音庵乡杨柳村）与新剅沟（浩口乡新剅村）之间早已设伏好的口袋形的地堡包围圈内，赖团长一声令下，周围的"水鸭巴子"（重机枪）一起射向敌阵。顷刻，骄横的日军被打得人仰马翻，惊惶失措，企图翻过小堤突围，而小堤内外都是广仁部队埋伏的火力网，几百名日军几乎全部被消灭在这里，赖团长恐遭沙市、熊口方面的援敌包围，连夜撤离阵地。

当地老人们回忆，这场诱歼战是赖团长布置的，他亲临前沿阵地指挥，有一位余营长，头部负重伤，仍然坚持指挥战斗，真是英勇，撤离时，赖团长一面令人断后，一面通告老百姓转移，避免日寇施以报复性摧残，然后才率部从返湾湖方向撤走，惜赖团长与余营长均佚其名。

该资料来源：中国文史出版社 1990 年 10 月出版的《潜江县志——大事记》第 15 页该市政协 1985 年编写的《潜江文史资料》第 1 辑第 9 页、《潜江人民革命史》第 87－88 页和《古今龙湾》第 48－51 页等大量资料中均有详略不等记载。

附录四：采访手记

一、军旅轶事篇

盛逢尧将军出身于云南陆军讲武堂，久历军戎，熟读兵书，深知"慈不掌兵"的道理，军纪不严命令不畅，部队则一盘散沙，毫无战斗力可言，他统御军队尤其注重爱民和战纪教育，治军严谨、不徇私情，对带兵很有一套。他发扬赣军创始人李烈钧的革命精神，秉承"武官不怕死、文官不贪财"的传统，提出"忠党国、不怕死、爱百姓、不贪钱"口号，为全军严格整训部队。

盛逢尧的五女刘秀据父亲的部属盛广廉多次回忆说："我一直在盛师

笔者采访盛逢尧将军之女刘秀女士（李娟摄）

长带的中央军服务,他带兵行军作战非常严格,时常教导我们属下'饿死不扰民,累死不拉夫',他到驻地的第一个命令必是严禁官兵骚扰百姓。在团长、旅长等任上他严肃执行军纪,处决几名强奸、抢劫的扰民官兵,此后,部队无论驻扎上海、长沙等大都市,还是进驻乡村集镇都不敢扰民,彻底纠正了扰民的现象,你父亲是国民党里过得硬的好将领。"

据莆田同乡部属江防司令部准尉特务长魏辉河回忆:"抗战时期,莆田盛氏家族里的盛某某在其部队任军需官,该人却不争气私自贩卖军用物资中饱私囊,盛司令知悉后,毫不留情立即撤销此人职务,将其下放连队当士兵。解放前组军期间,盛司令的同学王宗尧组军时扰民抓壮丁,也被其免去师长职务,自己兼任师长。武宁人随盛逢尧当兵,自以为是同乡,有的还沾亲带故,见面不喊报告不敬礼,盛逢尧均拉下脸面当场训斥。"

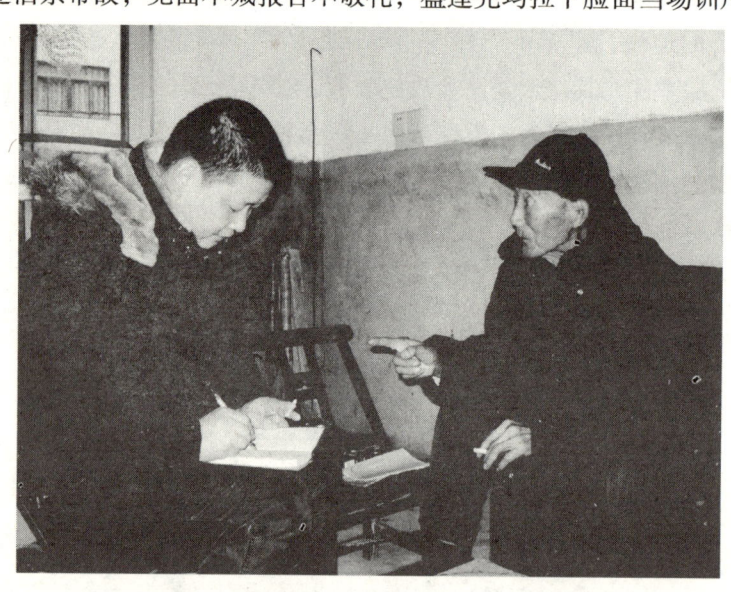

笔者采访盛逢尧将军部属魏辉河老人（李娟摄）

据抗战时任新编23师长沙留守处事务员的孙宗儒先生之子孙德培回忆说:"听其父亲讲,盛师长治军很严,不准官兵扰民,对官兵在馆子店赊账吃饭都处理得很严历,父亲也从不敢违背他的命令。有一次带几个兵在馆子店吃饭……（文中已叙述这里不再重复）"

盛逢尧将军极为重视军容军纪,乡间传说,盛逢尧的部队若移驻新地,必先下令部属于城外休整军容,尔后再将戎装光鲜,枪炮锃亮,步伐整齐的大队人马开进城,官兵精神振奋,百姓夹道迎看。盛逢尧对部下着装要求区分内外,对于室内他一般不管,但官兵若在室外军容不整,被他撞见,当即命令立正,并命其官长赶到责其训斥。他自己在军中也率先垂范,戎装笔挺,军靴亮,不苟言笑,不怒而威。

盛逢尧将军极其重视官兵训练,据其长女盛维琬回忆:军长周浑元、姚纯对他十分信任。抗战前他任全军教导队主任,亲自为官兵讲授战略战术理论,有空他就亲临训练场督导,有时还手把手教官兵演练战术动作。在九江、重庆的时候,去他部队看到官兵训练,高喊"忠党国、不怕死、爱百姓、不贪钱"和"精忠报国"、"抗战到底"等口号,官兵们精神抖擞甚是激昂高亢。

笔者采访盛逢尧将军现在可找到的部分后人合影,后排左二为长子盛维伦、左三为长女盛维琬、右一为五女刘秀(由刘秀提供)。

盛逢尧将军为官清廉公道,生活简朴,用人不避亲疏,唯德才而举。据姚纯将军的五子姚庆云先生(现长居英国)在给笔者的信中回忆道:"1948年底或1949年初,盛将军任九江江防指挥部总指挥,大哥姚剑云带我去拜访过盛叔叔,指挥部在长江边一所大院内,进门是一个大操场,左边有一长排两层楼房,门卫通报后指引我们上楼,一上楼就看见房门口站着一位军人,穿着一套旧棉军装,中等身材,体态略瘦。……随后领我们进房，那是一个两室的小套间，外间是办公室约10平方，只有一桌一电话几把椅，内间为卧室更小一点，只有一张木床和一个立式衣架，并无任何豪华家具，十分简朴。……我们起身告辞，那天很冷，盛将军坚持留我们吃饭，说：'天气太冷，吃了饭再走会暖和些。'……吃饭亦是很简单的几个小菜，我记得有一碟榨菜炒肉丝，味道很好，被我一扫光。饭后，盛将军亲自把我们送到大门口才告别。"该信中涉及了盛逢尧将军穿、住、吃的细节，足见其简单朴素的作风。

据莆田同乡部属江防司令部文书方由复回忆："开始没见面就听说盛逢尧是家乡的苦出身，后来出去的任了高官，我总以为家中应当甚为富足，可是我有一次去过他家，则颇为失望。那是在县城北门的一幢旧屋，顶上写了'浩岗城庐'四个字，家中到处是破旧的，也未见装修，可能是买了别人的旧屋，当时还和其他百姓家中一样让出两间给救济署用。说句心里话甚至还比不上我自己家中的房屋，我那时还不解古（纳闷）盛逢尧在部队当过师长、军长的，怎么这样穷，后来，我在其司令部工作，才慢慢了解他这个人非常不爱财，看得很淡。"

据莆田同乡部属江防司令部准尉特务长魏辉河回忆："盛逢尧虽是中将司令，但他在经济上很清楚的，不贪不占从不乱来，并且非常痛恨贪财

笔者采访方由复老人（李娟摄）

的人,听说抗战时他盛家有一个人贪财,被其发现他立即不与此人铁心,将其撤职。"

另据魏辉河回忆:"盛司令自己的弟弟盛广智,系上海暨南大学(复旦大学前身)毕业,抗战军兴时,激于民族义愤,立志从军报国,毅然复投考黄埔军校研习工兵科,毕业后在盛逢尧部从军,盛广智等于是文武兼备的人才,而盛逢尧依然将其弟下放连队由排长干起。同乡中有一个甫田村谷升坑人黄兼进,作战勇敢又有文化,他是甚为器重的,保荐入黄埔军校精心栽培,抗战时期提拔为主力营营长,可惜于湖北公安藕池口战役中壮烈牺牲,盛逢尧对此很是痛心,耿耿于怀,以至于返乡后到处夸耀此子甚为其争气。抗战时期,武宁有不少人为逃避日寇前往投奔,他都一一收容,对有志投军报国的他都予以安排,对有文化基础的他也不避亲疏大力举荐入军校受训提拔,但对盛氏家族中的子弟,多自以为沾亲带故,不便管理则不予安排从军,与其他不愿从军的同乡一样,留在家眷军属留守处做事。"

据了解,抗战时武宁籍青年随盛逢尧将军从军者有六七十人,主要以县城、略溪、甫田、礼溪、船滩、清江、罗溪、石门等地人士为多。甫田已知的有:黄兼进、盛广智、魏煌尧、董志强、陈传胜、魏冠群、盛广廉、盛广运、方仲元、胡志茂等人,武宁其他地方的有:刘森、张正刚、张晋仁、邬鑫(武宁王家埠)、刘章才(石门楼)等。此外,盛逢尧部的不少武宁子弟为国家为民族不受日本帝国主义践踏,把年轻的生命热血洒在抗日战场上,现已无法统计。据《武宁县志》记载全县各个时期共有烈士1322名,而抗战时期仅有4人,且无一为国民党官兵,这是令人遗憾的。

盛逢尧将军性格豪放率直,待人真诚忠心,但爱憎分明,不畏强权。据盛逢尧的长女盛维琬、侄女盛维芬回忆:"父亲(大爸)对李烈钧将军极为敬重推崇,在人前从不直呼名讳,一直尊称为协和先生,多次谈及李烈钧将军为其革命的启蒙人,尤其对当年二次保荐其入军校的恩情始终铭记在心。虽然李烈钧将军后期基本不再参与军政,父亲又在作战部队从军终生战事不断,脱不开身去经常探望,仍坚持写信向其汇报军中及自己的情况,但只要听说李烈钧将军到了附近,他必放下军中事务赶往拜见。"由此可见,盛逢尧将军为人处事,自从军至治军,在一定程度深受李烈钧将军的思想影响。

笔者采访盛逢尧将军侄女盛维芬、詹远泽夫妇（盛以梅摄）

另据盛维琬回忆："父亲性格豪放率直，与同僚关系都很好，在军中有不少同僚系同学关系如赵锡光、文之炜等，又一直在赣军服务，关系甚为融洽。有时，父亲还邀请同僚们到家中喝酒，席间无话不谈，军中派系倾扎，甚至对共产党看法等话题，在一起都毫无顾忌地谈论。父亲待人真诚忠心，周浑元、姚纯等官长对其十分信任，后来，姚军长身体不适，军中各项事务都放心交给他打理。"

盛逢尧将军的长女盛维琬、侄女盛维芬等后人及部属都回忆：盛逢尧将军个性刚强，不屈权贵。抗战时期，陈诚一直想吞并其部队，他始终不愿屈服，从而备受排挤。鄂西会战时，他向蒋介石立下军令状收复渔洋关，立了大功劳，但陈诚将他明升暗降，让他当个副军长，他不愿干就辞职回家作田了。

盛逢尧将军在国民党中央军虽然资历深厚，但爱兵爱将不摆架子，惯与官兵共患难。

据抗战时任新编23师长沙留守处事务员的孙宗儒先生之子孙德培回忆说："我听父亲时常说抗战时盛师长手下有许多黄埔系的将领，其中一个叫王建煌，另一个叫李弥。这个李弥不知是否为后来淮海战役的13兵团司令的那一位，当时就是这两位护送留守处人员及部队家眷到重庆还是长沙，沿途均由王建煌和李弥联系当地驻军的黄埔将领招待伙食，待遇很不错，父亲当时在留守处记忆犹新。"由此我们可知，盛逢尧将军在国军中资历很深，要知道他的这两位部下，后来在解放战争时期均为国民党高官，王建煌出任国防部办公厅主任、总统府特派战地中将巡视官，李弥出任陆军总司令部第 13 兵团司令官。

另据孙德培先生还回忆说："盛师长对部下很好，部下受到委屈，他都热心出头要公道。有一次父亲和其部队一名连长外出办事，遇到另一个国民党部队的哨卡盘问，这个部队作风很野蛮，一枪托把盛逢尧部的这个连长的头打得鲜血直流。我父亲当即逃离打电话给盛师长，盛师长得知后，立即派出特务连将这个国民党部队包围，责令其交出打人官兵，并进行处理。该部队被逼无法，将打人的官兵交其军法处，当盛师长部队官兵的面进行处罚，盛师长才不再追究。"

据莆田同乡部属江防司令部文书方由复回忆："在九江任江防司令期间，我看到他与下属官兵讲话都非常和气，都与官兵一同在司令部食堂吃饭，从不见他单独开小灶。"莆田同乡部属江防司令部准尉特务长魏辉河据特务连跟随他的老兵说："盛司令真正与官兵有福同享、有难同当，在抗战前线 40 年代进入最为困难时期，盛逢尧在前线与官兵同吃稀饭野菜充饥，同住帐篷或破庙，光着脚穿着草鞋，奔走于各个前沿阵地，督导阵地防御激励官兵精神。在抗战物资困难时期，只要一听说后方来了慰问团，他就亲自赶往驻地协调慰问品，回来分给急需的伤病官兵。他酒量很大每次战役后各团开庆功会，他都亲自参加，有时还参加连队的庆功宴，但凡第一杯酒，他必先率带全体与席官兵敬刚刚血溅沙场为国捐躯的兄弟，然后再与官兵开怀豪饮，醉则大骂日寇汉奸及玩弄权术者。因此，官兵们都很拥护他，生死跟着他。"可见盛逢尧将军的带兵做人的魅力。

魏辉河老人还回忆道："盛逢尧待官兵都很和气，我们这些士兵，要求与他合影照相，他都一一遂人心愿，丝毫不摆架子，我就曾与他在九江火车站广场的合影，后来被毁于'文革'期间。这也是他退役时众多外地官兵都要随其返乡的原因吧！我 1949 年在其部队司令部特务连警卫排，当时警卫排有一、二十人，绝大部分都是他抗战时期的老部下，河南、浙江、湖南、四川等全国各地都有。"

盛逢尧将军熟读兵法、腹隐机谋，作战勇猛、胆大心细，于攻击战、防御战、游击战均有心得，经验甚为丰富，备战极为认真谨慎从不轻敌，善于利用地形尤其重视野战工事,他带的部队战斗意志很强。

他的部属准尉特务长魏辉河回忆:"盛司令与红军作战中,有同情革命的倾向,那一年蒋介石在南昌密令盛逢尧带三个团去追击红军,当时红军众多高级将领都在湘赣粤闽边界山区的乐昌、瑞金、湖南耳昌等地被盛逢尧部包围,盛司令与几个团长商量不能下恶手,因此故意留一个出口进行围击。后来,盛司令带着罗溪的叶志凯走瑞金上山,当时红军高级将领某某,因正在患重病走不了,盛司令上山看到此人当即拉起他的手,叫他赶紧走。"这段叙述非魏辉河老人亲历,系其听闻而来,因未有其他史料印证,且地名人名均不确切,故真实性不能确定。

姚纯军长的四子姚辉云据长子姚剑云回忆说:"父亲时常与人说盛逢尧很会打仗,是个骁勇善战的将才。北伐期间盛逢尧在其部任营长,作战不怕死极为勇猛,多次身负重伤在鬼门关捡回一条命,荣立不少战功。抗战时在武汉会战、长沙会战中,盛逢尧率新编23师于湘北、洞庭湖沿岸各地与日寇浴血奋战,歼敌甚众,打得装备精良、恶如禽兽的日寇对其高度戒备,甚是畏惧。在当时缴获的日军文件中有云:'如遇新23师(盛逢尧部)作战不可轻敌',一时间盛逢尧将军威震敌胆的事迹,在前方和重庆、长沙后方传开。赣军首次出川抗战,两度与日寇作战即声誉大振,当时作为赣军最高长官的父亲甚感欣慰。"

笔者电话采访居住英国的姚纯将军五子姚庆云先生说:"我从记事时起,多次从大人们的谈话中听说过盛逢尧将军名字,都讲他很能打仗。但你现在来收集盛将军的抗战资料却很难了!当时亲历的很多人都走了!很可惜呀!……"

据时任新编23师长沙留守处事务员的孙宗儒先生之子孙德培回忆说:"父亲生前记住了不少盛师长率领部队打日本鬼子的事。从小父亲就给我们讲盛师长的抗日故事,由于时过境迁我也记不清是什么战事,但我记得父亲每次一讲起盛师长,就立即充满了对英雄的崇拜神情。讲得最多的是盛师长很会带兵打仗,部队在洞庭湖一带驻扎时,打了很多胜仗,每次都打得日军跳脚,日军对盛师长很仇恨,扬言抓到盛逢尧要活剥了他的皮。你说盛师长厉害不厉害?"

盛逢尧作战经验甚为丰富,善于利用地形尤其重视野战工事,备战极为认真谨慎从不轻敌。据江防司令部准尉特务长魏辉河回忆:"解放前任

笔者采访姚纯将军三子姚辉云先生（黄竟芳摄）

姚纯将军部分后人合影照片（后排右二为长子姚剑云、左一为次子姚凌云、右一为四子姚辉云、前排右一为女儿姚湘云）

江防司令时，他负责修筑湖口至瑞昌码头一线的长江岸防工事，每天亲临阵地督导至深夜12点返回，我那时是个小伙子都觉得辛苦，他五十多岁的人不顾辛劳，工作如此认真。当时听抗战时期就跟随他的随从说：'盛司令做事非常认真，当年在长江以北的龙湾、浩子口战斗中，盛司令抢先占得良好地形，构筑了分散隐蔽的强固野战工事，派出两个团分别坚守阵地。日军105师团以两个联队再加骑炮兵猛烈攻击两天一夜，均被我部击退，日军死亡损失极为重大，这是与日军作战以来以少胜多的鲜有战例，因此日军为加强对盛逢尧部作战的认识，还印了一本《对广仁部队作战的研究》的小册子发给各级指挥官，专门对付盛逢尧部。后来，在战斗中他部官兵缴到这本册子，一时在军中传为佳话。'我那时看到有个四川的老兵保存了一本。"对此，盛逢尧的长女盛维琬亦回忆见到过一本日文的小册子。

盛逢尧将军的侄女盛维芬回忆："我于抗战时期到解放前一直与伯父共同生活，抗战时我们家眷在留守处，听其他部队家眷说大爸打仗胆子很大很猛，经常打胜仗。有一次大爸亲率相当于三个团的兵力，深入敌后日占区打游击，突击日寇据点，炸毁铁路桥梁等，故意引起日寇三路向其围攻，大小作战十余次，仅伤亡两百余人，敌则伤亡更多，惊恐异常，误认为我军发动大规模进攻，大爸则以牵制策应任务已达，连夜渡过江湖，将日军远远抛在后面哇哇叫。"

所谓"兵熊一个，将熊一窝"，盛逢尧性格刚硬，意志坚强，因此他带出的部队战斗意志很强。同乡部属及子女均提到：在公安藕池口攻击战中，盛逢尧率部一举攻破敌阵地，占领藕池街市将敌驱出藕池。正值天明敌机投放烧夷弹、毒气弹狂炸，全镇大火，敌复乘机增兵反攻。盛逢尧部奉命突围撤退，官兵勇猛异常，武宁黄兼进营指挥所被大火烧着，黄营长和官兵身上都着了火，仍然顽强地直接冲入敌阵拼命，有的抱着手榴弹、炸药包冲入敌群引爆，有的死死抱住咬住日寇，与日寇近身肉搏，战斗极为惨烈，杀出一条血路，两团遭受重大牺牲，全师死亡将士约四千余人。

盛逢尧将军作战有勇有谋，立下不少战功。其养女李某某回忆："爸抗战中劳苦功高，返乡时专门用两个樟木箱来装他打胜仗的旌旗、奖章，有一次县长非要拿去放在罗溪桥头展览。"

二、返乡往事篇

盛逢尧尊师重教，当时是远近闻名。前清秀才何懿初、邑中名士黄隐霆即是其授业恩师，盛逢尧对他们很敬重，每回返乡时，不论早晚都必须到先生家报到，约好时日请两位老师来家吃饭，走时还要送点人意（钱物）给他们。

甫田余坑魏辉河老人回忆：盛逢尧的出身是很苦的，母亲早亡，父亲又被军阀迫害而死，他是靠自己在部队打仗死拼出来的。他对人非常好的，任独立旅旅长时，曾专程接何懿初先生、黄隐霆先生去其部队驻地德安，住过几天。盛逢尧对两位先生非常尊敬，每日连洗脸水都亲自为先生准备好，他的部下自是对他们侍奉业贴，两先生甚是高兴。

盛逢尧深知国家兴亡、教育为本的道理。董安湘之子武宁县外国语学校的董兆帆及甫田余坑魏辉河老人回忆："抗战胜利后，他返回家乡甫田，看到家乡遭日寇践踏，举目所见一片萧条，惨不忍睹。尤其见乡小学被日寇烧毁，四邻八乡的孩子无法入学，他忧心忡忡，当即捐资兴建'尚志书院'供他们读书。不久由于入学孩子太多，尚志书院容纳不下，他又捐巨款复建甫田小学，并亲自给省教育厅写信请求立案，还邀其老师黄隐霆出面，请董安湘先生主持教务，学校建好后，他亲任名誉董事长，并请省教育厅来校视察，一致认为是战后武宁最好的小学。后来他出外经营木材生意，把学校全部交给董安湘等人负责。"

其子女盛维琬回忆："抗战胜利后，他见武宁一片萧条破败，心里非常难过，很多地方人士请他出来主持战后重建事宜，他就同意出来为地方做事。"甫田盛维谷据甫田老人们讲：盛逢尧返乡期间，抗战后的甫田公路、桥梁被日寇毁得一塌糊涂，他又是于心不忍，对家乡重建倾注心血。除了自己捐资建校外，还出面募集捐助，组织劳力修桥补路，将甫田各处毁于日寇路桥都修好。另外自己捐资带着一伙退役部属把甫田至浩岗的路修通。

当时，盛逢尧官至国民革命军陆军第87军中将副军长，中央军委会第6战区司令部部附，曾指挥千军万马，浴血杀敌，立下赫赫战功。然则非一介赳赳武夫，其外刚内柔，处事儒雅，在乡间敦亲睦邻、明礼诚信、平易近人的故事俯仰皆拾。

甫田盛维谷据其族中老人讲：有一次盛氏家族祭祖，礼仪开始后，礼生高喊广仁军长首祭，盛逢尧执意不从，他说，大家不要叫我军长，在这里我是文郁公第19代孙，遵礼应由你们长辈为先，轮到我们这一辈再祭不迟。

其养女李某某回忆：抗战胜利后，爸返乡前专门买来糖果、布料、鞭炮等许多东西，到了甫田就散给众邻里。可谓礼轻意重，乡亲们品尝着糖果，有的围坐一团叙话，有的喜滋滋奔走相告"当军长的广仁回来哆，带了糖果给我哩吃，来尝一尝哑。"接着，他就在家中大办宴席，请乡邻喝酒，并在门口放鞭炮，以示庆祝抗战胜利，搞得十分热闹。

乡间老人讲：盛逢尧对家乡前辈名士非常敬重，每回返乡，都要办桌酒席，一般在尚志书院，邀请各姓前辈长者，其乐融融地把酒畅谈。有些因故不能参加的，他必然会备上礼品，亲自登门拜访。

笔者采访李姓老人（李娟摄）

盛逢尧将军在军中，不苟言笑，表情严肃。在生活中或非正式场合中，则极为亲善随和，至今，甫田人提起盛逢尧，很少称盛军长、师长或盛将军，族人多称"广仁"，乡邻则大都称之为"克私"，非常亲切。甫田三贤方由复老人回忆："盛克私实际是个苦出身，父母早亡，据说其父亲还是被军阀迫害而故的，他对其继母、亲属及乡邻都很好，从来无官架子，待人十分随和，是个很好的人。我在他家中吃过饭，非常热情，还不时给我夹菜。"

其女盛维琬回忆："乡亲来家中造访，爸都迎来送往，还要准备礼品让他们带回。每回送客他都要送到大门口，并目送客人远走。妈由于是罗溪大家闺秀出身，寡言少语，在人际交往方面则显得欠些亲和。"

其养女李某某回忆："爸，对人实好。不管谁到家里来，他都热情地叫我泡茶，招呼来客坐定后，都是微笑着与人讲话，不时还点着头，尤其是乡下人到家里来他总看得起，茶不说，还叫我们赶紧做饭，非常热情地挽留乡亲吃饭。我记得有一次爸刚从外面办事回来，他是个勤快人闲不住，赶着家中几只羊到北门山上去放，当时抗战刚胜利，很多人逃难吃不饱，武宁县城一伙讨饭的，看见他都跟着他去，回来时，他竟然把这些人带回家，叫我添饭给他们吃，吃完饭又叫我一个人量一升米给他带走，并交代你跟妈说是我讲的。所以那几年县城这些讨饭的人都很喜欢他，只要知道他回来就赶来家里来。"

三、家庭旧事篇

盛逢尧将军的子女均回忆：盛逢尧家庭观念极强，对家人都甚为关顾，自他部队驻扎德安时起，他就将继母和两个弟弟接到德安，此后，抗战时随他转战而迁往重庆、长沙，退役后带回武宁，全家从继母以下一直共同生活至最后。

孝道，为中华民族传统美德，儒家文化之精华。盛逢尧将军自小接受传统教育，深受传统文化的熏陶，侍长辈至孝。邑中老人迄今仍以其故事教育后人。

据说，盛逢尧之母为人善良，信奉佛教，每年都去庙里烧香拜佛，做事勤快舍己，料理家务、田间地头样样精通，为人热情大方，与邻里相处极为融洽。由于家境甚是穷困，缺吃少药，其母生盛逢尧的前后，又生下十余个孩子都没带活，二弟广智在盛逢尧之后十余年才出生，所以父母对盛逢尧尤其怜爱，生怕他患病，在那时中国的贫苦农民患病就意味着死亡。盛逢尧全凭父母艰辛抚育，一家人相依为命，感情至深。盛逢尧在私塾和高小期间，由于思母心切，几次步行数十里回家探母，令母亲大为感动。但其父出于孩子前程考虑，硬起心肠数次把盛逢尧送回学校。

当地百姓还说，广仁之母生育时过世，广仁正在南昌读书，等他赶回母亲已下葬，他极为悲痛，在家守孝数个月不出门，每天到母亲坟前祭祀，流着泪将供奉的米饭吃完。北伐时期，盛逢尧首次回家探亲，当时武宁尚在北洋军阀统治下，驻扎武宁的北洋政府军谢师长听说盛逢尧是北伐军营长，乃下令于全城缉拿盛逢尧，其父接到信连忙通知广仁离开，自己带着一家大小在教堂躲了一天一夜后，逃回甫田浩岗老家一病不起，未出两月因不敢出来医治竟然去世。盛逢尧直到次年二月才接到家信，他非常悲痛，认为父亲是受其牵连而亡。当时由于北伐军事正吃紧，他无法回家，把这种悲痛化作对北洋军阀的仇恨，于前方作战更加拼命。据当地老人及其长女盛维琬回忆：后来，盛逢尧回家时，每与邻里及族中长辈说起此事，就不禁潸然泪下，自怨自己不孝，众人则纷纷劝说，这不怪你，只怪北洋军阀太残暴，你参加革命消灭了北洋军阀，为父报了仇又当了托大的官，父亲九泉之下会高兴的。

父母过早去世，成了盛逢尧的满腔孝心的最大遗憾，每思及此他都伤心不已，他看到继母罗氏在父亲去世后，独自带着其两个弟弟，非常感激，因此一直把继母当做自己亲生母亲来孝敬，后来，盛逢尧任独立旅少将旅长时，把继母接到德安一起居住，从此重庆、长沙等抗战时，一直把继母带到身边侍奉。据其长女盛维琬讲："父母早故，他甚为伤心，对继母甚孝，闻有病痛卧床，即赶回杵立床前，端茶喂饭，亲力亲为。"侄女盛维芬回忆："大爸对罗家婆非常敬重，我哩几个人都是罗家婆带大的。解放前在县城北门头买了屋后，不放心罗家婆在罗缎居住，说那里小孩太多会吵到她，坚持要接罗家婆到县城北门新买的屋住，要她尽享清福，不要再为孩子们操心。"

盛逢尧将军对兄弟更是关怀备至，教读婚配，成家立业全是他一人操心操办。二弟广智在父亲去世后不久，他的部队隶属松沪警备司令部，他带兵驻扎在上海龙华路。他为二弟前途考虑，把其接到身边读中学，后来四处托人送二弟入上海暨南大学读书。对三弟广信由于幼年患病致聋哑残疾，他则在生活上处处关心，不让人欺负，也与继母一同接到自己身边。

对子女、侄女等晚辈亲爱有嘉，但从不娇纵，尤其关心孩子的教育和健康，注重培养自力能力。盛逢尧的侄女盛维芬回忆道："抗战后，回武宁罗溪、县城居住期间，大姐读书放假回家，大爸就叫大姐带着我们姊妹去家中的碾米厂里做事，主要是做些筛米等力所能及的事，让我们学会自食其力。"盛维芬还回忆道："抗战胜利后，大爸对地方重建非常热心，日夜在外面忙碌，那时家中也还困难，但他一回家就问我去没去读书，吃不吃得饱，对我非常关心。"

养女李某某回忆道："爸是个很好的人，我现在想起来都要出眼泪。那时在武宁时，家中其实也很困难，妈的脾气很大。有一次爸从外面回来，看见我没去读书，很是生气当即就与妈打了一架，并说你要是这样对她，我对她父亲都对不住，我就把她送回长沙去。"李某某又道："爸对伢崽最重视的就是读书和吃饭两件事，还有一次（讲述人开始哽咽流泪），爸从外面回来，发现我饿得好苦，他就去灶下添饭给我吃，他坐在身边看着我吃，看到我吃得高兴，他一边流眼泪一边跟我说慢点吃，多吃点，不然我出去你又吃不饱了。"李某某还回忆道："爸不仅是对我这样好，对其侄女维芬也是一样，他还特意交待我维芬也吃不饱，你要留些饭菜给她。于是我总是把饭菜藏在柴房内，偷偷给维芬吃。"

在子女眼中盛逢尧是一个亲和的父亲。其子盛维伦回忆道："父亲一直公务很忙，见面不多，但他只要一有空在家，就逗着子女玩，对我们都很疼爱，从不打骂孩子，有时他甚至还与孩子一起作游戏。抗战后期，我只记得他有一次因急事，匆匆回了家，骑着战马，还跨着长战刀，模样很是威武。"

四、末路难归篇

盛逢尧的长女盛维琬在盛逢尧将军去世后，听九江的办案人员向她透露的一些情况，当时有涉及子女和其个人简要经历叙述的文稿交给她保存，但原稿已于"文革"中销毁，这是后来盛维琬于生前凭记忆向笔者补叙的，开头的大意为：

"余姓盛名逢尧别号克私谱名广仁乳名公荫，现年五十三岁江西武宁县西三十里之浩岗村人。先人五代业农，至余父母勤劳力作，生活稍裕。七岁始送余入蒙学，十岁入经学，十五岁入高小，十八岁入中学一学期未完，母亲逝世，乃缀学教书以谋生活。斯时革命先进李协和先生要邑中青年往广东学习军事，余崇民主革命思潮，继乃赴粤投孙中山麾下从军革命。自此于役军旅北伐抗日转战大江南北者近三十年矣。只知一心一德为革命为民族而苦战而奋斗，尽忠革命，勤慎从公，家庭生活儿女教育未曾加以顾虑，退役后一家老少三十余口得以维持衣食者则为作田种菜经营小本商业而已。两弟一耕一读差堪自立，父母先后逝世惟继母罗氏八旬将近仍康健在堂，子女以传琬较大均幼弱，自立生活殊属困难。余以被捕入狱一群老少衣食无着至为隐忧，今惟戴罪求死以再无力关顾。余思想以为家人子女要亲爱团结相互扶携，能读书则设法培植为家国争光荣，否则亦须个个本着自己生产自己消费来生活着。兹将本人一生之经历分段简述于后。"

此外，其女盛维琬据看守盛逢尧的工作人员事后转述：盛逢尧将军被关押的两年中表现不好，曾抢夺干部手枪自杀未遂，数次审问时他要求枪毙，在押表现非常不好，思想极其顽固不化。

甫田三贤村方由复老人回忆道："盛克私枪毙时，我已经参加了工作，当时记得在县城开完群众会后就押往北门执行，街上到处贴了布告，我看到布告上写他的主要罪状是：围剿红军和抓壮丁组军两个事。"

据说盛逢尧将军去世时，由于子女都早已散居各地，有的还驮了很重的成分，尸体被弃在北门敬老院附近的野地里，无人处理后事。后来是其一个亲房侄子念及其生前恩惠，且当时在家族中成分较好，冒着被牵连的危险，将盛逢尧将军的遗体驮回甫田安葬。几经周折我们找到了当年安葬盛逢尧将军的这位侄子的后人，据甫田破龙口盛以生转述其父盛维新的回忆说："当时我爸听说大公被枪毙，心里非常难过，通过激烈的思想斗争，想到大公生前对他无微不至的关照，决定豁出去了，不管要担任何责任都要去为他收尸，让他入土为安。当天晚上，我爸偷偷牵一匹马去县城将大公的遗体驮回甫田，到某地山上时天已开始亮了，爸看到大公的衣服已十分破旧，跟叫花子一样，心中实在不忍，又连忙跑回去拿了一套家中最新的衣服来，给大公换上。我爸脱下大公的衣服，赫然看他身上有二十多处伤疤，想到大公一生多少枪林弹雨都闯过来了，到头来落个如此悲凉凄惨的下场，眼泪再也止不住了，坐在他身边哭了好一阵子才将大公安葬。"

甫田余坑魏辉河老人回忆道："我在盛司令手下当兵，解放前夕我随部队去湖南整训，他也亲自在那里，后来部队编入程潜的第97军准备起义，盛司令是说回铜鼓再带吴都骏师过去，结果在回长沙途中被解放军围捕，我因当时身体生病，没有随他去铜鼓，随部队起义了。"魏辉河老人又道："其实盛司令是有点冤枉的，他是个蛮好的人，回来后为地方上做了不少好事，组军时抓壮丁的事，坏就坏在他下面那王宗尧、吴抚夷、吴都骏、吴孝先几个人，在地方上抓壮丁乱办，我那时在其身边，他知道这些人抓壮丁很生气，要把他们带到霍揆彰处处理，但霍提前离开了，处理的事就搁起来了。"魏辉河老人还道："实际上按当时中央政策，盛司令也不应枪毙,当时他在武汉高级军官俘虏军训队,是武宁为了镇反运动需要,去要回来开批斗会的,说好三天要还,但武宁不还回去,把他枪毙了。事后中央那一位曾被他救过的首长,亲自过问他被处绝的事,所以盛司令被处决不能怪中央,中央的政策是好的,怪就怪地方上太过激了。"

盛逢尧将军去世后,当地还流传了这样一首打油诗:

三十年来草上飞,江南遍地有马迹;

中日战争不离他,三战长沙血染衣;

不料时机天意定,汗马功劳一担抛;

忠奸莫辨留史册,自古成败论英雄。

五、子女自强篇

盛逢尧将军去世后,留下三子五女,另有养子女各一个及侄子女八、九人等后人。在其亲生子女中,现在可以查找的仅一子二女,其余均去向不明。他的这些子女在解放后,虽命运多舛,但都能吃苦耐劳,历经屡次运动的深入反思,排除各种干扰,在平凡的岗位上专心致力于本职工作,为社会主义建设尽心尽责,为国家的繁荣富强贡献了自己的一份力量。

长女盛维琬,1930年5月出生于江西武宁,自幼随父亲在德安、九江、重庆、宜昌、长沙等地生活,抗战胜利后,随父亲返回江西老家武宁。早年毕业于南昌农业专科学校,接受了不少社会主义的新思想。1949年5月家乡解放后,她积极响应号召参加某县贸易公司的革命工作,为人诚恳谦虚,工作积极勤奋,深得领导及同事的肯定。同年9月23日,由于父亲被俘,单位领导担心她受到牵连,将她调到某市贸易公司工作。1954年贸易公司分家,她分在医药公司工作,一直从事会计事务,1956年任主办会计。1958年丈夫被打成右派,下放到某垦殖场劳动改造。当时,单位领导和同事朋友都劝她与丈夫离婚,以免受到牵连,她不仅不怕受牵连,坚决不愿离婚,而且还以照顾丈夫为由,主动向组织上要求,下放到某垦殖场劳动。就这样,她从1959年到1979年二十余年,一直和丈夫一起下放在某垦殖场,直到1979年落实政策,夫妇两才调回某市师范专科学校工作。她任该校主办会计,直到1884年退休。她的一生尽管命运多舛、颠沛流离,但丝毫未动摇对组织的坚定信念,无论在城市工作,还是下放劳动，她都任劳任怨、兢兢业业。由于她为人正直，作风廉洁，工作原则，深得到同事领导的信任，故一直在单位从事最重要的财会工作，多次评为先进工作者。

侄女盛维芬，1934年11月出生于江西武宁，幼、少年随伯父（盛逢尧）及父亲在德安、九江、重庆、宜昌、长沙等地生活，为人处事经常得到大伯的熏陶教诲，并在大伯的关心下得以入学，亦由此接受了社会主义的新思想。抗战胜利后，随伯父返回江西老家武宁。1949年5月家乡解放时，她不顾偏见和歧视毅然决心参加革命工作，开始时她主动积极跟随四野部队搞宣传，由于她文化水平较好，工作勤奋吃苦，很快得到部队领导的认可，部队开走时，介绍她留在当地县委工作队工作。1951年她响应国家号召，踊跃报名参军去抗美援朝，没想到材料到了九江军分区，因历史成分及出身问题被打了下来，返回县委会工作。次年，由于她工作主动积极，做事认真谨慎，得到上级认可，她被调到某市专署税务局从事财税工作。1958年下放到机关干部农场劳动，1962年因工作需要她被调到市劳动局搞财务工作，1969年又下放到某县农村从事农业生产，1972年调某县化肥厂任财务科长，1975年调某市油泵厂任财务科长，直至1991年离休。

在40多年的工作期间，她胸怀坦荡性格开朗，从不把个人成分出身问题放在心上，任凭各种政治运动如何轰轰烈烈的开展，尽管被屡次下放，她依然毫无怨言，只顾埋头专注于本职工作。始终保持真诚豁达、谦虚谨慎、勤奋积极、正派原则的精神，因此她在单位一直从事财务方面的重要工作，还出任财务科长近二十余年，从未有过任何差错，赢得所有工作过单位领导和同事高度评价。曾多次被评为全县模范妇女干部，某地区专署财税系统先进工作者，全省会计工作先进个人（省级劳模）等等荣誉称号。她为人心胸豁达，待人真诚大度。在工作上她任劳任怨，淡泊名利，生活上她重情重义，淡泊钱财，在单位不与同事争长较短，在家中从不计较得失。尤为令人佩服的是她八十岁高龄还坚持在外打工，赚的钱自己总是省吃俭用，数十年来持续帮助兄弟姊妹、堂兄弟姊妹及其子女度过了许多的经济困难，至今仍有不少兄弟姊妹是靠她每月寄的钱生活养老，因此，她的高风亮节在家族内部备受尊重。

长子盛维伦，小名柏松，1939年冬生于四川重庆，抗日战争胜利后，尚年幼的他随父母迁回江西老家生活，解放后，父母相继去世，家中遭遇重大变故。在赣北山区的偏僻乡间，年仅十余岁的他，开始了白天放牛打草，夜宿柴房牛棚的自食其力的生活。有一次他卷曲在学校的墙脚下偷听时，被人抓住扭送到老师面前，这个好心的老师偷偷地将他带到某市的姐姐盛维琬处，此后，他得已入学遂了由来已久的心愿。高中毕业时，他积极响应国家号召，奔赴工厂一线参加劳动，投身伟大的社会主义建设。在某市磷肥厂，他认真学习业务知识，潜心钻研工业技术，致力于改进生产工艺，亲自构思、设计、制造了一套先进的防尘生产线。有关部门鉴于父亲的突出贡献，仅高中学历的他就被破格评为工程师，并授予江西省科技劳动模范的荣誉称号。在某市电影机械厂工作期间，他更是废寝忘食全心赴在厂里的产品革新改造上，他亲自研发了数十种儿童科技玩具，有效提高了厂里的经济效益。为此，主管部门推荐他享受国务院津贴，提拔他担任技术科长，他都一一婉言谢绝，让与他人。数十年的工作期间，他就是这样，不管是别人背后议论，还是大张旗鼓的搞运动，他都坚守着默默无闻、埋头苦干、任劳任怨的信条，无论在那个单位他一生淡泊名利，从不计个人得失。在姐姐、姐夫被打成右派的日子里，他将自己的工资拿出大半长年接济，以至于自己婚姻大事都不无法去考虑。他的品行赢得了单位领导和同事的高度评价。由于他工作期间，总是不分昼夜加班点，身体长期不断透支。从工作岗位退下来后，又终日为病魔缠身。2011年2月他在上海去世。弥留之际一再叮嘱子女，不要为他操办丧事，让他默默走，更不要麻烦原单位及组织。

五女盛瑞荷，曾用名吴盛梅、刘盛梅，现名刘秀，小名梦得。1949年6月生于江西铜鼓。解放时，家中遭遇变故后，即被送给某县某乡亲房的姑姑盛广梅、姑父李云龙抚养。后来由于历史成分等各种原因，她像个烫手的山芋，被几经辗转送到多户人家带养。幸得雇农成分的邓冬莲老人一直不离不弃，后与刘学斌老人共同将其抚养成人。小学毕业时，又因同样的原因，未能入中学继续就读，遂辍学回家参加集体劳动，后为今后生计考虑随人学手艺。成家后生育子女较多，生活清苦，先随夫进县城某厂做家属工，从事搬运石块（工厂生产原料）上下车的重体力事务，十分能吃苦耐劳。

70年代中期，几经周折奔波，她进入县城某工厂成为正式职工，她亦十分珍惜来之不易的机会，工作认真，做事踏实，为人诚恳，得到厂领导及职工的一致认可。1984年她光荣加入中国共产党，并被破格提拔为该厂厂长。这时她厂里和全国所有的生产企业一样，承受着国门打开后的商品冲击，经营状况十分困难，40多名退休职工和数十名职工的生活出路成了当时最大的问题。此后，她上河南、东北，下广东、福建，历经千辛万苦踏遍大江南北，带领全厂职工找出路谋发展。为了节省费用，她出差时从不住宾馆和招待所，而是不怕麻烦携带着脸盆脚盆等生活用品，住当地最便宜的小旅社。吃饭从不进餐馆，也是不辞辛劳询问比较，找最便宜的面、快餐摊点。有一年她引入先进生产工艺，与福建石狮的厂商合作生产外销的旅游鞋，她不仅在自己家中（刚搬新宿舍）空出一间房给福建方面派驻的一名技术员住，让自己的几个子女拉着布帘挤在客厅睡。还于家中每餐加炒鱼肉等菜，专门供该技术员食用，暗暗告诫子女尽量少吃，要留给客人，想方设法为厂里节省开支留住这个项目。正是这样爱厂如家、一心为公，时时处处想着职工，她得到厂里上下的极力拥护。厂里的经营状况得到很大的改善，虽然不是很富裕，但除了按规定发放职工工资奖金之外，还有一些节余。

90年代初，组织上将她调到另一工厂任副职，她无怨无悔，照常认真履职。年余后，由于原厂严重亏损，全体退休及大部分在岗职工，到县委、政府集体上访，强烈要求调她回来担任厂长。后来，县里将其调回任原职，职工非常高兴欣然到县电视台点歌庆祝。再次接任，厂里发生很大的变化，前年她离任时财务尚留存二十余万现金，接手后经盘算共计欠各家银行债务达二百余万元。尽管如此，她觉得不能辜负职工们的期望，又是带领他们风风火火地干了起来。2000年她到了退休年龄，向组织上申请辞去厂长职务办理退休。退休职工们闻讯后，又聚集到县政府，联名向县里申请要留她继续担任厂长，后来县长在职工们的申请书上批示："好厂长，要想办法做好工作留任。"就这样她办理退休后，又被返聘为该厂厂长，得知消息的退休职工们又到县电视台点歌祝贺。在此期间正值县里大搞城市建设，厂房和老职工宿舍在中心区域需要拆迁，她既大力支持县里城建决策，又尽力维护职工利益。经她多方协调，厂里建起了一套五层的两单元集资房，解决了无房职工的住房困难。还极力保留了一些铺面，又解决了退休职工的后顾之忧。因此，该厂在她的努力下，率先完成了拆迁任务，得到县里和职工们的好评。就这样她一直干到2004年，厂里也都顺利改制,她以需要帮助子女带孩子为由,再次提出辞去厂长职务及解除聘用,乃得到批准。

在她担任厂长二十余年里,期间县里先后换任的六位县委书记,对她的工作都予以充分肯定,其中数位书记还要求她出企入政,甚至还有县委书记邀上县长及组织部长,亲自到厂里去看她,并与同行的同志说:"这是个好苗子,要好生培养。"她由于无心到行政上为官,又舍不下厂里同事间的情谊,她对领导的这类厚爱都婉言推辞了。但她兢兢业业的态度,吃苦耐劳的作风,鞠躬尽瘁的精神,大公无私的品行,一直以来在全县为人们所称道。在工作期间,她几乎年年被上级评为先进,多次评为市、省先进,1990 年评为全省优秀女企业家,1991 年评为优秀女厂长,1987 年经县里推荐光荣当选为中共某市第七届党代表,1998 年又被推选为某县第九届政协委员。

由于其他二子三女下落不明,笔者在采访上述的后人时,受到他们委托帮助查找亲人下落,希望有知情者与笔者联系。

后　记

　　盛逢尧将军的生平，主要是从军后的坎坷经历，总算以一个粗略的轮廓，展现在世人面前。在抗日战争时期，他自1938年至1944年整整七年，始终率带全师在抗战一线与倭军无数次大小搏杀，在抗日战场是不多见的，尤其于江西的抗日将领还少有预闻。虽然那时职位比他高的、间接贡献比他大的国民党将领及军政要员颇多，但大都与日军打了三两年就升任副军长、副总参谋长或调战区等机关任职，像他这样七年时间一直执掌成独立建制军队，直接指挥与倭军作战的，时间之久，参战之多，可谓寥寥无几，放眼全国也不多见，且不说他战功赫赫、威震倭胆，仅仅就是这分苦劳也难有与之堪比的。更不要说这七年中他还要力派派系倾扎的干扰，前御倭军枪炮，后防小人捅刀子。他身上葳蕤生辉的灼灼光环，无不是中国军人民族精神的体现，无不为物华天宝、人杰地灵的江西添写了浓墨重彩的一笔。笔者受制于能力水平，空有弘扬民族精神，丰富江西文化之心而力不足，仅为抛砖引玉，期待盛逢尧将军的抗战事迹能得有识之士再度挖掘。

　　多年来，笔者辗转跋涉，千里收集，初始的念头是想为地方史添上几笔；但随着盛逢尧将军历史身影的日将清晰，内心倒忐忑苦涩起来；一是固有的意识形态和历史观念与之冲撞，每每会产生各种复杂的情感阻隔；二是历史资料短缺，断断续续，要人连接，连接中竟然闪出火花；三是前辈老人在一种谨慎中作出回忆后，无不对盛逢尧将军的人品和德行褒奖有加，充满着一种尴尬和无奈。但不管怎样，改革开放的进程，社会的进步，党的政策的英明，已在当今充分体现，我们再也不必犹抱琵琶半遮面、羞羞答答地去重温历史了。长吁之余，终于敢于用历史唯物主义的眼光去审视过去，尤其对那些在民族危难关头挺身而出的人，即便他们沾有罪过，也能以适度的宽容去安抚了。因此，本书的立足点在于，尽量展示一个鲜活真实、有血有肉的国民党将领的形象；从其人格、德行、个人情感、民族气节、政治选择等方面作一个恰当而不是综合性的评述，以多元化的人物结论交给读者。我们研究考证盛逢尧将军的生平，整体上力求客观全面再现，局部重点考证于民族精神有益的抗战事迹，无意夸大功绩，回避过错，这其中自然无法回避人生坐向和人生座位的命题。所谓"坐向"，是指人生所面向的大方向、大目标，涉及的是政治道路、时代潮流等社会性情结；而"座位"，则是指人的具体存在方式，涉及的是人格类型、处世行为等个体追求标准。我们似乎总是把评判的标杆搁置在"坐向"上，以"坐向"论英雄而置"座位"于不顾，这样，社会生活完全被政治生活所代替，窃以为十分有害。当时代向多元化发展时，"座位"同样重要，起码，他会警示后人。

  盛逢尧将军一生以儒道正念，以强国正行，以民族正义，以抗倭正躯，其人格品行集中了中华传统文化忠义的特质。但是，在关乎于国家命运的选择中，他站在错误甚至反动的一边，是智慧的缺乏，还是政治的颓废？自有后人评说。毕竟，他还是以生命的代价对此承担了责任，在历史的长空里，他像尘埃一样永远飘浮着，作何落定，终究会有定论。

  本书的编写出版工作，得到原九江市作协副主席著名作家姚辉云先生的直接关怀和具体指导。2006年确立了写作思路，用大量时间进行了有关历史资料的调研、搜集和整理工作。走访了盛逢尧的子女后人及李丽云、魏辉河、方由复、孙德培、王仕校等人，他们提供了大量的第一手资料，对本书事实部分的撰写提出了宝贵的意见。

  在广泛收集资料的基础上，编写确立了从历史事实出发，实事求是地反映盛逢尧将军一生的编写指导思想。在编写方法上采取写实办法，不脱离当时历史背景和历史条件，力争做到主要史实都以原始资料为依据。本书在收集资料和撰写过程中，笔者先后赴湖南省长沙市、岳阳市、临湘县、湘阴县、益阳市、沅江县、南县市、常德市、湖北省宜昌市、五峰土家族自治县、长阳土家族自治县、宜都市、松滋市、公安县、石首市、荆州市、沙市区、江陵县、潜江市等地的政协文史委员会、中共党史办、档案馆等单位搜集、查阅有关历史资料和档案，得到了这些单位的大力支持协助。得到曹春友、刘桂兰、韩裕、杨国凯、曾鸣、徐万林、肖贤定、关贤安、王德权、张在新、程声镒等同志的无私帮助。尤其是潜江市的关贤安同志，业务娴熟、爱岗敬业令人钦佩，为人仁和、待人热情令人感动。

本书得以出版，与这些单位和个人的具体帮助分不开。

在此，谨对上述单位和个人致以衷心谢意。

由于作者水平所限和资料不够全，书中缺点在所难免，敬请读者批评指正。

作者

2011年11月2日